本书出版受到了国际经济与贸易国家一流本科
专业建设点专项经费资助

"一带一路"
经贸合作概论

主　编：何　艳　彭育园
副主编：田　野　李向毅　廖良美　吕　浩

Introduction to the Belt and
Road Economic and Trade Cooperation

中国财经出版传媒集团
经济科学出版社
Economic Science Press
北京

图书在版编目（CIP）数据

"一带一路"经贸合作概论／何艳，彭育园主编. -- 北京：经济科学出版社，2025.2
ISBN 978-7-5218-5845-7

Ⅰ.①一… Ⅱ.①何… ②彭… Ⅲ.①"一带一路"-经贸合作-研究 Ⅳ.①F125

中国国家版本馆CIP数据核字（2024）第083237号

责任编辑：卢玥丞　赵　岩
责任校对：孙　晨
责任印制：范　艳

"一带一路"经贸合作概论
"YIDAIYILU" JINGMAO HEZUO GAILUN
主　编：何　艳　彭育园
副主编：田　野　李向毅　廖良美　吕　浩
经济科学出版社出版、发行　新华书店经销
社址：北京市海淀区阜成路甲28号　邮编：100142
总编部电话：010-88191217　发行部电话：010-88191522
网址：www.esp.com.cn
电子邮箱：esp@esp.com.cn
天猫网店：经济科学出版社旗舰店
网址：http://jjkxcbs.tmall.com
北京季蜂印刷有限公司印装
710×1000　16开　27.5印张　450000字
2025年2月第1版　2025年2月第1次印刷
ISBN 978-7-5218-5845-7　定价：140.00元
(图书出现印装问题，本社负责调换。电话：010-88191545)
(版权所有　侵权必究　打击盗版　举报热线：010-88191661
QQ：2242791300　营销中心电话：010-88191537
电子邮箱：dbts@esp.com.cn)

序言 1

古代丝绸之路曾经是世界文明史上的"大运河",它将辉煌灿烂的几大文明联结起来,促进了经济和文化繁荣,为人类社会积累了弥足珍贵的文明财富。今天,中国"一带一路"倡议的提出,既是对古丝路精神的传承,又带有鲜明的时代特点和中国特色,其中包括"共商、共建、共享"原则,发扬"和平合作、开放包容、互学互鉴、互利共赢"的丝路精神,共同打造"利益共同体"、"责任共同体"和"命运共同体"等。它既是中国深度参与全球治理的表现,也向世界提供了促进自由贸易和打造开放经济的中国方案。

2023年,共建"一带一路"已经走过了第一个蓬勃十年,"一带一路"经贸合作日益走深走实。与"一带一路"相关的理论和实践知识吸引着越来越多的中国学生学习,除了国际贸易专业的学生外,主修金融、外语、管理、法学、国际关系等其他专业的学生也开始学习这门课程。此外,越来越多的来自"一带一路"沿线国家的留学生来华学习中国的对外贸易经验。在此背景下,学校围绕"一带一路"倡议,开展公选课程、专业课程和前沿课程三维度的课程建设和相关教材建设,开设智慧教室以实现中国学生、留学生与老师之间的高频互动,并规划逐步实现中文课、双语课、英文课和慕课的全覆盖。

世界正在加速变革,"一带一路"倡议经贸合作的内容和方式也在不断丰富。以一系列教材的形式将"一带一路"的内涵、传统经贸合作、绿色转型、数字化发展、协同创新等内容呈现出来,一方面,有利于归纳总结"一带一路"经贸合作的经验,向世界各国,特别是广大发展中国家贡献中国智慧,促进其经济发展;另一方面,有利于引导学生探索未来中国高质量开放的路径，启发学生运用自身知识投身于中国开放型经济建设，培养知中国、爱中国、堪当民族复兴大任的新时代人才。

胸怀"国之大者"，服务国之所需。教材适用对象包括经管类本科生（研究生）、其他专业形势与政策课及"一带一路"理论研究者。希望通过"一带一路"相关课程和教材的建设，为培养具备扎实的经济学理论功底、拥有开阔的全球化视野、深刻理解中国国情并通晓经贸规则的复合型人才尽绵薄之力。

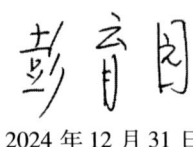

2024 年 12 月 31 日

序言 2

经济全球化是一个大家都耳熟能详的词语。它是过去四五十年全球经济发展和世界格局改变的主要动力机制,既推动了世界经济整体增长,也带来了非常突出的发展不平衡和社会极化问题。历史经验证明,凡是经济全球化的时期,都是世界经济增长的黄金时期;凡是搭上经济全球化班车的国家,都能够在世界经济增长的黄金期获得显著的增长业绩。例如,在1870~1913年的第一次全球化时期,美国和德国搭上车;1948~1972年的第二次全球化,日本和东亚四小龙崛起。

1990年以来开始的是第三次全球化,中国无论如何都要抓住机遇。这次全球化可以分成三个阶段。第一个阶段是1990~2001年,各国普遍从开放中获益,美国GDP占全球的比重从26.3%上升到32%,而中国的占比最高只有4%。第二阶段是2001~2008年,全球进入了一个充斥着金融泡沫和房地产泡沫的非理性繁荣时期,美国GDP占全球的比重下降到了21%,中国则刚加入WTO。由西方国家主导并推进的现行经济全球化模式在促进世界经济增长的同时,也留下了一系列深刻影响全球经济持续健康发展的"负遗产":霸权"失控"、秩序失治、发展失衡……成为建立国际经济、政治等新秩序的严重羁绊。第三阶段是从2009年开始,全球化红利明显大幅度下降,全球性失衡凸显,全球化站在新的十字路口。在此背景下,美国的战略发生了重要变化:在短期内用量化宽松的方式促进经济复苏;在中期推动再工业化、再创新、再就业的10年结构调整;从长期看,美国试图建立边缘化中国的全球规则体系,包括与欧盟、日本等国家拟定跨大西洋贸易与投资伙伴协议(TTIP)、跨太平洋伙伴关系协定(TPP)等协议。面对全球经贸规则变局的新形势,中国需要进一步扩大开放,寻求更全面合作，由此提出了"一带一路"倡议。

2013年9月和10月，中国国家主席习近平在出访中亚和东南亚国家期间先后提出共建"丝绸之路经济带"和"21世纪海上丝绸之路"的重大倡议，两者合称为"一带一路"倡议。2015年3月，国家发展和改革委员会、外交部、商务部联合发布了《推动共建丝绸之路经济带和21世纪海上丝绸之路的愿景与行动》。"一带一路"是由中国最先提出和倡导的一种新型全球化构想，它在坚持反对贸易保护主义、促进自由贸易进程的"传统全球化"使命的基础上，提倡构建更加包容、平衡、普惠和开放的"新型全球化"。正如习近平总书记说的，"以'一带一路'建设为契机，开展跨国互联互通，提高贸易和投资合作水平，推动国际产能和装备制造合作，本质上是通过提高有效供给来催生新的需求，实现世界经济再平衡"；"特别是在当前世界经济持续低迷的情况下，如果能够使顺周期下形成的巨大产能和建设能力走出去，支持沿线国家推进工业化、现代化和提高基础设施水平的迫切需要，有利于稳定当前世界经济形势"。

从中国国内改革开放与创新发展的时代要求来看，"一带一路"建设也是新时代中国开放经济发展升级转型的重要路径，是改革开放以后中国对外开放再出发的必然选择。1978年，中国政府确立改革开放作为基本国策，开启了"对外开放1.0"时代。当时的中国，正努力从高度集中的计划经济体制转型到充满活力的市场经济体制，从封闭状态转型到全面开放。当前，中国已强势地改变了美国"一枝独秀"的世界经济地位，与其并肩成为"拉动全球经济的两辆马车"。但长时间粗放式经济发展模式对中国的资源、环境、人文、社会造成了不同程度的破坏。特别地，随着"人口红利"的消失，生产、消费结构的扭曲，就业问题、贫困问题的凸显，以"促进出口、吸引外资"为支撑的经济增长方式已濒临枯竭，中国的对外开放亟待进行版本升级：一是中国要从国际经贸规则的遵守者向参与者、制定者转变，通过主动提出新议题、新方案，反映发展中国家新诉求；二是要推动企业从低成本制造向提升产业核心竞争力转变，特别是随着劳动力成本上升等，传统产业的低成本优势正在消失，依靠成本优势参与国际竞争的产业亟待向依靠创新、升级的新兴产业发展和转型；三是要从以要素参与国际分工向全方位参与价值链合作转变，实现从"中国制造"向"中国创造""中国营销""中国质量""中国品牌"的转型；四是要从东部沿海引领开放向沿海、内陆、沿边协同开放转变，推动构建陆海联动开放、东西互济发展的全面开放新格局。"一带一路"将中国推向了以合作、创新、智能为驱动的"对外开放2.0"时代。以"一带一路"为总抓手，加快形成对外开放的大平台、大通道、大布局，将为中国进一步赢得国内经济转型和国际市场竞争的主动，将推动中国开放型经济引领新一轮经济全球化发展。

2023年，是共建"一带一路"倡议提出十周年。2013~2022年的十年间，中国与151个国家、32个国际组织签署200多份共建"一带一路"合作文件，涵盖互联互通、贸易、投资、金融、社会、海洋、电子商务、科技、民生、人文等领域。2022年，中国与"一带一路"沿线国家的进出口规模创历史新高，占中国外贸总值的比重达32.9%。"一带一路"的影响力不仅止于"一带一路"沿线国家，还覆盖了非洲、拉丁美洲和大洋洲的多个国家和地区，为促进当地的经济发展、产业升级和居民就业等作出贡献。世界银行报告显示，共建"一带一路"使参与方贸易增加4.1%，吸引外资增加5%，使低收入国家GDP增加3.4%；受益于"一带一路"建设，2012~2021年，新兴经济体与发展中经济体GDP占全球份额提高3.6个百分点。

相较"一带一路"建设的实践和取得的成效而言，目前关于"一带一路"建设的理论研究相对滞后，且大多以对策性研究为主，经济理论层面的探讨明显不足。"一带一路"引领的新型全球化还是一个崭新的理论概念，也需要学术界共同去深入研究。在新的历史条件下要完成"一带一路"的倡议使命，教育是基础，人才是关键。面向"一带一路"建设的理论和实践需求，如何打造适应并能提升"一带一路"进程的高素质创造性人才，也是高等院校必须深入思考的一个问题。这是本教材编写的初衷，希望通过引导学生在学习"一带一路"贸易畅通、资金融通等经贸知识的同时，激发学生更深入了解中国新型全球化的内涵、更积极投身"一带一路"建设和中华民族伟大复兴的热情。

本教材围绕中国与"一带一路"沿线国家的贸易与投资活动展开。第一章是"一带一路"经贸合作的概述，在介绍"一带一路"倡议的概念与内涵基础上，分析经贸合作的机遇和挑战。第二章介绍中国与沿线国家的政治、经济、法律、社会、文化等方面存在的差异。结合"一带一路"的实践和行动。第三章梳理了古典、新古典和当代国际贸易理论。第四章则介绍了所涉及的贸易政策。第五章详述了中国与沿线国家的货物贸易现状与存在的风险。第六章介绍了中国与沿线国家的技术贸易合作，并重点阐释农业、能源、交通和信息通信等技术贸易情况。第七章则以"数字丝绸之路"为主题，介绍了数字贸易现状、壁垒和跨境电商方式。第八章至第十章围绕着发展中国家的对外投资这一主线，介绍了国际投资的理论、投资方式和投资主体。

本教材的编写和出版得益于很多同事、师长、领导和学生的帮助和支持。特别感谢我的领导和同事们：湖北工业大学的王德发、孙浩、彭卫、张冀新、刘应元、李平、黄涛、胡渊等，以及还有多位老师在此不一一列举。还要特别感谢学生们用心协助搜集和整理材料，他们是：周若妍、曹菁、季佳声、杨万利、阮叶恒、蒋易豪、罗雨洁、李子英、周旺宇、赵家园等。此外，本教材的出版受到了我校国际经济与贸易国家一流本科专业建设点专项经费资助。

在编写过程中，我们参考了大量的国内外专著、教材、论文及案例，并尽可能对所有引用的观点和资料的来源进行了标注，在此向原作者表示感谢。由于"一带一路"是一个开放的框架，且在实施中不断发展着，本教材或许未能体现最新进展，疏漏之处也在所难免，编者诚挚地期待读者通过电子邮件 heyan@hbut.edu.cn 联系我修正，不胜感谢。

编　者

2024 年 7 月 15 日

目录

第一章　"一带一路"经贸合作概述 … **001**
- 第一节　丝绸之路精神 … **002**
- 第二节　"一带一路"倡议的推进历程 … **008**
- 第三节　共建"一带一路"的主要内容 … **015**
- 课后思考题 … **028**

第二章　"一带一路"沿线国家的国别差异 … **029**
- 第一节　政治、经济、法律与社会差异 … **030**
- 第二节　文化的差异 … **048**
- 课后思考题 … **071**

第三章　国际贸易理论 … **073**
- 第一节　古典贸易理论 … **074**
- 第二节　新古典贸易理论 … **087**
- 第三节　新贸易理论 … **097**
- 课后思考题 … **118**

第四章　国际贸易政策及其理论依据 … **120**
- 第一节　国际贸易政策及主要措施 … **122**
- 第二节　国际贸易政策的理论依据 … **148**
- 课后思考题 … **163**

第五章 "一带一路"货物贸易合作 … 166

第一节 "一带一路"货物贸易发展概况 … 167
第二节 中国与沿线国家双边贸易发展 … 169
第三节 国际货物贸易的风险 … 186
第四节 国际贸易支点城市的合作与共赢 … 191
课后思考题 … 203

第六章 "一带一路"技术贸易合作 … 204

第一节 "一带一路"倡议下技术贸易发展概况 … 205
第二节 技术贸易合作重点领域 … 213
第三节 技术性贸易壁垒 … 225
第四节 技术贸易合作的机会与未来 … 232
课后思考题 … 235

第七章 "一带一路"数字贸易合作 … 236

第一节 数字贸易现状 … 237
第二节 数字贸易壁垒 … 254
第三节 跨境电商 … 263
第四节 新时代推动共建数字丝绸之路 … 268
课后思考题 … 289

第八章 国际直接投资理论 … 291

第一节 西方主流直接投资理论 … 293
第二节 发展中国家的直接投资理论 … 329
第三节 国际直接投资理论的最新发展 … 333
课后思考题 … 343

第九章 跨国公司与国际直接投资 ··· **344**

第一节　跨国公司概述 ··· *345*

第二节　跨国公司类型 ··· *351*

第三节　企业对外直接投资的动因 ··· *356*

第四节　中国企业对"一带一路"沿线国家的直接投资 ··· *361*

课后思考题 ··· *372*

第十章 跨国企业经营管理 ··· **373**

第一节　跨国进入方式 ··· *374*

第二节　跨国组织管理 ··· *393*

第三节　国际人力资源管理 ··· *407*

课后思考题 ··· *420*

参考文献 ··· *421*

第一章
"一带一路"经贸合作概述

人类面临的不稳定不确定因素日益增多，新问题新挑战层出不穷。全球近200个国家、约70亿人口，我们因何而紧密相连？是开放还是封闭，是创新还是守旧，是共赢还是零和？习近平总书记提出的共建"一带一路"倡议是维护开放型世界经济体系，多元、自主、平衡和可持续发展的中国主张，是坚持公平、公正、合理方向，推动全球治理体系变革的中国方案，为应对当前世界各国普遍面临的重大问题，改善全球经济治理体系指出了改革的方向和途径。

引导案例

千年之约

连通古代中国陆上和海上的丝绸之路，形成了人类历史上跨越地理空间最远、连接文明类型最多、持续时间最长的交流大通道，架设起东西方合作的纽带、和平的桥梁。公元前138年，张骞出使西域，历经千辛万苦，开通西域，汉武帝封他为"博望侯"。"博望"，意为"广博瞻望"。张骞有着"丝绸之路的开拓者""第一个睁开眼睛看世界的中国人""东方的哥伦布"等称号。从他之后，中国人通过丝绸之路博望世界，中国的丝织品以及冶铁、凿井、造纸等技术相继西传，西方的皮毛、汗血马、瓜果，佛教、魔术、音乐、舞蹈、雕塑等也纷纷东来。两千年来，中国与这条沟通亚欧、连接中西的古老道路，紧密相连。古有"丝绸之路"，今有"一带一路"。2013年提出的"一带一路"倡议根植于历史，又面向未来，是中国与世界的"千年之约"。

视频资料：《千年之约》宣传主题曲MV《"一带一路"》（韩红），时长4分40秒。

第一节　丝绸之路精神

人类的跨境长途贸易最早可以追溯到公元前3000年左右，主要发生在美索不达米亚和印度河流域文明。而横跨欧亚大陆的"丝绸之路"也是其中的代表和象征，在一定程度上可谓古代版的"全球化"。它是古代中国与其他国家、民族之间物质和精神文化交往的产物，也是历史上中华民族充满开拓精神的记载。21世纪的"一带一路"使用丝绸之路的概念并非关注具体的路线，而是借鉴丝绸之路的历史文化内涵，或者称之为"丝路精神"，进一步促进人类的跨境经贸合作。

一、丝绸之路的路线开辟

"丝绸之路"（The Silk Road）是古代中国连接亚洲、非洲和欧洲，并以丝绸贸易为主的商业贸易路线。回顾两千多年的历史，它的具体线路随着地理环境变化和政治、宗教形势的演变不断发生变化，主要分为陆上丝绸之路和海上丝绸之路。

（一）陆上丝绸之路

"陆上丝绸之路"是连接中国、西亚、中东、东欧直到欧洲的陆上商业贸易通道，也是连接南亚、东南亚和东北亚商贸之路，是于公元前2世纪至公元1世纪初步形成，一直到16世纪仍在使用的贸易之路，是东方与西方之间经济、政治、文化进行交流的主要道路。汉武帝派张骞出使西域形成其基本干道。它的最初作用是运输中国古代出产的丝绸，并将欧洲、中东、西亚的商品输入中国；很快也成为这些国家间进行文化交流，特别是宗教交流的渠道。

古丝绸之路，和时兴、战时衰。自从张骞开通西域、丝绸之路得以开辟以来，其东段（当时的都城长安到阳关、玉门关，现在的西安至敦煌）时断时续、时衰时盛，取决于当时中国历朝历代综合国力，国力强盛，则东段通畅,"犯强汉者,虽远必诛";若综合国力弱,就会受到西域战乱的影响,从而阻断丝绸之路。在大唐时期,丝绸之路也迎来了鼎盛时期。以盛唐的综合国力,结果可想而知:唐太宗击败了东突厥吐谷浑,臣服了大漠南北。唐高宗又灭西突厥,设安西、北庭两个都护府。唐朝,在当时是世界强国,丝绸之路也迎来了鼎盛时期。

持续8年之久的"安史之乱",是唐朝由盛转衰的分水岭,标志着大唐盛世的终结,也标志着陆上丝绸之路鼎盛时期的终结。因为"安史之乱",唐朝不得不将驻守西疆的四镇边兵东调长安,一时西北边防空虚,吐蕃乘机北上占据河陇,回鹘亦南下控制了阿尔泰山一带,同时西边的大食亦加强了中亚河中地区的攻势,这三股力量又彼此争夺与混战。从此,唐朝政府失去了对西域的控制,丝绸之路,"道路梗绝,往来不通",杜甫写诗哀叹:"乘槎消息断,何处觅张骞。"自此,这条连接亚欧的商贸通道,逐渐衰落并最终湮没。

到了元朝,由于军事实力强大,陆上丝绸之路繁荣一时,丝路上的重要国家花剌子模,因为劫杀蒙古国商队、侮辱蒙古国使臣,甚至遭到灭国之灾。但随着元朝的土崩瓦解,丝绸之路再次陷入没落。河西走廊上的敦煌,是一个很好的参照物,恢宏壮美的莫高窟洞窟,是当年走向远方的商旅祈求平安的精神驿站,到了明朝,这条路便很少有人踏足,直至被遗忘。

(二)海上丝绸之路

"海上丝绸之路"是古代中国与外国交通贸易和文化交往的海上通道,该路主要以南海为中心,所以又被称为"南海丝绸之路"。在历史上,陆上丝绸之路和海上丝绸之路兴衰交替,前者不断衰落的同时,海上贸易却蓬勃发展,随着国内造船技术日渐成熟,逐渐上升为主要的对外交往通道。"广州通海夷道",这就是海上丝绸之路早期的名字。

海上丝绸之路形成于秦汉时期。秦王统一六国后,番禺地区的造船业快速发展,其造船规模庞大、造船技术先进,为海上丝绸之路的形成奠定基础。直到汉朝,海上丝绸之路才真正形成,东汉时期记载了与罗马帝国的第一次往来,标志着海上丝绸之路真正形成。

海上丝绸之路发展于魏晋时期，吴国由于战争上的需要，积极发展水军，使船舰的制造技术有了很大的进步。据历史记载，吴国当时的造船业，无论在数量上还是质量上，都达到了国际领先的水准，对海上丝绸之路的发展具有极大的促进作用。魏晋以后，以广州为起点，开辟了一条沿海航线。

隋唐是海上丝绸之路的繁盛时期，当时的广州是中国的第一大港口，享誉世界。隋唐时期，由于西域战乱，陆上丝绸之路被阻断，因而被海上丝绸之路取代，海上丝绸之路一跃而升，成为了当时的主要外交通道，主要输出丝绸、瓷器、茶叶和铜铁器。

海上丝绸之路在宋元时期达到鼎盛，宋朝时期指南针广泛用于航海，中国船只的远航能力大大增强，广州也成为世界第一大港口。元朝时期，采用重商主义政策，鼓励海上贸易，并制定了具有较强系统性的外贸管理法则，为海上丝绸之路的发展提供了极为有利的环境，使海上丝绸之路进入鼎盛时期。

明清时期的海上丝绸之路由盛及衰，虽然海上丝绸之路在明代已经扩展到全球，但是由于政府实行海禁政策，中国错过了大航海时代，与世界潮流脱轨。鸦片战争后，中国已经丧失海上主权，沦为半殖民地半封建社会，从此海上丝绸之路逐渐衰落，一蹶不振。

二、丝绸之路的概念演进

（一）古丝绸之路

自 13 世纪末《马可·波罗游记》在欧洲出版后，中国和东方的神话立刻激起了欧洲人的向往；寻找"约翰长老国"的传教士们大量关于中国的著述，更在欧洲引发了"中国热"。19 世纪诸多探险家开始勾勒"丝绸之路"的路线。

在概念上，"丝绸之路"一词是德国地理学家李希霍芬（Ferdinand von Richthofen，1833～1905 年）在 1877 年出版的著作《中国：亲身旅行及据此所作研究的成果》中首先提出来。他在书中将中国与中亚的阿姆河与锡尔河之间的（河中地区）地带以丝绸为主的商业交流路线以及中国与印度之间的古代骆驼商队所走的道路统称为"丝绸之路"。可见，"丝绸之路"

最初的本意就是以丝绸贸易为主的商业之路。此后，德国历史学家赫尔曼在1910年出版的《中国与叙利亚之间的古代丝绸之路》一书中引申了李希霍芬的观点。

19世纪中叶至20世纪初是中亚探险的高峰时期，很多西方的探险家、考古学家从中国的西北地区一路向西、向南考察，途经中亚、西亚、东欧、中欧，一直到西欧，向南转向非洲，发现了中国古代与亚、欧、非等友好交往的许多遗址和遗物，以实物证实了丝绸之路的存在和发展。1900年，李希霍芬的学生斯文·赫定在新疆发现了丝绸之路上的楼兰古城，更激励了一大批学者和探险家对丝绸之路研究的新兴趣，"丝绸之路"在他们的著作中被广泛使用，由此"丝绸之路"的含义由贸易扩大到经济、文化交流诸多领域。

斯文·赫定曾多次来到中国西北，探索这条淹没在历史中的丝绸之路，他把自己在1933~1935年在中国西北的经历，写成了《丝绸之路》一书。当时的中国，正值国力孱弱不堪、日寇咄咄逼人之际，西北贫困落后、军阀割据混战以及西方列强的觊觎令人触目惊心。斯文·赫定的《丝绸之路》（1933），以日记的方式重现了当年的丝绸之路，日记中写道："1月25日早晨，大家都冻得发抖。夜里的气温降到了零下19.8摄氏度还刮着强劲的东南风……夜间，每过一刻钟，我们就能听到守夜人的吆喝声大概一方面是要吓跑小偷和土匪"。从此，"丝绸之路"一名逐渐为大众所接受，并迅速传播开来。

20世纪初期，法国汉学家沙畹在《西突厥史料》中首次将"丝绸之路"拓展包括海上贸易部分，之后得到了一批日本学者和中国学者的追随。至20世纪后半叶，"丝绸之路"已经成为古代时期遍及欧亚大陆甚至包括北非和东非在内的长途商业贸易和文化交流线路的总称。

中国学者采用"丝绸之路"这一名词相对较晚，直到20世纪50年代齐思和在其《中国与拜占庭帝国的关系》一书中开始出现。关于中国对外贸易的交通线路，还有如"毛皮之路""草原之路""瓷器之路""香料之路""茶叶之路""西南丝绸之路""西北丝绸之路"等称呼。

（二）新丝绸之路

"新丝绸之路"（The New Silk Road）最早由美国约翰斯·霍普金斯大

学弗雷德·斯塔尔（S. Frederik Starr）教授在 1997 年提出的，并在 2005 年的《阿富汗及其邻国的"大中亚伙伴计划"》报告中进行了详细论述。他构想建设一个联接南亚、中亚和西亚的交通运输和经济发展网络，以阿富汗为中心，将油气资源丰富的中亚、西亚与印度，乃至"小龙""小虎"集中的东西亚、东亚连接起来，促进各国间以及几大区域间的优势互补。这一构想期望印度发挥重要作用，但也离不开中国、日本、韩国、土耳其等各方力量的参与。可见，斯塔尔教授的"新丝绸之路"主要是指经济和贸易层面互通互补的跨区域合作。

2011 年 7 月，美国国务卿希拉里·克林顿在印度发表演讲时首次对外宣布了美国的"新丝绸之路"计划，其主要构想是以阿富汗为中心，推动中南亚国家在经济、政治、能源、安全、交通等领域的合作，建立一个由亲美的、实行市场经济和世俗政治体制的国家组成的新地缘政治板块，从而实现美国在中南亚地区的战略利益。此后，美国召集相关国家举行了多次会议，积极推动此计划。但是因其进展缓慢且美国政府换届，美国在"新丝绸之路"计划上的态度出现了"模糊化"的态势，宣传调门也有所降低。

除美国外，日本、印度等国也担心在亚太地区的主导优势会被削弱，因此，均提出了各自的战略或计划，如表 1.1 所示。

表 1.1　　　　　　　　多国实施"丝绸之路"计划

国别	名称	提出时间
美国	亚太再平衡	2012 年 6 月
美国	新丝绸之路计划	2011 年 7 月
俄罗斯	亚洲联盟	2011 年
俄罗斯	新丝绸之路	2009 年
日本	新丝绸之路外交构想	1998 年 1 月
中国	丝绸之路经济带	2013 年 9 月
中国	21 世纪海上丝绸之路	2013 年 10 月

资料来源：范祚军，何欢."一带一路"国家基础设施互联互通"切入"策略［J］. 世界经济与政治论坛，2016（6）：129－142.

三、古丝绸之路的精神阐释

古丝绸之路的精髓是"丝路精神",它为"一带一路"建设提供了文化根基与核心理念。2017年5月14日,国家主席习近平在"一带一路"国际合作高峰论坛开幕式上的演讲指出,古丝绸之路绵亘万里,延续千年,积淀了新时期以和平合作、开放包容、互学互鉴、互利共赢为核心的丝路精神。

和平合作。古丝绸之路在和平时期是畅通的,在战乱时期是中断的。这说明,和平是交流、合作、发展、繁荣的前提。习近平主席提出,"这些开拓事业之所以名垂青史,是因为使用的不是战马和长矛,而是驼队和善意;依靠的不是坚船和利炮,而是宝船和友谊"①。古丝绸之路留给我们的"和平合作"精神,是弥补"和平赤字"的不二选择。

开放包容。古丝绸之路跨越埃及文明、巴比伦文明、印度文明、中华文明的发祥地,跨越佛教、基督教、伊斯兰教信众的汇集地。不同文明、宗教、种族求同存异,开放包容,并肩书写相互尊重的壮丽诗篇,携手绘就共同发展的美好画卷。

互学互鉴。古丝绸之路不是单向输出,而是双向交流和相互学习之路;这不仅是一条通商易货之道,更是一条知识交流之路。沿着这条路,中国将丝绸、瓷器、漆器、铁器贸易传到西方,将四大发明和养蚕技术传向世界;同时也为中国带来了胡椒亚麻、香料、葡萄、石榴,以及佛教、伊斯兰教及阿拉伯的天文、历法、医药。

互利共赢。古丝绸之路见证了陆上"使者相望于道,商旅不绝于途"的盛况,也见证了海上"舶交海中,不知其数"的繁华。习近平主席强调,通过资金、技术、人员等要素的自由流动,古丝绸之路创造了地区大发展大繁荣,实现了商品、资源、成果的共享。

丝绸之路自从诞生之日起,就是身处不同国家的人们共同创造的,相

---

① 习近平. 在"一带一路"国际合作高峰论坛开幕式上的演讲 [R/OL]. 新华网,2017 - 05 - 14.

互沟通交流，推动历史前进。直至今日，"一带一路"倡议提出，继承和弘扬着伟大的丝路精神。

第二节 "一带一路"倡议的推进历程

一、"一带一路"倡议的时代背景

习近平提出建设"一带一路"倡议，是站在时代潮头，综合国际国内发展大势做出的抉择。2015年3月发布的《推动共建丝绸之路经济带和21世纪海上丝绸之路的愿景与行动》，在其正文第一部分就简明扼要地阐述了"一带一路"倡议提出的三重时代背景：在全球层面上，世界经济复苏缓慢，发展不均衡现象严重，需要探讨全球治理新模式；在区域层面上，深度一体化要求的复合型互联互通网络尚未建立，区域合作需要新的突破以支持区域各国合作共赢；对中国自身来说，40多年的改革开放历程使中国经济与世界经济深度融合，但要实现"两个一百年"奋斗目标，需要中国继续坚持对外开放，继续深化与世界各国的合作。

（一）"一带一路"倡议的国际背景

1. 和平与发展是当今时代的主题

亚欧非大陆自古以来就是人类文明的发祥地，不仅孕育了灿烂的古代文明，也是现代西方文明的摇篮。"丝绸精神"薪火相传，进一步推进了人类文明进步，是促进沿线各国繁荣发展的重要纽带，是东西方交流合作的象征，是世界各国共有的历史文化遗产。

然而，近百年以来，亚欧非大陆历经战乱，各国经济发展、人民生活水平极不平衡。进入21世纪，亚欧非大陆上的发展中国家，普遍有意致力于亚欧非大陆及附近海洋的互联互通，建立和加强沿线各国互联互通伙伴关系，构建全方位、多层次、复合型的互联互通网络，推动沿线各国发展战略的对接与耦合，发掘区域内市场的潜力，促进投资和消费，创造需求和就业，增进沿线各国人民的人文交流与文明互鉴，让各国人民相逢相知、互信互敬，共享和谐、安宁、富足的生活，实现沿线各国多元、自主、平衡、可持续发展的迫切愿望。

虽然全球正经历世界多极化、经济全球化、文化多样化、社会信息化的潮流，局部地区冲突仍时有发生，但和平与发展仍是当今世界的主流。绝大多数国家都有意愿秉持开放的区域合作精神，致力于维护全球自由贸易体系和开放型世界经济，促进经济要素有序自由流动、资源高效配置和市场深度融合，推动各国实现经济政策协调，开展更大范围、更高水平、更深层次的区域合作，共同打造开放、包容、均衡、普惠的区域经济合作架构。

2. 全球经济格局发生变化

过去40多年，经济全球化对世界各国社会经济发展产生了深刻的影响。一方面，经济全球化促进了全球经济增长。1980~2022年，世界经济年平均增长速度达到2.95%，经济总规模增长了7.8倍；世界商品进出口额增长11.77倍；全球对外直接投资净流入量增长了33倍[①]。当然，期间全球经济也经历了1997年和2008年的金融危机。另一方面，经济全球化加剧了世界各国（地区）发展的不均衡，这种不均衡不仅表现为欧美国家与非洲、亚洲和拉丁美洲间的差距、南北差距、发达国家与发展中国家的差距，而且也表现在发达国家内部。财富向少数人集聚，贫困人口所拥有财产越来越少。国际慈善组织"乐施会"在世界经济论坛2023年年会发布的年度报告《富者生存》显示："过去两年，全球最富的1%人口所获财富是其余99%人口的近两倍"[②]。此外，全球化导致的相互依赖性不断提升也导致了脆弱性，产生了各种各样的风险（如疾病导致商品和服务流动中断的事件等）。因此，关于经济全球化的争论很多，既有坚定的拥护者，也有尖锐的批判者。可以说，经济全球化现已走到"十字路口"，何去何从对于全球可持续发展至关重要。

与此同时，过去40多年来，全球社会经济格局发生了重大变化：世界由"核心（发达国家）—边缘（欠发达国家）"二元结构逐步演化为"发

---

① 笔者根据世界银行数据库整理而来。
② 陈丹. 全球最富1%人口过去两年赚了多少钱?![N]. 新华社，2023-01-17.

达国家—新兴国家—欠发达国家"的三元结构。在二战后相当长的时期里，世界劳动分工一直被简化为一个"核心—边缘"模型。其中，发达国家是"核心"，主要从事制造业；发展中国家是"边缘"，主要提供原材料和农产品，同时作为发达国家制造品的市场。但是，在经济全球化的驱动下，这个二元结构发生了巨大改变。一方面，发达国家的传统产业转移到了部分发展中国家（如中国），自身出现了制造业"空心化"，经济发展的重点转向金融业和高科技行业；另一方面，以中国为代表的部分发展中国家崛起为新兴国家和制造业大国，与此同时，仍有很多发展中国家制造业落后、收入水平低，在劳动分工中主要提供初级产品。因此，世界形成了"核心—中间层—边缘"的三元结构，作为中间层的新兴国家正在发挥越来越重要的世界经济纽带作用。如何在这个三元结构中推动全球经济治理体系的改革、实现全球可持续发展，是今后若干年世界面临的新课题。

（二）"一带一路"倡议的国内背景

1. 中国发展模式的转变

自改革开放以来，中国保持了长达40年的高速经济增长，1978~2016年GDP平均年增速达到9.7%，创造了世界历史上的经济增长奇迹①。40年来，GDP年均增长约9.5%，即便是进入增速换挡期，党的十八大以来，经济仍实现7.1%的年均增长，远高于同期世界2.8%左右的平均水平②。中国的GDP在1978年为1482亿美元，位居世界第十位，而在2010年我国GDP就达到5.9万亿美元，超过日本，跃居世界第二位，仅次于美国③，2023年GDP达到17.89万亿美元。人均GDP在1978年只有155美元（当年汇率），属于最贫穷的国家之一；1999年为780美元，成为中等收入国家之一；2022年达到1.26万美元，成为一个高收入国家④。按照IMF于

---

① 隋福民，巴斯·范鲁文，韩锋. 世界经济史的壮丽篇章——中国改革开放40年经济发展成果与世界主要经济体比较［N］. 中国日报网，2018-05-21.

②④ 四图讲述中国经济40年：人均GDP从155美元到8800美元［N］. 中国证券报，2018-04-26.

③ 马建堂. 全面认识我国在世界经济中的地位［N］. 中央政府门户网站，2011-03-17.

2014年10月份最新公布的《世界经济展望》称：按照购买力平价进行核算，中国已超过美国，成为世界第一大经济体。如此瞩目的经济成就，被国内外学者称为"中国奇迹"。其原因之一在于，中国采取了高强度要素投入和大规模出口驱动的经济发展模式，搭上了经济全球化的列车。中国首先凭借着廉价劳动力的比较优势参与到全球劳动分工中，通过大力吸引外商直接投资和促进出口带动经济增长，形成出口导向型经济发展模式；之后中国大规模发展了资本密集型产业，包括钢铁、有色冶金机械装备、汽车、高铁、房地产等，依靠投资拉动促进经济增长。

当然，在高速经济增长的背后，中国也付出了巨大的资源环境代价。1978年中国的能源消费总量只有5.7亿吨（标煤，下同），2016年提升43.6亿吨[①]，2023年达到57.2亿吨[②]。自2013年起，我国成为世界第一大能源消费国和第一大碳排放国（年排放量，非累计排放）。与此同时，大气污染（特别是雾霾）、水体污染、土壤污染、湿地消失、草原退化等一系列生态环境问题，已经严重威胁到中国的可持续发展。因此，转变经济发展模式、建立一个资源环境可持续的经济体系，已经刻不容缓。

事实上，2008年全球金融危机之后，随着国际市场条件的恶化、国内产能过剩、人口红利逐渐消失等，这种高度依赖要素投入和出口的经济发展模式已经走到了尽头。中国经济增长速度从2012年开始结束近20年10%的高速增长，转而进入增速换挡期。自此，中国进入了"新常态"[③]。所谓"新常态"并非仅仅是经济增长速度有所下降，而更多的是发展模式的转变，即从要素高投入和出口导向型发展模式转向依靠创新活动、更加重视国内消费拉动、更加具有全球视野的多元化发展模式。

2. 中国开放模式的转变

改革开放以来的40多年里，中国的对外开放是局部非全面的、不均衡的，主要特征是：第一，开放对象主要是发达国家。中国既从发达国家引入先进要素，出口又主要面向发达国家市场。相反，中国和发展中国家由

---

① 王文举，陈真玲. 改革开放40年能源产业发展的阶段性特征及其战略选择[J]. 改革，2018（9）：55-65.
② 国家统计局. 2023年国民经济和社会发展统计公报[R]. 2024-02-29.
③ 张占斌. 中国经济新常态的提出及背景[N]. 光明网，2016-01-09.

于发展阶段、要素禀赋、产业结构相似，双方竞争性关系较强，发展中国家并不是中国对外开放的主要对象。第二，开放区域以沿海地区为主。沿海区位优势突出、对外交往便利、运输成本低，在承接国际低成本产业转移时优势明显，对外贸易和利用外资发展迅速，是中国开放程度最高的地区。相反，沿边和内陆地区则受区位、交通等制约，对外开放程度较低。第三，开放内容不平衡。一是对外贸易不平衡，突出表现为货物出口大于进口，货物贸易大于服务贸易；二是资本流动不平衡，"引进来"尤其是利用外资的规模和作用远大于"走出去"；三是产业开放不平衡，制造业开放程度远大于服务业；四是要素开放不平衡，货物、资本等"低端"要素开放程度大于服务、人才、制度等"高端"要素开放。第四，开放层级较低。中国接受发达国家主导的国际分工体系，在国际分工中处于被支配和从属的地位，是国际经贸规则和秩序的被动接受者，在全球价值链中基本位于最低端，是对外开放大国但不是对外开放强国。

近十年来，中国经济发展阶段尤其是要素禀赋发生了重大阶段性变化。一方面，劳动力成本上升、土地资源环境约束加强，传统要素禀赋优势弱化；另一方面，人力资本、资本供给、基础设施、制造能力、科技创新等新要素禀赋优势不断形成。要素禀赋变化深刻改变了中国参与国际分工合作的基础条件，为适应这种转变，中国需要重塑对外开放战略，打造全方位对外开放新体系。未来，中国全方位对外开放新体系基本特征如下：

第一，开放对象将实现发达国家和发展中国家并重。一方面，要继续引入发达国家更高端的要素资源，提升国际分工层次，同时稳定对发达国家出口、提升出口结构；另一方面，随着中国与发展中国家经济互补性增强，要加强与发展中国家的经贸合作，创新对发展中国家的贸易和投资方式。

第二，开放区域由沿海地区向内陆扩展。与我国陆路接壤的均为发展中国家，我国邻近的东南亚、东北亚、南亚等经济区域也大多是发展中国家，它们是我国拓展对外开放的重点区域。大部分与我国合作潜力大的发展中国家位于我国南部、西部和北部方向及其延伸地区，且它们很多深处内陆腹地，陆路运输可成为我国与这些国家加强联系的重要方式之一，这就需要中国由过去以向东开放为主转为大力发展向西开放。向西开放将构建以我国为始发地、连接广大发展中国家的若干陆路跨境运输通道，这将使我国沿边地区由对外开放的边缘变为对外开放的新枢纽和重要节点，内陆地区也由原来向东开放的单向拉动转为向东、向西双向拉动。

第三，开放内容将趋于平衡。一是贸易趋于平衡，进出口将更多依据中国和其他国家的比较优势实现"中性"发展，服务贸易增长加快，国际贸易在增进我国福利方面的作用上升，在支持产业发展的目标逐步下降；二是资本流动趋于平衡，在提高"引进来"尤其是利用国外先进要素基础上，"走出去"进入一个快速发展时期，不但规模将超过"引进来"，而且"走出去"形式将更为多样，产业境外投资、企业国际化经营对经济发展的重要性更加突出，传统的境外工程承包也将更多转向境外基础设施投资运营；三是产业开放平衡，重点扩大服务业开放，通过开放提升国内服务业发展水平、推动制造业升级；四是要素开放平衡，人才、技术、制度等"高端"要素的开放和引进程度将更高，通过更高水平的开放促改革、促发展。

第四，开放层级提高。向国外尤其是发展中国家输出资金、技术、服务、标准、规则、人才等，由简单的货物出口扩展到复杂的多元出口。

二、共建"一带一路"倡议的历程

自 2013 年提出至今，共建"一带一路"倡议从愿景到现实，从谋篇布局到精耕细作，现已经成为惠及全球发展的重要国际公共产品和构建人类命运共同体的重要实践平台。其推进和发展历程主要可分为以下两个阶段：

（一）谋篇布局阶段：从 2013 年到 2017 年

2013 年 9 月，中国国家主席习近平在访问中亚四国期间，首次提出了建设"丝绸之路经济带"的倡议，邀请"丝绸之路"的相关国家在政治、经济、文化等领域开展广泛合作。同年 10 月，习近平主席在访问东盟期间又提出共建"21 世纪海上丝绸之路"的构想。11 月党的十八届三中全会后，正式将"丝绸之路经济带"和"21 世纪海上丝绸之路"结合称为

"一带一路"倡议。2014年12月,中央经济工作会议正式决定将"一带一路"建设与京津冀协同发展、长江经济带一起确定为中国国家三大建设。

2015年是"一带一路"构想完成规划并启动实施之年。2015年3月,为推进其实施,国家发展和改革委员会、外交部、商务部联合发布了《推动共建丝绸之路经济带和21世纪海上丝绸之路的愿景与行动》,为"一带一路"倡议的建设提出了明确的愿景和行动步骤。

此后,中国陆续发布共建"一带一路"发展规划、设想,或做出战略部署。推进"一带一路"建设工作领导小组办公室先后于2016年10月、2017年5月发布《中欧班列建设发展规划(2016~2020)》和《共建"一带一路":理念、实践与中国的贡献》。其中,《共建"一带一路":理念、实践与中国的贡献》对中国政府提出共建"一带一路"倡议的理念、实践发展和做出的贡献做了系统阐述。2017年6月发布的《"一带一路"建设海上合作设想》,是中国政府首次就推进"一带一路"建设海上合作提出中国方案,也是"一带一路"国际合作高峰论坛成果之一。同年10月召开的党的十九大,将"一带一路"建设写入《中国共产党章程》。这充分体现了中国共产党坚定推进"一带一路"国际合作的决心和信心。2018年5月,习近平在主持召开中央外事工作委员会第一次会议时发表重要讲话,进一步明确了共建"一带一路"的未来方向,强调"一带一路"建设是推动构建人类命运共同体的重要实践平台。

在这一阶段,共建"一带一路"合作伙伴网络不断延展。2016年3月,联合国安理会决议首次纳入"一带一路"倡议,呼吁各方积极参与"一带一路"等区域互联互通及经济合作。截至2017年底,中国与86个国家和国际组织签署100份"一带一路"文件。①

(二)精耕细作阶段:2018年至今

2018年8月,习近平出席推进"一带一路"建设工作五周年座谈会并发表重要讲话,提出"一带一路"建设要从谋篇布局的"大写意"转入精耕细作的"工笔画"。这标志着共建"一带一路"倡议由夯基垒台、立柱

---

① 我国与86个国家和国际组织签署百份"一带一路"合作文件 [N]. 新华社,2017-12-23.

架梁阶段，正式向精耕细作的高质量发展阶段迈进。

这一阶段以项目建设为重点。在基础设施建设上，中老铁路、以色列海法新港等重大项目陆续竣工，比雷埃夫斯港、雅万铁路、匈塞铁路等大项目稳步推进。在民生项目上，聚焦农业、减贫、卫生、健康等领域，中国企业与当地政府联合实施了一系列农业技术、安全饮水、沙漠绿化、休闲设施建设等融入民众生活的"小而美"项目。

经过十年的发展，"一带一路"倡议成绩斐然。在战略对接上，截至2023年6月，中国已与152个国家、32个国际组织签署了200多份共建"一带一路"合作文件，涵盖基础设施建设、产能合作、经贸、金融、科技、社会、人文交流、生态环保、抗击疫情等领域①。在重大项目建设上，蒙内铁路、雅万铁路、中老铁路、中巴经济走廊两大公路、巴基斯坦瓜达尔港、中马友谊大桥等一大批重大项目落地。其中，截至2023年6月，中老铁路累计发送旅客1640万人次、货物2100万吨②。中欧班列从2012年开行42列到2022年的1.6万列，2023年上半年发行8641列、运送货物93.6万标箱，同比分别增长16%、30%③。在贸易和投资上，2013~2022年，我国与"一带一路"沿线国家货物贸易额从1.04万亿美元扩大到2.07万亿美元，年均增长8%；同期，我国与沿线国家双向投资累计超过2700亿美元④。

第三节 共建"一带一路"的主要内容

"一带一路"是促进共同发展、实现共同繁荣的合作共赢之路，是增进理解信任、加强全方位交流的和平友谊之路。"一带一路"是发展的倡议、合作的倡议、开放的倡议，旨在同沿线各国分享中国发展机遇，实现

---

① 马相东，王跃生. 以共建创新共同体推进"一带一路"建设走向新阶段 [J]. 中共中央党校（国家行政学院）学报，2023，27（4）：75-84.

② 国铁集团：2022年开行中欧班列1.6万列、发送160万标箱 [N]. 中国新闻社网，2023-01-04.

③ 中欧班列上半年累计开行8641列 发送货物93.6万标箱 [N]. 央广网，2023-07-06.

④ 我国与"一带一路"沿线国家货物贸易额十年年均增长8% [N]. 新华社，2023-03-02.

共同繁荣。

一、"一带一路"的共建原则

《推动共建丝绸之路经济带和 21 世纪海上丝绸之路的愿景与行动》明确提出要坚持共商、共建、共享原则,积极推进沿线国家发展战略的相互对接,同时在"一带一路"建设中坚持五项原则。

(一)恪守联合国宪章的宗旨和原则

遵守和平共处五项原则,即尊重各国主权和领土完整、互不侵犯、互不干涉内政、和平共处、平等互利。

(二)坚持开放合作

"一带一路"相关的国家基于但不限于古代丝绸之路的范围,各国和国际、地区组织均可参与,让共建成果惠及更广泛的区域。

(三)坚持和谐包容

倡导文明宽容,尊重各国发展道路和模式的选择,加强不同文明之间的对话,求同存异、兼容并蓄、和平共处、共生共荣。

(四)坚持市场运作

遵循市场规律和国际通行规则,充分发挥市场在资源配置中的决定性作用和各类企业的主体作用,同时发挥好政府的作用。

(五)坚持互利共赢

兼顾各方利益和关切,寻求利益契合点和合作最大公约数,体现各方智慧和创意,各施所长,各尽所能,把各方优势和潜力充分发挥出来。

二、"一带一路"的合作内容

2013 年 9 月 7 日,习近平在哈萨克斯坦纳扎尔巴耶夫大学发表题为

《弘扬人民友谊共创美好未来》的重要演讲，提出构建"丝绸之路经济带"要创新合作模式，加强"五通"，即政策沟通、道路联通、贸易畅通、货币流通和民心相通，以点带面，从线到片，逐步形成区域大合作格局。在2015年发布的《推动共建丝绸之路经济带和21世纪海上丝绸之路的愿景与行动》正式将"五通"定为政策沟通、设施联通、贸易畅通、资金融通、民心相通。

（一）政策沟通

政策沟通是共建"一带一路"的重要保障和行动先导，旨在通过战略对接、制度规则互通和理念协调，达到为基础设施建设、产业合作、贸易、投资等方面的合作清除障碍、保驾护航的目的。这包括三个层次的沟通与对接。

（1）"一带一路"沿线国家发展建设以及区域发展建设对接。除"一带一路"倡议外，沿线国家均有本国的发展战略和区域规划，例如，俄罗斯提出的"欧亚经济联盟"、哈萨克斯坦的"光明之路"、土耳其的"中间走廊"、蒙古国的"发展之路"、越南的"两廊一圈"、波兰的"琥珀之路"等。因此，在"一带一路"框架下，中国要积极同有关国家协调政策。

（2）建立双多边以及地区联合工作机制。中国与沿线国家和地区有效沟通协调，为与沿线国家深化合作开绿灯，解决全方位互联互通的制度、政策、标准等规范的衔接问题，为大型项目实施提供政策支持。截至2022年底，中国已与151个国家、32个国际组织签署了200余份共建"一带一路"合作文件，涵盖基础设施建设、产能合作、经贸、金融、科技、社会、人文交流、生态环保、抗击疫情等领域[①]。

（3）深化中国同各国际组织间的合作。共建"一带一路"倡议与东盟的"互联互通总体规划"、非盟的"2063年议程"、亚太经合组织的"互联互通蓝图"、欧盟的"欧亚互联互通"、联合国的"2030可持续发展倡议"等战略进行有效对接，使共建"一带一路"倡议及其共商共建共享的

---

① 周进．共建"一带一路"：发展历程、主要成果与重要经验［J］．当代中国史研究，2023，30（3）：4-20，150.

核心理念成为全球治理的重要共识。

（二）设施联通

设施联通是共建"一带一路"的重要基础和优先领域，主要包括交通、能源和通信三方面的互联互通。加强基础设施建设规划的对接，推进国际骨干通道建设，构建一个横跨欧亚大陆的铁路、公路、海上航线、空中航线、油气管道、输电线路、通信光缆和互联网等全方位互联互通的设施网络。基础设施互联互通，既能够促进沿线各国的发展，又增进各国间的相互联系，为世界经济复苏和强劲增长注入强大动能。世界银行2019年的研究报告显示，若共建"一带一路"框架下的交通基础设施项目全部得以实施，到2030年每年有望为全球产生1.6万亿美元的收益，占全球经济总量的1.3%①。

"一带一路"沿线国家有着大规模发展基础设施的强烈需求。"一带一路"沿线大部分国家是新兴和发展中经济体，基础设施薄弱，金融危机后，一些传统的外向型国家走上了经济转型之路，随着各国工业化、城市化和区域经济一体化进程的不断加快，对城市基础设施和公共服务的有效供给产生了巨大需求；沿线的发达经济体由于其现有的基础设施过于陈旧老化，已不适应经济高速发展的需要，有待尽快更新换代。中国政府鼓励实力强、信誉好的企业走出国门，在"一带一路"沿线国家开展铁路、公路、港口、电力、信息通信等基础设施建设，中老昆方铁路（以下简称中老铁路）全线建成通车，希腊比雷埃夫斯港、雅万高铁、匈塞铁路等重点项目取得积极进展，瓜达尔港、汉班托塔港等合作港口建设运营良好。2022年，我国企业在"一带一路"沿线国家承包工程完成营业额849.4亿美元，新签合同额1296.2亿美元，分别占总额的54.8%和51.2%，为高质量共建"一带一路"作出了积极贡献②。

（三）贸易畅通

贸易畅通是共建"一带一路"的重点内容和促进开放包容发展、福利

---

① 共建"一带一路"朋友圈越来越大 [N]. 人民日报, 2023-01-12.
② 2022年我国对外投资平稳发展 [N]. 中国一带一路网, 2023-02-21.

增长的重要途径，致力形成互利共赢、多元平衡、安全高效的开放型经济体系，为推动世界经济持续发展提供强大动力。重点建设内容包括：推进贸易投资便利化和自由化、加强我国与沿线国家和地区之间的经济技术合作和产业合作、建设境外经贸合作区并共同商建自由贸易区。其中最重要的是，要大力发展普惠贸易、绿色贸易、跨境电商货物和服务贸易，造福于沿线民众。

十年来，中国国际进口博览会（以下简称"进博会"）、中国进出口商品交易会（以下简称"广交会"）、中国国际服务贸易交易会（以下简称"服贸会"）等多元贸易平台成功搭建，新技术、新业态、新商业模式不断涌现，跨境电商进出口保持高速增长，推动着贸易模式的不断创新，"丝路电商"异军突起，一批海外仓在沿线国家和地区建成投运，成为推动"一带一路"贸易畅通的新生力量。

（四）资金融通

资金融通是共建"一带一路"的重要支撑。这既是对贸易畅通和设施联通的有力保障，也是帮助贫困人口通过获得金融服务摆脱贫困、增加收入从而降低生活脆弱性的重要手段。自"一带一路"倡议提出后，中国发起创建了亚洲基础设施投资银行（以下简称"亚投行"）、设立了丝路基金等多边融资、投资平台，引领国际商业资本投入"一带一路"建设项目。截至 2022 年，亚投行成员已扩大到 106 个，批准了 202 个项目，融资总额超过 388 亿美元，带动资本近 1300 亿美元[①]。同时，中国—中东欧银联体、中国—阿拉伯国家银行银联体等多边金融合作机制相继建立。

在货币合作方面，截至 2022 年 7 月底，我国累计与 20 多个沿线国家建立双边本币互换安排，在 10 多个共建"一带一路"国家建立了人民币清算安排[②]。人民币跨境支付系统（CIPS）的业务量和影响力稳步提升，人民币国际化水平也得到不断推进。这些新型金融机制同世界银行等传统多边金融机构各有侧重、互为补充，形成层次清晰、初具规模的"一带一

[①] 亚洲基础设施投资银行开业七周年 项目遍布全球 33 个国家 [N]. 央广网，2023 - 01 - 16.

[②] 高质量共建"一带一路" [N]. 一带一路网，2022 - 10 - 13.

路"金融合作网络。

在双向投资方面,2013~2022 年,中国与沿线国家双向投资累计超过 2700 亿美元。其中,中国企业在沿线国家建设的境外经贸合作区累计投资达 571.3 亿美元,为当地创造了 42.1 万个就业岗位[1];中国企业在"一带一路"沿线国家非金融类直接投资 209.7 亿美元,同比增长 3.3%,占同期总额的 17.9%[2]。十年来,共建"一带一路"拉动近万亿美元投资规模,形成 3000 多个合作项目[3]。

(五) 民心相通

民心相通是共建"一带一路"的社会根基,是最基础最结实最持久的互联互通。"一带一路"旨在建立互利互惠共同体,让广大民众共享经济发展成果。在此背景下,通过加强沿线国家之间的文化交流、人才往来,为深化双多边合作奠定坚实的民意基础。中国每年将向沿线国家提供 1 万个政府奖学金名额;合作打造国际精品旅游线路;共建联合实验室(研究中心)、国际技术转移中心、海上合作中心;增加青年就业、创业培训、职业技能开发、减贫等交流合作等。通过一系列交流互鉴行动,适应并促进"一带一路"从愿景阐释到实施细节中攻坚克难、问题研究的转变。

三、"一带一路"的合作框架

"一带一路"是促进共同发展、实现共同繁荣的合作共赢之路,是增进理解信任、加强全方位交流的和平友谊之路。中国政府倡议,秉持和平合作、开放包容、互学互鉴、互利共赢的理念,全方位推进务实合作,打造政治互信、经济融合、文化包容的利益共同体、命运共同体和责任共同体。

(一) 合作方向

"一带一路"贯穿亚欧非大陆,一头是活跃的东亚经济圈,另一头是

---

[1] 胸怀天下 互通互鉴促进共同发展 [N]. 光明日报,2023 - 03 - 07.
[2] 2022 年我国对外投资平稳发展 [N]. 中国一带一路网,2023 - 02 - 21.
[3] 就中国外交政策和对外关系回答中外记者提问 [N]. 人民日报,2023 - 03 - 08.

发达的欧洲经济圈,中间广大腹地国家经济发展潜力巨大。结合古代陆海丝绸之路的走向,共建"一带一路"确定了五大方向。其中,"一带一路"中的丝绸之路经济带(以下简称"一带")包括北线、中线、南线三个方向:北线主要为中国西北、东北经中亚、俄罗斯至欧洲、波罗的海;中线主要为中国西北经中亚、西亚至波斯湾、地中海;南线为中国西南经中南半岛至印度洋。21世纪海上丝绸之路(以下简称"一路")包括两个方向:中国沿海港口过南海,经马六甲海峡到印度洋,延伸至欧洲;中国沿海港口过南海,向南太平洋延伸(见图1.1)。由此可见,"一带一路"是海陆统筹联动发展的。"一带"主要着眼于向西开放,建立从中国西部到中亚、俄罗斯、西亚、非洲至欧洲的陆路连通,加强各国间的物理连通,降低货物运输成本。"一路"则侧重于从海上由东向西开放,构建经东南亚、南亚、印度洋至欧洲的海上运输通道,加强各国对海洋资源的合理利用和开发,深化在海洋环保、航道安全、海上搜救、海洋科技等领域的合作。

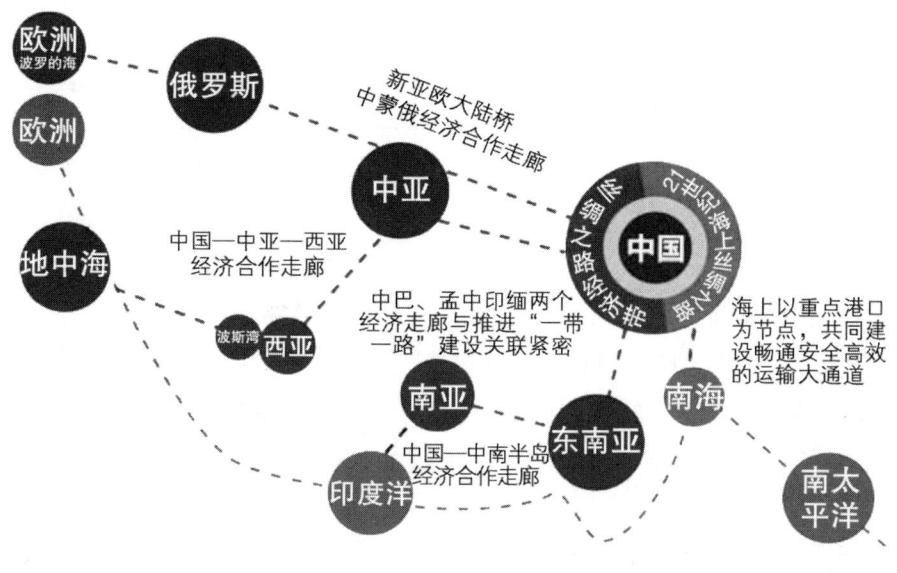

图1.1 "一带一路"框架

资料来源:中国一带一路网。

在产业合作方向上,"一带"建设依托国际大通道,以沿线中心城市为支撑,以重点经贸产业园区为合作平台,包括新亚欧大陆桥、中蒙俄、中国—中亚—西亚、中国—中南半岛四大经济合作走廊；"一路"以重点港口为节点，以海陆通道建设为核心，包括中巴、孟中印缅两个经济走廊。

（二）六廊六路多国多港

2017年5月发布的《共建"一带一路"：理念、实践与中国的贡献》说得很清楚："六廊六路多国多港"是共建"一带一路"的主体框架，为各国参与"一带一路"合作提供了清晰的导向。其中，"六廊"是指中蒙俄、新亚欧大陆桥、中国—中亚—西亚、中国—中南半岛、中巴和孟中印缅国际经济合作走廊；"六路"是指铁路、公路、水路、空路、管路、信息高速路互联互通路网；"多国"是指一批先期合作国家；"多港"是指若干保障海上运输大通道安全畅通的合作港口。

新亚欧大陆桥经济走廊。新亚欧大陆桥经济走廊由中国东部沿海向西延伸，经中国西北地区和中亚、俄罗斯抵达中东欧。新亚欧大陆桥是东起连云港西至荷兰鹿特丹港的国际化铁路交通干线，出境后可经3条线路（北线、中线、南线）抵达荷兰的鹿特丹港，全长10900公里，比西伯利亚大陆桥缩短了路上运距2000～5000公里，辐射亚欧大陆30多个国家和地区[①]。新亚欧大陆桥经济走廊建设以中欧班列等现代化国际物流体系为依托，重点发展经贸和产能合作，拓展能源资源合作空间，构建畅通高效的区域大市场。

中蒙俄经济走廊。中蒙俄经济走廊有两个通道，一是从华北京津冀到呼和浩特，再到蒙古国和俄罗斯；二是东北通道，沿着老中东铁路从大连、沈阳、长春、哈尔滨到满洲里和俄罗斯的赤塔。中蒙俄经济带的建设对中国的华北地区和东北地区拉动作用非常明显，既是全方位深化与俄罗斯、蒙古国合作的重要通道，也是联通东亚经济圈和欧洲经济圈的重要桥梁。

中国—中亚—西亚经济走廊。中国—中亚—西亚经济走廊由中国西北地区出境，向西经中亚至波斯湾、阿拉伯半岛和地中海沿岸，辐射中亚、西亚和北非有关国家。目前该经济走廊由新疆出发，抵达波斯湾、地中海

---

① 新亚欧大陆桥中国段铁路12月31日全线实现电气化［N］. 新华网，2013-01-02.

沿岸和阿拉伯半岛，主要涉及中亚五国（哈萨克斯坦、吉尔吉斯斯坦、塔吉克斯坦、乌兹别克斯坦、土库曼斯坦）、伊朗、土耳其等国。

中国—中南半岛经济走廊。中国—中南半岛经济走廊以中国西南为起点，连接中国和中南半岛各国，是中国与东盟扩大合作领域、提升合作层次的重要载体。具体地说，它自昆明、南宁起，以沿线经济中心城市和口岸为节点，联通中国、越南、老挝、缅甸、泰国、柬埔寨、马来西亚等国家抵达新加坡，是连接中国和东南亚、南亚地区的陆海经济带。

中巴经济走廊。中巴经济走廊是共建"一带一路"的旗舰项目，起点在喀什，终点在巴基斯坦瓜达尔港，在空间范围上包括中国新疆维吾尔自治区和巴基斯坦全境，是一条包括公路、铁路、油气和光缆通道在内的贸易走廊。

孟中印缅经济走廊。孟中印缅经济走廊连接东亚、南亚、东南亚三大次区域，沟通太平洋、印度洋两大海域。这条经济走廊的建设将惠及中国西南、缅甸、孟加拉国、印度等国家和地区16亿人口，辐射东南亚和印度洋沿岸的西亚、非洲地区等22亿人口的大市场，还将填补东亚、东南亚与南亚贸易与经济发展的断裂带，将给沿线国家和地区的发展带来前所未有的历史机遇。

四、"一带一路"的合作路径

（一）签署双边合作协议

有意愿合作的国家可以与中国政府签署具有法律效力的合作框架协议、备忘录和中长期发展规划，对接建设规划、衔接质量技术体系、促进运输便利化、推动项目建设、联通能源设施、打造信息网络。通过协商协议建设一批双边合作示范，争取早期收获。

（二）依托多边合作机制

中国欢迎各国积极参与亚投行、丝路基金、中国—中欧合作基金、中国—亚欧经济合作基金、中国—东盟海上基金、中国—东盟合作基金和周边友好交流专业基金等。同时，中国期望同各方一道，通过主办"一带一路"国际合作高峰论坛寻求合作共识。并且,积极发挥上海合作组织、中国—东盟"10+1"、亚太经合组织、亚欧会议、亚洲合作对话、亚信会议、中阿合作论坛、中国—海合会战略对话、大湄公河次区域经济合作、中亚区域经济合作等现有多边合作机制作用,让更多国家和地区参与"一带一路"建设。中国正热忱欢迎各国政府企业及个人积极参加中国—东盟博览会、中国—亚欧博览会、中国—阿拉伯国家博览会、中国—南亚博览会及中国—中东欧国家投资贸易博览会等大型展及相关活动。

(三)以项目实现合作

"一带一路"合作不拘泥于文本协议,不浮于口头表态,而是以实际落地项目促成合作的达成。通过"一带一路"合作平台,各国政府希望助力各国的基础设施建设、民生建设、科技能力建设、可持续发展建设等。

(四)搭建或加入合作联盟

中国鼓励各方积极搭建与"一带一路"相关的智库联盟、高校联盟、行会联盟、企业联盟及民间社团联盟等。共商共议、群策群力、凝聚智慧,以加强各方合作、整合各方资源,共同推动"一带一路"建设。

五、"一带一路"倡议的基本内涵

从内涵上看,"一带一路"的实质是传承古丝绸之路"和平合作、开放包容、互学互鉴、互利共赢"的丝路精神,以现有的双边、多边合作机制和"一带一路"沿线不同区域既有的合作平台为基础,以和平发展为目标,通过沿线国家之间的贸易、金融、产业、文化合作,共同打造政治互信、经济融合、文化包容的利益共同体、命运共同体和责任共同体。具体而言,经过十年的发展,"一带一路"倡议已经形成了多方面丰富的内涵。

(一)"一带一路"是务实合作平台,而非地缘政治工具

"一带一路"秉持"和平合作、开放包容、互学互鉴、互利共赢"的丝路精神,因此它是以平等、和平为基础,加强相关国家的全方位、多层

面的合作，发掘相关国家的发展潜力与比较优势，共同进步、共同发展，形成相关国家紧密结合的利益共同体。参与"一带一路"建设的国家之间没有等级之分，没有强弱之分，既不针对第三方，也不以地缘政治博弈作为建设手段，而是通过广泛的合作，搁置矛盾，扩大利益交集，减少冲突。2018年11月，国家主席习近平在亚太经合组织工商领导人峰会上的主旨演讲中指到，"共建'一带一路'是开放的合作平台，秉持的是共商共建共享的基本原则，没有地缘政治目的，不针对谁也不排除谁，不会关起门来搞小圈子，不是有人说的这样那样的所谓'陷阱'，而是中国同世界共享机遇、共谋发展的阳光大道"。从经济学理论角度看，"一带一路"实际上是经济一体化，是一个动态的各方共同参与、不断加深经济联系的过程或状态。

（二）"一带一路"是开放性合作倡议，而非封闭性的结盟体系

开放是"一带一路"倡议的建设方向，相关国家在"一带一路"的框架下，在政治互信的前提下，互相开放、彼此包容。首先从开放对象来看，"一带一路"倡议在空间上是开放包容的，它基于但不限于古代丝绸之路的范围，所有有意愿的国家和国际、地区组织均可参与，让共建成果能惠及更广泛的区域。其次从开放内容来看，"一带一路"倡议包括流动性开放和制度性开放，并强调从流动性开放到制度性开放。流动性开放是商品和要素的跨境流动，制度性开放注重规则、标准、资质和知识产权等"软联通"。制度性开放是西方发达国家的传统优势，过去500年，发达国家通过金融、规则、标准和价值观等建立了制度性话语权。发展中国家在开放初期只能选择单向的流动性开放，靠商品、要素、能源资源和劳动力成本优势进行交易。因此，全面开放新格局，是以"一带一路"建设为重点，从推动商品和要素流动性开放到更加重视以规则为核心的制度性开放。

（三）"一带一路"是共商共建共享的联动发展倡议，而非中国的对外援助计划

"共商"即各国共同协商、深化交流，加强各国之间的互信，共同协

商解决国际政治纷争与经济矛盾。中国顺应世界潮流，尊重各国主权，倡导国家不分大小强弱、贫富一律平等，通过共同协商达成政治共识、寻求共同利益。"共建"即各国共同参与、合作共建，分享发展机遇，扩大共同利益，从而形成互利共赢的利益共同体。"一带一路"建设是促进全球共同发展的中国方案，它不是中国的独奏曲，而是相关国家共同参与的协奏曲，是实现优势互补、追求互利共赢的合作共建。"共享"即各国平等发展、共同分享，让世界上每个国家及其人民都享有平等的发展机会，共同分享世界经济发展成果。

"一带一路"倡议不是援助计划，不是安全同盟，更不是中国版的"马歇尔计划"，它坚持各国间政府推动、企业参与市场化运作。2017年5月《"一带一路"国际合作高峰论坛圆桌峰会联合公报》中强调了建设"一带一路"的基本原则，其中就包括市场原则，即充分认识市场作用和企业主体地位，确保政府发挥适当作用，政府采购程序应开放、透明、非歧视。可见，"一带一路"建设的核心主体与支撑力量并不在政府，而是企业，根本方法是遵循市场规律，并通过市场化运作模式来实现参与各方的利益诉求，政府在其中发挥构建平台、创立机制、政策引导等指向性、服务性功能。

（四）"一带一路"是现有国际合作机制的对接、补充和升级，而非完全替代

"一带一路"建设是在现有的区域合作机制和相关国家发展战略的基础上，深化发展战略的对接，凭借不同的要素禀赋加快"一带一路"框架下相关国家的政治、贸易、经济和文化合作，提升区域内相关国家的经济发展能级，推动区域深度整合。2015年《推动共建丝绸之路经济带和21世纪海上丝绸之路的愿景与行动》中指出，"一带一路"将恪守联合国宪章的宗旨和原则，遵守和平共处五项原则。其理念和方向，与联合国《2030年可持续发展议程》高度契合，与《东盟互联互通总体规划》、非盟《2063年议程》、欧盟"欧亚互联互通战略"等全球和区域合作机制形成了有效对接。因此，"一带一路"的倡议拓展了现有合作机制的广度，促进了国际合作机制的纵深发展。

(五)"一带一路"建设是促进人文交流的桥梁,而非触发文明冲突的引线

"一带一路"跨越不同区域、不同文化、不同宗教信仰,但它带来的不是文明冲突,而是各文明间的交流互鉴。"一带一路"在推进基础设施建设,加强产能合作与发展战略对接的同时,也将"民心相通"作为工作重心之一。通过弘扬丝绸之路精神,开展智力丝绸之路、健康丝绸之路等建设,在科学、教育、文化、卫生、民间交往等各领域广泛开展合作,"一带一路"建设民意基础更为坚实,社会根基更加牢固。因而,"一带一路"建设就是要以文明交流超越文明隔阂、文明互鉴超越文明冲突、文明共存超越文明优越,为相关国家民众加强交流、增进理解搭起了新的桥梁,为不同文化和文明加强对话、交流互鉴织就了新的纽带,推动各国相互理解、相互尊重、相互信任。

【专栏】

"一带一路"并非中国霸权

美国耶鲁大学高级研究员伊曼纽尔·莫里斯·沃勒斯坦是著名的社会学家,他将现代世界体系看成是一个由经济体系、政治体系和文化体系三个基本维度构成的复合体,其运行的逻辑是"中心—边缘"秩序,"一体化"与"不平等"是其最主要的特征。在经济体系中,世界性劳动分工体系与世界性商品交换关系两条主线将各个国家牢牢地黏结在庞大的世界经济网中,形成了"中心—半边缘—边缘"的层级结构,"中心"拥有生产和交换的双重优势,对"半边缘"地区和"边缘"地区进行经济剥削。其中,英国、美国等发达国家居于体系的"中心",一些中等发达程度的国家属于体系的"半边缘"地区,而亚非拉等发展中国家则处于这一体系的"边缘"地区。在政治体系中,追求霸权地位是"中心"的共同目标;在文化体系中,以"中心"国的文化凌驾于多元的民族文化之上,营造了一种全球趋同的文化氛围。

美国政府提出的"新丝绸之路"承袭"中心—边缘"秩序的理念,而中国政府提出的"一带一路"倡议打破了资本主义世界认可的"中心—

边缘"秩序，主张"互利共赢"和"去中心"，即通过互联互通将边缘地带打通成节点，节点与节点之间形成网格，每个国家都是一个"自中心"，以此实现公平与普惠。"一带一路"的大多数重点项目都建在边缘或半边缘国家，如中亚五国和中东欧十六国等。例如，中老铁路、亚吉铁路、中欧班列、匈塞铁路等项目使东南亚的老挝、非洲的埃塞俄比亚和中东欧的塞尔维亚等"内锁国"可以连通海洋，共享全球化红利。"一带一路"倡导的是一种新型的国家关系和世界秩序。在政治体系中，"一带一路"强调"去中心"和"非极化"，以共商、共建、共享为原则，不追求霸权地位。在文化体系中，西方价值观趋"同"，追求外界对其价值观和意识形态的认同和趋同；"一带一路"则强调"通"，承认差异，据此构建相互欣赏、相互理解和相互尊重的人文格局。

课后思考题

针对"一带一路"，国际上存在着诸多认知误区，包括：(1)"一带一路"划定了65个沿线国家；(2)"一带一路"就是中国单向"走出去"；(3) 和中国签订"一带一路"合作文件可以换取政治利益；(4)"一带一路"是中国"群发红包"，其他国家"抢红包"；(5) 参与中国的"一带一路"会令合作国家陷入债务危机；(6)"一带一路"是中国说了算、制定规则；(7) 中国借"一带一路"输出意识形态；(8)"一带一路"是中国的地缘政治工具；(9) 中国借"一带一路"转移落后过剩产能；(10)"一带一路"是中国版的马歇尔计划。请试着解释这些误区错在哪里？

第二章
"一带一路"沿线国家的国别差异

"一带一路"倡议，对于中国和沿线国家来说，是机遇更是挑战。首先，由于各国都是作为独立的国家主体，所以各个国家的政治、经济和法律制度也一定不尽相同。尽管欧洲大陆上许多国家的法律都有同一起源，但经过长时间以来的国家分裂和兼并，目前欧洲各国也都有不完全相同的独立制度体系。其次是各国目前发展的阶段不同，这也存在着一个不可回避的现实问题，即自二战后布雷顿森林体系形成直至解体以来，形成了一个以美国为中心，以发达国家为主导的国际贸易体系，这让发展中国家的发展较为被动。

引导案例

欧亚一体化

欧亚经济联盟成立于2015年，成员国包括俄罗斯、哈萨克斯坦、白俄罗斯、吉尔吉斯斯坦和亚美尼亚。

2023年5月24日，欧亚经济联盟第二届欧亚经济论坛在俄罗斯首都莫斯科开幕，本届论坛主题为"多极化世界中的欧亚一体化"，主题涵盖经贸合作、能源安全、数字转型、技术合作、气候变化等方面。

俄罗斯总统普京当天出席论坛全会并致辞。普京表示，欧亚经济联盟支持将其框架内的一体化进程与"一带一路"倡议对接。他认为，当今全球正发生深刻而根本性的变革，越来越多的国家采取加强国家主权的方针，奉行独立自主的内政外交政策，坚持自身发展模式，倡导建立更公平的新型国际经济关系架构，寻求建设性的影响全球进程，扩大基于互利、尊重和考虑彼此利益的伙伴关系网络。俄罗斯和欧亚经济联盟的伙伴遵循上述方针，欢迎真诚、富有成效和务实的合作。他说，国际社会大部分国家都赞同建立更为公平的国际经济关系，只有通过国际金融体系去单极化，世界经济才能受益。美国在当今世界经济中所实行的政策其实是"搬起石头砸自己的脚"。

资料来源：第二届欧亚经济论坛召开——深化欧亚地区一体化［N］．经济日报，2023-05-27．

第一节 政治、经济、法律与社会差异

想要推测一个国家未来的经济走势如何，我们可以从政治和法律入手，从政治体制中我们可以得知这个国家的经济主体是什么，从法律中我们可以了解这个国家重视谁的利益。故而全方位地了解不同国家的经济、政治和法律差异帮助我们更好地了解各国的国际经济活动。本节会重点介绍沿线各国在政治、经济和法律制度上存在的差异，也会简略概括存在这种差异的原因，同时也会引用一些实际的案例来佐证这些差异存在的影响。

一、政治体制

一国的经济体制和法律体系取决于该国的政治体制。因此，我们在研究一国的经济体制和法律体系时首先要了解该国的政治体制。所谓政治体制，是指政权的组织形式，即统治阶级采取什么样的方式来组织自己的政权机关。政治体制是政治制度的体现。广义的政治体制概念涵盖了政治制度的各个方面，既包括政权组织形式，还包括国家与社会，国家与人民的关系，在中文文献中与经济体制改革对应，通常用于政治体制改革的讨论；狭义的概念就是指国家权力的配置方式，西方文献中主要是指政府组织形式（form of government），马克思主义文献通常指国家政权的组织形式，二者并无实质区别。政治体制一般可以用两个相关的指标来加以考察，即对集体主义与个人主义的重视程度和其民主或集权的程度。这两个指标是相互关联的，强调集体主义的体制一般倾向于集权，强调个人主义的体制则一般倾向于民主。然而两者之间也存在着一大片灰色区域，一个

民主的国家可能既强调集体主义，也重视个人主义。同样，一个集权的社会可能并不是集体主义的。

（一）集体主义与个人主义

1. 集体主义

集体主义，是主张个人从属于社会，个人利益应当服从集团、民族和国家利益的一种思想理论。集体主义的根本立场就是集体利益高于个体利益，当个体利益和集体利益发生冲突时，个体利益要服从集体利益。

集体主义可以分为水平集体主义和纵向集体主义。水平集体主义强调在相对平等的个人之间的集体决策，因此通常是建立在权力下放的基础上的。纵向集体主义是以权力的等级结构和道德文化的一致性为基础的，因此是以权力集中为基础的。

坚持集体主义原则，与承认正当的个人利益是一致的，不论是以集体主义否定正当的个人利益，或是以个人利益反对集体主义，都是错误的。集体主义首先要求人们要为社会集体利益的发展作出自己的贡献；集体主义原则尊重劳动者正当的个人利益，尊重劳动者个人才能的充分发挥。

2. 个人主义

个人主义是一种强调个人自由、个人利益，强调自我支配的政治体制。个人主义主张国家应该主要作为保护个人自由的工具，保护个人能在不侵犯他人同等自由的情况下做出任何他想做的事情。集体存在的意义不是集体本身，而是每个成员的自由发展。这与集体主义的理论相反，集体主义要求个人必须为社会的整体利益服务。个人主义者将社会视为是"许多个人一起运作"以改进他们各自幸福的架构。每个独立的个人不该被强制视为是统一的团体里的一分子。事实上，每个人本身都是一个独立的个体，而社会是透过这些个体所组成的一个架构。而国家则是组织化的社会形式，借由法律来"保护个人自由"（由国家提供保护服务）。也因此，个人主义的政治理念通常倾向于提倡保护或保障个人自由的法律，并反抗将个体置于群体之下的法律。

（二）民主与集权

民主和集权是政治的两个不同的端点。民主（democracy）是指人民所享有的参与国家事务和社会事务管理或对国事自由发表意见的权利。在该制度中,政府是由人民直接选举或通过其所选代表间接选举出来的。集权(totalitarianism)是指决策权力和行动决定完全保留最高管理者决定,是决策发生在组织高层的程度。在该制度中,个人或一个政党对人类生活的各个方面都拥有绝对的控制权,政治反对党派是受到限制的。民主、集权和集体主义、个人主义是有相关性的,民主和个人主义往往形影相随,而集体主义通常与集权主义相连。但是灰色地带总是存在的,可能有一个民主国家以集体主义价值为主导,也可能有一个集权国家敌视集体主义而鼓励一定程度的个人主义,尤其是在经济领域。

 案例分享

缅甸密松水电站建设之艰

缅甸伊洛瓦底江密松水电站位于缅甸北部的克钦山区,距克钦邦首府密支那约30公里,密松水电站是中国电力投资集团公司(以下简称"中电投集团")以 BOT(build – operate – transfer,即建设—经营—转让)方式投资兴建的缅甸伊洛瓦底江上游流域 7 个梯级电站中的最下游的一座,由中电投云南国际电力投资有限公司、缅甸第一电力部及缅甸亚洲世界公司共同投资开发,该电站装机容量 600 万千瓦,年均发电能力约 308 亿千瓦时,是目前缅境内规划装机容量最大的电站。密松水电站项目早在 1952 年就提出建设,但因缅自身的技术、资金、电力市场等因素,一直无法开发。直到 2006 年 10 月,第三届中国东盟峰会期间,缅甸总理正式邀请中国电力投资集团公司投资开发伊江上游水电项目。2009 年 3 月中缅两国政府签署了水电协议,双方支持中国电力投资集团(以下简称"中电投")投资开发伊江上游水电项目,2009 年 6 月,中电投与缅电力部签署了项目协议备忘录。2009 年 12 月,密松水电站开发建设及运行合资协议签署,但 2011 年 9 月 30 日,缅甸总统吴登盛突然致函议会,单方面宣布任期内暂时搁置密松水电项目,此时距项目开工建设不足两年,密松水电站至今没有重新开工的迹象。由于项目暂停,中缅双方都受到了巨大的损失。主要投资方中电投首当其冲,70 亿元前期投资自不待言,这些资金的财务付息和人员维护费还以每年 3 亿元的速度递增。同时，公司面临供应商、施工单位等有关合同方巨额违约索赔。

这个案例背后的主要原因之一是企业只注重了与政府的沟通，而忽视了与其他势力、民众的沟通。缅甸是一个多民族的国家，共有 8 大族群，135 个民族。从国家结构划分上说，缅甸共有 7 个省和 7 个邦。7 个邦的命名就是根据居住于此的少数民族名称而来的。缅甸各个邦的位置大多处于偏远地区，经济发展水平较低，拥有较大自治权利和许多实际上独立于中央政府的武装，少数民族武装与政府武装之间经常发生冲突。密松水电站所在的区域属于克钦独立军的势力范围。克钦独立军是缅甸最大的民族自治武装之一，是缅北实力最强的民族自治武装之一，数十年来一直对抗缅甸"联邦政府"军。而密松库区建设的水面抬升将淹没相当于 300 多平方公里的土地面积，大坝的建成，将在上游地区淹掉克钦独立军的一部分辖区，压缩与缅政府对抗的战略空间。此外，缅方将来从水电站获得的收入全由缅甸政府代表国家获得，克钦独立军分不到任何好处，还要损失利益，所以遭到了克钦独立军的竭力反对，再加上有教会势力渗透的反水坝组织常年活动，编造丑化中国企业的负面消息，并通过媒体影响当地民众。一时间，对于密松水电站项目，国际舆论批评它，缅甸国内民间组织反对它，附近民众的不同诉求朝向它，克钦地方和缅甸中央的利益纠缠也统统指向它。

中国企业如要持续进入缅甸，必须要适应缅甸复杂的政治局面，不仅要获得政府的许可，还要获得民意、社会的支持，只有这样才能确保项目的顺利进行，企业才能在缅甸扎根。

资料来源：哈嘉莹，尚晓燕. 中国文化元素与企业国际化战略："一带一路"沿线的中国企业 [M]. 北京：对外经济贸易大学出版社，2017.

二、经济体制

经济体制（economic structure）指在一定区域内（通常为一个国家）制定并执行经济决策的各种机制的总和。通常指国家经济组织的形式，它规定了国家与企业、企业与企业、企业与各经济部门之间的关系，并通过一定的管理手段和方法来调控或影响社会经济流动的范围、内容和方式等。简言之，经济体制就是资源配置的具体方式或制度模式。上文提到政治体制决定经济体制，我们将政治体制以集体主义和个人主义两个相关指标来衡量，相应的经济体制就主要分为三种类型——市场经济、计划经济和混合经济。

（一）市场经济

市场经济顾名思义是以市场决定资源配置为基础的一种经济体制。在市场经济中，市场对资源配置起决定性作用。一个国家生产什么商品和提供什么样的服务以及生产多少不是由任何计划确定的，而是由供求关系决定的，并通过价格机制将信息传递给生产者。如果商品的需求超过供给，则价格上升，此时生产者应扩大生产；如果供给超过需求，则价格下跌，表明生产者应减少生产。在这一机制中消费者和生产者是通过供求直接联系的。但在市场经济实践中，我们发现市场也有着盲目性、滞后性、自发性等弊端。

（二）计划经济

计划经济又称指令性经济、命令经济（command economy），是政府做出所有关于生产和分配决策的经济，是对生产、资源分配和产品消费事先进行计划的一种体制。在计划经济中，政府拥有相当大部分的生产资料（土地和资本），也拥有大多数行业企业，并指导其生产经营；政府成为大多数工人的雇主，告诉他们如何工作；计划经济中的政府决定社会的产出如何在不同的物品与劳务之间进行分配。

与集体主义意识形态一致，计划经济的目标是由政府分配资源以实现"社会利益"。另外，在纯粹的计划经济中，一切工商企业均归国家所有，其基本原理是，政府能够直接按国家利益最大化的原则进行投资，而不是按个人的利益进行投资。从历史上看，计划经济存在于社会主义国家，在这些国家中集体主义目标优先于个人主义目标。20世纪80年代末期以来，实行计划经济的国家数量大幅下降。计划经济中的一些因素在许多由具有社会主义倾向的政府领导的民主国家也很常见，法国和印度都经历了广泛的政府计划和国有化运动，尽管政府计划在两国均陷入不利的局面。

尽管计划经济的目标是为了公共利益而利用经济资源，然而在实际中，国有企业对控制成本和提高效率缺乏动力，因为企业不会破产。而且私有制的取消意味着不存在激励机制去鼓励个人寻求更好的满足消费者需求的方式。因此，计划经济缺乏动力和创新，取代经济增长和繁荣的是经济趋于停滞。

（三）混合经济

就经济体制来说，一个国家处于计划经济体制阶段还是处于市场经济体制阶段，又或是处于由计划经济体制向市场经济体制转型的阶段，其投资环境是不同的。不同的经济体制对国际商务活动有不同的影响。在市场经济条件下，企业可根据自身的经济目标和条件，在价格信号的引导下，自主地确定商务活动的战略，商务环境较宽松；而在计划经济条件下，资源的分配和产品的生产都要由计划部门统筹安排，企业自主性小，从事商务活动比较困难。

除了纯粹的市场经济和纯粹的计划经济，还有一种介于两者之间的混合经济体制。混合经济诞生的前提之一是在市场经济和计划经济实践中，二者的局限性都日渐显现，为了弥补纯粹的市场经济和计划经济在实践中产生的不足，部分国家开始使用混合经济体制。在混合经济中，一部分体现了私有制和自由市场机制的特点，另一部分体现了国有制和政府计划机制的特点。在这一体制下，由于一些企业的持续经营被认为对国家利益极为重要，所以当这些企业面临财务困难时，政府倾向于将它们收归国有，如德国天然气进口商尤尼珀公司。德国市场上四成天然气由尤尼珀公司供应，其经营状况对德国大型企业和个人消费者有重要影响。由于俄罗斯大幅削减对德供气，尤尼珀公司被迫额外投入大量资金从其他渠道购买天然气，最终难以为继，促使德国政府2022年7月宣布注资150亿欧元的救援计划，但事实证明，这些钱不足以让这家能源巨头摆脱财务危机。眼看尤尼珀公司损失不断扩大，德国决定加大注资，包括增持80亿欧元股本，花5亿欧元从富腾公司手里买下尤尼珀公司56%的股份。加上前期投入，德国政府对尤尼珀公司的救援花费将增至290亿欧元。完成增资和购股程序后，政府在尤尼珀持股份额将达到99%[①]。整个过程可能需要3个月。最

---

① 范珊珊. 德国政府向能源企业伸出有形之手［J］. 中国石油和化工产业观察，2022（8）：85.

终，德国联邦政府将尤尼珀公司收归国有，以使后者摆脱因俄方"断供"而陷入的财务困境，并应对不断加剧的能源危机。德国联邦政府将在尤尼珀公司持股约99%，在其母公司芬兰富腾公司持股8%[①]。

三、法律体系

法律体系（legal system）通常是指一个国家全部现行法律规范分类组合为不同的法律部门而形成的有机联系的统一整体。简单地说，法律体系就是部门法体系。一国的法律体系规定了行为要合乎所实施法律的程序，并且通过法律实现公正。一国的法律体系对于国际商务极其重要。如同一个国家的经济体制，该国的法律体系也受占统治地位的政治体制的影响。一国政府定义法律框架，规定企业在该框架内经营商务活动。用于管理商务活动的法律通常反映出该国统治者的政治意识。

（一）基本法律体系的差异

世界各国采用的法律主要分为两大类，即普通法和大陆法。

1. 普通法或英美法

普通法又称英美法，是指一种法律体系，它是由英国王室法庭在中世纪时期逐渐形成的。普通法的基础是英格兰习惯法，所有的习惯都是一代一代慢慢生成的。普通法不同于那些仅适用于某个地区的习惯法，也不同于那些源于罗马法的教会法。从某种意义上讲，普通法是由国家意志统一了的地方习惯法。

普通法的形成开始于12世纪。而当时的法律状况是盎格鲁—撒克逊习惯法、教会法、诺曼法并行，地方法庭、封建法庭、教会法院分割案件管辖权。英国国王亨利二世（1154~1189年在位）进行了卓有成效的司法改革，从而奠定了王室法律体系的基础，促进了普通法的形成。

普通法的主要特点是以判例作为重要的法律渊源，立法方面一般不倾

[①] 安晶. 改变自由市场路线，德国准备国有化天然气巨头 Uniper［N］. 界面新闻，2022-09-22.

向法典形式，其制定法一般是单行的法律和法规，诉讼程序倾向于当事人主义，即控辩双方对抗式辩论，法律适用上非常重视判例的作用。它调整的对象是全方位的，几乎涉及法律的各个领域。以习惯法为主要渊源，程序复杂、僵化，其救济方法也只有损害赔偿。

普通法在各国的实践应用状况因国家而异。在中国，普通法是指次于宪法的一般法律，如民法、刑法等，是与特别法相对称。在美国，普通法是指由英国殖民地时期带到美国的英国法律体系，包括判例法和成文法。

2. 大陆法

大陆法或大陆法系又称罗马法系、民法法系。大陆法是源于罗马法、以 1804 年《法国民法典》为代表的各国法律，所以大陆法系也称罗马法系或民法法系。在法律的历史渊源上，大陆法系是在罗马法的直接影响下发展起来的，大陆法系不仅继承了罗马法成文法典的传统，而且采纳了罗马法的体系、概念和术语。大陆法系的法律制度的一大特点就是有一个比较完整的法律体系，以宪法为指导，以司法为基础，包括刑法、刑事诉讼法、民事诉讼法以及行政法等在内的六大法律领域的法律法令。

与普通法不同，大陆法的灵活性有限。在普通法体系中，法官有解释法律的权力；而在大陆法体系中，法官只有应用法律的权力。

大陆法在各国的实践状况也因国家而异。例如，法国大革命后颁布的《人权与公民权利宣言》就是参照大陆法的特点编撰的，此后的《1791 年宪法》和《1875 年宪法》也都参照了大陆法的编撰传统。还有一些国家采用大陆法系的模式，如德国、瑞士、奥地利、西班牙和葡萄牙等，这些国家的法治建设传统也是在大陆法系的框架下开展的，特别是民法和刑法等部门法。

（二）商业合同法的差异

合同法是调整平等主体之间的交易关系的法律，它主要规范合同的订立、合同的效力、合同的履行、变更、转让、终止、违反合同的责任及各类合同等问题。合同法的作用是为了保护合同当事人的合法权益，维护社会经济秩序，促进我国的现代化建设。在合同法中，双方当事人都是合法有效的主体，他们可以通过协商达成一致意见，从而形成一种法律约束力的关系。这种关系可以使双方当事人在交易过程中更加放心，也可以更好地保护双方当事人的合法权益。

由于普通法和大陆法有着较为明显的差异，故而在合同法上二者也有着明显的不同，主要表现为以下几个方面，首先是合同的订立方式不同。在大陆法系中，合同的订立必须采用书面形式，而在普通法系中，口头协议也可以成为合同的一种形式。其次是合同的内容不同。在大陆法系中，合同的内容必须明确、具体、完整，而在普通法系中，合同的内容可以相对灵活。然后是违约责任的承担方式不同。在大陆法系中，违约责任的承担方式主要是赔偿损失或者支付违约金；而在普通法系中，违约责任的承担方式则更加多样化。接下来是证据标准不同。在大陆法系中，证据标准比较严格，需要有足够的证据来证明事实；而在普通法系中，证据标准相对宽松一些。最后是诉讼程序不同。在大陆法系中，诉讼程序比较繁琐，需要经过多个环节；而在普通法系中，诉讼程序相对简单。

举例来说，假设你和一家公司签订了一份合同，规定了产品的价格、数量、质量等细节。如果公司没有按照合同约定履行义务，那么根据大陆法系的规定，你可以向法院提起诉讼要求公司赔偿损失或者支付违约金；而根据普通法系的规定，则可能需要提供更多的证据来证明事实。

在国际贸易中，鉴于各国的法律制度存在差异，合同法的适用问题就成了一个比较复杂的问题。但总而言之，如果合同中有明确的法律适用内容，则按照合同约定执行；否则，由合同纠纷管辖权的裁判机关根据所在国关于法律适用的规定，来确定合同纠纷的适用法律，包括国内法、国际公约或买卖惯例等。

目前国际社会中比较常见的是包括美国在内所执行的《联合国国际货物销售合同公约》（United Nations Convention on Contracts for the International Sale of Goods，CISG），CISG建立了一整套监督在不同国家做生意的买卖双方制造和销售某些日常商品的合同的规则。一国通过采用CISG，向其他已采用该公约的国家表明该国将视公约的规则为其遵守的法律。只要合同双方没有选择退出该公约，CISG则自动地适用于执行公约的国家的公司所销售产品的所有合同。例如，中国公司与美国公司签订了一份货物买卖合同，但是由于双方所在国家不同，因此需要确定适用哪个国家的法律。根据《联合国国际货物销售合同公约》的规定，当各方所在国为缔约国时，应优先适用公约的规定。如果公约没有规定的内容，则适用合同中约定适用的法律。在这个例子中，由于中国和美国都是 CISG 的缔约国，因此应当优先适用该公约的规定。但 CISG 存在着一个问题，那就是只有不足 70 个国家加入了该公约（CISG 于 1988 年开始实施）。世界上很多贸易大国包括日本和英国尚未认可该公约。那么在这种情况下，其他参与者通常选择认可的仲裁法庭来解决合同纠纷。最有名的是巴黎国际商业联合会国际仲裁法庭。

（三）财产权和腐败行为

法律意义上的财产就是指公民的合法收入。所以只要是公民的合法的收入，都是法律意义上的财产，包括公民合法收入、储蓄、住房等生活资料；依法归个人、家庭所有的生产资料；个体经营者和私营企业的合法财产；依法归个人所有的股份、股产、债券和其他财产。我们也可以将其理解为个人或企业所拥有的具有合法权益的一种资源，即自身所拥有的资源。财产权是指以财产利益为内容，直接体现财产利益的民事权利，它让人有权使用某种资源及这种资源所带来的收入。目前，几乎所有国家都有保护财产权的法律条文，但其在具体内容上存在着很大的差异。例如，在我国"公民的合法的私有财产不受侵犯"（《中华人民共和国宪法》第十三条第一款）。此外，早在 2007 年中国就已经颁布了有关保护私有财产权益的法律（该法规定，个人的私有财产将与国家财产一样受到法律保护）。然而在许多国家，当局并没有认真执行这些法律，从而导致财产权遭到侵犯。财产权可能通过两种方式被侵犯：私下行为和公共行为。

1. 私下行为

在国际商务中，私下行为指的是不遵守公开、透明、公正的商业规则和道德标准的行为。一般指个人或集团的偷窃、盗版和敲诈等行为，也可能包括贿赂、洗钱、逃税等。尽管上述行为可能在所有国家发生，但由于各国的法制程度不同，相应的上述犯罪的程度也有所不同。例如，在某些国家，过时的法律制度加上软弱无力的警察队伍和司法制度，政府根本无法给本国以及外国的企业提供有力的保护。在那些国家，成功的企业都要向黑恶势力支付"保护费"，否则就会遭到惩罚。

2. 公共行为和腐败

侵犯财产权的公共行为（public action）是指公共官员，如政治家和政府官员，从财产所有者那里"勒索"钱财或资源。这种行为可以通过法律机制实现，包括向财产所有者征收过多的税收，索取高额的许可证费用，将其资产收归国有而不予补偿，或重新分配资产而不给原来的所有者以补偿等。侵犯财产所有权的公共行为还可以通过非法的途径或腐败来实施，如一些企业为获得在某个国家、行业或地区经营的权利而不得不行贿。

腐败存在于各个社会之中，指公职人员利用职权或职务之便，以非法手段获取财物或其他不当利益的行为。腐败的程度可以有天壤之别，从利用影响力做某事而牟利、到机构性行贿、到作假。腐败有时候跟犯罪集团联系在一起，协助他们贩毒、洗钱、贩卖人口、强迫卖淫、诬告陷害异己等。但尽管如此，各国在对腐败的惩治程度上还是存在着很大的差异。在一些国家，法律法规使腐败维持在最低限度，这时腐败是非法的，涉事人员会受到严重的惩罚。但在另外一些国家，它们的法制十分薄弱，官员和政治家的腐败行为相当普遍，腐败在这些国家非常流行，此时腐败就被默认为非违法行为（见表2.1）。

表2.1　　　　　　　　2022年部分国家腐败程度排名

指数排序	国家或地区	清廉指数（得分）	指数排序	国家或地区	清廉指数（得分）
1	丹麦	90	15	韩国	63
2	芬兰	87	16	佛得角	60
3	挪威	84	17	卡塔尔	58
4	瑞典	83	18	波兰	55
5	德国	79	19	中国	45
6	爱尔兰	77	20	阿曼	44
7	澳大利亚	75	21	阿根廷	38
8	加拿大	74	22	巴拿马	36
9	日本	73	23	墨西哥	31
10	英国	73	24	尼日利亚	24
11	法国	72	25	布隆迪	17
12	美国	69	26	朝鲜	17
13	智利	67	27	叙利亚	13
14	以色列	63	28	索马里	12

资料来源：笔者根据透明国际的《腐败感知指数（2022）》的原始数据整理。

(四) 知识产权的保护

知识产权（intellectual property）属于财产权的一种，是知识活动的产物，包括：作品；发明、实用新型、外观设计；商标；地理标志；商业秘密；集成电路布图设计；植物新品种；法律规定的其他客体。知识产权通过专利、版权和商标可以建立所有权。专利（patent）准许一个新产品或新工艺的发明者在一定时期内享有制造、使用或出售该发明的专有权。版权（copyrights）是作者、作曲家、剧作家、艺术家和出版商出版及以适当的方式传播其作品的专有合法权利。商标（trademarks）是设计和品牌的名称，通常需要注册登记，商人或制造商用以称呼和区别其产品。在21世纪高科技知识经济时代，知识产权越来越成为企业创造经济价值的重要来源，保护知识产权也变得越来越复杂。尤其是当它能以数字方式被复制，然后通过盗版光盘或互联网被分销出去时更是如此。

各国对知识产权的保护有很大的差异。许多国家对知识产权有严格的法律规定，但这些规定在执行时经常马马虎虎，这种情况即使在世界知识产权保护组织（World Intellectual Property Organization）现有的185个成员中也时有发生，这些成员都签署了旨在保护知识产权的国际公约，包括最早的《保护工业产权巴黎公约》（Paris Convention for the Protection of Industrial Property）（该公约创立于1883年，至今已有170多名成员加入）。执法不力纵容了对知识产权的侵犯，泰国被视为亚洲侵犯知识产权最严重的国家。

互联网行业作为21世纪的一颗巨星，涉及了许多有关知识产权的案例。例如，2022年4月，中国最高人民法院知识产权法庭发布了2022年技术类知识产权典型案例。这些案例涵盖了无线通信标准必要专利、计算机软件著作权、商标权等多个方面。此外，中国最高人民法院也发布了2020年10件技术类知识产权典型案例，其中包括华为、天猫等知名企业的案件。根据某软件行业协会——商业软件联盟的估计，2011年全世界使用的软件中约有42%是盗版的。美国的盗版率相对较低，仅为19%，然而因为其市场规模巨大，故销售额的损失也十分惊人，据估计，该损失在

2011年达98亿美元①。

国际企业对这类侵权行为会做出不同的反应。有些企业会游说其政府签署国际协议，并加强法令的实施，以保证知识产权受到相应的保护。这种行动的结果之一是国际法规在一定程度上得以加强。于1994年签署的最新的世界贸易协定第一次将《关贸总协定》的适用范围扩大到知识产权。这一新的协定为《与贸易有关的知识产权协议》(Trade-Related Aspects of Intellectual Property Rights，TRIPS)。世界贸易组织（World Trade Organization，以下简称WTO）在1995年设立了一个机构，更为严格地监督有关知识产权的规定的执行。这些规定责成世贸组织成员同意并执行专利权持续至少20年，版权在作者去世后保留50年。富国必须在协议签订后1年内执行该规定，那些知识产权保护较弱的穷国有5年宽限期，最穷的国家则放宽到10年。

（五）产品安全与产品责任

产品安全法（product safety laws）对某一产品的生产、销售和使用建立了一定的安全标准。产品责任（product-liability）是指当一个产品引起伤害、死亡或损失时，该产品的生产企业及其主管人员应对此负责。如果一个产品与应有的安全标准不一致，那么产品责任可能相当大。产品责任分民事和刑事两种。民事责任要求支付赔偿金，刑事责任导致罚金或监禁。尽管其他许多西方国家也有产品责任法，但民事和刑事责任在美国的适用范围可能比在其他任何国家都更广泛。但在欠发达国家，产品责任法的适用范围通常较窄。产品责任事件和赔偿金的激增在美国导致责任保险成本戏剧性地上升。许多企业的高管指出，责任保险的高额费用导致美国企业在全球市场上竞争力下降。

除了竞争问题，产品安全和责任法的国家差异给企业在海外从事商务活动带来一个重要的伦理问题。当产品安全法在企业母国比在外国更严格或者说外国产品责任法相对宽松时，企业在外国从事商务活动应该依照当地更宽松的标准还是较严格的母国标准？尽管从道义上讲，毫无疑问应该依照母国标准，但事实上，大家都清楚企业一般按照较为宽松的安全和责

---

① 商业软件联盟（BSA）. 2011年全球PC套装软件盗版研究报告［EB/OL］. BSA官网, 2011.

任法从事国际商务活动，即使这种做法在母国往往是不允许的。

四、社会责任标准

随着经济全球化深入发展，企业在参与国际分工中要想做到资源的有效利用，企业管理者就必须具备国际化思维。重视国际公约和标准是企业管理化取得成功的必要条件。基于《国际劳工组织宪章》《联合国儿童权利公约》《世界人权宣言》而制定的，旨在确保供应商所供应的产品符合社会责任标准的"SA8000"（Social Accountability 8000 International standard）是全球首个道德规范国际标准，适用于世界各地，任何行业，不同规模的公司。其内容涉及童工、强迫性劳动、工作时间、工资、健康与安全等。此外，还有其他一些国际社会责任标准，如ISO26000等。ISO26000是一种基于企业社会责任（CSR）推广到任何形式组织的社会责任（SR），在全球统一了社会责任的定义，明确了社会责任的原则，确定了践行社会责任的核心主题，并且描述了如何将社会责任融入组织。

【专栏】

童工问题

6月12日是世界无童工日。童工问题已引起国际社会的高度重视，很多国家和国际组织采取措施维护儿童的合法权益。然而在全世界经济最发达的国家——美国，童工问题令人触目惊心。美国劳工部的统计数据显示，2015年，在美国有1012名儿童被非法雇佣；到了2022年，这一数字激增至3876人。舆论指出，美国政府披露的上述数据只是冰山一角，美国童工数量激增已成为一个社会问题，这一现状令人担忧。

美国内布拉斯加州格兰德岛，是一个人口只有约5万人的小城市。2023年初，美国最大的食品安全卫生服务商之一"包装卫生服务公司"在这里雇用了100多名童工，专门从事清理肉类加工设备或屠宰设备的工作，多名童工在工作中受伤。这将美国童工问题的残酷现状赤裸裸展现在世人面前。

> 深夜11点钟,许多工人正在格兰德岛郊外的一家屠宰场排着队进厂,里面有一些未成年人,他们每天的工作是用强力化学品和滚烫的水去清洗血迹斑斑的切肉机等危险设备。这一切并不为外人所知,直到去年,当地中学的一名老师发现班上有学生的手部和膝盖出现化学灼伤而报警后,学生才敢吐露,他们都在郊外的屠宰场上夜班,工作时不小心将化学清洗剂溅到身上。美国劳工部调查员雷博莱多负责调查此事。经查,美国食品安全服务业巨头"包装卫生服务公司"正是雇佣这些未成年人工作的罪魁祸首,而该公司早在2019年就开始雇佣童工了。
>
> 据法国《世界报》2008年5月11日消息,根据国际劳工组织关于全球童工状况的最新报告,2004~2008年,为减少全世界童工数量的努力有所松懈。仅2008年,全世界童工数量增加了2.15亿人。全球各地区中,亚太国家童工最多,数量达到1.36亿人。除此之外,国际劳工组织还担心,在非洲撒哈拉沙漠以南地区的幼儿童工数量会增加,那里有1/4的儿童都在为雇主工作。
>
> 资料来源:美国食品服务业巨头雇佣童工从事危险工作[N]. 搜狐网,2023-02-18.

五、环境保护标准

(一)环境问题的由来

环境问题可以追溯到古代。不同的历史时期,环境问题的性质、范畴、内容和表现形式不尽相同。按时间顺序划分,环境问题可分为古代环境问题、近代环境问题和现代环境问题。

在人类社会的发展过程中,随着人口增长、工业化进程加快、城市化进程加速等,人类对自然界的影响也越来越大。这些影响不仅对自然界造成了破坏,也对人类自身产生了负面影响。

古代环境问题产生于人类的求存之中,对自然界的影响相对较小。例如,早期的农业社会采用的是简单的耕作方式,不会对土地造成太大的破坏。但是,随着人口增长和社会进步,人类开始使用更多的自然资源,如木材、水源等，同时也开始进行大规模的土地开垦和建设城市。这些活动导致了水土流失、森林砍伐等问题的出现。

近代环境问题萌生于19世纪，随着工业化进程的加速和城市化进程的不断推进，人类对自然界的影响越来越大。煤炭、石油等化石燃料的使用导致大气中二氧化碳等温室气体浓度升高，引发全球气候变化；工业废水、废气等大量排放导致水体污染和空气污染；大规模的采矿和建筑活动导致地质灾害等问题的出现。

20世纪以来，随着科技的发展和全球化的加速，人类对自然界的影响更加复杂和深远。全球气候变化加剧，极端天气事件频繁发生；生物多样性丧失严重，许多物种濒临灭绝；水资源短缺、土地荒漠化等问题日益突出；核能事故、化学品泄漏等安全风险也给人类带来了巨大的威胁。

总之，环境问题的由来是一个长期的历史过程，与人类的生产和生活密不可分。随着社会的不断发展和技术的不断进步，环境问题也在不断演变和加剧。因此，保护环境已经成为当今世界面临的重要挑战之一。

（二）世界各国环境标准的种类和效应

一国的环境标准和措施虽然能够对市场准入和产业发展产生积极影响，但同时也受到外国环境措施的影响，使得该国有可能遭受来自国外的污染。目前，国际上一般认为，凡是对国际商务产生影响的环境标准都可被称为TREM（trade-related environmental measures）。主要分为三类：一是为实现环境目的所采取的直接管制工具；二是自愿执行的与产品相关的环境措施（环境标志、包装和回收）、环境管理体系（ISO14000）；三是类似于环境税、贸易许可证等规制措施。这些措施影响到生产、销售和消费，对国际商务有着间接或直接的影响。

1. 直接管制

直接管制是指使用非市场途径的法规和规则，通过限定生产过程、限制产品的消费或在规定的时间和地点限制直接污染者的行为，达到限制污染物产生的目的。直接管制措施包括命令和控制。命令是指示污染者一定不能超过已经预先确定了的环境质量水平，例如，提出具体的污染物排放控制标准或发放"排污许可证"；控制是对标准的监督和强制执行，例如，在对生产过程的管制中，政府不允许厂商使用某些品种的煤或要求厂商使用洗涤器和其他减污设备或修建规定高度的大烟囱等。直接管制措施中的命令和控制一般都以环境标准的形式出现。

通常是政府制定环境标准，并由一些专门机构监督环境标准的落实情况。潜在的污染者必须达到这些标准，达不到标准的将受到处罚。其中，最具代表性的就是排污标准，即由管制部门制定并依法强制实施的每一污染源特定污染物排放的最高限度。因此，当直接管制污染水平可行时，政府更愿意采用这种措施。

从国际层面来看，南北双方经济地位和经济发展状况差异较大，环境污染程度不同以及对污染消化、吸收能力上的差异使得双方制定的环境标准差距很大。经济发展落后、缺乏有效污染处理技术的发展中国家由于技术和资金的困难，不可能对本国工业提出不切实际的环境标准。而且在资源短缺的情况下，发展中国家政府必须将有限资源的大部分用于发展经济，而暂不考虑环境问题，因而也不会制定较高的环境标准。在这种情况下，北方国家严格的环境标准对南方国家的贸易政策是一种强大的压力，发展中国家的出口产品在遇到严格的环境标准时，会由于不确定性和成本的增加而遭受损失。

2. 自愿安排

自愿安排包括环境标志、包装、标签、废物回收、环境标准以及如ISO14000这样的环境管理体系。虽然在原则上要求自愿遵守，但实际上是强制性的规定。

（1）环境标志制度。

环境标志是由政府部门或由公共或民间团体依据一定的环境标准向有关申请者颁发的表明其产品或服务符合要求的一种特定标志。可见，环境标志制度是依据产品对环境的不同影响而区分产品的一种政策工具。环境标志制度的认证标准包括资源配置、生产工艺、处理技术和产品循环、再利用及废弃物处理等各个方面。因此，该制度的实质是对产品的全部生产过程进行控制和管理。自1978年联邦德国率先推出环境标志制度以来，目前世界上已有30多个国家的政府推出了环境标志制度，并且一些国家和地区的政府也正在制定环境标志。

(2) 环境管理国际标准。

另一个自愿安排是环境管理体系中的 ISO14000 国际标准。它是国际标准化组织专门技术委员会于 1995 年颁布的,并要求世界各国制造商在确保其满足自身质量管理和质量保证体系 ISO9000 系列标准的同时,其生产环境也应满足 ISO14000 标准要求和自己国家制定的环保法规。

ISO14000 标准旨在减少人类活动对环境造成的污染和破坏,实现可持续发展。其要求在企业内部建立和保持一个符合要求的环境管理体系,通过不断的评价活动与审核活动,推动这个体系有效运行。ISO 包含环境管理体系、环境审计、环境影响评估、环境标志、产品生命周期和技术条件等基本要素。通过实施 ISO14000 系列标准,可以使组织自身主动制定环境方针、环境目标和制定环境计划,并通过第三方认证和审核制度建立企业环境行为的有效约束机制。

ISO14000 标准包括了发展中国家的特别条款。它从以下五个方面考虑发展中国家的特殊情况:经济基础;在国际经济、贸易中的地位;评价质量的变化性;所需的技术信息和技术帮助;如该标准得不到实施所造成的潜在不利影响。有关研究还认为,ISO14000 标准的执行对中小企业有一些负面影响。中小企业可能不愿意承担该标准的费用,因为它们担心影响到自身在国际市场上的竞争力。

(3) 产品加工标准和包装的环保要求。

产品加工标准除了要求产品本身符合环境标准以外,其整个生产过程使用的技术与方法也必须符合环境标准。由于同类产品加工和生产工艺方法不同从而对生态环境的影响不同,应限制或禁止采用不利于环境的产品加工标准的产品的贸易。在生产加工过程中达不到标准者,即使是"相似产品"也要禁止进口。这一标准意味着环境保护方面的管理将贯穿于产品生命周期的全过程,允许采取贸易限制措施来冲销进口产品所用生产方法及其加工过程中产生的负面环境效应。

环保包装或绿色包装是指节约资源、减少废弃物、用后易于回收再利用或再生产、易于分解、不污染环境的包装。发达国家已经通过制定有关污染防治法规来建立绿色包装制度,主要内容包括:以立法形式禁止使用某些包装材料;建立存储返还制度;强制再循环或再利用;征收原材料税、产品包装税等。其中少耗材（reduction）、再回收（reclaim）、再利用（reuse）和再循环（recycle）往往被称作绿色包装的4R战略。由于这些规定是按照发达国家的国内资源禀赋、消费偏好等因素确定的，发展中国家必然难以适应，这在一定程度上限制了南方国家的出口贸易。

3. 规制手段

经济规制在目前的国际环境保护中比较常见且较为有效。政府通过价格控制和数量控制来对企业的经济活动进行控制以达到环境标准所预期的目的。

价格控制主要是对生产者行为或产品实行税收、收费和补贴。由于污染治理费用十分昂贵，一些企业难以承担此类开支，尤其是一些发展中国家和中小企业，企业缺乏资金去投资环保技术和开发清洁技术，此时就需要政府采用环境补贴的方式帮助企业统筹控制污染，这些方式包括专项补贴、环保保护基金、低息优惠贷款等。

数量控制则是通过分配市场许可证设定可接受的污染水平，也就是排污权，指政府将一定范围内的污染物排放权出售给企业，企业可以通过购买排污权来合法排放污染物，从而实现环境保护和经济效益的双赢。例如，近年来备受社会关注的中国碳排放权交易。

第二节　文化的差异

 案例分享

"一带一路"·长城国际民间文化艺术节

2023"一带一路"·长城国际民间文化艺术节将于9月15日至24日在廊坊市和秦皇岛市共同举行，通过精彩的艺术交流活动，为深化中外文化交流合作、促进世界文明繁荣发展、加快推进高水平对外开放搭建重要平台。

本届艺术节以"丝路之光·长城之约·繁荣之路"为主题。作为主会场,廊坊活动包括开幕式及演出、丝路之光主题活动、繁荣之路主题活动3个板块9项活动。开幕演出拟以"丝路之光"为主题,突出展示中华优秀传统文化,"一带一路"沿线国家民间文化艺术和共建10周年文化交流成果。丝路之光主题活动包括丝路瓷语展、国内外精品剧目展演、"遇见艺术"主题活动。繁荣之路主题活动包括"一带一路"国际乐器展、"一带一路"廊坊世界商贸物流贸易交流会、"一带一路"国际金融文化研讨会、"一带一路"文化与旅游嘉年华及设立"一带一路"青少年人文交流基地。

据悉,本届艺术节由文化和旅游部、河北省人民政府主办,河北省文化和旅游厅、廊坊市人民政府、秦皇岛市人民政府、中国长城学会承办,新奥集团股份有限公司、新绎文化发展有限公司、廊坊丝绸之路国际艺术交流中心协办,国家艺术基金管理中心、中国对外文化集团公司、中国东方演艺集团有限公司支持。

作为2023"一带一路"·长城国际民间文化艺术节主会场所在地,廊坊将举全市之力,遵循"安全、高效、节俭"的办会原则,突出艺术节国际化、民间化、市场化、数字化,集中开展共建"一带一路"国家、长城沿线地区民间文化艺术展演展示交流活动,力争将本届艺术节办成特色鲜明、水平一流的国际民间文化艺术盛会。

资料来源:廊坊:"穿越"丝绸之路探秘文化艺术[N].邯郸新闻网,2023-08-24.

一、文化的定义

迄今为止,文化都没有一个完全一致的定义。19世纪70年代,人类学家爱德华·泰勒(Edward Taylor,1871)将文化定义为一种包括知识、艺术、信仰、道德、法律、习惯和一个人作为社会成员所需要的其他能力的综合体。人类学家、商业顾问爱德华·霍尔(Edward Hall,1959)认为文化是一个群体区别于另一个群体的截然不同的生活和思维方式,以及对家庭、国家、经济制度甚至是人本身的不同看法,同时文化的表现形式也是多样的,可以是正式的、非正式的或是技术性的,即有形文化和无形文化。随后,研究交叉文化差异和管理的荷兰管理学家格尔特·霍夫斯泰德

（Geert Hofstede，1980）称文化是"大脑的软件"，是"使一类人不同于另一类人的集体的头脑编程"，这种"集体编程"使得一群体成员的思想意识区别于另一群体成员。除此之外，在之后的几百年间数百位学者都给出了基于各自研究领域的有关文化的定义。其中，至今仍为管理学学者广泛引用的文化定义，是由美国人类学家克罗博和克鲁豪恩（Kroeber and Kluckhohn，1952）提出的。

由以上学者对文化的各种定义可以看出，文化（culture）是一个社会全体成员或一群人表现的、长期形成的并且世代相传的价值观、宗教、符号、信仰、思维模式等思维特征和行为特征的总和，文化通常被人们看作人类环境中的人为部分或一种独特的生活和思维方式。

文化是在一个社会中由许多因素共同作用形成的产物，这些因素包括历史、地理、政治和经济、社会结构、宗教、语言等。文化不仅是人们长期创造形成的产物，而且是社会历史的沉积物。任何一个国家和地区的文化都不是一个短时期内的产物，它必然先后经历了萌芽、出现、被人们熟悉并接受等阶段，从而得以世代传承，并同时体现在人们日常生活和思维方式的各个方面。

二、文化的特征

人类学家对文化的特征的解释可谓仁者见仁、智者见智，将其概括起来主要有以下几点。

（一）文化是后天习得的

文化不能遗传，而是后天习得的。正如之前所讨论的，传递文化的既可以是父母，也可以是社会组织、特殊利益群体、政府、教会等。生物学家通过实验发现，某种动物一生中童年时期所占的比例，与这种动物对习得的赖以生存的行为的依赖程度有关。人类的童年期比其他任何动物的童年期都要长得多，这反映了人类大大地依赖于后天习得的行为。人类文化的习得过程和传递过程是个扬弃的过程，是认识和经验架构上的转变，是文化的抽象形式的转变。

（二）文化具有强制性

人类学家和社会学家认为，文化强制有两种类型：一种是直接文化强制，另一种是间接文化强制。直接文化强制即指一个社会个体的行为和思维方式必须符合某种文化所容许的类型，否则将会受到某种程度的社会干预或孤立。法国社会学家埃米尔·杜尔凯姆（Emile Durkheim）在解释间接文化强制时说，没有人强迫我非得同本国人说法语或非得使用合法货币不可，但我却不可能有其他的选择。如果我试图摆脱这种必然性，将只会以悲惨的失败而告终。文化强制使得一个人在知觉、判断及行为上往往与社会中的大多数人保持一致，具有趋同性，这种现象被称为社会从众效应。

（三）文化具有适应性

一种文化具有适应性，即指任何文化都应该适应本群体生存的自然环境和社会环境。文化的适应性主要体现在一个社会群体的习俗上——基于不同的自然环境和社会环境，会产生不同的习俗。当自然环境相同或相似时，由于社会环境不同，也会产生不同的习俗。适应某种环境的习俗，对于另一种环境却不一定适应。所以在商务过程中当发现某一社会群体或民族具有某种习俗时，应该从适应社会的特定环境角度出发，看其是否合乎情理，同时调整自己的态度和行为方式。

（四）文化是不断变迁的

文化的变迁是时刻都可以被感受到的，世界上也不存在一成不变的文化模式。文化只有在不断变迁的过程中才能得到发展和进步，这是一个不以人的意志为转移的客观过程。文化变迁的主要原因有发现和发明、革命与社会制度变革、文化借用或传播以及文化移入等。从历史的角度来说，文化变迁是缓慢而不间断的。如今，随着科学技术和人类通信、交通技术的快速发展，世界政治、经济、文化交往日益频繁，文化变迁的速度也随之加快。

三、文化的要素

从表面观察一个国家或一个社会群体的文化是肤浅而困难的，因此将文化分解为几个部分，继而分析每一组成部分的特点及其与整体的关系，就将对其文化有更加深刻的理解，也将揭示其逻辑关系和人们的行为动机。文化的要素主要包括语言、宗教信仰、价值观、社会结构、社会制度、风俗习惯、审美、教育、物质因素等方面。

（一）语言

国际商务人员面临的第一个难题就是语言障碍。语言（language）作为表达和交流思想的工具，是人类最重要的交际工具。语言是主要的信号体系之一，人们通过语言可以理解周围世界的含义。一切文化的创造都无法离开语言，同时文化积累也是通过语言来保存的。一个国家或地区所使用的语言与其所拥有的文化之间有密切的联系。作为语言书写符号的文字，是语言的另一种表现符号。总而言之，文化是语言的基座，语言是文化的载体，文字则是载体的载体。

据有关资料统计，全世界各民族共有3000多种语言，使用人口超过1000万人的语言有约100种。使用人口最多的是汉语、英语，其次是印地语、西班牙语、俄罗斯语、法语、德语、孟加拉语、阿拉伯语、葡萄牙语、日语、印度尼西亚语等，其中被定为联合国正式语言的有6种：阿拉伯语、汉语、英语、俄语、法语、西班牙语。"一带一路"倡议覆盖亚欧非三大洲、几十个国家、数十亿人口，沿线国家的官方语言达53种之多，涉及9大语系，如果再加上少数民族语言，总体数量将"数以千计"。语言不通是目前推进"一带一路"建设、促进互联互通亟待解决的短板之一。[①]

世界上使用最广泛的语言是英语，其次是法语、西班牙语和汉语。英语逐渐成为国际商务语言。当一位日本人和一位德国人进行商务交易时，大概率他们会用英语交流。然而，在英语被广泛使用的同时，学习地方语

---

① 韩玉军. 国际商务（第3版）[M]. 北京：中国人民大学出版社，2020.

言就会产生很大的优势。大多数人愿意用自己的语言交谈,而能够说地方语言就会产生亲和力,这也许对商务交易非常重要。不懂地方语言的国际企业,由于翻译欠佳可能会导致一些重大失误。例如,阳光公司(Sunbeam Corporation)用英语单词"喷雾棒"(mist-stick)表示用来喷雾定型的卷发铁棒,当进入德国市场并花了大量广告费后,该公司才发现"喷雾"(mist)在德语中的意思是粪便。通用汽车公司也曾遇到过类似的麻烦,波多黎各经销商对通用汽车公司的新雪佛莱 Nova 牌车缺乏热情,因为 Nova 翻译成西班牙语原本是"星"的意思,然而听起来却像是"没有阀"(nova),西班牙语 nova 的意思是"不走",后来通用汽车公司将车名改为 Caribe。

在开展国际商务活动时,不仅要使用口头语言和文字语言,而且要依赖于体态语言和其他非语言交际方式,这在一定程度上形成了文化差异。美国人类文化学教授爱德华·霍尔将文化划分为高语境文化(high-context culture,HCC)和低语境文化(low-context culture,LCC)。所谓语境,是指围绕一个特定事件所传递的暗示和其他信息,即不同时间、空间、事件、协议下的各种"语言"。高语境文化中的交际在很大程度上依赖于所谈话题的来龙去脉或肢体语言、特殊腔调和环境的细微差别,大部分信息不能通过语言直接获得,必须根据事情的前因后果以及自己的揣摩意会才能获得。高语境文化的代表性国家是日本和中国。相反,在低语境文化中,明确的语言文字就已经传递了大部分信息。典型的低语境文化国家是瑞士和德国。不同国家和地区的语境情况如图 2.1 所示。

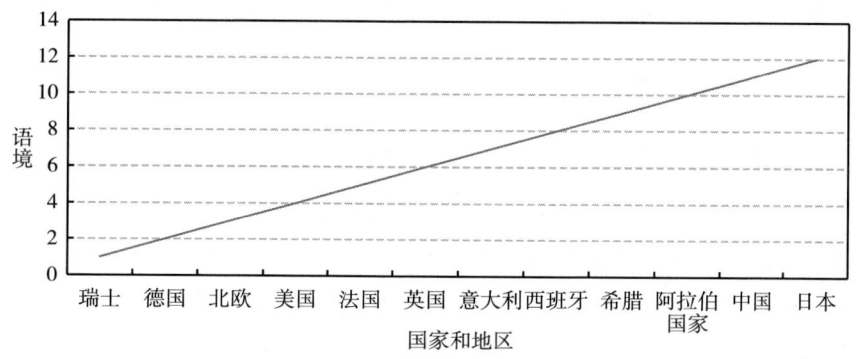

图 2.1 一些国家和地区的语境情况

资料来源:国家语言文字工作委员会组编. 世界语言生活状况报告(2021)[M]. 北京:商务印书馆,2021.

由图 2.1 可以看出，在国际交往中，不同文化利用语境的程度相差很大，大部分欧美国家倾向于低语境文化，而日本、中国和阿拉伯国家则倾向于高语境文化。同时，不同语境文化中的交流方式也不同。

明确的文字符号（口头或文字语言）在低语境文化国家使用最为频繁，这些国家在国际商务中往往更专注于细节、精确的时间安排，而不是花费在语境的含义上。因此，低语境文化国家在商务活动中表现得较为直接，尤其是在进行商务谈判时会避免寒暄，而是直接切入主题。相反，高语境文化国家不像低语境文化国家那样珍视言语交流，更多的时候表现为沉默，从对方的表情、行动以及环境的变化来捕捉信息，并且将这些部分加以综合，揣摩意会。例如，日本人和中国人都喜欢顾左右而言他，表达的意思迂回婉转，听者必须揣测对方讲话的言外之意。

然而，许多非口头语言也是文化的集成，不懂得另一种文化的非口头语言的含义，可能导致交流的失败。例如，在美国用大拇指和食指作一圆圈表示友好，而在希腊和土耳其则表示粗俗的性挑逗；同样，大多数美国人和欧洲人用大拇指向上的手势表示"好"，而在希腊该手势具有"猥亵"之意。

非语言交流的另一方面是个人空间，即谈话人之间的适当距离。在美国，两人之间商务谈话的习惯距离是 1.5~2.5 米，在拉丁美洲是 1~1.5 米。结果，许多北美人不习惯拉美人侵入他们的个人空间，对话时可以看见其逐步后退，而拉美人可能将这种逐步后退理解为冷淡，其结果是不同文化的两个商人间可能产生令人遗憾的隔阂。

（二）宗教信仰

宗教是文化的重要组成部分，是一种社会意识形态。宗教可以定义为具有神圣意义的共同信仰和仪式。宗教信仰（religious belief）虽然会因为文化的不同而不同，但是都有一个共同点，即相信超自然力量的存在并且描述了一些理想的生活状态。同时，宗教也会反过来通过价值观、态度、社会和个人行为反映出来。所谓超自然力量，是指不由人类或自然规律产生的力量。宗教作为一种特殊的文化现象，从一个侧面反映了人类的生存、认识活动的方式，并且渗透到价值观的形成和行为的决定之中。在某些国家，宗教从宏观方面和微观方面控制与影响着国家的经济、政治以及人们的思想和日常行为。

宗教、伦理和社会之间的关系是复杂而令人难以捉摸的。今日世界已有几千种宗教，从信徒数量来讲，有四大宗教占统治地位——基督教、伊斯兰教、印度教和佛教。尽管许多其他宗教对现代世界的某些地区有十分重要的影响（如犹太教，有1800万名信徒），但相对于四大宗教，这些宗教则小得多[①]。我们将重点介绍这四大宗教以及儒教（实际上，儒教不是宗教，可视为类似于宗教），主要集中在它们对商务活动的影响上。

（三）价值观

价值观（value）是指一个人对周围的客观事物（包括人、事、物）的意义、重要性的总评价和总看法。像这种对诸事物的评价和看法在心目中的主次、轻重的排列次序，就是价值观体系。价值观和价值观体系是决定人的行为的心理基础。价值观是人们对社会存在的反映，是社会成员用来评价行为、事物以及从各种可能的目标中选择自己合意目标的准则。价值观通过人们的行为取向及对事物的评价、态度反映出来，是世界观的核心，是激励人们行为的内部动力。它支配和调节一切社会行为，涉及社会生活的各个领域。

所谓文化价值观，是指文化中的一些具有普遍规范性的价值观，它使得生活在该文化中的成员用不同的价值尺度来评判周围的事物和行为。1967~1978年，荷兰社会心理学家霍夫斯泰德对60多个国家中为IBM工作的11.6万名员工进行了问卷调查。随后霍夫斯泰德提出了衡量不同文化间价值观差异的三个方面：个人主义/集体主义指数、权力距离指数和男性度/女性度指数。这里除介绍这三个方面外，还将介绍社会结构、社会制度、风俗习惯、审美等方面文化差异。

1. 个人主义/集体主义指数

个人主义/集体主义指数（individualism/collectivism index）是形容有利于自我利益的行为取向。个人主义指人们只顾及自己以及家庭的倾向；

---

① 韩玉军. 国际商务（第3版）[M]. 北京：中国人民大学出版社，2020.

集体主义指人们归属于集体的倾向。个人主义/集体主义指数高反映强调"自我"的思维,该指数低则反映强调"集体"的思维,个人是集体的一部分,必须服从集体的要求,同时受到集体所制定的规章制度、目标、战略等的激励。

根据霍夫斯泰德的调查,不同国家和地区在个人主义指数的大小上存在较大的差别,而且这种差别对于商业活动有不同的影响。其研究还表明:人均国内生产总值高的国家,个人主义/集体主义指数也高。美国是世界上个人主义/集体主义指数最高的国家,而危地马拉是个人主义/集体主义指数最低的国家。个人主义/集体主义的关键区别及一些国家或地区的个人主义/集体主义指数如表2.2和表2.3所示。

表2.2　　　　　　　　个人主义/集体主义的关键区别

个人主义	集体主义
每个人关心的只是自己和自己的家庭	人们出生之后就进入家庭或小群体,并且通过交换忠诚来得到持续性的保护
身份是以个体为基础的	身份是以一个人所属的社会网络为基础的
孩子们以"我"为主题学习和思考	孩子们以"我们"为主题学习和思考
表达个人思想是自然的个人特征	必须维护和谐,避免直接冲突
教育的目的是教会我们如何去学习	教育的目的是教会我们如何去做
雇员和雇主的关系是以相互优势为基础的契约关系	雇员和雇主的关系是按照道德观念来理解的,如同家庭成员的关系一样

表2.3　　　　　　　　主要国家或地区的个人主义/集体主义指数

指数排序	国家或地区	指数	指数排序	国家或地区	指数
1	美国	91	11	法国	71
2	澳大利亚	90	12	爱尔兰	70
3	英国	89	13	挪威	69
4	加拿大	80	14	瑞士	68
5	荷兰	80	15	德国	67
6	新西兰	79	16	南非	65
7	意大利	76	17	芬兰	63
8	比利时	75	18	奥地利	55
9	丹麦	74	19	巴基斯坦	14
10	瑞典	71	20	危地马拉	6

2. 权力距离指数

权力距离指数（power distance index）指组织中缺乏权力的成员对"权力的分配是不公平的"这种观点的认可程度。在权力距离大的文化中，下属对上级有很强的依附性，权力有很强的集中性。在权力距离指数高的国家中，企业多是集权型的，组织结构层次较多，监督人员也较多。相反，在权力距离较小的文化中，下属对上级不存在明显的依赖性，企业员工参与决策的程度较高，下属在一定范围内享有自主权。马来西亚是世界上权力距离指数最高的国家，而奥地利是权力距离指数最低的国家。权力距离小的社会与权力距离大的社会的关键区别以及一些主要国家或地区的权力距离指数如表 2.4 和表 2.5 所示。

表 2.4　权力距离小的社会和权力距离大的社会的关键区别

权力距离小的社会	权力距离大的社会
较少集权	较多集权
人们之间的不公平应该限制在最小范围内	人们之间的不公平已经被接受
组织结构扁平	组织结构垂直
下属不喜欢严密的监督	下属愿意接受严密的监督
组织中高层与低层的薪酬差距小	组织中高层与低层的薪酬差距大
特权与地位的象征不受欢迎	特权与地位的象征被人们接受
理想的上司有较少的独裁价值观	理想的上司是仁慈的独裁者

表 2.5　权力距离指数

指数排序	国家或地区	指数	指数排序	国家或地区	指数
1	马来西亚	104	11	智利	63
2	巴拿马	94	12	葡萄牙	63
3	委内瑞拉	81	13	韩国	60
4	厄瓜多尔	78	14	巴基斯坦	55
5	南斯拉夫	76	15	日本	54
6	巴西	69	16	美国	40
7	哥伦比亚	67	17	德国	35
8	土耳其	66	18	英国	35
9	东部非洲	64	19	爱尔兰	28
10	泰国	64	20	奥地利	11

3. 男性度/女性度指数

男性度是以成功、金钱作为最有价值的事物的观念占主导地位的情况。与此相反，女性度是指以关心他人、关心生活质量的观念占主导地位的情况。男性度高的国家重视收入、社会认同感、成就和挑战等，工作压力较大，而女性度高的国家则重视合作、友好的气氛以及员工的安全，并且以人际关系和生活环境来衡量成就，工作压力较小。

日本是世界上男性度/女性度指数（masculinity/femininity index）最高的国家，而瑞典是男性度/女性度指数最低的国家。男性化社会和女性化社会的关键区别以及一些国家或地区的男性度/女性度指数如表2.6和表2.7所示。

表2.6　　　　男性化社会和女性化社会的关键区别

男性化社会	女性化社会
有一些典型的男性职业和女性职业	较少根据不同性别划分职业
男人应该果断、勇敢和拥有雄心壮志	每个人都应该谦逊
女人应该谦虚温顺、注意关系	男女都应该温顺、注意关系
同情强者	同情弱者
工作压力较大	工作压力较小
较多劳资冲突	较少劳资冲突
强调公平、竞争和成果	强调平等、团结和工作生活的质量
喜欢允许个人取得成就的工作	喜欢允许群体整合的工作
组织利益是干预人们私生活的理由	组织不应干预人们的私生活
相信两性不平等	相信两性平等

表2.7　　　　　　　　男性度/女性度指数

指数排序	国家或地区	指数	指数排序	国家或地区	指数
1	日本	95	11	比利时	54
2	委内瑞拉	73	12	马来西亚	50
3	瑞士	70	13	土耳其	45
4	爱尔兰	68	14	法国	43
5	英国	66	15	西班牙	42
6	德国	66	16	韩国	39
7	菲律宾	64	17	智利	28
8	哥伦比亚	64	18	芬兰	26
9	美国	62	19	荷兰	14
10	新西兰	58	20	瑞典	5

4. 社会结构

社会结构（social structure）是指一个社会的基本组织架构。社会结构有许多不同的方面，但在解释文化差异时有两个尺度特别重要。第一个尺度是社会组织的基本单位是个人还是群体。西方社会倾向于强调个人优先，而许多其他社会则倾向于把群体看得更重要。第二个尺度是社会分成阶级或等级的程度。一些社会的特性是相对较高程度的社会等级化和等级之间相对较低的流动性（如印度），另一些社会的特性是相对较低的社会等级化和等级之间相对较高的流动性（如美国）。

（1）个人与群体。

在许多西方社会，个人是社会组织的基本单位，这不仅反映在社会的政治和经济组织中，而且反映在社会和商务活动中人们如何看待自己与他人之间的相互关系。例如，许多西方社会的价值观体系很强调个人成就，个人的社会地位并不取决于他们为谁工作，而是取决于个人工作的绩效。

许多西方社会强调个人绩效，但这有利有弊。在美国，强调个人绩效是通过崇尚"能吃苦耐劳的个人主义"和企业家精神来表达的。这一做法的好处之一是美国和其他西方社会存在大量的创业活动。美国的企业家不断地创造出各种新产品和从事商务活动的新方式（如个人计算机、超市和折扣零售店），人们可以认为美国经济的动力在很大程度上应归因于个人主义哲学。

强调个人主义也可能导致一个组织在执行集体任务时很难建立团队精神。如果人人都根据个人业绩竞争，那么合作将很难达成。麻省理工学院对美国竞争的一项研究发现，美国企业受到全球经济的伤害是由于公司内（如各职能部门之间、管理者与劳动者之间）和公司间（如企业与供应商之间）缺乏合作。既然美国价值体系强调个人主义，那么它的失败就不足为奇了。所以在美国强调个人主义，一方面帮助美国创造了富有生气的企业家经济，另一方面由于管理人员的流动和缺乏合作，可能提高了人们从事商务活动的成本。

群体是指两个或两个以上个人的集合体，他们分享同一种感觉，根据一套对相互行为的共同预期以有组织的方式互相影响。人类社会生活是群体生活，个人属于家庭、工作群体、社会群体、娱乐群体等。然而，虽然所有社会中都有群体，但把群体看作社会组织的基本工具的程度，各社会则有所不同。在一些社会中，个人贡献和成就被看得比群体成就重要，而在另一些社会中则刚好相反。

与西方强调个人相反，群体是许多其他社会组织的基本单位。例如，在日本，个人的社会地位同时取决于其所属群体的地位和个人成就。在传统的日本社会里，群体是个人所属的家庭或村落，今天群体经常与个人所属的工作团队或企业组织有关。在对日本社会的一个新的经典研究中，中根千枝（Nakane Chie）指出了日本人在日常生活中如何介绍自己，当一个日本人碰到外人（面对其他人）并附带介绍本人的社会地位时，往往把组织机构放在职业种类前。他不会说"我是排字工"或"我是文秘"，而喜欢说"我是B出版集团的"或"我是S公司的"。

群体认同的价值观不鼓励经理和个人从一家公司流动到另一家公司，终身受雇于某一企业长期以来是日本某些经济领域的惯例（估计20%～40%的日本雇员有正式或非正式终身雇佣保证）。年复一年，经理和工人们培育了知识、经验和个人商务关系网，所有这些都能帮助经理更有效地开展工作和赢得别人的合作。

然而群体至上并不总是有利的。正如美国社会以充满动态和创业为特征，反映出与个人主义相联系的价值观的优越性。一些人认为日本社会相应地缺乏活力和企业家精神，虽然长期运转结果如何尚不清楚，但美国仍有可能比日本创造更多的新产业，并且继续在积极开拓新产品和从事商务活动的新方式方面取得更大的成功。

（2）社会阶层。

所有社会都按等级分成社会阶层（social stratification），即社会等级。这些社会等级是按家庭背景、职业和收入等划分的，每个人都生于一个特定的社会阶层，并成为其父母所属社会阶层的一员。生于高等社会的人相对于生于低等社会的人来说，可能拥有较好的生活机会，包括较好的受教育环境、较好的健康保障、较好的生活条件和较好的职业。虽然所有社会都被分成等级，但对国际商务活动影响最大的是社会阶层的流动程度。

社会流动性是指个人能从自己所生的社会阶层里流动出去的程度。各社会的社会流动性有着很大的不同，最严格的等级制度是种姓等级制度。

种姓等级制度是一种封闭的社会等级制度，在这一制度下，人们的社会地位是由出生的家庭决定的，通常终其一生都不可能改变其地位。种姓等级地位通常与特定的职业相联系，某个种姓的等级成员可能是鞋匠，另一种姓的等级成员则可能是屠夫等，这些职业嵌入社会等级并通过家庭传给后代。虽然在20世纪许多社会的等级制度迅速地消失了，但仍有一个典型例子：印度。印度有4种主要种姓等级和几千个子等级，尽管种姓等级制度在1949年（印度独立后两年）被正式宣布取消，但在印度的农村社会仍有强大的势力，使职业和婚姻仍然与种姓等级制度有一定关联。

另外，许多社会有阶级制度，一个阶级制度内的社会流动性因社会不同而有所不同。例如，一些社会学家认为，英国比其他西方社会有更严格的阶级制度。历史上，英国社会分成三个主要阶级：上层阶级，其成员家庭拥有财产、牧场和代代相传的特权；中产阶级，其成员包括专业人士、管理人员和一般职员；劳工阶级，其成员是通过体力劳动的职业挣钱生活的。

历史上，英国阶级制度的一大特点是不同阶级成员在其一生中存在着机会的巨大差异。典型的上层或中上层阶级送他们的子女到经过选择的私立学校就读，在那里他们不会与下层阶级的子女混在一起，他们学会了上层社会的讲话口音和社会准则。这些私立学校与最有声望的大学联系紧密，如牛津大学与剑桥大学，直至近年，牛津大学和剑桥大学还一直给这些私立学校的毕业生保留一定名额。在名牌大学深造后，上层和中上层阶级的后代有极好的机会在上层和中上层阶级的公司、银行、经纪公司和律师事务所从事有声望的工作。

美国的阶级制度没有英国那么严格，并且流动性也更大。像英国一样，美国有自己的上层阶级、中产阶级和工人阶级，然而，阶级成员原则上是由个人经济成就决定的，而不是背景和学校。一个人能通过自己的经济成就，顺利地从工人阶级转移到上层阶级。事实上，在美国社会中，来自下层阶级的成功人士是受到人们高度尊重的。

从商业角度看，社会阶层如果能影响商务组织活动，则具有重要意义。在美国社会，高度的社会流动性以及对个人主义的高度重视，限制了阶级背景对商务活动的影响。日本也是如此，日本人口大多数是中产阶级。然而，在像英国这样的国家，阶级之间的差异和阶级之间相对缺乏流动性导致了阶级意识的产生。阶级意识反映了一种状况，即人们往往以自己的阶级背景来看待自己，从而形成与其他阶级成员之间的关系。这种意识在英国社会中表现为中上阶层管理人员与工人阶级雇员之间传统的敌意。因此在阶级划分明显的国家中，管理层与工人之间的对抗关系，以及由此产生的缺乏合作的结果，往往会提高生产成本，从而导致这类国家的企业要建立全球经济的竞争优势更加困难。

5. 社会制度

在不同的社会制度（social institution）下，人们相互联系的方式也不同。欧美大部分发达国家的家庭规模都较小，这些国家的核心家庭概念中只包括父母和子女；而在东方文化中，例如中国和日本等，核心家庭扩展到包括祖父母以及其他亲属；在撒哈拉以南非洲，家族所定义的范围更加广泛，其包括所有与其有血缘关系的人。

将社会按照一定的特点分成不同的社会阶层，每个社会阶层都是一个小规模的社会群体。社会阶层按照职业、收入、财富、受教育程度、价值观念和行为态度等因素将社会成员划分为不同的群体，每个阶层都有不同的价值观念、生活方式和兴趣爱好。

不同的社会阶层对同一事物和行为的价值判断是不同的，因此企业在开展国际商务活动时，应该注意社会群体的划分，并根据不同的社会群体采取不同的行为方式，迎合其价值观，从而取得国际商务活动的成功。

6. 风俗习惯

风俗习惯（custom）是文化的一种表现，是宗教、价值观在生活上的体现。风俗习惯不是一个在短时期内形成的风尚和习惯，是经过人们历代相沿积久而成，并经过重复才最终固定下来的一些行为方式。因此在不同的文化环境下必然形成不同的风俗习惯。风俗习惯影响着不同文化中产品的使用方式，同时还影响着商务合作双方对同一事物的认识，来自不同文化背景的人对同一种事物和行为的认识往往不同。

理解对方的风俗习惯在进行国际商务交往尤其是进行国际商务谈判时十分重要。如果只按照自己的风俗习惯来理解某一问题可能是完全错误的，无法得到合作对方的认可，也无法达成最后的合作。例如，在国际商务交往中，在适当的时机向对方送礼是增进合作双方信任和友谊的有效途径之一。但是如果不了解商务伙伴的风俗习惯，就可能在不适当的时候送出了不适当的礼物，使得自己弄巧成拙。

7. 审美

对任何人而言，美是令人赏心悦目的感觉，经常体现在绘画、音乐、戏剧和舞蹈等艺术形式上。不同文化背景下的人对美的定义不同，因而不同的民族具有不同的审美（aesthetic）理念。人们之所以能感受到美，关键是这些事物的属性与人们的文化背景、生活习惯等相关，人们从中能得到一种感情上的认同和感官上的享受。因此，来自不同背景的人对美的定义差距如此之大就不足为奇了，因为他们有不同的生活习惯和文化特点，对周围事物的认识必然不会保持一致。

比如中国人喜欢红色，因为其表示赤诚热烈，也是喜庆节日中表达人们愉快心情时必不可少的颜色，如红色的衣服、红色的对联等。但是西方一些民族则认为色调纯洁的白色配上典雅的气质是美的表现。又比如在中国，乌鸦是厄运的象征，但是瑞典人将乌鸦视为国鸟，并以乌鸦为荣、为美。

 案例分享

TCL 在越南建设"富有人情味"的企业

1999 年 TCL 进入越南之前，越南的家电市场一直被日本和韩国的企业垄断，特别是日本，索尼公司从 20 世纪四五十年代就已经进入了越南，经营了半个世纪，培养起来的高端品牌形象已经深入人心，即使价格昂贵，越南人也愿意购买。TCL 作为越南家电市场的后来者，从开始进入越南市场受挫，到如今 TCL 彩电在越南市场占有率已经超过 16%，稳居越南市场的前三甲，成为越南消费者心目中最受欢迎的中国品牌之一。

文化上，自秦汉以来，中原文化向南扩展，汉字也一并传入越南，自此，越南使用汉字有长达 2000 多年的历史。历史上越南深受儒家文化的影响，"仁"与"和"被认为是越南文化的主要特征，此外，越南的风俗习惯也与中国很相似，有很多节日和中国是一样的，如端午节、中秋节。与中国相比，越南宏观经济稳定性虽然高于其他同类发展中国家，但抵御输入性通货膨胀等外部冲击的能力较弱，劳工群体实际收入和生活水平等波动性相对较大。越南的相关法规比较倾向于劳动者一方，罢工事件时有出现。置身这样的环境，TCL越南公司要想正常运转，在东道国建立和谐的社会关系至关重要，特别是要建立和保持良好的劳资关系。在企业内部，按当地标准衡量，TCL给予越南员工的待遇较高，对当地员工比较尊重。越南历史上深受儒家文化的影响，在人际交往方面非常看重家庭，保持人际关系的和谐，讲究礼仪和道义。TCL在企业文化上很注重与越南员工之间建立情谊。越南同奈省边和市的TCL生产组装工厂，员工约有150人，主要管理和操作都是由越南人完成的。这里的车间主任蔡某，进入工厂已经17年了，从没想过要离开，除了经济收入之外，中国企业比较有人情味，这是她最看重的地方。2005年，她的母亲病重，TCL公司给她放了一个多月的假去照顾母亲，陪伴母亲直到去世，这让她十分感动。TCL在越南有200多家代理商，平阳省的某位代理商原来代理的都是日韩品牌，在尝试代理销售中国公司的产品之后，才改变了对中国制造的印象，吸引他的除了合理的利润分配之外，更重要的是中国公司容易沟通。公司领导经常过来拜访他，了解到他们的困难，并能够用最快的速度，帮助他们克服与解决。受中国文化影响，越南农历和中国农历的日期是一致的，民间传统节日的日期和风俗也基本和中国一样，因此，每逢越南传统节日TCL公司还会给越南的员工送上礼物。与越南当地文化的特点相契合，TCL"富有人情味"的企业文化吸引了越来越多的越南当地人加入，这就是一个企业软实力产生的效应。

"一带一路"沿线的中国企业所处国家都有自身独特的文化、宗教和习俗，中国企业如果能够在企业的软实力建设方面找到中国文化与当地文化的契合点，将大大有助于企业在当地的可持续发展。

资料来源：哈嘉莹，尚晓燕．中国文化元素与企业国际化战略"一带一路"沿线的中国企业［M］．北京：对外经济贸易大学出版社，2017．

四、跨文化沟通与管理

（一）跨文化沟通的定义

沟通是通过语言和动作来发送和接收信息的过程。沟通最基本的功能就是交换信息。这些信息可以是观点、意见，也可以是情绪。因为信息是观点的承载体，所以，沟通只有在人们对某些信息和环境享有共同的知识背景时才能发生。跨文化沟通指的是具有不同文化背景的人相互之间进行的信息交流。

（二）跨文化沟通的一般过程

沟通是管理过程中的重要一环，无论是国内企业还是跨国企业都一样。即便在同一文化背景之下，沟通也常常会遇到障碍。平时大家经常笑话男人与女人在沟通时"牛头不对马嘴"就说明了这一点。英文中有"男人来自火星，女人来自金星"（Men are Mars, While women are Venus）的说法。面对这种沟通障碍，我们提供一些基本沟通过程。

1. 建立联系和信任

在跨文化交流的开始阶段，建立联系和信任非常重要。这可以通过交换个人信息、分享文化背景和经验等方式来实现。在这个过程中，双方应该尽可能地了解对方的文化背景和价值观，以便更好地理解对方的行为和思维方式。此外，双方还应该尊重彼此的文化差异，并避免使用可能会引起误解或冒犯的语言或行为。

2. 确定目标和目的

在跨文化交流的过程中，双方需要明确自己的目标和目的。这可以帮助双方更好地理解彼此的需求和期望，并确保交流的有效性和高效性。例如，如果双方是商业伙伴，他们需要明确合作的目标和范围，以及如何分配责任和利益。

3. 选择适当的交流方式和工具

在跨文化交流中，选择适当的交流方式和工具非常重要。不同的文化背景和语言习惯会影响人们的交流方式和偏好。因此，双方需要根据自己的文化背景和语言能力选择合适的交流方式和工具，例如面对面交流、电话、电子邮件、社交媒体等。

4. 进行有效的信息传递和理解

在跨文化交流中，有效的信息传递和理解非常重要。双方需要尽可能清晰地表达自己的意思，并注意对方的反应和反馈。如果出现误解或不理解的情况，双方应该及时进行澄清和解释。此外，双方还应该尝试从对方的角度去理解问题，以便更好地达成共识和合作。

5. 处理文化冲突和挑战

在跨文化交流中，文化冲突和挑战是不可避免的。双方需要学会处理这些冲突和挑战，以便保持良好的关系和合作关系。例如，如果双方在商业谈判中出现了意见分歧，他们可以通过协商、妥协或者寻求第三方仲裁等方式来解决问题。

（三）沟通的跨文化差异

语言沟通中的跨文化差异有多种表现，除了沟通范式和语音语调的差异之外，一个特别重要的不同就是沟通的语境。在这一部分，我们会讨论高语境与低语境沟通的表象、功能，语境的主要组成元素，以及与沟通语境相关的现象如默契、理念植入等。

1. 插嘴与沉默

在语言沟通中，最鲜明的文化差异表现在对话的合理范式上。是一个接一个有条不紊地讲话，还是大家彼此打断、七嘴八舌？是一问一答，你说完一句我说下一句，还是你说完我想一想再往下说，或者你没说完我就插话？什么样的对话范式在某一文化中被视为合理？不同民族、文化背景的人在这一点上有明显的不同。

请看下面玛沙与珍妮特之间的这段对话。

玛沙： 谈判进行得怎样？

珍妮特： 不是很好，我们位于下风。

玛沙： 出什么事了？

珍妮特： 唉，我提出我方的起价，马克（Mark）先生什么也没说。

玛沙： 什么也没说？

珍妮特： 他就坐在那里，看上去很严肃的样子。所以，我就把价格放低了。

玛沙： 后来呢？

珍妮特： 他还是没说话，但是有点惊讶的样子。所以我就把我方的价格降到了底线，再等他的反应。我已经不能再降了。

玛沙：他怎么说？

珍妮特：他沉默了一会儿，就答应了。

玛沙：我们最后还是成交了，你应该开心才是。

珍妮特：我也是这样想的。但后来我得知马克（Mark）先生认为我们的起价就太优惠了。

很明显，美国人与日本人对"沉默"的理解非常不同。美国人害怕沉默，遇到沉默，一般会把它理解为对方不满意，不高兴，而不是对方在深思熟虑。所以当马克先生不说话时，珍妮特就担心他嫌价格太高而不肯答应成交。因为想做成生意，珍妮特就主动降价，美国人对沉默的不可忍受恐怕是世界之最，平时不管是上课、开会，还是一起出去午餐，总是说个不停，所有的时间都用言词填满。如果偶尔出现大家都不作声的场面，很快就会有人"冲"进来填补这个空白，因为沉默会让大家产生尴尬的感觉。在这里，马克先生无意间用沉默获得了有利于自己的交易，显然是意外的收获，但又令人拍案叫绝。

2. 高语境与低语境

沟通的语境这个概念是由美国社会学家爱德华·豪尔（Edward Hall）在1977年出版的《超越文化》一书中首先提出来的。他提出语境的概念与他在日本生活的经历密不可分，因为美国和日本这两个民族在语言沟通上的差异实在太显著，让他产生了很多感触和思考。语境是指两个人在进行有效沟通之前所需要了解和共享的背景知识，所需要具备的共同点。在沟通时依靠这些共享的背景知识来传递信息、沟通的语境就比较高；反之，语境较低。具体而言，高语境沟通指的是在沟通中，将大部分的信息传递通过物理环境或者内化在个体身上的理念来实现，而很少用所传递的编码清晰的讯息（即语言文字）来实现；低语境沟通正好相反，把大量的信息传递通过编码清晰的外在语言来实现。高语境沟通的典型例子是一对一起长大的双胞胎之间的沟通，他们只要用极少量的语言和动作就能交流大量的信息和情感；而低语境沟通最典型的例子就是两个在法庭上相见的律师，需要用清晰的语言描述案件的细节，否则对方或陪审团成员就不能理解。

就沟通语境而言，国家和国家之间的差别确实很大，而且在管理上也体现得比较鲜明，比如在工作中上级对下级的指导，是细致精确还是笼统概括就与沟通语境密切相关。这种差异不仅表现在现实社会中人与人之间沟通的特点上，也表现在不同社会对不同语境的追求上。在现实层面，我们可以看到，处于德国、瑞士、美国文化中的人都喜欢用编码清晰的语言文字来明确地描述事物，陈述细致，不容做第二种猜想。而在日本、中国等文化中，人们喜欢假设大家已经分享很多背景知识，用含糊不清的三言两语来隐讳地说明问题。

（四）跨文化管理战略

跨文化又称交叉文化，指具有不同文化背景的群体之间的交互作用。跨文化管理涉及对不同文化背景下的人、事、物的管理。在全球化的经营中，对东道国的文化总体上采取包容的管理方法，当与企业有关的不同文化群体在交互作用的过程中出现矛盾和冲突时，在企业管理的各个职能中加入对应的文化整合措施，能有效解决这种矛盾和冲突，并据以创造出企业独特的文化，从而实现有效的管理过程。跨文化管理的主体是跨国公司；手段是文化；对象是具有不同文化背景的群体，其中包括企业的管理者和员工、民族、政府等；目的是在不同文化背景下设计出一种可行的交叉文化下的企业管理的有效模式，其中包括组织结构和管理机制，同时寻找存在于交叉文化下超越文化背景的企业目标，使得不同文化背景的员工遵循统一的行为准则，最大限度地利用企业的潜力和价值。

处于不同文化背景的企业可以选择不同的跨文化管理战略，主要的跨文化管理战略有以下几种。

1. 占领支配式战略

占领支配式战略是一种比较偏激的战略，是指跨国公司在进行全球扩张时，向不同文化背景的地区子公司强行注入母公司的企业文化，子公司只保留母公司的文化，而忽视子公司当地的文化。这种方式一般适用于强弱文化对比悬殊，并且东道国的政府、人民、子公司等对母公司的文化都可以完全接受的情形。但这种战略在实际情况中应用得非常少。

2. 本土化战略

本土化战略注重把当地的文化理念融入企业经营管理中，在企业跨国经营过程中的生产、营销等环节都充分考虑本地的文化、理念、风俗等，本着"思维全球化和行动当地化"的原则进行跨文化管理。例如，跨国公司在海外进行投资时经常会雇佣相当大一部分当地员工，因为这些员工对当地的文化、风俗习惯和法律政策等更加熟悉，能更好地适应本土化的需要。同时在订立合同时也采用东道国的习惯形式或法律所规定的形式。

3. 文化相容战略

当投资国文化和东道国文化都是强文化时，一般会考虑文化相容战略。根据不同的文化相容程度，文化相融战略可分为两种。

一是文化平行相容战略。母公司的文化和子公司的文化虽然存在着巨大差异，但并不排斥，而是相互补充。子公司并不以母公司的文化或者东道国当地的文化作为公司的主体文化，而是使两者相容，应用于公司的经营中，充分发挥跨文化的优势。例如，美国的肯德基公司在中国经营的巨大成功正是实现跨文化管理的成功典范。

二是隐去两者主体文化的和平相容战略。这种战略主要适用于投资国和东道国的文化都为强文化，两国存在巨大的文化差异，并且容易产生"文化摩擦"的情况。这时，管理者在经营活动中刻意模糊投资国和东道国主体文化之间的差异，隐去容易导致冲突的主体文化，保留两者中较为平淡和微不足道的部分，使得主体文化在"摩擦"点上的强烈影响力在一定程度上减弱，从而促使不同文化背景的员工可以在同一公司中和睦相处，即使发生意见分歧，也可以得到妥协和协调。

4. 文化渗透战略

文化渗透战略是指投资国凭借强大的经济实力所形成的文化优势，对东道国公司的当地员工进行逐步地文化渗透，使投资国的文化逐渐深入人心，并将其慢慢转化为该文化的执行者和维护者。文化渗透战略是一个长期的观察和培育过程，是一种长期战略。

5. 文化规避战略

母国的文化和东道国的文化存在巨大差异，虽然子公司的文化主体是母国文化，但是在子公司的运营过程中仍旧无法忽视东道国文化的巨大影响。母公司派到子公司的管理人员对双方文化的重大不同之处进行规避，以免在这些"敏感地带"造成文化冲突。尤其是在宗教势力强大的国家要特别注意尊重当地的信仰。

6. 借助第三方文化战略

当母国的文化和东道国的文化之间存在巨大差异，并且东道国子公司无法在短时间内适应这种完全不同于母国的经营环境时，跨国公司采用与母国文化已达成一定程度共识的第三方文化对设在东道国的子公司进行管理。采用这种战略可以避免母国文化与东道国文化发生直接冲突。例如，美国的跨国公司如想在南美洲设立子公司，就可以先把子公司的海外总部设在与其开放思想和经济模式较为接近的巴西，然后再通过巴西的子公司总部对南美洲的其他子公司实行统一的管理。

7. 文化创新战略

文化创新战略即将母国的文化和东道国当地的文化进行整合，利用各种渠道促进两种文化的了解、适应和融合，从而在此基础上形成一种新型的子公司文化，并以这种新型的文化作为子公司的主体文化。这种新型文化融合了母国文化的特点，同时又与东道国当地的文化环境相适应，在此基础上形成子公司主体文化的特色，从而便于母公司对子公司进行高效管理。

 案例分享

海尔海外公司：多元融合的企业文化

中国式管理——亲情和温暖。1999年4月，中国海尔集团在美国南卡罗来纳州建设其在北美的第一个家用电器生产基地。刚开始的时候，海尔公司的一些规定曾经让美国员工们不大适应，例如，要求统一着装工作、工作时间不许听音乐、厂区内不得吸烟等，而在当地其他工厂并无此类规定。渐渐地，美国员工完全接受了海尔文化，而对于班前会制度、优秀典型讲评、评选优秀海尔员工活动感到既新奇又有活力。尤其让美国员工感动的是海尔给员工的家的温暖，每当员工过生日，管理人员就会送上鲜花和贺卡，员工表现突出，他家人的照片就会被挂到车间的墙上，一旦员工生病，管理人员会带礼物去看望，这种中国文化中独有的温情使他们感到了东方文化特有的人情味，并被此深深吸引。2000年4月5日，海尔路

（HAIR BLVD）命名揭牌仪式在坎姆登市隆重举行，这是美国唯一的以中国企业名称命名的道路。海尔路的命名标志着海尔的产品已经得到当地政府和人民的肯定。

尊重差异、包容多样。在巴基斯坦海尔工业园，有许多当地员工，他们信奉伊斯兰教，每天都要祈祷。在每个星期五，员工都要身着传统服饰，集中进行一次半小时的祈祷。为了尊重员工的文化习惯和满足其宗教信仰的需求，海尔专门建立了100多平方米的"祈祷室"。而在此之前，员工只能在厂房周边的草坪上铺块地毯祈祷，因此难免受恶劣天气之扰。有了彼此的理解和尊重，巴基斯坦海尔人也融入了海尔文化和管理，专心地投入工作。在泰国的海尔工厂，海尔为员工准备了两套工作服：一套黄色的工作服，周一穿；一套与海尔总部一样的蓝色工作服，周二至周五穿。黄色是泰国文化中的幸运色和吉祥色，而他们的国王出生在周一，所以对当地人来说，最快乐、自豪的事就是在周一穿上黄色衣服来表达他们对国王的爱戴与尊敬。为了尊重泰国人的习俗，泰国海尔工厂做了这个决定，起初，只是泰国当地的员工周一穿黄色工作服，后来，连在当地工作的中国员工也一起穿起了黄色工作服。每到周一，整个泰国的海尔工厂是一片黄颜色的海洋。

资料来源：哈嘉莹，尚晓燕.中国文化元素与企业国际化战略"一带一路"沿线的中国企业［M］.北京：对外经济贸易大学出版社，2017.

课后思考题

1. 最适合中国的跨文化人力资源管理的模式是什么？
2. 如何削弱文化障碍？
3. 案例思考与讨论：卡洛特水电站的建立过程体现了哪些国际商务知识？

卡洛特水电站位于巴基斯坦旁遮普省拉瓦尔品第市吉拉姆河，是"中巴经济走廊"优先实施项目，是三峡集团和中国水电行业第一个被写入中巴两国政府联合声明的项目，是"一带一路"首个大型水电投资建设项目、"中巴经济走廊"首个水电投资项目,也是丝路基金成立后投资的"第一单"。

巴基斯坦生态环境敏感脆弱,三峡集团在卡洛特项目中,作为负责任的企业,坚持高标准介入,采用了"世界最严"的IFC的环境和社会责任框架及相关标准,各项环境保护工作得到了有效落实,积极履行企业社会责任,关注当地社区可持续发展。

卡洛特水电站项目是合理开发利用拉姆河流域水力资源中不可缺少的重要梯级工程项目,建设期间每年直接或间接为当地提供2000多个就业岗位,投产后每年将为巴提供逾31亿千瓦时清洁能源,可有效缓解巴用电难题,大大带动当地电力配套行业的协调发展和产业升级,有利于巴经济发展和民生改善。

4. 案例思考与讨论:为什么会出现下述情况?

飞利浦照明公司某区人力资源的一名美国籍副总裁与一位被认为具有发展潜力的中国员工交谈。他很想听听这位员工对自己今后五年的职业发展规划以及期望达到的位置。中国员工并没有正面回答问题,而是开始谈论起公司未来的发展方向、公司的晋升体系,以及目前他本人在组织中的位置,等等,说了半天也没有正面回答副总裁的问题。副总裁有些疑惑不解,没等他说完已经不耐烦了。同样的事情之前已经发生了好几次。

谈话结束后,副总裁忍不住向人力资源总监抱怨道:"我不过是想知道这位员工对于自己未来五年发展的打算,想要在飞利浦做到什么样的职位而已,可为什么就不能得到明确的回答呢,""这位老外总裁怎么这样咄咄逼人,"谈话中受到压力的员工也向人力资源总监诉苦。

第三章
国际贸易理论

改革开放后，中国的外贸发展迅速。1979～2018年，中国进出口总额从293.4亿美元提高到46230亿美元，年均增长约14%，在全球货物贸易中的排名由第30位跃升至第1位；自2009年起，中国已连续10年保持全球货物贸易第一大出口国和第二大进口国地位。目前，中国出口总额由1979年的136.6亿美元增长到2023年的33800.2亿美元，增幅高达247倍；进口总额由156.7亿美元增长到25568亿美元，增幅高达163倍。与此相对应，改革开放之前，中国大部分年份为贸易逆差国，之后，中国逐渐转变为贸易顺差国，1990～2023年，中国一直保持贸易顺差状态，2023年的贸易额为8232.2亿美元①。在中国进出口业绩的背后，有着什么样的理论指导呢？

> **引导案例**
>
> **我国与"一带一路"沿线国家和地区的农业合作**
>
> 农业是关系国计民生的重要基础产业，也是中国与"一带一路"沿线国家和地区开展经贸合作的最佳对接领域之一。
>
> 在菲律宾，得益于中国种企的大力推动，该国杂交水稻种植面积超过100万公顷，占菲律宾水稻种植面积近1/4，每公顷最高产量达15吨，是当地传统水稻品种的3倍；在苏丹，通过"公司+灌区+农户"的合作种植模式，中苏棉花合作种植项目每年可创造数万个就业岗位，有效改善了当地人民的生活条件；在赞比亚，晨光生物数万亩的辣椒和万寿菊种植基地及万寿菊加工厂，为当地人提供了7000余个就业岗位……

---

① 中国对外贸易70年：增长与改革铸就贸易大国 [N]. 今日中国，2019-08-26.

> 作为我国领先种业公司的隆平高科，响应"一带一路"倡议积极"走出去"，一方面可帮助"一带一路"沿线国家和地区提升农业科技水平，提高粮食作物产量，有效促进当地农业发展；另一方面可利用国内和国际两个市场，高效整合资源，不断助推中国与当地农业科技交流合作，推动现代农业高质量发展。
>
> 不仅如此，近10年来，随着我国与"一带一路"沿线国家和地区农产品贸易和农业投资规模稳步扩大，产业链、供应链融合水平持续提升，许多农业领域上市公司在"一带一路"国际农业合作中取得了令人瞩目的成绩。
>
> 资料来源：助农惠农共享资源 上市农企精耕"一带一路"硕果芬芳 [N]．新华社，2023－06－13．

第一节 古典贸易理论

一、国际贸易理论概述

在介绍古典国际贸易理论之前，我们首先了解一下什么是国际贸易理论。一般来说，国际贸易理论：（1）研究国际商品交换。这里的商品一般是指有形商品，即货物（goods）。（2）研究国际贸易怎样产生，以及贸易的格局、构架是什么。（3）研究国际贸易价格是如何确定的。（4）研究国际贸易的利益是什么，以及利益是如何分配的。（5）研究国际贸易与经济发展之间的关系问题。（6）研究技术进步对国际贸易的影响。（7）研究国际贸易政策的协调问题等。

那么国际贸易产生的起因是什么呢？从图 3.1 清楚地看出，价格差是导致国际贸易发生的直接诱因。在图 3.1 中，某国（假设是小国）某种产品在封闭条件下由供给曲线 S 和需求曲线 D 决定的国内市场上的均衡价格为 P_E，均衡产出与消费数量为 Q_E。若在开放条件下，即进行自由贸易的情况下，该国面对的国际市场价格为 P_{w1}，即这种产品的国际市场价格高于国内市场价格,由国内供给与需求曲线可以看出,国内供给增加到 Q_3,需求减少到 Q_1,从而出现需求小于供给的局面,即出现需求缺口或剩余供给,这些剩余的产品就可以通过出口来达到市场出清,即该产品的出口为 Q_1Q_3。

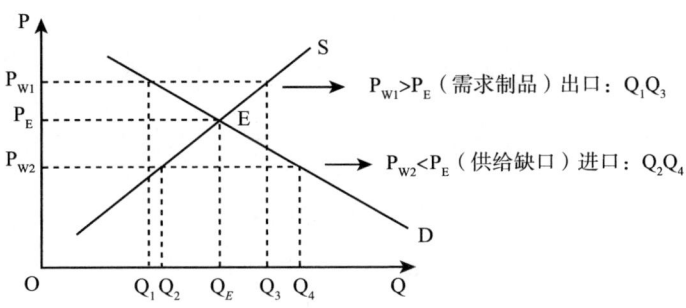

图 3.1　国际贸易产生的原因

若在开放条件下该国面对的国际市场价格为 P_{w2},即这种产品的国际市场价格低于国内市场价格,由国内供给与需求曲线可以看出,国内供给减少到 Q_2,需求增加到 Q_4,从而出现需求大于供给的局面,即出现供给缺口或剩余需求,这种产品的供给缺口就可以通过进口来满足或弥补,即该产品的进口为 Q_2Q_4。

从而我们得出贸易的产生是由价格差引起的,而为什么相同产品在不同的国家价格不同呢?原因在于生产这种产品的成本在不同的国家有差异。因此,国际贸易理论就旨在探讨各种引起价格差的原因,即是什么因素造成了各国生产同样产品时的成本差异。

那么各国开展贸易时,双方增加的静态利益又是什么呢?国际贸易的静态利益是指开展贸易后,贸易双方所获得的直接经济利益。它是在资源总量不增加,生产技术条件不变的情况下,通过参与国际分工获得的实际福利的增加。贸易国的消费者可以得到的商品数量,要大于各国在封闭状态中由自己生产所得到的数量。

下面介绍一般均衡状态下国际贸易利益的简单静态模型。

假定 1:世界上只有两个国家,A 国和 B 国。

假定 2:两国均只生产两种商品,衣服和粮食。

假定 3:两国可利用的生产资源总量一定,生产技术条件不变。

当没有贸易时，两国的生产可能性曲线如图3.2和图3.3所示。

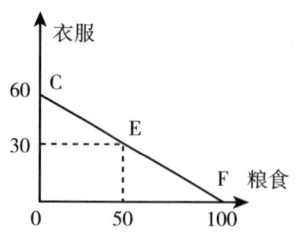

图3.2　A国的生产可能性曲线

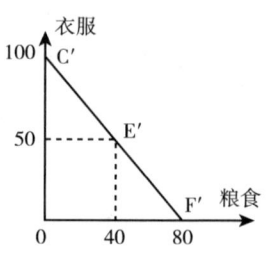

图3.3　B国的生产可能性曲线

A国的粮食和衣服的交换比率为100∶60，1单位粮食＝0.6单位衣服，1单位衣服＝1.67单位粮食；B国粮食和衣服的交换比率为80∶100，1单位粮食＝1.25单位衣服，1单位衣服＝0.8单位粮食。由于两国的相对价格存在差异，所以存在互利的贸易基础。那么两国应该以怎么样的交换比例展开贸易呢？A国若要获益：1单位粮食应交换≥0.6单位的衣服，B国若要获益：1单位衣服应交换≥0.8单位的粮食。所以，参与贸易的条件：粮食和衣服的交换比例应该在0.8～1.67。

现在假定A国和B国实行自由贸易政策，于是为了获取更多的产品，A国专业化生产粮食，得到100单位的粮食，B国专业化生产衣服，得到100单位的衣服。同时假定国际市场上粮食和衣服的交换比率是1∶1，于是A国向B国出口粮食、从B国进口衣服，B国向A国出口衣服、从A国进口粮食（见图3.4和图3.5）。

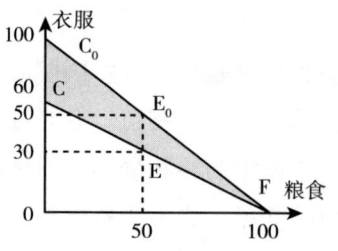

图3.4　A国的贸易利益

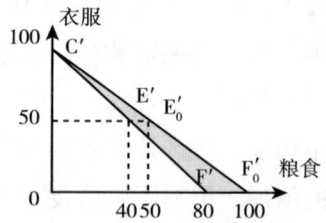

图3.5　B国的贸易利益

总之，A、B两国的消费者得到的商品都超出了本国的生产可能性曲线，增加的部分就是来自贸易的静态利益。由此，我们可以看出国际贸易的利益主要来源于生产，国际贸易利益的获得必须以国际交换为条件。

二、重商主义

(一) 重商主义产生的背景与主要观点

在工业文明的萌芽阶段，也正值"地理大发现"时期，商业规模空前扩大，货币需求急剧膨胀，一些注重海外贸易的国家注意到，在投入同样多的人力和物力资源的情况下，依靠海外贸易的发展可以获得更多的物质财富。于是人们很自然地认为这个增量财富的来源是流通，是贸易，由此产生了重商主义（mercantilism）的贸易观点。

重商主义是在资本主义生产方式准备时期（15~17 世纪）欧洲在资本原始积累过程中实行的一种贸易保护政策，它的目的是通过对外贸易在国内积累货币财富。重商主义是代表商业资产阶级利益的经济思想和政策主张。

由于当时实行金属本位制，只有金银等贵金属是货币，政府无法像在纸币本位制下那样靠发行货币来满足扩张的货币需求，只有找到新的贵重金属来源，才能填补这一货币缺口。因此，重商主义者认为，一个国家的财富由其拥有的贵重金属代表，拥有的贵重金属越多，这个国家就越富有。由于世界资源是有限的，所以国与国之间的经济交往是一种零和博弈，即一方所得为另一方所失，对于国际贸易，贸易盈余是贸易所得，而贸易赤字为贸易所失，因此重商主义主张贸易一定要实现盈余。在当时的金属本位制下，贸易盈余意味着贵重金属的流入，这将有助于缓解货币缺口。

重商主义分为两个阶段：早期重商主义和晚期重商主义。早期重商主义又称重金主义，是指从 15 世纪末至 16 世纪中叶这一时期的重商主义思想，它着眼于利用流通领域的措施来从国际贸易中积累货币财富，体现为通过少买多卖来保证贸易顺差和绝对禁止金银货币外流，所以又被称为货币差额论，其代表人物是英国的威廉·斯塔福（William Stafford，1554~1612）。

晚期重商主义是指从 16 世纪下半叶至 17 世纪下半叶这一时期的重商主义思想，它将重心从限制金银输出转向限制进口，保证贸易出超或顺差。晚期重商主义并不单纯地直接依赖立法和行政手段来取得和保存金银,而是更多地要求通过国家干预促进本国的生产和出口,允许对个别国家有贸易逆差,只要这有利于实现总的贸易顺差。例如,当时英国对东印度有贸易逆差,但由东印度输入的产品却可畅销欧洲大陆,从而保证了总的贸易顺差。晚期重商主义又被称为贸易差额论,以英国的托马斯·孟(Thomas Mun,1571~1641)为代表。

(二)重商主义的主要政策措施

重商主义,特别是晚期重商主义实现贸易盈余的政策主张,主要是奖出限入和相应的产业政策。具体体现在如下方面。

一是限制输入的措施。禁止若干国外商品,尤其是奢侈品的进口,并课征保护关税,限制国外商品的进口。

二是促进出口的措施。其一,对本国商品的出口给予补贴;其二,降低或免除出口关税;其三,出口退税,对出口商品先征税,当出口后再把所征税款退给出口厂商;其四,实行独占性的殖民地贸易政策,如英国、荷兰等国家的东印度公司在亚洲经营独占贸易与海运,使殖民地成为本国制成品的市场和本国原材料的供应地。

三是保护农业与工场手工业的发展。例如,英国《谷物法》就是受重商主义影响而产生的。

(三)对重商主义的评价

重商主义在历史上曾起过进步作用,它促进了资本的原始积累,推动了资本主义生产方式的建立与发展。重商主义观点在发展过程中一直影响着资本主义各国的对外贸易政策。尽管重商主义历史久远,并且有着其自身的缺陷,但它对现实仍有着不可忽视的影响力,仍然可以恰当解释现实中的某些经济现象。实践证明,各国普遍追求贸易盈余,只是出发点不同而已。例如,发展中国家追求贸易盈余,主要是基于获得外汇,从而消除或缓解经济发展过程中的"两缺口"之一,即外汇缺口。而发达国家对外贸易盈余的追求多是出于扩大就业、保证经济增长的需要。

但重商主义对经济现象的探索只局限于流通领域,未涉及生产领域,因而这种经济思想或观点是不科学的。英国经济学家大卫·休谟(David

Hume，1711~1776）利用其价格—铸币流动机制最先对重商主义的贸易思想提出质疑。在休谟看来，一国不可能永远保持贸易盈余，价格—铸币流动机制会自动实现贸易均衡。具体机理是，当一国实现了贸易盈余，那么该国的货币供给就会增加，这将导致价格的上升，从而削弱该国产品的竞争力，出口会减少，进口会增加，贸易盈余会因此而自动消失。

重商主义的思想实际上只反映了商人的目标，或者说只是从商人的角度来看待国际贸易的利益，因此，这种经济思想被称为"商人主义"或"重商主义"。所以到17世纪后期，重商主义开始没落。随着新兴资产阶级力量的壮大，以亚当·斯密为代表的古典国际贸易理论诞生了。

三、绝对优势理论

从亚当·斯密的国际贸易分工理论的建立到当代国际贸易分工理论的发展，资产阶级国际贸易分工理论大体上经历了三个发展阶段。第一个阶段是从亚当·斯密1776年发表的《国民财富的性质和原因的研究》一书中提出"绝对优势理论"，到1817年大卫·李嘉图在他的《政治经济学及赋税原理》一书中建立以"比较优势理论"为基础的国际贸易学说总体系。这是国际贸易分工理论的创立阶段。第二个阶段是从比较优势理论的创立到1933年瑞典经济学家伯尔·蒂尔·俄林出版《地区间贸易和国际贸易》一书，提出生产要素禀赋理论。这一理论被视为现代国际贸易理论的最重要基石。第三个阶段是二战后西方经济学界对传统国际贸易分工理论的检验、修补和扩展，以及为解释诸如产业内贸易、公司内贸易等国际贸易新现象而产生的种种"新"的贸易分工理论。这些新理论总的来说还有待丰富和完善，远未形成一个一般的理论，现代国际贸易理论仍处在不断发展之中。在所有资产阶级国际贸易分工理论中，影响最大的莫过于李嘉图的比较优势理论。自创立以来，它一直被西方国际经济学界奉为经典，并成为资产阶级国际贸易分工理论发展的主线。即使在当代，它也是研究国际贸易理论的逻辑起点。大卫·李嘉图的比较优势理论是从亚当·斯密的绝对优势理论发展而来的，所以在介绍比较优势理论之前，先简要地阐述一下亚当·斯密的绝对优势理论。

(一) 亚当·斯密的国际分工学说

分工与交换是亚当·斯密理论的逻辑起点。斯密认为互通有无、物物交换是人类共有的,也是人类所特有的倾向,这种倾向导致了分工的产生,即斯密认为,交换出自人类天性,这种交换的倾向形成了分工。分工能够提高劳动生产率;在先天禀赋和后天技术的共同影响下,各国生产某种产品的劳动生产率会有绝对的差异,这种劳动生产率的绝对差异导致了各国生产成本的差异,并进而导致了国际贸易的产生。

亚当·斯密是英国产业革命前夕资本主义工场手工业时期的著名经济学家,是资产阶级古典经济学派的主要奠基人之一。他运用劳动价值论的理论成果,提出了地域分工(territorial division of labor)理论,由此奠定了古典国际分工理论的基础。他的著名代表作是《国民财富的性质和原因的研究》(以下简称《国富论》)。

在《国富论》中,他的经济自由主义观点是由"看不见的手"理论来说明的。他的地域分工理论是其绝对优势理论(absolute advantage theory)的主要依据。

斯密采用了由个人和家庭推及整个国家的方法来论证地域分工的合理性。他认为提高劳动生产率是增加国民财富的重要条件之一。那么,怎样提高劳动生产率呢?就是要分工,分工能大大提高劳动生产率,其理由有三个:(1)分工能增进劳动者的熟练程度。(2)分工使每人专门从事某项作业,可以节省与生产没有直接关系的时间。(3)分工使专门从事某项作业的劳动者比较容易改良工具和发明机械。

斯密在对重商主义的批判中,提出了自由贸易思想。在《国富论》中,他举了苏格兰与葡萄牙两国生产布与葡萄酒进行分工的例子,在论证过程中,斯密将个人之间的分工和贸易推演到国家参与国际分工和国际贸易。他认为,同个人行为一样,一个国家也要将某种产品的本国生产费用和从国外购买的费用进行比较,才能决定是自己生产还是从国外进口这种产品:

如果一件东西在购买时所费的代价比在家里生产时所费的小,就永远不会想要在家里生产,这是每一个精明的家长都知道的格言。裁缝不必自己做鞋子，而向鞋匠购买；鞋匠也不必自己缝衣服，而向裁缝买衣服。每个人都应该发挥各自的优势，集中生产自己的优势产品，然后相互交换，那是有利的。

……

在每一个私人家庭的行为中是精明的事情，那么这种行为，对一个国家说来绝不是件愚蠢的事情。如果外国能以比我们自己制造的还便宜的商品供应我们，我们最好就用自己的产业生产出来的物品的一部分来向他们购买。

在斯密的理论中，国际贸易的基础是各国之间生产成本的绝对差别。斯密通过对苏格兰葡萄酒生产的例证分析探讨了绝对优势，并指出了国与国之间的贸易模式：

通过嵌玻璃、设温床、建温壁，苏格兰也能栽种极好的葡萄，并酿造极好的葡萄酒，其费用大约30倍于能由外国购买的至少是同样好品质的葡萄酒……如果苏格兰不向外国购买它所需要的一定数量的葡萄酒，而竟使用比自己购买所需的多了快30倍的资本和劳动来自己制造，显然是不合理的，那么所使用的资本与劳动，仅多1/30，甚或仅多1/300，也是不合理的……至于一国比另一国优越的地位，是固有的，还是后来获得的，在这方面，无关紧要。只要甲国有此优势，乙国无此优势，乙国向甲国购买，总是比自己制造有利。

可见，绝对优势是由生产成本来衡量的：如果一国某种产品的生产成本绝对低于自己的贸易伙伴国，那么，该国就具有生产这种产品的绝对优势。根据斯密的思想，国际贸易的模式为：各国集中生产并出口本国具有绝对优势的产品，进口本国不具有绝对优势的产品。同时，斯密指出，这种分工和贸易对每一个国家都有利。因此，各国不应限制进口而应进行自由贸易。

（二）绝对优势理论的模型分析

下面我们进一步对绝对优势理论进行数据化的模型分析，以对绝对优势概念有更形象和更深刻的认识，并为进一步阐述李嘉图的比较优势理论奠定基础。

模型的基本假设:

(1) 2×2×1 模型（两个国家、两种产品、一种生产要素：劳动）；

(2) 两国在不同产品上的生产技术不同，存在着劳动生产率的绝对差异；

(3) 劳动决定商品价值，且所有劳动都是同质的；

(4) 给定生产要素（劳动）供给，要素充分利用，并且可以在国内不同部门流动，但不能在国家之间流动；

(5) 规模报酬不变；

(6) 完全竞争市场：各国生产的产品价格都等于生产成本，无经济利润；

(7) 无运输成本和其他贸易障碍；

(8) 两国之间的贸易是平衡的；

(9) 绝对优势理论的例证分析。

设两个国家是英国和法国，两国都仅生产两种产品：毛呢和小麦，但两国劳动生产率不同（见表3.1）。劳动是唯一的生产要素，两国有相同的劳动力资源，都是100人。由表3.1可知，英国毛呢的劳动生产率绝对高于法国，小麦的劳动生产率绝对低于法国，故英国在毛呢的生产上具有绝对优势，法国在小麦的生产上具有绝对优势。在封闭经济条件下，英国国内1匹毛呢的价值仅相当于1.5千克小麦的价值（因为在生产1匹毛呢的时间里可以生产1.5千克小麦），法国国内1匹毛呢的价值却相当于4千克小麦的价值；在开放经济条件下，英国显然愿意用毛呢去交换法国的小麦，而法国也愿意用小麦去交换英国的毛呢，这恰恰是建立在绝对优势基础上的国际分工模式。

表 3.1   英国和法国的劳动生产率

国家	毛呢（匹/人·天）	小麦（千克/人·天）
英国	1	1.5
法国	0.5	2

假设在封闭经济条件下，两国在两种产品的生产上平均分配劳动力，

即各用50人生产毛呢，余下的50人生产小麦。在开放经济条件下，趋利动机使得英国将所有资源用于生产毛呢，而法国将所有资源用于生产小麦。假设各国在满足原有需求的基础上，将剩余的产品与另一国剩余产品进行交换，即英国每天将50匹毛呢以1∶2的比价关系与法国100千克小麦相交换，则世界的总产量和总消费量增长了，毛呢由分工前的75匹增加到分工后的100匹，小麦由分工前的175千克增加到分工后的200千克，各国的消费量亦有所增长，英国净增加了25千克小麦的消费，法国净增加了25匹毛呢的消费，国际贸易使两国福利水平都得到提高（见表3.2）。

表3.2　　　　　　　　　绝对优势下贸易产生的福利影响

国家	封闭经济				开放经济			
	毛呢（匹）		小麦（千克）		毛呢（匹）		小麦（千克）	
	生产量	消费量	生产量	消费量	生产量	消费量	生产量	消费量
英国	50	50	75	75	100	50	0	100
法国	25	25	100	100	0	50	200	100
世界	75	70	175	175	100	100	200	200

（三）对绝对优势理论的评价

亚当·斯密的贸易理论揭示了国际分工能够使资源得到有效利用，说明了分工的重要性；指出了贸易的互利性，使人们认识到了自由贸易的好处。应该说，绝对优势理论第一次从经济学原理角度探讨国际贸易产生的原因、贸易模式以及贸易利益，为以后的国际贸易理论研究奠定了非常重要的基础。绝对优势理论是最早的国际分工理论，它为西欧资本主义国家后来推行自由贸易政策提供了强有力的支持。

然而，绝对优势理论似乎存在这样的局限性：第一，它最大的缺陷是不能解释如果两个国家中有一国在任何商品的生产上都不拥有绝对优势时所进行的分工与交换，条件苛刻，局限性大。第二，虽然它以劳动价值论为基础，但不能说明在国际交换中是不是等价交换。

根据这一理论，一国要参与国际贸易，就必须有至少一种产品在生产上与贸易伙伴相比处于生产成本低的优势地位，但如果一个国家没有一种具有绝对成本优势的产品，那么，这个国家是否还进行国际贸易？在这种情况下贸易双方还能不能都获得利益呢？在上述情况下，自由贸易仍然是各国应该执行的政策吗？这些问题显然不易用绝对优势理论进行解释，或者说绝对优势理论仅解释了小部分的贸易事实，其缺乏普遍性。

四、比较优势理论

大卫·李嘉图是英国产业革命深入发展时期的经济学家，他十三四岁就跟着父亲工作，因他的父亲是一个金融家，所以他在证券市场上做投机，没几年就发了大财，后来就专门研究国际贸易理论问题。李嘉图是古典政治经济学的集大成者。他在1817年出版的主要代表作《政治经济学及赋税原理》中继承和发展了斯密的学说，提出了比较优势理论（comparative advantage theory）。迄今比较优势思想一直是主流贸易理论的核心思想，本节主要介绍李嘉图的比较优势贸易理论。

李嘉图发展了斯密的观点，认为每个国家都应集中力量生产那些优势较大或不利程度较小的商品，然后通过对外贸易交换，在劳动力不变的情况下，生产总量将会增加，这就是比较优势理论。

比较优势理论的假设前提条件与绝对优势理论基本相同，差别是两国在相同产品上的生产技术不同，并存在着劳动生产率的相对差异，同时还假定国内等价交换规律不适用国际交换。

（一）比较优势理论的基本模型

李嘉图认为，决定国际贸易发展的是比较优势，而非绝对优势。例如，A国生产单位X和Y分别需要1人投入6天和4天，而B国生产一单位X和Y分别只需要1人投入1天和2天，B国在生产X与Y产品上比A国都有优势（劳动生产率都高，分别是A国的6倍和2倍），但生产X的比较优势更大，B国则应集中生产X，而A国集中生产Y。这就是"两利相权取其重，两弊相衡取其轻"。分工前后的情况如表3.3所示

（W 表示世界）。

表 3.3　　　　　　　　　　国际分工前后的对比

	X（天）	Y（天）			
A	6	4	→2 单位	10 天	分工前
B	1	2	→2 单位	3 天	
W	2	2	→4 单位	↓	
	7	6	→	13 天	
	X	Y			
A	0	10	→2.5 单位	10 天	分工后
B	3	0	→3 单位	3 天	
W	3	2.5	→5.5 单位	↓	
	3	10	→	13 天	

在完全分工之后，A 国专门生产 Y 产品，B 国专门生产 X 产品，则使世界产出增加（由 4 单位增至 5.5 单位），然后两国进行交换（X∶Y = 1∶1），A 国用 1 单位 Y 交换 B 国的 1 单位 X，这样，两国消费都有净增加（A 国净增加 0.5 单位 Y，B 国净增加 1 单位 X），从而使两国的福利都得以提高。

（二）对比较优势的评价

1. 积极意义

比较优势理论比绝对优势理论更全面、更深刻地揭示了国际贸易产生的原因，说明了国际贸易的产生不仅在于绝对成本的差异，而且在于比较成本的差异，从而阐明了发展程度不同的国家都可以从参与国际贸易和国际分工中获得利益。从整体来看，这些观点对世界市场的扩大、社会生产力的进步和国际贸易在更广泛领域的展开都无疑具有积极的促进作用。具体来说，比较优势理论的积极意义体现在如下 3 个方面。

（1）揭示了国际贸易的基础是比较优势而非绝对优势，更接近实际。

（2）揭示了国际贸易的互利性，是国际贸易理论的主流理论，至今仍具有指导作用。比较优势理论是很多国家制定贸易政策的理论依据。

（3）比较优势理论是以劳动价值论为基础的，故具有进步意义。

2. 不足或缺陷

为了论证其比较优势理论，李嘉图把复杂多变的国际经济情况抽象成为静态的、凝固的状态，尽管这些假定有些基本上是合理的和有意义的，但毕竟使得由此得出的比较优势理论与现实的国际经济状态有较大的差距，这就在一定程度上影响了比较优势理论的适用性。事实上，现代国际贸易理论正是力图突破这些假设，争取更大限度地接近国际贸易现实，以增加贸易理论的适用性和可操作性。具体来说，比较优势理论的缺陷体现在如下 6 个方面。

（1）假设前提过于苛刻，影响了其普遍适用性。

（2）把多变的经济状况抽象成为静态的、凝固的状态，忽略了动态分析。

（3）从国际贸易的互利性出发，要想获得贸易利益，必须是自由贸易，但现实是各国都存在贸易保护主义，这一理论的适用性又受到削弱。

（4）从比较优势出发，各国的贸易政策应建立在发挥优势的基础上，这实际上是让相对落后的国家经济结构凝固化。

（5）李嘉图的劳动价值论是不彻底的，因为他认为国内的劳动等价交换规律不能适用于国际交换。

（6）没有说明比较优势的根源是什么，或者说没有指出一国为何具有比较优势。

总之，比较优势理论的一个主要缺陷是未能解释两国进行商品交换的比率问题，即贸易利益或利得是如何在贸易双方分配的。这一事实反映了用比较优势理论解释国际交换中的价值规律时的困惑，李嘉图本人也只好说："支配一个国家中商品相对价值的法则不能支配两个或更多国家间相互交换的商品的相对价值。"同时，比较优势理论也未能解释比较优势的根源问题，即一国为何具有比较优势。以伯蒂尔·俄林（Bertil Ohlin，1899~1979）为代表的新古典国际贸易理论从均衡分析法出发，将决定国际分工的因素由单纯的劳动扩展到资本和劳动两种生产要素，并以各国要素禀赋不同为依据，在解释比较优势来源问题上取得了进展，也比较好地解答了李嘉图的困惑。

第二节　新古典贸易理论

古典国际贸易理论中的比较优势理论的重大缺陷是：（1）未能说明两国进行商品交换的比率问题，即贸易利益或利得是如何在贸易双方分配的；（2）未能解释比较优势的根源问题，也就是一国为何具有比较优势。在古典国际贸易理论模型中，假设只有一种要素——劳动力投入，且机会成本固定不变。然而，在现实世界中，其他要素投入，特别是资本，对生产也起到至关重要的作用，且机会成本通常是递增的。19世纪末以来，以马歇尔为代表的经济学家研究了存在多种要素投入的经济学理论，建立了新古典经济学。

在本节中，我们首先介绍新古典经济学的国际贸易理论——相互需求理论或称标准贸易模型，然后介绍赫克歇尔—俄林理论。约翰·穆勒（John Stuart Mill，1806~1873）用机会成本来解释各国在某种商品上的比较优势，较好地解决了李嘉图的第一个困惑。以俄林为代表的新古典国际分工理论从均衡分析法出发，在解释比较优势来源问题上取得了进展，较好地解决了李嘉图的第二个困惑。

一、相互需求理论

（一）贸易价格的确定

现假设有A、B两个国家，生产两种产品X（葡萄酒）、Y（布）。在A国，若把所有生产要素都投入X产品的生产，则可以生产出10个单位，若把所有生产要素都投入Y产品的生产，则可以生产出15个单位；而在B国，若把所有生产要素都投入X产品的生产，则可以生产出10个单位，若把所有生产要素都投入Y产品的生产，则可以生产出20个单位。因此，在A、B两国X与Y的交换比例是不同的，即X与Y的相对价格在两个国家不同，因而具有产生相互贸易的基础（见表3.4和图3.6）。

表 3.4　　　　　　　　两国商品的价格与交换比例

国家	X 价格	Y 价格	X 与 Y 的交换比例
A	10	15	10∶15
B	10	20	10∶20

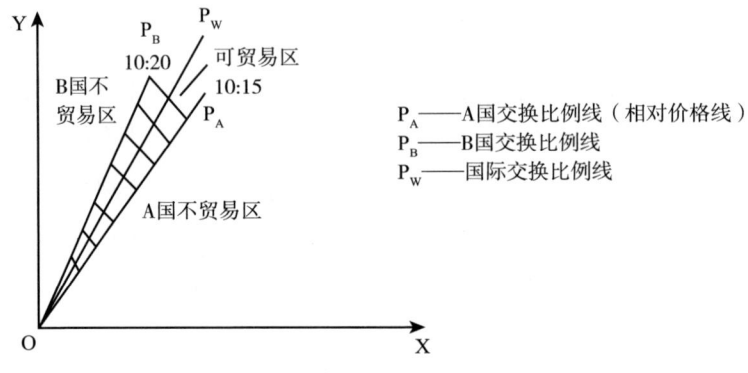

图 3.6　两国可贸易范围

国际交换比例或国际相对价格 P_w 是如何确定的呢？按照穆勒的相互需求理论（reiprocal demand theory）的观点，P_w 必须等于两国需求对方产品总量之比。现举例说明如下：

假如，德国（A）在国际交换比例为 1∶1.7 时，进口 Y（布）的需求为 17 码的 1000 倍，为此，它只有提供出口 X（葡萄酒）10 桶的 1000 倍，才能偿付进口 Y（布）所需的价值。

同样，英国（B）要换回 1000 倍 10 桶葡萄酒（X），它必须提供 1000 倍 17 码布（Y），才能使进出口价值平衡，这时，双方对对方产品的需要（相互需求）均等，故交换比例稳定在国际需求方程式的均衡点上：

$$(10 \times 1000) : (17 \times 1000) = 1 : 1.7$$

倘若其中一方的需求发生变化，如德国对布（Y）的需求减少到 17 码的 800 倍，而英国对葡萄酒（X）的需求不变，那么，原有的 1∶1.7 的交换比例就会发生变化。

这时，1∶1.7 的交换比例不能满足国际需求方程式，即：

$$(10 \times 1000) : (17 \times 800) \neq 1 : 1.7$$

在这种情况下，英国对 X（葡萄酒）的需求大于德国对 Y（布）的需求,则使 X(葡萄酒)的价格上升,Y(布)的价格下降。假定交换比例上升到 1∶1.8,英国对葡萄酒(X)的需求因其价格上升而从 10 桶的 1000 倍减少到 900 倍,德国对布(Y)的需求因其价格下降从 17 码的 800 倍上升到 18 码的 900 倍,这时,双方对对方产品的需求重新达到均衡,即:

$$(10 \times 900):(18 \times 900) = 1:1.8$$

这就是穆勒的相互需求方程式。因此,穆勒得出结论:商品的国际价值停留在使两国贸易达到平衡的那个交换比例上,它是由两国对彼此的商品需求强度决定的。

本国市场与外国市场对 X 产品的供给和需求情况如图 3.7 所示,同时它们也决定了国际市场剩余供给和剩余需求以及贸易的价格与数量。

在封闭经济下外国 X 价格较高,为 P_2,均衡供求量为 X_0;开放贸易后,价格下跌至 P^*,导致国内需求增加,同时国内生产减少,新的需求与国内产量之间的差额由进口弥补。本国 X 价格较低,为 P_1,均衡供求量也小;开放贸易后价格上升,导致国内需求减少,同时国内供给增加,故新的供给与国内需求之间的余量由出口解决。

两国市场的变化反映在国际市场上,便是国际供求均衡量(X^*)和均衡价格(P^*)的形成。因此,若将需求因素引入国际贸易分析中,则国际贸易不仅会影响一国的生产,而且会影响一国的消费模式和价格。

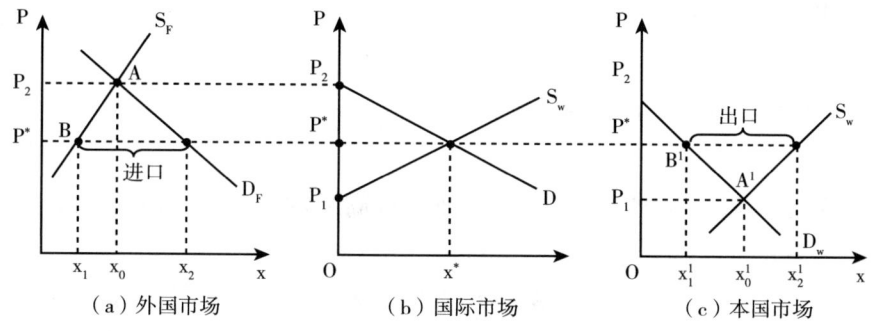

图 3.7 贸易价格的确定

(二)贸易条件

1. 贸易条件的含义

在市场交换过程中,价格问题始终是人们关注的中心,因为它直接关系到各方切身的经济利益。同样,国际贸易中的价格,即不同国家之间进行商品交换的比例,也是国际经济学理论要研究的一个重点。在前面对比较优势的分析中,假定不同国家按照合理的比例进行交换,各方都从中获得了利益。现在来考虑国家之间究竟按什么比例来相互交换商品,这就是贸易条件问题。

所谓贸易条件(trade term),通常是从一国出口商品价格与进口商品价格相对比较的角度来进行观察和分析。即 A 国以一定量 X 商品与 B 国相应数量的 Y 商品相互交换,两者的交换比例就是国际贸易条件。简单来说,贸易条件就是进出口商品的比价。

2. 贸易条件的类型

贸易条件一般有如下 4 种。

(1)净贸易条件。

净贸易条件(商品贸易条件)指一国在一定时期内,出口商品价格指数与进口商品价格指数之比。用公式表示即为:

$$N = (P_X/P_M) \times 100$$

其中,P_X 表示出口商品价格指数,P_M 表示进口商品价格指数。

(2)收入贸易条件。

收入贸易条件是在净贸易条件的基础上,把出口数量变化考虑进来。用公式表示即为:

$$I = (P_X/P_M) \times Q_X$$

其中,Q_X 表示出口商品数量指数。

(3)单因素贸易条件。

它是在净贸易条件的基础上,把出口商品的劳动生产率变化考虑进来。用公式表示即为:

$$S = (P_X/P_M) \times Z_X$$

其中,Z_X 表示出口商品的劳动生产率指数。

(4)双因素贸易条件。

它是在净贸易条件的基础上,把进出口商品的劳动生产率都考虑进来。用公式表示即为:

$$D = (P_X/P_M) \times (Z_X/Z_M) \times 100$$

其中，Z_M 表示进口商品的劳动生产率指数。

那么，一国的贸易条件怎么样算改善，怎么样算恶化呢？一句话就是，越是贱买贵卖，贸易条件就越是得到改善，反之，就越是恶化。

【例题】假定某国净贸易条件以 2000 年为基期是 100，2005 年时出口商品价格下降 5%，进口商品价格上升 10%，那么，(1) 这个国家 2005 年的净贸易条件（商品贸易条件）是多少？(2) 假如该国出口数量从 2000 年到 2005 年上升了 20%，问收入贸易条件是多少？

解：(1) 已知：$P_X = 95$，$P_M = 110$，代入公式，得：

$$I = (P_X/P_M) \times Q_X = (95/110) \times 100 = 86.36$$

这表明这个国家的贸易条件恶化了 13.64 个百分点。

(2) 已知：$Q_X = 120$，代入公式，得：

$$I = (P_X/P_M) \times Q_X = (95/110) \times 120 = 103.64$$

这表明这个国家尽管净贸易条件恶化了，但由于出口数量的增加，贸易收入或创汇并未减少。值得注意的是，如果不特别说明，我们所讲的贸易条件，一般就是指净（商品）贸易条件。

二、要素禀赋理论

大卫·李嘉图从各国生产同一产品时存在劳动生产率差异的角度，以比较成本阐明了产生国际分工和国际贸易的原因。20 世纪 20 年代，瑞典经济学家赫克歇尔（Heckscher, 1879～1952）和俄林（Ohlin, 1899～1979）认为比较成本或比较优势的来源是资源禀赋差异，从而提出了比较优势理论的另一种解释，即要素禀赋理论（theory of factor endowment），该理论也常被称为赫克歇尔·俄林理论（Heckscher - Ohlin theory），简称 H－O 理论或 H－O 模型。

（一）H－O 理论的提出

从现实世界来看，不同国家人们的偏好较为相似。因此，国际贸易产生的主要原因是各国生产可能性边界的差异。为什么各国的生产可能性边界会存在很大差异？李嘉图理论认为是生产技术差距或劳动生产率差异,而 H-O 理论则从要素禀赋差异角度回答了这一问题。两者的区别如图 3.8 所示。

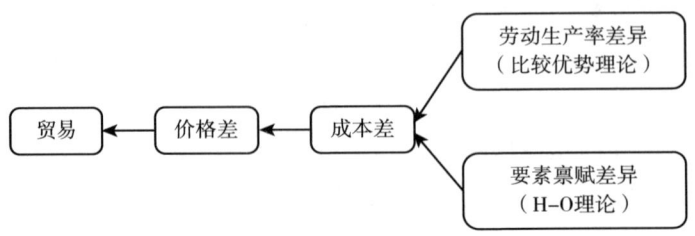

图 3.8 比较优势理论与 H-O 理论关于国际贸易产生原因的差异

赫克歇尔和俄林指出,李嘉图理论中只有一种要素——劳动力,国际分工和贸易的出现完全是因为不同国家的劳动力生产不同产品存在技术差距,由此产生比较优势。然而在现实中,即使是已经完成工业化、技术水平差距不大的发达国家之间,相同产品的生产成本仍然存在很大差异。因此,技术差距并不能完全解释国际贸易。

20 世纪上半叶赫克歇尔和俄林提出并完善了要素禀赋理论。这一理论认为,不同国家的贸易和国际分工的原因除了技术差距之外,各国不同的要素禀赋差异也是重要原因。赫克歇尔于 1919 年在《对外贸易对收入分配的影响》(The Effect of Foreign Trade on the Distribution of Income)一文中首先提出各国劳动要素差异导致了成本差异,之后,赫克歇尔的学生俄林接受和发展了他的理论,并在 1933 年出版了《地区间贸易与国际贸易》(Interregional and International Trade)这一名著,在这部著作中,俄林系统地阐述了要素禀赋理论。俄林的这一著作被认为是现代国际贸易理论的最重要著作之一,他因为该著作而获得了 1977 年诺贝尔经济学奖。由于赫克歇尔与俄林的贸易理论一脉相承,他们又是师生关系,所以后人一般把两人的理论合在一起,称为赫克歇尔-俄林理论,简称 H-O 理论。

(二) H-O 理论的假设前提

H-O 理论是建立在以下几个基本假设之上的。

(1) 假设只有两个国家(A、B)、生产两种产品(X、Y)、使用两种生产要素(劳动力 L 和资本 K),即是 2×2×2 的模型。

(2) A、B 两国生产方法、技术、劳动生产率相同,即生产函数一样。

(3) 一国的 K 相对丰裕,另一国的 L 相对丰裕,两国 K/L 不同,即单位劳动使用的资本不同。

(4) 一种产品是劳动密集型产品 (labor intensive product),一种产品是资本密集型产品 (capital‑intensive product),且要素密集度固定。

(5) K 相对丰裕的国家利率 (i) 低,L 相对丰裕的国家工资率 (w) 低。

(6) 商品和要素市场是完全竞争市场,K、L 在国内可完全自由流动,在国家间不能自由流动。

(7) 不考虑需求,或两国需求偏好相同,并且不变。

(8) 完全自由贸易,商品在两国间流动没有运输成本和贸易壁垒等限制。

(三) H‑O 理论的基本命题与结论

1. 基本命题

(1) 产品生产靠单一要素是不可能的,两种要素的比例在生产商品中非常重要,即生产成本的高低取决于生产要素价格和要素结合的比例。

(2) 国内、国际贸易都是不同区域之间的贸易,贸易交换双方以 K/L 不同为标准条件,即一国将出口它以相对丰裕要素 (abundant factor) 生产的产品 (密集使用其丰裕要素生产的产品),进口的是它稀缺要素 (scarce factor) 密集的产品。也就是 K 丰裕的国家将出口 K 密集型产品,进口 L 密集型产品。反之亦然。

2. 基本结论

(1) 如果两国要素存量的比例不同,即使两国的 K 与 L 的劳动生产率一样,也会使产品成本产生差异,两国也可发生贸易。

(2) 一国若用自己相对丰裕的要素或资源生产,将会处于有利地位,相反,则处于不利地位。所以,一国出口的产品总是密集使用其丰裕要素生产的产品,而进口的则是密集使用其稀缺要素生产的产品。这就是狭义的要素禀赋理论,又称要素比例说。

(3) 国际贸易会使各国要素价格或要素报酬的差异缩小——广义要素禀赋理论 (赫克歇尔‑俄林‑萨缪尔森理论,简称 H‑O‑S 理论,Heck-

scher – Ohlin – Samuelson theory)。这是萨缪尔森对 H – O 理论的结论进行数学证明而得名的，它是贸易对要素价格的反作用理论，即要素价格均等化理论。

要素价格均等化有两种：一是要素价格相对均等化，即原先要素价格比率不一致的两个国家在发生贸易以后，会逐渐趋于均等，最后达到完全相等。二是要素价格绝对均等化，即原先同一种要素的绝对价格在不同国家不相等，在发生贸易后，会逐渐趋于均等，最后达到完全相等。

（4）斯托尔珀 – 萨缪尔森定理（S – S 定理, Stolper – Samuelson theorem）。

某一商品相对价格的上升，将导致该商品密集使用的生产要素的实际价格或报酬提高，而另一种生产要素的实际价格或报酬则下降。即如果劳动密集型产品的相对价格升高，将使劳动力（L）的价格（w）升高，并降低资本（K）的价格（r）。因此，可得出一个重要结果：国际贸易会提高该国丰裕要素所有者的实际收入，降低稀缺要素所有者的实际收入。

（5）雷布津斯基定理（Rybczynski – theorem）。

在两种产品、两种要素的情况下，如果生产要素（或产品）的相对价格不变，规模报酬不变，那么，生产要素单一增长（或两种要素增长速度不同）会导致密集使用该要素生产的产品产量绝对（或相对）增加，而密集使用另一种要素生产的产品产量则绝对（或相对）减少，这就是雷布津斯基定理。

定理如图 3.9 所示。在图中，R 线即为雷布津斯基线。R 线向右下方倾斜，说明 X 的产出越来越多，而 Y 的产出越来越少。

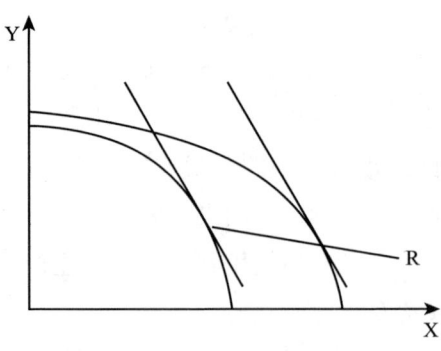

图 3.9　单一要素增长——雷布津斯基定理

三、里昂惕夫之谜

(一) 里昂惕夫之谜的提出

在从1933年到20世纪50年代初的近20年间，H-O理论被认为是经济学中的一颗"明珠"，经济学家惊异于其理论的严密、模型的精巧以及对诸多现实问题的解释能力。因此，人们普遍认为，各国资源禀赋和生产中的要素使用比例的不同，是产生国际贸易的主要原因。但是，这一理论在实践检验中遇到了挑战。

在1953年发表的一篇论文中，美国经济学家瓦西里·里昂惕夫（Wassily Leontief）运用投入—产出法对美国1947年进出口行业所用的资本存量与工人人数数据进行检验，其检验结果引发了一系列富有成效的争论。

里昂惕夫本想通过美国的数据来检验H-O理论，即各个国家都应出口密集使用其充裕要素生产的产品，而进口密集使用其稀缺要素生产的产品。更明确地说，他想同时验证两个命题：（1）H-O理论的正确性；（2）正如人们所认为的那样，美国是一个资本丰裕的国家，应该出口资本密集型产品，进口劳动密集型产品。

里昂惕夫计算了美国1947年进出口商品中要素含量之比，即美国出口行业的资本存量与工人人数比率。他不仅计算出进出口行业（每个行业又都有数十个产业）所使用的资本和劳动量，而且计算出各种产品所使用的购自其他产业的产品中所包含的资本和劳动量。作为投入—产出分析的主要先驱之一（他为此在1973年获得诺贝尔经济学奖），里昂惕夫用资本和劳动投入、出口值和进口值的向量去乘美国经济的投入—产出矩阵，进而得出所需的出口及进口竞争行业的资本量和劳动量比率的估计值。里昂惕夫的逻辑是：如果H-O理论的预测是正确的，由于美国是资本相对充裕的，那么在弄清楚所有投入品行业的份额之后，作为总体的美国出口行业的资本—劳动比率（K_x/L_x），应该高于美国进口竞争行业的资本—劳动比率（K_M/L_M）。然而，里昂惕夫的计算结果是$(K_x/L_x)/(K_M/L_M)$只有0.77，或者说进口商品的资本密集度高于出口商品的资本密集度约30%。验证结果表明美国出口的不是 K 相对密集的产品,而是 L 相对密集的产品。这一结果使经济界大为震惊。这就是人们所称的"里昂惕夫之谜"(Leontief's Paradox)。

很多经济学家对加拿大、日本、印度等一些国家对美国的进出口贸易结构作了分析验证,结果既有证明里昂惕夫结论成立的例证,也有支持 H – O 理论结论的例证,使世人大为迷惑。里昂惕夫及其他一些学者的测算结果如表 3.5 所示。

表 3.5 　　　　　　H – O 理论的实证检验:美国数据

学者	数据年份	$(K_X/L_X)/(K_M/L_M)$(H – O 预测 >1)
惠特尼(Whitney, 1968)	1899 年	1.12
里昂惕夫(Leontief, 1953)	1947 年	0.77
里昂惕夫(Leontief, 1956)	1947 ~ 1951 年	0.94(或不包括自然资源行业,1.14)
鲍德温(Baldwin, 1971)	1958 ~ 1962 年	0.79(或不包括自然资源行业,0.96)
斯特南德和马斯库斯(Sternand and Maskus, 1981)	1972 年	1.05(或不包括自然资源行业,1.08)

(二)里昂惕夫之谜的解释

为了证明 H – O 理论的正确性,也为了消除里昂惕夫之谜,里昂惕夫本人及许多经济学家都提出了各种各样的解释。对谜的解释可分为根据美国的情况对谜进行的谜内解释,以及把世界其他国家与美国对照及加入其他一些里昂惕夫未曾考虑到的因素进行的谜外解释。现就几种重要的谜内解释的观点介绍如下。

1. 美国劳动力素质高

里昂惕夫本人认为,美国工人的劳动生产率比其他国家高 3 倍。因此,美国的劳动存量应是劳动人数乘以 3,这样美国出口的就是劳动密集型产品了。若考虑美国劳动生产率为什么高的原因,比如是由于对劳动力的投资比其他国家多,就可以对里昂惕夫之谜进行解释。

2. 要素密集度逆转

要素密集度逆转是指同一种产品中要素的比例在不同的国家会有重大不同,如某些产品在劳动力相对丰裕的国家中则属于资本密集型产品。要素密集度逆转是由于各国生产要素禀赋和生产要素价格不同，因此在生产同一种产品时投入的要素比例也不同。

3. 需求逆转

H-O 理论认为两国消费者需求偏好完全相同。事实上，两国消费者需求偏好存在一定的差异。基于需求逆转，里昂惕夫之谜可以这样解释：虽然美国资本相对丰裕，但如果美国消费者的消费结构中资本密集型商品所占比重较多，那么美国则有可能进口资本密集型产品，出口劳动密集型产品。

4. 自然资源说

该解释说明，一些自然资源密集型的产品往往也是资本密集型的。因此，美国进口相对缺乏的石油资源属于进口资本密集型商品。

5. 贸易保护政策

美国出于政策需要而限制劳动密集型产品的进口，以维持国内的高工资水平。因此美国的贸易政策可能偏向限制进口劳动密集型产品以保护本国同类产业。

第三节 新贸易理论

一、新贸易理论的产生背景

20 世纪 60 年代以来，国际分工（International Division of Labor，IDL）格局出现了两大倾向：其一是发达国家间的贸易量增加，发达国家间的贸易成为国际贸易的主要组成部分；其二是同类产品之间的贸易量大为增加，出现了许多同一行业既出口又进口的行业（产业）的 IDL 模式。用传统的"资源禀赋"或"比较优势"差异原理，都不能对上述倾向做出令人满意的解释。随着产业组织理论的问世，西方经济学研究突破了完全竞争假设条件下的一般均衡分析框架，这一方法论革命无疑对传统 IDL 理论摆脱其局限性是一个契机。

深受哈佛传统思想影响的美国经济学家保罗·克鲁格曼（Paul Krugman），1984年在《美国经济学评论》上发表了一篇题为《工业国家间贸易新理论》的论文。该论文认为，传统国际分工理论都是建立在完全竞争市场结构分析框架基础上的，因而不能解释全部国际贸易和IDL的动力，尤其很难解释制成品贸易，IDL理论需要更新分析框架，产业组织理论的发展为这种更新提供了可能。

1985年，克鲁格曼与赫尔普曼（Helpman）合著的《市场结构与对外贸易》，运用产业组织理论对产业内分工和贸易问题进行了系统地阐述，建立了以规模经济和产品差异为基础的垄断竞争IDL与贸易理论模型，称之为新贸易理论。从规模经济、产品差异性出发研究垄断和竞争之间关系的理论意义主要是：第一，现实市场结构既不是完全竞争的，也不是完全垄断的，而是竞争与垄断的混合结构，以垄断竞争作为研究框架，比较接近实际。第二，垄断竞争所分析的市场机制与完全竞争所分析的市场结构有着截然不同的价格决定方式。

从本质上讲，新贸易理论并没有否定比较优势理论，而是根据市场结构对贸易功能进行重新定位，认为在IDL中，规模经济和自然禀赋差异均是引发IDL和贸易的经济变量。在完全竞争条件下，自然禀赋差异率或比较优势是引发IDL和贸易的主要原因。而在不完全竞争市场结构框架中，规模经济、产品差异等是IDL和贸易发生的主要解释变量。新贸易理论认为，在完全竞争市场结构中，传统意义上的要素禀赋差异理论，对于解释部门间贸易模式，特别是对贸易流量中的要素含量差异，始终是有效的。在不完全竞争市场状态下，生产要素价格偏离边际价值，商品价格大于边际成本和平均成本，不能如实反映一国的比较成本优势和劣势，从而引起贸易福利的不均衡分配。因此，在不完全竞争市场结构条件下，规模经济是独立于比较成本之外的又一引发对外贸易的决定因素和经济变量。前者属于垂直型产业间分工模式，后者属于水平型产业内分工模式。

传统的国际贸易理论多以静态分析和短期分析为特征，并且为我们提供了一个良好的分析问题的经典框架。但随着世界经济的发展，这些传统的理论已不能完全解决国际贸易的现实问题，其主要原因就在于它们都是静态理论模型，假设前提条件过于苛刻，具有一定的片面性，故难以准确解释当今国际贸易发展中的诸多现象。自第二次世界大战结束以来，西方经济学家不断致力于贸易理论的动态研究,提出了许多新的观点和新的研究方法,丰富和发展了传统国际贸易理论。

动态优势贸易理论以生产要素的变动为出发点,随着经济的发展,考察国际贸易发生变化的原因,研究比较优势的动态发展。这方面的研究,从总体上来看仍比较分散,缺乏系统性。比较有影响的有产品生命周期理论等。

二、产业内贸易理论

(一)产业内贸易的理论含义

产业内贸易(intra-industry trade)是20世纪60年代后才较为普遍使用的概念,是相对于产业间贸易(inter-industry trade)而言的,指的是两国之间在同类产品上发生的进出口,也称为重叠贸易(overlapping trade)。在现实生活中,我们可以观察到美国每年向西欧出口大批轿车,但同时每年也从西欧进口大量轿车。中国向美国出口青岛啤酒,但也从美国进口百威啤酒。这些贸易都可以归类为产业内贸易。

20世纪60年代以后,国际贸易出现了一系列引人注目的新倾向,其中两个最明显的现象,用传统贸易理论无法解释,即:

一是产业内贸易越来越多,即同类产品之间的贸易大为增加,出现了许多同一行业既出口又进口的行业内国际分工模式,并逐步占主要地位。

二是发达国家之间的贸易越来越多,成为国际贸易的主要构成部分,而发达国家与发展中国家之间的贸易在减少(见表3.6)。

表3.6　1953~1997年发达国家与发展中国家在世界贸易中的比重变化　　单位:%

出口国目的地	出口来源国								
	发达国家			发展中国家			总计		
	1953年	1987年	1997年	1953年	1987年	1997年	1953年	1987年	1997年
发达国家	42	60	62	26	15	14	68	75	76
发展中国家	23	19	19	9	6	5	32	25	24
总计	65	79	81	35	21	19	100	100	100

1961年，瑞典经济学家林德（S. B. Linder）在其著作《论贸易与转移》中，从需求偏好的角度对产业内贸易进行了解释。巴拉萨（B. Balassa）在1963年和1966年对欧共体制成品的贸易效应的研究中认为，制成品贸易的增长大部分发生在以联合国《国际贸易商品标准分类》体系划分的商品组内，而不是在商品组之间。格鲁伯（H. G. Grubel）和劳埃德（P. J. Lloyd）在1975年对1959~1967年欧共体成员国之间的贸易进行了分析，发现其中超过一半的贸易属于产业内贸易，并且贸易的增长中有71%是产业内贸易。这样的现象对传统的贸易理论提出了挑战，因为根据传统的贸易理论，贸易发生在技术水平或者资源禀赋存在差别的国家之间，而这些欧共体国家却在技术水平和收入方面非常相似，它们之间发生的大量贸易看起来无法用比较优势理论来解释。

事实上，对产业内贸易的存在与否一开始也存在争议。有人指出产业内贸易只不过是产品分类导致的现象而已。如果产品分类足够细致，产业内贸易就会完全消失。不过实证研究表明即使按现存所有最细致的分类进行研究，产业内贸易的存在仍然很明显。后来的研究也证实，不仅发达的西方国家之间存在着大量的产业内贸易，在发达国家和发展中国家之间的产业内贸易也变得越来越显著。产业内贸易因此成为贸易形态的一个重要组成部分。

对产业内贸易的存在有许多种解释。其中有人认为边境贸易、季节性贸易和贸易壁垒的降低是其原因，不过实证研究表明这些理由只能解释产业内贸易的一小部分，而绝大部分产业内贸易仍然没有得到合理的解释。

为了解释产业内贸易的存在和增长，经济学家们提出了新的理论。以克鲁格曼和兰卡斯特（Lancaster）为首的经济学家用规模经济、不完全竞争和产品差异（product differentiation）来解释产业内贸易的发生。由于这种理论与传统的假定产品具有同质性及规模报酬不变或递减的李嘉图模型和H-O模型具有明显差异，因此被称为"新贸易理论"（new trade theory）。另外也有一些经济学家注意到产业内贸易也可能发生在质量有差异的同类产品之中，并认为产品的质量差异取决于各国之间技术或资源禀赋的差异，因此通过修正传统的比较优势理论来解释这一类产业内贸易。

（二）产业内贸易的量度

人们一般用格鲁伯和劳埃德提出的产业内贸易指数，也称 G－L 指数，来衡量一个产业的产业内贸易程度，用以下公式表示：

$$IIT_i = 1 - |X_i - M_i|/(X_i + M_i) \tag{3.1}$$

式（3.1）中，X_i 和 M_i 是 i 产业的出口和进口总值。显而易见，IIT_i 衡量的是 i 产业中双向贸易的程度，其值介于 0 和 1 之间。IIT_i 等于 0 意味着一国在该产业是纯进口或纯出口；IIT_i 等于 1 意味着一国在该产业的进口值和出口值刚好相等。$0 < IIT_i < 1$ 表明一国在该产业同时发生进出口。IIT_i 的值越接近 1，表明该产业的产业内贸易程度就越高。

一个国家的产业内贸易指数可用如下公式计算：

$$IIT = 1 - \sum |X_i - M_i|/(\sum X_i + \sum M_i)$$

另一个度量产业内贸易的指数是巴拉萨指数：

$$B = |X_i - M_i|/(X_i + M_i) \tag{3.2}$$

式（3.2）中，B 为巴拉萨指数，其他参数与 G－L 指数相同。

据测算，21 世纪初世界产业内贸易的平均水平 G－L 指数达到 60%，而达到国家的产业内贸易平均水平为 60%~70%。

（三）产品差异理论分析

1. 产业与产业内贸易的界定

产业是指由投入要素基本相同、产品有很大替代性的一组企业组成的群体。按照联合国 1950 年首次出版的《国际贸易统计简明商品目录》的分类，国际贸易标准分类或目录编号为 5 位数（10 大类—63 章 233 组—786 个分组—1924 个基本项目），即所有国际贸易的商品都由至少 5 位数来表示（目前已修订为 8 位数，我国已经是 10 位数），凡前 3 位数相同的产品就是相同产业的产品。因此，产业内贸易即是同行业产品的贸易，又称行业内贸易。

2. 产品差异的含义与原因

一般来说，产品总可以分成同质（相同产品）和异质（差异产品）两大类。但即使同质或同一产品，由于时空、政策或产品特性、质量、款式、型号、规格等因素而可能变成"异质"性产品。另外,转口贸易也产生大量产业内贸易。

总之,产品差异的含义、性质及原因包括如下三个方面。

(1) 同一产品由于性能、质量、款式、型号、规格、品牌、商标、包装、售前售后服务、时空、政策等因素引起产品差异,从而形成了异质性产品。

(2) 产品可以替代,但不能完全替代。

(3) 产品的基本功能相同,但附加价值不同。

为什么说产品差异是产业内贸易产生的基础呢?一国在封闭的情况下,由于市场、规模的制约,同种产品异质性"变体"的种类不可能很多,因为种类越多,生产规模越小,生产成本越高。在开展国际贸易后,两国或多国市场合一,突破了市场狭小与规模的制约,各国各自分别生产几种异质性产品,互不重合。这样通过贸易,互相出口各自的产品,既增加了消费者的选择余地,又提高了福利水平,生产企业的效率也会提高。但这都是在有产品差异的条件下才能实现的分工。因此,产品差异是产业内贸易能够产生并且不断增加的原因。

(四) 需求偏好相似理论

1. 需求偏好相似理论的基本内容

需求偏好相似(demand preference similarity)是产业内贸易产生的动因。产业内贸易是产业间重叠度很大的产业之间的贸易。需求偏好相似理论是瑞典经济学家林德于1961年在其出版的《论贸易与转移》著作中提出来的。该理论认为,一种工业品是否出口,在于该产品是否属于国内代表性需求产品。所谓代表性需求产品,是指该产品在国内有旺盛需求,且有技术上的相对优势及生产上的规模经济。那么,这种国内代表性需求产品将出口到什么样的国家呢?

在图3.10中,纵坐标代表产品的加工深度或产品档次,横坐标代表一国人均收入或经济发展水平,P_w表示产品的价格水平,a_0和b_0代表A、B两国代表性需求产品,Y_a、Y_b代表A、B两国的人均收入水平,A国需求产品的范围是a_0、a_1、a_2、a_3,B国需求产品的范围是b_0、b_1、b_2、b_3,两国都有需求的产品,即需求重叠的产品为 a_0、a_2、a_3 和 b_0、b_1、b_2(阴影部分)。两国的经济发展水平越接近(人均收入越接近),则需求重叠部分越大,两国的消费需求偏好越接近,一国产品在另一国市场就越有销路,因此发生贸易的可能性就越大,并且是产业内贸易。

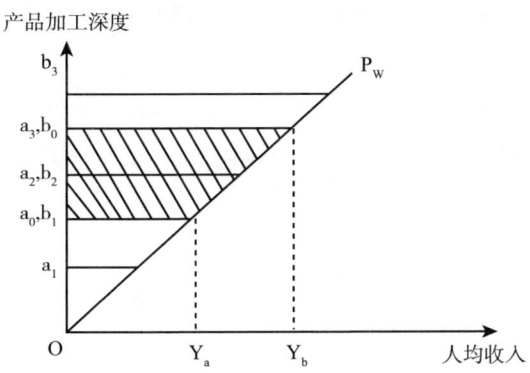

图 3.10　需求偏好相似导致产业内贸易

2. 对需求偏好相似理论的简要评价

林德将需求引入国际贸易理论,分析需求在国际贸易中的极其重要的地位,可谓独树一帜。同时,林德还认为,H-O 理论只适用于初级产品的贸易,而不适用于工业制成品的贸易。

这一理论的意义在于它部分地解释了产业内贸易发生的原因。传统的比较优势理论认为,各国经济发展水平越接近,其开展国际贸易的可能性越小。需求偏好相似理论则相反,认为各国经济发展水平越接近,越有扩大相互贸易的可能性,这可能更贴近国际贸易实际。因此,它是对比较优势理论的重要补充。

除了从需求的角度讨论,我们也可以从供给的角度来解释产业内贸易产生的原因。这就是保罗·克鲁格曼的规模经济理论。

(五)对产业内贸易理论的评价

产业内贸易理论考虑了以前贸易理论的不足与优点,认为一国开展国际贸易并非只为获得资源上的比较优势,还为获取规模经济报酬。由于它所解释的两种现象(发达国家之间的贸易越来越多、同一产业的产品之间的贸易比重增大）是当前国际贸易的主要趋势，因此更贴近实际，理论意义与实践意义都很重要，是目前国际贸易的主流理论。

产业内贸易理论对传统贸易理论的突破在于其分析框架从完全竞争市场转向不完全竞争市场。此外，该理论不仅从供给的方面进行了论述，更从需求的角度进行了考察。实际上它将李嘉图理论中贸易利益等于国家利益的隐含假设转化为供给者与需求者均可受益。

尽管它采用了不完全竞争、异质性产品、需求偏好相似和规模经济报酬递增等概念和思想来分析与研究产业内贸易现象，但它的说服力仍显不足，静态分析说服力较强，动态分析说服力稍差。该理论在政策措施上赞同动态化的建议。

产业内贸易模型众多而繁杂，并且它们之间很不相同。一般来说，产业内贸易理论模型存在以下一些问题。

第一，在这些模型中，虽然都有可能推断出产业内贸易的发生，但是这些模型都不能预测哪一个国家会出口哪一种（或几种）产品。

第二，由于产业内贸易的理论模型一般涉及产品的差异性、不完全竞争或垄断竞争、规模经济以及跨国公司的活动等，所建立的模型要适用于不同的条件就相当困难，因此无论是经验研究、理论研究还是实证研究都没有形成一个完整的体系。或者说，产业内贸易的理论是一个篮子，里边装了许多相互没有太多联系的模型，且这种模型比产业间贸易模型多得多，故在政策方面，不像传统理论那样具有统一的、明确的结论。

第三，尽管产业内贸易理论比传统的国际贸易理论更贴近现实，但在现实生活中，经济的多元化和消费者行为的复杂性等因素使产业内贸易理论的很多模型显得过于理想化与简单化，多数模型只能解释产业内贸易中的很小一部分，不能做出更一般的解释。

三、规模经济理论

所谓规模经济（economies of scale）或者规模报酬是描述在一定的技术水平条件下，投入与产出关系的一个概念。它建立在两个重要前提之上：一是公司投入要素的比例不变；二是投入品的价格不变。以此为前提生产函数显示规模报酬递增的结果是平均成本下降,从而我们可以认为规模报酬递增着眼于描述公司短期生产成本的变化。

从微观经济学的角度分析,规模经济有静态和动态两种含义:静态的规模经济是指一个企业或一个行业的最优规模,即达到帕累托最优的生产规模。动态的规模经济是指随着规模的扩大报酬呈递增的趋势,也就是产出的增幅大于投入生产要素的增幅。规模经济产生的原因是:(1)分摊到每一产品上的固定成本下降;(2)随着规模的扩大,专业化分工更细,劳动生产率提高(见图3.11中左边部分)。

随着产量的不断增加,这种递增的规模报酬会达到顶点,即最优规模。在最优的生产规模中,产品的平均成本达到最低点,并且在一定范围内平均成本不会因产量的增加而降低。这一阶段被称为规模报酬不变阶段。但是这种成本不变的状况不会永远保持下去。如果生产规模继续扩大,平均成本会因规模过大、管理和合作效率下降而上升。这一最后阶段被称为规模报酬递减或规模不经济阶段。如图3.11所示,长期平均成本(LAC)会随着产量或规模的扩大而下降、不变和上升,从而形成"U"字形。规模经济又可分为内部规模经济和外部规模经济两种。内部规模经济主要来源于企业本身生产规模的扩大。由于生产规模扩大和产量增加,分摊到每个产品上的固定成本(管理、设计、研究与开发成本等)会越来越少,从而使产品的平均成本下降。具有内部规模经济的一般都为大企业、大公司,多集中于研发、设计、管理以及销售成本较高的制造和信息等产业,如汽车、飞机、机械制造、计算机软件等产业。

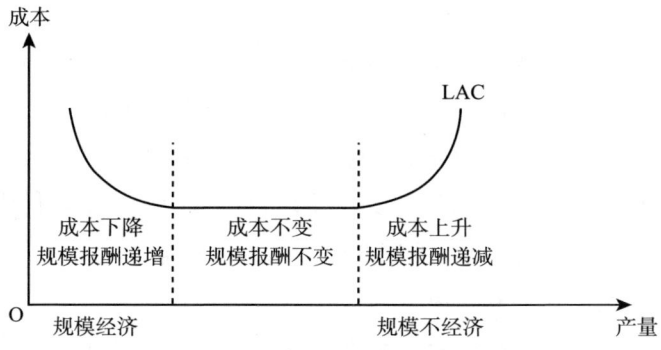

图3.11　企业的长期平均成本与规模经济

外部规模经济主要来源于行业内企业数量的增加所引起的产业规模的扩大。由于同行业内企业的增加和相对集中,在信息收集、运输、产品销售等方面的成本会降低。外部规模经济一般出现在竞争性很强的同质产品行业中。例如,美国的"硅谷"有成千上万家计算机公司,每家都不是很大,但集中在一起,形成了外部规模经济。中国北京的中关村电子城亦有很强的外部规模经济。

四、产品生命周期理论

(一)产品生命周期理论的内容

产品生命周期原是生产营销学里的概念,说明产品与有生命的生物一样,具有从诞生、成长、成熟到衰亡的生命周期。这一理论或概念被应用到国际贸易中是由美国经济学家、哈佛大学教授雷蒙德·弗农(Raymond Vernon)于1966年提出来的。弗农从产品生命周期不同阶段的生产特征出发,分析创新时机、规模经济和不确定性对国际贸易模式的影响,创建了国际贸易中的产品生命周期理论(product life cycle theory),以此分析在产品生命周期不同阶段的生产决策以及在此基础上的国际贸易和国际投资行为。他根据美国的实际情况,提出了产品生命周期的四阶段模型,即(1)导入期(投入期);(2)成长期;(3)成熟期;(4)衰退期(见图 3.12)。

1. 导入期

在图 3.12 中,从时间来看,导入期为 T_0 到 T_1,在这一阶段,创新产品刚生产出来,这时对新产品的国内需求弹性较低,需求量相对较大,生产者只是少数垄断技术的厂商,这些厂商拥有垄断地位,属卖方市场。

根据弗农的研究,创新一般发生在美国。原因是:(1)美国科技水平高,科研人员多;(2)科研经费多;(3)企业生产水平高,科研成果能迅速转化为生产力;(4)有需求偏好,美国人喜欢新产品;(5)市场容量大,购买力巨大,产品有销路。

在新产品导入期,生产是非标准化的,产品差异性明显,生产规模较小。生产主要是满足国内市场不断增长的需求,不存在国际贸易,或者只有规模非常小的国际贸易活动。由于产品需求在很大程度上依赖于收入水平，所以在新产品导入期，即便存在小规模的国际贸易，也主要是集中在收入水平相近的发达国家之间。

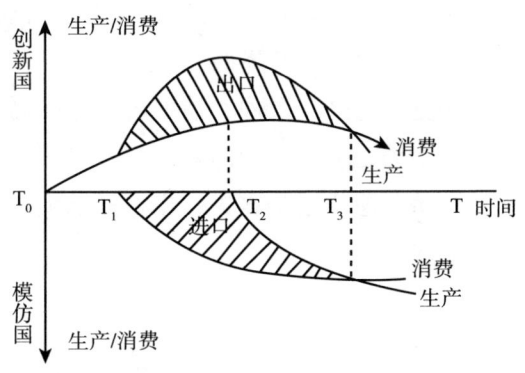

图 3.12　产品生命周期与国际贸易

在这一时期，因产品属于技术密集型产品，科学家、技术人员很重要。同时，由于消费者对新产品不熟悉，宣传、推销、广告等手段也很重要。

2. 成长期

从 T_1 到 T_2，是新产品的成长期。在这一阶段，技术已经成型并已开始扩散，生产过程的标准化程度不断提高。生产从研发密集型转向资本密集型，包括物质资本和人力资本在内的资本成为生产的关键投入。生产阶段的转化和生产特征的变化，使得生产过程中的规模经济效应越来越明显。此外，在创新国内部，新进入的厂商不会受到技术约束，市场竞争程度不断增强。产品价格弹性提高，出现了一些国内模仿者，这使得企业必须不断提高生产规模，以降低单位成本和增加竞争力。生产的增加带动出口的增加，包括对其他发达国家的出口和对发展中国家的出口，并逐步达到高峰。产品开始由技术密集型向资本密集型转变，生产逐步标准化。

在成长期，因为面临国外的竞争，所以创新国企业开始选择服务国外需求的最优方式。基于对国际贸易成本的考虑，会在本国生产并出口、到目标市场投资生产并在当地销售和对外技术转让这三种方式之间进行权衡选择。

3. 成熟期

从 T_2 前后直到 T_3，是新产品的成熟期，即进入标准化阶段。这时产品的生产技术完全标准化，由于技术已凝聚在标准化的机器设备中，通过购买这些标准化的机器设备就可以获得全部生产技术和工艺，产品之间无差异。在这种情况下，劳动成本成为决定竞争结果的关键因素。拥有劳动成本优势的发展中国家大规模扩张生产，并开始向发达国家出口。包括创新国在内的发达国家的国内生产不断降低，并从出口逐步转变为进口。

在这一阶段，市场竞争越来越激烈，消费者对产品已有较大的选择余地，市场开始变成买方市场，生产已专门化。而且外国厂商开始大量模仿生产该产品，创新国的垄断地位逐步丧失，出口开始大幅度下降，模仿国产品在第三国已开始取代创新国产品。

4. 衰退期

T_3 以后，模仿国开始向创新国出口，创新国逐步退出生产，成为净进口国。由于这种创新产品在创新国已完全失去竞争优势，因此创新国已着手研究开发新的产品。

4个阶段在创新国（如美国）结束后，该产品的生命周期在创新国基本完结，但在其他国家并未完结，仍在继续，像田径比赛中的接力赛的传棒过程。弗农认为，世界上的国家可以分为4类或4组：（1）领先者（如美国）；（2）其他发达经济体（如欧盟、日本）；（3）新兴工业化经济体（如中国、印度）；（4）其他发展中经济体（见图3.13）。在所有的制成品中，电子产品最具有产品生命周期的特点。

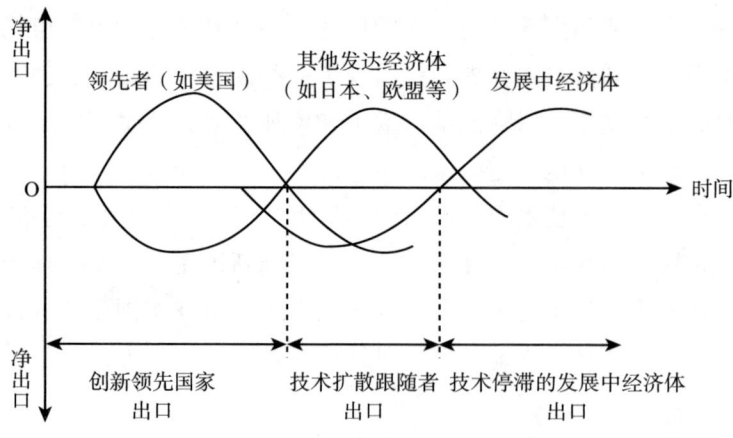

图 3.13　在一种新商品的产品生命周期中各国贸易地位的变化

（二）产品生命周期理论对国际贸易理论的发展

产品生命周期理论对国际贸易理论的发展集中地表现在它是有关工业制成品贸易的动态理论，其动态含义体现在以下三个方面。

1. 生产要素密集度的动态化

导入期——对科学家、工程师、技术人员的需求很大，产品表现出很强的知识、技术密集型特征。

成长期——生产要素集中资本、管理跃居首位，产品由技术密集型向资本密集型转变。

成熟期——资本、熟练劳动甚至半熟练劳动的作用突出。

衰退期——完全是熟练劳动和非熟练劳动密集。

2. 贸易国比较优势的动态转移

导入期——美国（创新国）具有比较利益；成长成熟期——一般发达国家及新型发达国家和地区具有比较利益；标准化期——一般发展中国家具有优势利益。

3. 进口需求的动态变化

美国经济学家威尔斯（Wells）对美国、德国、日本的不同品种的耐用消费品价格的研究发现：

美国对奢侈型商品需求最大，市场最大（价格高）——如向美国出口导入期的耐用消费品，出口的比较优势最大。

德国对中档型商品需求最大，市场最大（价格次高）——如向德国出口成长期的耐用消费品，出口比较优势最大。

日本对初级型商品需求最大，市场最大（价格低）——如向日本出口成熟期的耐用消费品，出口的比较优势最大。

美国、德国、日本的耐用消费品价格弹性呈逐渐增大的趋势。

另外，根据产品生命周期理论对世界不同类型国家工业竞争潜力进行比较研究的还有赫希等（L. Hirsch et al.）。

（三）产品生命周期理论的启示

在产品生命周期理论中，随着产品从一个阶段向另一个阶段转化，不同国家所拥有的比较优势依次得到体现，国际贸易格局也随之发生变化。由此引申出来的一个启示是：不同产品在生命周期各个阶段的延续时间是不一样的，这将影响各国在国际贸易格局中特定地位的持续时间和从中的获益程度。随着产业结构的变化和调整，高新技术产业在经济中所占的比重越来越大。高新技术产品的一个特征就是升级换代的速度非常快，这意味着标准化阶段的持续时间非常短。在这种背景下，发展中国家在利用国际产业转移来发展高新技术产业的过程中将面临极大的挑战。因此，对发展中国家来说：

（1）随着产品被模仿，产品生产优势从创新国逐渐转移到模仿国，这样，发展中国家可以把从发达国家转移出来的产业接过来，并发挥后发优势。

（2）由于产品生命周期的不同阶段对生产要素的要求不同，因此，可根据本国的实际情况，选择加入产品生命周期的哪一个阶段。

五、国家竞争优势理论

国家竞争优势理论是由美国学者迈克尔·波特（Michael E. Porter）在他的《国家竞争优势》一书中提出的。该理论从企业参与国际竞争这个微观角度来解释国际贸易现象，正好弥补了比较优势理论的不足。在《国家竞争优势》中，波特提出了一个十分重要的观点：一国兴衰的根本在于在国际竞争中能否赢得竞争优势，而赢得竞争优势的关键则在于是否具有适宜的创新机制和充分的创造能力。波特的国家竞争优势理论内容十分丰富，既有国家获取整体竞争优势的因素分析，也有产业参与国际竞争的阶段分析，以及企业具有的创新机制分析。

（一）钻石理论模型

波特在批判和继承原有国际贸易理论的基础上提出了国家竞争优势理论（national competitive advantage theory），也被称为"国家钻石模型"（state diamond model）。该理论认为，国家是企业或者产业参与国际竞争的基础，企业或产业的国际竞争优势是国家竞争优势的体现，或者说，国家竞争优势最终以特定产业作为载体而表现出来。国家竞争优势理论取决于4个基本因素：生产要素，需求因素，相关和支撑产业因素，企业组织、战略和竞争状态因素，以及2个辅助因素：政府和机遇。波特认为这6个因素共同构成一个动态的、激励创新的竞争环境，这形成一个类似钻石分子结构的菱形结构。由于钻石结构是一个相互增强的系统，许多因素的相互作用产生相互加强的利益，从而构成一国国际竞争力的来源（见图3.14）。

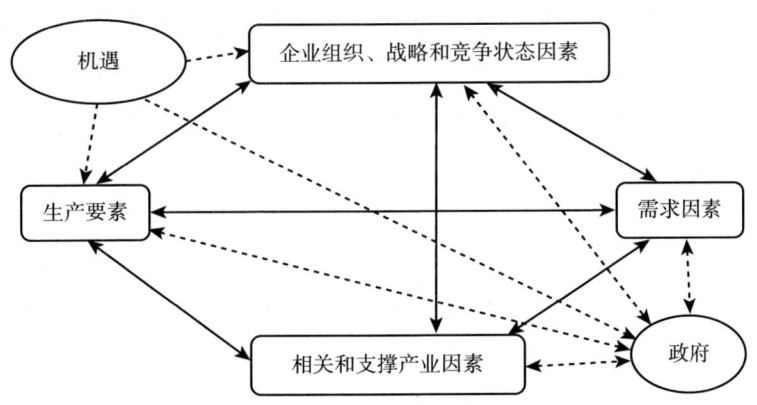

图3.14　波特国家竞争优势的钻石模型

资料来源：迈克尔·波特. 国家竞争优势［M］. 李明轩，邱如美，译. 北京：华夏出版社，2002.

1. 生产要素

生产要素包括初级要素和高级要素。初级要素（或基础要素）是一国先天拥有的或者只需要简单的投资就能得到的要素，如自然资源、气候条件、地理位置、非熟练劳动力等；高级要素是通过长期投资或发展而创造出来的要素，如实物资本（包括通信设施、研究设施等）、人力资本、基础设施和知识等。波特认为要素条件对一国竞争优势的影响是多方面的。初级要素的重要性因生产条件等的变化而变化，其作用也在下降。先天拥有丰富的初级要素，可能会抑制一国竞争优势的培育和提高。而在初级要素匮乏的国家中，人们更有动力去创造和培育高级要素。一国要想提升其竞争优势，就必须大力发展高级要素，这将决定竞争优势的质量和持续性。

2. 需求因素

国内需求是影响产业国际竞争力的另一个重要因素。企业的投资、生产和销售活动总是首先着眼于本国市场的需求，所以国内市场需求的状况和特征将影响企业的国际竞争力。

国内需求对竞争优势的影响主要通过如下一些渠道发生。一是市场的全球性。如果本国市场是国际市场的一个细分市场，那么国内企业就会更加关注国际需求状况，并且具有更强的满足国际需求的能力。如果本国市场在国际市场中的份额比较大，那么在与国外企业的竞争中，本国企业就更容易具有规模优势。二是本国市场需求的层次。如果本国消费者的需求层次较高，并且本国消费者比较挑剔，国内企业就将面临较大的改进产品质量、性能和服务的压力，这有助于提高企业的竞争力。三是本国需求的超前性或者国内消费结构的升级速度。如果本国需求具有较大的超前性，那么本国厂商也就相应地走在了世界其他厂商的前面。四是国内市场的规模和成长速度。国内市场规模是一把"双刃剑"，一方面，具有激励厂商投资、再投资的动力，因而成为产业国际竞争力的一大优势；另一方面，庞大的国内市场所带来的丰富机会也可能导致厂商丧失向海外拓展的动力，这就形成了不利于国际竞争的因素。

3. 相关和支撑产业因素

即国内是否存在有国际竞争力的供应商和相关及支撑产业。任何一个企业必然会在生产经营过程中与众多相关企业或行业保持密切联系，其创新与升级有赖于企业的前向、后向和旁侧关联产业的辅助与支持，并从中获得和保持竞争力。任何一个产业最终产品的生产，都需要大量的中间投入和机器设备，其产品竞争力依赖于供应商和相关产业的支持。供应商直接为其提供必需的投入品，所以中间投入和机器设备供应商的效率和竞争力是影响最终产品竞争力的关键因素。例如，日本在机械工具业上表现出来的国际竞争优势，离不开世界级的数控机床、电动机和其他零件供应商的支持。瑞典在滚珠轴承和切割工具等产业上的国际竞争力依赖于其国内高度发达的特殊钢行业。其他相关和支撑行业的竞争力也非常重要，关联产业的发展可以带来新的资源、新的技术、新的竞争方法，从而能促进产业的创新和升级。

波特认为，相关和支撑产业之间存在着密切的协同效应。一方面，当本国的支撑产业具备国际竞争力时，它会通过以下方式为下游产业创造竞争优势：以最有效的方式及时地为国内企业投入，促进信息在产业内的传递，加快整个产业的创新速度。另一方面，竞争力强的产业也会通过传导效应带动相关产业发展。

所以，波特认为竞争优势在很大程度上来自产业集聚（industry cluster or agglomeration）。一群在地理上互相靠近的、在技术上和人才上互相支持并具有国际竞争力的相关产业和支撑产业所形成的产业集聚，是国家竞争优势的重要来源。这种地理上的相对集中加剧了同业之间的竞争，缩短了相互之间的沟通渠道，不断进行创新和观念交流，并不断扩大可以共享的专业人才队伍和专业研究力量，在产业集群内部形成竞争力的自加强机制。一个有国际竞争力的优势产业群体中的企业最好全部由国内企业组成，特别是由本地企业组成上下游配套齐全的产业发展链条，这样所形成的国际竞争优势才是稳定的、可靠的。

4. 企业组织、战略和竞争状态因素

企业的组织结构、发展战略和竞争状况。各个国家由于环境不同，适合国内企业的管理模式和组织结构不尽相同。只有选择了一种适合国内环境的管理方式，才能够有效地提高该国产业的国际竞争力。波特认为能够形成国际竞争优势的是企业的发展战略，因为在经营管理层次上，由于企业之间的激烈竞争和优秀企业之间在竞争中的相互学习，已经使得竞争性企业之间的差别不大，而企业之间真正不容易被学习或模仿的差别是企业的竞争战略或发展战略。企业可以通过战略的变换来适应环境的变化，以获得持久的竞争优势。激烈的国内竞争是创造和保持国际竞争优势最有力的刺激因素。国内竞争会迫使企业不断更新产品、改进技术、提高生产效率，以获得持久、独特的优势地位。此外，激烈的国内竞争还会迫使企业参与国际市场的竞争，而经过国内激烈竞争锤炼的企业往往更加成熟，更具有竞争力，更容易在国际竞争中取胜。在激励竞争的国内市场环境中，企业必须不断优化组织结构、调整发展战略，这在提高企业竞争力的同时，也使国内市场竞争走向更高层次。在这种良性循环中，企业的国际竞争力不断提高。

不同国家有不同的企业战略和结构。例如，德国企业有等级森严的组织和管理惯例，高级经理通常都有技术背景，具有产业技术和工程背景是企业能取得巨大成功的重要特征；意大利的中小企业注重战略，在具有自己特色的很小的利基（niche）市场生产和经营能满足目标顾客的特色产品，避免标准化产品的生产；美国企业持有大量风险资本，并进行广泛交易；德国和瑞士的银行持有大量期望升值的长期股票，但很少交易。可见各国在企业和个人寻求成功的目标上显著不同。个人工作和扩展技巧的动力对于竞争优势也是很重要的。一国的成功也取决于其优秀人物选择教育的类型、他们选择工作的地点及其承诺和努力。一国机构的目标、个人和企业确定的价值取向、某些产业所重视的声望等指导着资本和人力资源的流动，结果直接地影响某些产业的竞争力表现。

国内竞争对培养竞争优势发挥着创造性的特殊功能，激励和促进国际竞争力的提高。应该说，地理集中放大了国内竞争的力量，为了在技术上出众，为了杰出表现和令人夸赞而竞争，竞争越是地方化就越激烈。当然，竞争越激烈越好，激烈的国内竞争最终迫使国内企业放眼全球市场，并增强它们的竞争力，使其在全球竞争中取得成功。尤其是在有规模经济时，国内竞争者竞相寻找外国市场以提高效率和实现更高的获利性。

5. 政府

除了上述4个基本因素外，波特认为政府和机遇是影响国家竞争优势的两个辅助因素。

关于政府的作用，波特认为政府的首要任务就是尽力创造一个有利于生产率提升的良好环境。第一，通过补贴、教育投资、信贷安排和税收政策，发挥政府在提供高级生产要素方面的重要作用。第二，通过制定严格的规章制度，刺激和提升国内市场需求、促进竞争优势的增强；通过实施有关产品性能、产品安全和环境影响的严格标准，影响国内需求的性质，迫使公司提高质量、提升技术、满足消费者和社会的要求。第三，通过运用金融市场规范、税收政策、反垄断法、反不正当竞争法等手段影响企业的战略结构和竞争状态。

在波特的理论中，他极力赋予政府和企业在追求竞争力提高和经济繁荣的进程中以新的、建设性的和可行的作用。就政府职能而言，自由放任与政府干预的传统划分已经过时。政府所面临的首要任务就是努力创造一个能够促进生产率提高的环境。这表明在某些领域如定价,政府应尽量减小发挥作用的余地,而在另一些领域如素质教育和培训等,政府却应该发挥积极的作用。也就是说,政府应为有效竞争提供一个良好的环境,而不是自身也作为一个实体去直接参与竞争。

6. 机遇

机遇无疑也很重要,它具有历史性和偶然性的特点,新兴工业化经济体经济的起飞与西方发达经济体产业结构升级、后工业化时代的到来有关。在一般情况下,机遇包括重要发明、技术突破、生产要素供求状况的重大变动(如石油危机)以及其他突发事件。这些偶然性事件或机会能够对一国的产业竞争优势产生重要影响。因为这些机遇会打破原有的均衡状态,带来新的竞争空间,使得原来的竞争者优势丧失,为能够适应新形势的企业获得竞争优势提供机会。

(二) 竞争优势的发展阶段

世界各个国家在其发展过程中,产业的国际竞争都会表现出不同的形式和特点,因而产业国际竞争的过程会经历具有不同特征的发展阶段。波特的国家竞争优势理论特别重视各国生产力的动态变化,强调主观努力在赢得优势地位中所起的重要作用。他将一国优势产业参与国际竞争的过程分为以下4个依次递进的阶段。

1. 要素驱动阶段

要素驱动阶段(factor–driven stage)的竞争优势主要取决于一国在生产要素上拥有的优势,即是否拥有廉价的劳动力和丰富的资源。这种表述与传统的比较优势理论的表述一致,表明比较优势蕴含在竞争优势之中。在这一阶段,企业参与国际竞争的方式,只能依靠较低的价格取胜,所以,参与国际竞争的产业对世界经济周期和汇率十分敏感,因为这会直接影响产品的需求与相对价格。虽然拥有丰富的自然资源可以在一段时间内维持较高的人均收入,但要素推动的经济缺乏生产力持续增长的基础。

按照波特的标准,几乎所有的发展中国家都处于这一阶段。某些资源特别丰富的发达国家,如加拿大、澳大利亚等,也基本处于这一阶段。

2. 投资驱动阶段

投资驱动阶段（investment driven stage）的竞争优势主要取决于资本因素，资本被大量投资于更新设备、扩大规模，以增强产品的竞争力。在这一阶段，企业仍然在相对标准化的价格敏感的市场中进行竞争。但随着就业的大量增加，以及工资及要素成本的大幅度提高，一些价格敏感的产业开始失去竞争优势。因此，政府能否实施适当的政策很重要，政府可以引导稀缺的资本投入特定的产业，增强企业承担风险的能力，提供短期的保护以鼓励本国企业的进入，建设有效规模的公用设施，刺激和鼓励获取外国技术，以扩大出口。

按照波特的标准，只有少数发展中国家进入这一阶段。在第二次世界大战之后，只有日本和韩国获得成功。

3. 创新驱动阶段

创新驱动阶段（innovation–driven stage）的竞争优势主要来源于产业中整个价值链的创新，特别注重对高新技术产品的研究与开发的投资，旨在将科技成果转化为商品。在这一阶段，民族企业能在广泛领域成功地进行竞争，并实现不断的技术升级。

一国进入创新驱动阶段的显著特点之一是高水平的服务业占据越来越重要的国际地位，这是产业竞争优势不断增强的体现。高级服务业所需的人力资源及其他要素也发展起来，不仅国内服务业的需求随着收入和生活水平的提高而大大增强，而且本国服务业进入国际市场，其国际竞争力也大大增强。政府的直接干预越来越少，政府鼓励创造更多的高级要素，改善国内需求质量，刺激新的产业领域的形成，保持竞争力等。

按照波特的标准，英国在19世纪上半叶就进入了创新驱动阶段。美国、德国、瑞典等在20世纪上半叶也进入这一阶段。日本、意大利等到20世纪70年代才进入这一阶段。

4. 财富驱动阶段

财富驱动阶段（wealth driven stage）的创新、竞争意识和竞争能力都会出现明显下降的现象，经济发展缺乏强有力的推动，企业开始失去国际竞争优势。企业更注重保持地位，而不是进一步增强竞争力，对实力进行投资的动机下降，投资者的目标从资本积累转变为资本保值，有实力的企业试图通过对政府施加影响，以达到保护企业的目的。长期的产业投资不足是财富驱动阶段的突出表现。进入财富驱动阶段的国家，一方面是"富裕的"，一些资金雄厚的企业和富人享受着成功产业和过去的投资所积累的成果；另一方面又是"衰落的"，许多企业受到各种困扰，失业和潜在失业严重，平均生活水平下降。这就提醒人们要居安思危，通过促进产业结构的进一步升级来提高价值链的增值水平，防止被淘汰的厄运。

按照波特的标准，英国已经率先进入这一阶段。还有其他一些国家如美国、德国等在20世纪80年代也开始进入这一阶段。

（三）对国家竞争优势理论的简要评价

波特的国家竞争优势理论突破以往国际贸易理论对单一因素的考察，强调生产要素，需求因素，相关和支撑产业，企业组织、战略和竞争，以及政府和机遇等因素的综合作用。该理论对于现实问题具有一定的解释力，在现实中，各国在国际分工体系中的竞争战略并不是基于单一要素的优势而构建的，而是基于国内要素条件、市场状况、产业结构以及政策战略等因素的综合权衡而构建的。

波特提出的国家竞争优势理论，是对传统的国际贸易理论的一个超越，是对当代国际贸易现实的进一步逼近。波特第一次明确地阐述了竞争优势的内涵。他关于竞争优势来源的论述，关于取得或保持竞争优势途径的探讨，对任何一个国家、行业和企业来说都具有重大的借鉴意义。

虽然波特的国家竞争优势理论在解释世界各国参与国际竞争方面有一定的说服力，但他的理论也存在着一些局限性。这表现在国家竞争优势理论中对产业的选择是基于已经存在的产业，是对已结构化或未完全结构化的产业进行的选择，这样使企业在所选择的产业中取得领先地位是相当困难的。在一个已经结构化的产业中，企业生存发展的空间十分有限。因为产业结构化程度越高，产业内的竞争强度就越大，企业选择的余地也越小，并且边际产出递减。此外，波特的国家竞争优势理论过多地强调了企业和市场的作用，而对政府在当代国际贸易中所扮演的角色的重要性认识不足，仅把政府的作用作为一个辅助性的因素来对待。

同时，国家竞争优势理论也存在很多缺陷，并存在很多争议。例如，一些学者认为，波特的国家竞争优势理论既没有用规范的经济学语言来表达，也没有用规范的数学推导来证明，很难被称为理论。也有学者认为，国家竞争优势理论所分析的内容及其提出的各种影响因素，并不是什么新东西，只是把比较优势理论的各种观点以新的形式组装在一起。还有学者认为，国家竞争优势理论只适用于美国、日本、德国和英国这些经济规模较大的发达国家。而对于小型经济和发展中国家，由于其国内市场条件、产业发展水平以及高级要素存量等都无法支撑其获得国家竞争优势，这些国家如何创造国际竞争优势？这也是国家竞争优势理论所无法说明的。

课后思考题

1. 简述比较优势理论的基本内容，并试述与绝对优势理论内在的逻辑关系。
2. 什么是里昂惕夫之谜？给出 4 种解释。如何理解其理论意义。
3. 重商主义者的贸易观点和政策主张是什么？他们是如何看待财富的？
4. 分析内部规模经济与产业内贸易的关系。
5. 试阐释传统国际贸易理论与新贸易理论的联系与区别。
6. 案例思考与讨论：运用国家竞争优势理论，分析下例中意大利瓷砖能够在国际市场上赢得竞争优势的原因。

到 20 世纪 90 年代，意大利一直是世界屋顶和地面瓷砖的主要生产和出口国，其产量占世界总产量的 30%，出口占 60%。这源于该国生产工艺的高超、产品的美感。其生产集中于北部小城萨索罗周围的爱尼里亚—罗马涅大区。该地区有几百家瓷砖生产公司和釉料、瓷漆、瓷砖设备等辅助行业的公司，在世界上密集度最高。

意大利瓷砖业发展的一个重要原因在于该国的地中海式气候，因为瓷砖需在温暖的天气里慢慢晾干。此外，意大利有使用天然石料的传统，使得意大利人均瓷砖使用量全球第一。而二战后的重建带来建筑业的繁荣，对瓷砖需求旺盛，使得 20 世纪五六十年代萨索罗地区生产厂商剧增，1962 年达到 102 家。

除需求旺盛外，瓷砖企业生产成本低也是一个原因。瓷砖制造商为争取到零售渠道而激烈竞争。零售商需要成本低、质量高、外观美的瓷砖，迫使生产企业必须在技术、设计上不断创新、模仿，周期有的只有几周。瓷砖业的发展还诱使技术人员离开生产企业开办自己的加工设备制造企业，如窑炉、抛光机等，20世纪80年代中期达120多家。为赢得生意，他们不断进行创新，提高设备质量，降低生产成本，大大节省瓷砖生产的能源和人力成本。萨索罗地区辅助设备行业在全球处于领先水平。

20世纪70年代，意大利瓷砖工业日趋成熟，二战后的国内需求旺盛期过去以后，生产出现过剩。于是他们转而开拓国际市场，特别是北美市场。在国际市场上他们比西班牙和德国的对手生产率更高、成本更低、设计更好，20世纪90年代其市场份额是西班牙的2倍。

第四章
国际贸易政策及其理论依据

就国际贸易理论来说,大多是在自由贸易的假设条件下讨论国际贸易产生的原因、国际贸易的模式、国际贸易的利益及其分配。但在国际贸易实践中,为了对本国产业、技术和经济发展实施一定程度的保护,各国往往会采取多种措施对国际贸易活动实施某种程度的限制。由于这些限制措施或法规通常与一国的国际贸易有关,因此一般被称为国际贸易政策措施,而关税壁垒和非关税壁垒是国际贸易政策之中最为常见的两种类型。

关税是国际贸易史上最重要的贸易壁垒。在第一次世界大战之前,关于国际贸易限制,在各国之间存在着两条被普遍接受的原则:一是出于保护目的而设置的贸易障碍应当以关税为限,而不应设置其他贸易壁垒;二是对不同的出口商品供应方不应当采取歧视性的商业政策,也就是说,对从不同国家进口的商品应当征收相同税率水平的关税。不过到了20世纪两次世界大战之间,特别是大萧条期间,上述两条原则被同时打破了。近几十年以来,各种形式的非关税壁垒大量涌现,并成为各国政府调控国际贸易活动的重要手段。二战以后,随着世界经济的恢复与发展,贸易自由化政策成为在发达国家起主导作用的贸易政策。1947年关贸总协定生效和1995年WTO建立,经济全球化进程加快,都使贸易自由化成为世界各国贸易政策的主流导向。但关税壁垒和非关税壁垒的弱化并不意味着国际贸易政策措施就此退出了历史舞台。在经济全球化持续深入发展的背景下,国际贸易政策仍然在不断演变出新的、更难以捉摸的形式,并对各国经济贸易产生直接或间接的深刻影响。

本章主要介绍国际贸易政策的主要性质、特点、类型和贸易保护的理论依据。

第四章 国际贸易政策及其理论依据

引导案例

中国光伏面临致命一刀

在全球化的浪潮中,国际贸易竞争日趋激烈,各国为了保护本国产业,纷纷采取了各种贸易保护措施。其中,反倾销措施作为一种重要的贸易救济手段,时常在国际经贸舞台上扮演着重要角色。而中国光伏产业,作为近年来发展迅速的新兴产业,也在这场反倾销的战争中历经风雨。

故事的开头,要从2011年的一个秋日说起。当时,德国太阳能世界(SolarWorld)美国分公司等几家光伏企业,向美国商务部正式提出了针对中国光伏产品的反倾销和反补贴调查申请。这一申请犹如一颗重磅"炸弹",瞬间引发了全球光伏产业的轩然大波。

美国商务部随即立案并展开了调查。经过数月的调查取证,美国商务部于2012年宣布对中国被诉光伏产品征收反倾销税。这一消息传出后,中国光伏产业顿时陷入了前所未有的困境。许多企业面临着高额的反倾销税,出口市场受阻,经营压力骤增。

然而,这场反倾销之战并未就此结束。不久之后,欧洲光伏制造商联盟也针对中国光伏产品向欧盟委员会提起了诉讼。欧盟委员会迅速展开了调查,并于2013年决定对中国光伏产品征收临时反倾销税。这一决定让中国光伏产业雪上加霜,不少企业陷入了生死存亡的境地。

面对如此严峻的挑战,中国光伏产业并没有坐以待毙。他们积极寻求应对策略,一方面加强技术研发,提高产品质量和竞争力;另一方面加强国际合作,拓展国际市场。经过数年的努力,中国光伏产业逐渐走出了困境,重新焕发出了生机。

在这个过程中,中国光伏企业不仅成功应对了反倾销的挑战,还积累了宝贵的国际贸易经验。他们学会了如何在国际贸易中保护自己的利益,如何与各国政府和企业进行有效的沟通和协商。这些经验对于他们的未来发展至关重要。

如今,中国光伏产业已经站在了全球光伏行业的前沿。他们凭借先进的技术、优质的产品和丰富的国际贸易经验,赢得了国际市场的广泛认可。同时,他们也更加注重国际贸易的公平性和可持续性,积极推动

> 全球光伏产业的健康发展。中国光伏产业的未来充满了无限可能，他们将继续在全球光伏舞台上书写辉煌的篇章。
>
> 资料来源：欧盟反倾销立案或成定局 光伏面临致命一刀 [N]. 经济参考网，2012-09-06.

第一节 国际贸易政策及主要措施

一、国际贸易政策的作用与性质

（一）政府实施国际贸易政策的原因

国际贸易政策措施是指存在于两个国家之间，旨在对本国产业、技术和经济发展实施保护，并对外国商品实施某种程度限制的关税壁垒和非关税壁垒措施的总称。国家施行国际贸易政策的主要原因为如下几个方面。

1. 增加政府收入

关税是政府收入的重要来源之一，政府有动机将关税作为财政收入的稳定来源之一。

2. 维护产业安全

国家或民族的传统与文化往往同其辉煌历史和民族自信相联系，成为个人身份认同的一部分。因此，作为传统与文化载体的相关产业和资产，在成为外国资本投资和跨国交易标的时，通常会受到政策限制。

3. 维护国家安全

一国政府对于可能构成国家安全威胁的产品进行出口管制；为免于过度甚至完全依赖外国供应而形成安全威胁，会通过生产补贴和限制进口等手段保证重要商品的自给实现。

4. 处理国际关系

根据法令、政策，通过禁运、增加来自战略伙伴进口的方式推动对外政策或将减少贸易伙伴国的逆差作为处理对外经济关系的手段。

5. 保护国民福利

出于对本国消费者健康的考虑，设定进口产品的技术性标准、检验检疫标准；或出于政府的监管责任，设定外国投资的环境友好标准或进口品的生产技术参数等。

6. 促进国民经济

围绕劳动力就业、产业发展、产业强国等考虑，将国际贸易政策作为扶持幼稚产业（幼稚产业保护论、进口替代、促进出口等观点）、优化产业格局（促进国内国外的投资、产业多元化等主张）、保护劣势产业（防止外国倾销避免失业减少劳动力过剩、稳定经济增长等观点）、培育新兴产业（战略性贸易政策观点）的手段。

（二）国际贸易政策措施的性质

（1）保护性。一国的国际贸易政策措施的制定及实施旨在保护本国的产业发展、居民利益、安全以及生态环境，使其免受国外商品的冲击，从而防止国内生产厂商市场份额减少、居民失业率上升、居民健康水平及环境质量下降等不利情况的发生。

（2）收入性。国际贸易政策措施往往是国家财政收入的重要来源，这在关税上表现得最为突出。不过，经过关税与贸易总协定（General Agreement on Tariffs and Trade，GATT）的多边谈判，关税税率大幅度下调，各国特别是发达国家的关税收入在该国总的税收收入中所占的比重已经降到很低的水平。

（3）双边或多边性。国际贸易政策是一种世界性的普遍经济现象，其形成与变化并不是孤立的，而是与各国经济发展紧密相连并相互依存，因此具有显著的双边或多边性质。这意味着国际贸易政策措施自身受到限制与反限制的制约，也就是说，限制他国必然受到他国的反限制，而他国对本国的限制也将受到本国的反限制。

（4）波及性。国际贸易政策措施不仅能够对进出口商品产生直接影响，而且能够通过进出口商品的传导机制对该商品的上下游生产结构乃至整个国家的经济结构产生很大的间接影响，而且这种间接影响的作用效果往往更为深远、广泛和复杂。

（5）报复与反报复性。由贸易政策措施的保护作用及多边性质可知，贸易政策措施可以作为一种报复与反报复的措施和威慑工具加以运用。不过具有报复性的贸易政策措施往往会遭受他国的强烈反应,并导致他国实施反报复。

(6) 交叉性、复合性与可变动性。现代国际贸易政策措施体系并不是单纯的、相互孤立的贸易政策措施的简单综合,而是由不同贸易政策措施通过相互支持和相互补充所逐步形成的具有复合性的系统体系,并融合财政、经济、贸易、技术、法律和政治等多种手段于一体。

(7) 对经济的扭曲性。国际贸易政策措施的实施对国际经济和国内经济均将产生不同程度的扭曲效应。贸易壁垒的出现造成了对自由贸易的干扰,并直接导致国内外价格体系的扭曲和失真。贸易壁垒的存在及其波及性,进一步造成整个经济体系的效率损失和资源配置的错误导向。

(8) 对经济的调节性。国际贸易政策措施的存在对于一个实施开放经济的国家而言,是一个重要经济杠杆,可以针对本国国内市场的供求状况、生产状况、分配及消费状况、进出口商品结构、本国贸易条件以及外汇收支状况等情况发挥不同程度的调节作用。

二、关税

(一) 关税的基本概念、特征和作用

1. 关税的概念

关税(customs duties,Tariffs)是国家税收的重要组成部分,是由海关代表国家按照国家制定的关税政策和有关法律、行政法规的规定,对准许进出关境的货物和物品向纳税义务人征收的一种流转税。

征收关税是海关的重要任务之一。海关征收关税的领域称之为关境或关税领域。它是海关所管辖和执行有关海关各项法令和规章的区域。一般说来,关境和国境是一致的,但也有例外。不同主要有三种情况:其一,有些国家在国境内设有自由港、自由贸易区和出口加工区等经济特区,这些地区虽然在国境之内,但从征收关税的角度来看,它们是在该国的关境之外,这时关境在范围上小于国境;其二,有些国家相互之间结成关税同盟,参加同盟的国家领土合并成为一个统一的关境,成员国之间免征关税,货物自由进出口,只对来自或运往非成员国的货物进出共同关境时征

收关税。这时关境则大于成员国各自的国境；其三，在"一国两制"的国家境内可能有两个或两个以上的关境同时并存，如中国就是如此，除中国海关管辖的区域外，还有中国香港、澳门和台湾地区三个单独关税区域，这种情况下的关境范围小于国境。

2. 关税的特征

一般而言，关税具有以下特征：

（1）透明性。关税一经公布，各个相关的利益主体都能够获悉关税税率水平以及征收方式。在征收关税时，政府也必须按照已经公布的关税税率征收，不得改动。

（2）稳定性。一般来说，关税制度较为稳定，其调整必须经过立法等程序予以确定。

（3）市场调节性。关税可以使商品的国内外价格保持自动联系，从而反映国内外市场需求的变化情况，进而对企业的商品进出口起到指导作用。

（4）非歧视性。与配额等其他非关税措施相比，关税具有更强的非歧视性，任何国家的出口商只要交纳相应的关税就可以自由出口商品。而配额在分配方面则含有较多的人为因素，容易导致歧视现象的产生。例如，配额的使用将会直接导致寻租行为的产生，即企业为了得到配额，将竭力对相关的政府部门进行游说、贿赂等。而关税规则比较透明与公平，能够在一定程度上防止寻租行为的产生。

（5）保证国家利益。在实施配额时，获得配额的企业将会得到配额所带来的利益，而管理配额的相关政府部门或官员则得到寻租收益。相比较而言，关税的收入直接交给国家，能防止国家利益的流失。

（6）强制性。海关凭国家权力征收，纳税人无条件服从。

（7）间接性。进口商代替消费者将关税交给国家，最后承担者仍是消费者。税收主体是本国进口商，税收客体是进出口货物。

3. 关税的作用

政府征收关税的作用如下：

（1）增加财政收入。关税是海关代表国家行使征税权，因此，关税的收入是国家财政收入来源之一。这种以增加国家财政收入为主要目的而征收的关税称之为财政关税。

(2) 调节进出口商品结构。一个国家通过调整关税结构来调整进出口商品结构,在海关税则中,可以通过调高某项产品的进口税达到减少进口数量的目的,或是通过调低某项产品的进口税达到扩大进口数量的目的。

(3) 保护国内产业与市场。关税限制了外国商品的进入,尤其是高关税可以大大减少有关商品的进口数量,减弱以至消除进口产品的不利竞争,从而达到保护国内同类产业或相关产业的生产与市场。这种以保护本国的产业和市场为主要目的的关税称为保护关税(protective tariff)。

(4) 维护国家主权和经济利益。对于涉及国家安全的某些行业,例如:军工行业,通过增收关税限制进口。

(二) 关税的主要种类

1. 按照征税的商品流向分类,关税可以分为进口税、出口税和过境税

(1) 进口税(import duties)。进口税是进口国家的海关在外国商品输入时,根据海关税则对本国进口商所征收的关税。这种进口税在外国货物直接进入关境或国境时征收,或者外国货物由自由港、自由贸易区或海关保税仓库等提出运往进口国的国内市场销售,在办理海关手续时根据海关税则征收,因而又称为一般进口税。通常所讲的关税壁垒,就是指对进口商品征收高额的进口税,通过征收高额进口税提高进口商品价格,削弱这些商品在进口国家市场上的竞争能力,以达到保护本国市场和国内产业的目的。进口国并不是对所有进口商品都征收高关税。一般说来,大多数国家对工业制成品的进口征收较高关税,对半制成品的进口税率次之,而对原料的进口税率最低甚至免税。

(2) 出口税(export duties)。出口税是出口国家的海关在本国产品输往国外时,对出口商所征收的关税。目前大多数国家都取消了出口税,因为征收这种税势必提高本国商品在国外市场上的销售价格,削弱了商品的竞争能力,不利于扩大出口。二战后,征收出口税的国家主要是发展中国家。

(3) 过境税(transit duties)。过境税又称通过税。它是一国对于通过其关境的外国货物所征收的关税。在资本主义生产方式的准备时期,这种税制开始产生并普遍流行于欧洲各国。在19世纪后半期,各国相继废除了过境税。二战后，大多数国家都不征收这种税，只收取少量的准许费、印花费、登记费和统计费以及提供其他服务的费用。

2. 按征收目的分类，关税可分为财政关税、保护关税和收入再分配关税

（1）财政关税（fiscal tariffs）。财政关税是指以增加政府财政收入为主要目的而征收的关税，其特点是税率较低。

（2）保护关税（protective tariffs）。保护关税是指以保护本国市场和本国生产发展为主要目的而征收的关税，其特点是税率较高。保护关税最初的目的是保护国内的幼稚产业。但自20世纪30年代初世界经济大萧条以来，保护关税也被逐步应用到一般成熟产业上。

（3）收入再分配关税（income redistribution tariffs）。收入再分配关税是以调节国内各阶层收入差距为目的而设置的关税，通过不同税率影响不同商品的进出口（如对奢侈品征收高关税），从而影响该类商品的国内市场价格，起到影响国内各收入阶层实际收入水平的作用。

3. 按征收方法分类，关税可分为从量税、从价税、复合税、选择税和滑准税

（1）从量税（specific duties）。从量税是指以商品的重量、数量、容积、长度、面积等计量单位为标准计征的关税。从量税与商品数量成正比，与商品价格无直接关系。

在征收从量税时，大部分国家是根据商品的重量来计算的。目前，各国对应税商品重量的计算方法大致可以分为三种。第一种是毛重法，即根据商品本身的重量、内包装以及外包装重量确定商品的标准重量；第二种是半毛重法，即从总重量中剔除外包装的重量后确定商品的标准重量；第三种是净重法，即从总重量中剔除内、外包装的重量后确定商品的标准重量。

从量税的计算公式为：

$$从量税税额 = 商品进口数量 \times 从量税税率 \qquad (4.1)$$

（2）从价税（advalorem duties）。从价税是以进口商品的价格为标准计征的关税，税额与商品价格的高低成正比。

征收从价税关键是确定进口商品的完税价格，通常由海关负责审定，这一过程被称作海关估价（valuation for customs purposes）。目前，国际上最具影响的海关估价制度分为两种，分别是布鲁塞尔估价制度和新估价制度。在布鲁塞尔估价制度下，引入一个抽象的正常价格作为完税价格，正常价格是指在公开独立的市场上所有购买者均可以获得的价格，即正常的竞争价格。在新估价制度下，按照买卖双方达成的成交价格对进口商品进行估价，成交价格是指买卖双方在没有从属关系的公开市场上成交的已付或应付价格，基本上根据具体成交的合同价格或发票价格确定。

从价税的计算公式为：

$$\text{从价税税额} = \text{商品进口总值} \times \text{从价税税率} \quad (4.2)$$

（3）复合税（compound duties）。复合税又称混合税，是指对某种进口商品同时采用从量税和从价税两种方式计征的关税。在实际情况中，复合税有两种情况：一是以从量税为主，加征从价税；二是以从价税为主，加征从量税。

复合税的计算公式为：

$$\text{复合税税额} = \text{从量税税额} + \text{从价税税额} = \text{商品进口数量} \times \text{从量税税率} + \text{商品完税价格} \times \text{从价税税率} \quad (4.3)$$

由于复合税综合了从量税和从价税的优点，在进口商品价格发生变化时，既可以保证财政收入的稳定，又可以起到一定的保护作用，因而可以更好地平衡税赋，但缺点是容易造成关税结构复杂化。

（4）选择税（alternative duties）。选择税是指对同一种进口商品同时订有从价税税率和从量税税率，在具体征收时，根据情况从中进行选择。选择税兼具从价和从量计征标准的优点，克服了从价税和从量税各自的缺点，既可发挥从量税抑制低价商品进口的特点，又可发挥从价税税负合理、稳定的特点。其缺点在于选择税会使关税结构复杂化。

（5）滑准税（sliding duties）。滑准税是指在关税税则中，对同一商品根据其价格水平的高低划分几个档次，并分别固定不同的税率。在商品进口时，对价格高的商品实施低税率或免税，对价格低的商品则实施高税率。滑准税的目的在于将进口商品的价格维持在预定水平上，从而维持国内价格稳定，使之免受国际市场价格波动的影响，进而保护国内的生产。

第四章 国际贸易政策及其理论依据

4. 按照差别待遇分类关税可分为普通关税、优惠关税、进口附加税、差价税等。其中优惠关税又可分为特定优惠关税、普遍优惠关税、最惠国待遇关税三种

（1）普通关税（ordinary customs duties）。普通关税又称一般关税，是指如果进口国未与该进口商品的来源国签订任何关税互惠贸易条约，则对该进口商品按普通关税税率征税。

（2）优惠关税（preferential duties）。优惠关税是指对特定的受惠国给予优惠待遇，以低于普通关税税率的标准征收关税。

① 特定优惠关税（special preferential duties）简称特惠关税，指某一国家对从另一国家或某些国家对从另外一些国家进口的商品给予特定的优惠关税待遇，其他国家不得享受的一种关税制度。目前在国际上最有影响的特惠关税是《洛美协定》（Lomé Agreement）下的关税。1975年，欧洲共同体（以下简称"欧共体"）与非洲、加勒比、太平洋地区的46个国家签订了《洛美协定》。它规定当时的欧共体国家在免税、不限量的条件下，接受这些发展中国家的全部工业品和96%的农产品，并且不要求这些发展中国家提供反向优惠，即该协定中的特惠关税待遇是一种非互惠的优惠安排。

② 普遍优惠关税（generalized system of preferences，GSP）简称普惠制，是发达国家给予发展中国家的一种单方面贸易优惠安排。根据普惠制，发达国家承诺对原产于发展中国家的工业制成品、半制成品和某些初级产品的进口，给予降低或取消进口关税的特惠待遇，而不要求发展中国家给予反向对等优惠。普惠关税有普遍性、非歧视性和非互惠性三项基本原则，即所有发达国家对产自所有发展中国家的制成品和半制成品都给予普遍的关税优惠，不应对不同发展中国家实施不同的普惠制方案，不应要求发展中国家对其给予对等优惠。

普惠制的主要规定涉及以下方面：对受惠国的规定；对受惠商品范围的规定；对受惠商品减税幅度的规定；对给惠国保护措施的规定（包括免责条款、预定限额、竞争需要排除、毕业条款等）；对原产地的规定（包括原产地标准、直接运输规则、原产地证明等）。由于以上种种规定的限制，普惠制在实施中通常名不副实。

③ 最惠国待遇（most-favored-nation treatment，MFN）指在两国签订

经贸友好条约时,缔约国一方(给惠国)现在和将来给予任何第三国的一切特权、优惠和豁免也同样给予缔约对方(受惠国)。体现在关税上,即为最惠国待遇关税(the most-favored-nation rate of duty)。最惠国待遇的给惠范围最初主要是关税优惠方面,后来扩大到通商、海航等各方面,但目前仍以关税方面的优惠为主要内容。

在实践中,目前仅有个别国家对极少数(一般是非建交)国家的出口商品实行普通关税,大多数只是将其作为其他优惠税率减税的基础。所以,最惠国关税不是真正的优惠关税,只是现实中的正常关税。只有特定优惠关税和普遍优惠关税才是真正的优惠关税。

(3) 进口附加税(import surtaxes)。

进口附加税是指在对进口商品征收正常的进口税后,根据某种目的再加征的额外进口关税。进口附加税通常是一种特定的临时性措施,其目的在于应对国际收支危机、维持进出口平衡、防止低价倾销以及对某一外国实施歧视、报复等。反补贴税和反倾销税是进口附加税中最为常见的两种形式。

① 反补贴税(countervailing duties)是指对直接或间接接受政府的奖金或补贴的外国进口商品所征收的进口附加税,凡进口商品在生产、制造、加工、买卖、输出过程中所接受的直接或间接的奖金或补贴都构成征收反补贴税的条件,其目的在于增加进口商品的成本,从而抵销出口国对该商品补贴所产生的鼓励作用。

② 反倾销税(anti-dumping duties)是指对实行倾销的进口商品所征收的进口附加税,其目的在于抵制外国商品的倾销行为,从而保护本国的市场和产业。

(4) 差价税(variable levy)。

差价税是指在本国生产商品的国内价格高于进口商品价格时,为削弱进口商品的竞争能力,按国内价格与进口价格的差额所征收的关税。差价税是随着国内外价格差额的变动而变动的,因此它是一种滑准税。

5. 按照关税对国内市场保护的程度和有效性,关税可以分为名义关税(nominal tariffs)和有效关税(effective tariffs)

(1) 名义关税。

指某种进口商品进入一国关境时,海关根据本国的海关税则所征收的关税税率。我们一般所说的关税税率，就是这种名义关税。

（2）有效关税。

有效关税又称为实际关税，是指对某个行业每单位产品的"增值"部分的从价税税率，其计算公式为：

$$E = (V' - V)T/V \text{ 或 } E = (T - at)/(1 - a) \tag{4.4}$$

其中，E 为有效关税（率）或有效保护（率），T 为进口的最终产品的名义关税税率，t 为进口原料或中间产品的名义关税税率，V 为不含关税时该行业的最终产品的增值额，V′ 为包含关税时该行业国内加工增值额，a 为进口原料在最终产品中所占的比重。

（三）海关税则

海关税则（customs tariff）又称关税税则，是指一国对进出口商品计征关税的规章以及对进出口的应税商品与免税商品加以系统分类的一览表。它是一国海关凭依征收关税及关税政策的具体体现。海关税则一般包括两部分：一部分是海关课征关税的规章条例及说明，另一部分是应税商品的关税税率表。

在应税商品方面，一般按照物品的性质对应税商品进行分类，并按照物品所用材料、用途或加工程度分成小类。欧洲关税同盟研究小组于1952年12月拟定的《关税税则商品分类公约》是应用最为广泛的税则分类方法。目前除美国、加拿大采用本国的税则分类之外，已经有100多个国家和地区采用了这种分类方法。

在关税税率方面，每一种应税商品都可以规定一个、两个甚至三个不同的税率，每一个税率分占一栏，并分别被称作一栏、二栏或三栏税率。如果关税税率是由本国政府自主地、单独地制定，并有权加以变更，则被称为自主税率或固定税率。如果关税税率需要与其他国家通过贸易谈判，并以条约或协定方式加以确定，则被称为协定税率。一栏税率主要是自主的、无歧视的税率，对所有国家一视同仁，以增加财政收入或保护为主要目的的国家通常采用这种税率。二栏税率是一个物品存在两种征税水平，如果均为自主税率，则被称为最高、最低型自主税率。如果最高税率是自主税率，而较低税率是通过谈判方式给予其他国家的协定税率，则被称为一般和协议型关税税率。三栏税率通常是由殖民地或者与其他国家有密切关系的国家采用。

（四）关税减让

一般而言，发展中国家的关税政策呈现如下特征：关税税率过高，关税保护期过长，关税保护涉及的产业面过宽，总体表现为关税过度的状况。关税过度状况不仅危害相关产业的竞争效率，而且没有达到使发展中国家的国内企业得以发展壮大的目的。自20世纪40年代中期以来，在世界经济区域一体化与贸易自由化深入发展的背景下，经过关税与贸易总协定（世界贸易组织）的谈判，各国纷纷实施关税减让措施，各国的关税水平均出现了大幅度的下降。所谓关税减让，是指变高保护率为低保护率，变全面保护为差别保护的过程。具体来讲，包括四层含义：一是削减关税并约束减让后的税率；二是约束现行的关税水平；三是采用上限约束税率，即将关税约束在高于现行税率的某一个特定水平；四是约束低关税或零关税。由关税与贸易总协定（世界贸易组织）的谈判所确定的关税减让方式主要包括产品对产品谈判、线性程序（公式）和部门减让三种。

三、配额

（一）进口配额的概念及种类

进口配额又称进口限额，是一国政府在一定时期（如一个季度、半年或一年）内，对于某些商品的进口数量或金额加以直接限制。在规定的期限内，配额以内的货物可以进口，超过配额不准进口，或者征收较高的关税或罚款。由于其对进口数量的限制是明确的，因而对生产者提供的保护也是确定的，进而成为众多国家实行进口数量限制的重要手段之一。进口配额制主要有以下两种：

1. 绝对配额（absolute quotas）

即在一定时期内，对某些商品的进口数量或金额规定一个最高数额，达到这个数额后，便不准进口。这种进口配额在实施中主要有以下两种方式：

(1) 全球配额 (global quotas, unallocated quotas)。它属于世界范围的绝对配额，对于来自任何国家或地区的商品一律适用。主管当局通常按进口商的申请先后或过去某一时期的进口实际额批给一定的额度，直至总配额发放完为止，超过总配额就不准进口。

(2) 国别配额 (country quotas)。即在总配额内按国别和地区分配给固定的配额，超过规定的配额便不准进口。实行国别配额可以使进口国家根据它与有关国家和地区的政治经济关系情况，分别给予不同的配额。国别配额又可分为单方面配额和协议配额。单方面配额是由进口国单方面规定在一定时期内从某个国家或地区进口某些商品的配额；协议配额是由进口国与出口国双方通过谈判达成协议规定的某种商品的进口配额。

2. 关税配额 (tariff quotas)

即对商品进口的绝对数额不加限制，而对在一定时期内，在规定的关税配额以内的进口商品给予低税、减税或免税待遇，对超过配额的进口商品则征收较高的关税或附加税。可见，这种配额与征收关税直接结合起来了。

关税配额与绝对配额的明显区别在于，关税配额在超过配额后仍可进口，但得征收一种较高的关税；而绝对配额在超过配额的情况下就一概不得进口。中国 2001 年加入世界贸易组织（WTO）后，对小麦进口实施关税配额，次年小麦关税配额为 846.8 万吨①。配额内低关税，超过配额后仍可进口，但要征收较高关税。

（二）进口配额的缺点

第一，进口配额作为一种纯粹行政干预手段，更加同市场价格机制相背离，从而容易导致经济效率的损失。

第二，其分配机制易于在政府官员中滋长腐败习气，并助长进出口中间商的垄断倾向。

第三，在通货膨胀时期，进口配额会对通货膨胀起推波助澜的作用。

第四，在需求高涨的情况下，进口配额与关税相比，尽管更多地保护

---

① 甄云肖. 国家计委发布 2002 年重要农产品进口关税配额数量和申请条件 [J]. 中国牧业通讯，2002 (3)：21 - 22.

本国的进口替代工业,但总消费量却在减少,它可能比关税给消费者带来更大的利益损失。因此,就增进效率和福利而言,进口配额一类的非关税壁垒是一种劣于关税的贸易保护措施。

(三) 进口配额与关税的比较

尽管进口配额与等效进口关税的经济效应在许多方面基本相同,但其间仍存在着明显的区别。

首先,关税只是改变市场机制的作用,配额则完全替代了市场机制。征收关税时,国内价格和国际市场价格之差不会超过关税税率。在进口关税一定的情况下,进口国需求的增加不会引起价格变化和国内生产的增加,但会引起进口增加,以满足增加的需求。如果消费者愿意多支付相当于关税的价格(假定价格上涨幅度等于关税税率),进口可以无限制地增加;而在进口配额一定的情况下,进口国需求的增加,只会引起国内价格的上涨,外国低价格的商品无法进入该国市场,被配额人为地阻隔了。也就是说,国内市场价格和国际市场价格之间的差额是无限制的。由于增加的需求无法通过增加进口而只能借助增加国内供给来满足,如果本国供给无法增加,那增加的需求就会表现为国内市场价格的上涨。总之,当一国需求和供给发生变动时,在进口配额的情况下发生的是国内价格的调整,而在进口关税情况下发生的是进口数量的调整,进口配额完全排除了市场机制的作用。

其次,进口关税的贸易效应是不确定的,从而对生产者提供的保护是不确定的;而进口配额是由政府确定的,对进口数量的限制也是明确的,因而对生产者提供的保护也是确定的。在进口关税情况下,由于对外国商品的供给弹性和本国的需求弹性很难准确估计,因此很难确定需要多高的进口关税率才能把进口限制在所期望的水平。而且,外国出口厂商既可以用提高劳动生产率、降低成本的办法来降低出口价格,部分或全部抵销进口关税的作用,也可用降低盈利率的办法来降低出口价格,抵销进口关税所引起的价格上涨。结果,关税的保护作用被大大削弱了,国内企业仍时时面临国外企业的有效竞争;但在进口配额的情况下,外国厂商就不可能利用降价来扩大出口,因为允许出口到该国的商品数量是由配额决定的。

配额对国内生产者提供了确定的保护。

再次，进口关税在发挥保护作用时，由于不能完全隔绝来自国际市场的竞争，从而限制了生产者对本国市场的垄断权力，生产者不可能无限制地提高价格。因为只要价格超过了国际价格和关税之和，消费者就会无限制地购买进口商品；但实行进口配额时，由于与国内竞争的进口商品不可能超过配额，所以国内生产者就可以非常容易地确定为获取最大利润应该增产的目标。当国内需求缺乏弹性时，国内企业就可趁机以抬高价格的方式而非降低成本的办法来获取利润，他们成了市场的主人，有了某种垄断权力。另外，一国实行进口配额后，如果国内外市场差价扩大，外国出口厂商就可协调行动，抬高出口价格，在不增加出口数量的前提下提高利润率，而在进口税情况下就不可能这样做。

最后，进口配额和进口关税的一个重要区别就是管理方法的差异。在实行市场经济体制的情况下，关税的管理在一定程度上是自动进行的，因为关税并没有排除价格机制的作用。征收进口关税，带动进口价格的变动，出口国的供给和进口国的需求相应地得到调节，关税收入则流进了国库；而配额则牵涉到进口许可证的分配。如果政府不在竞争性市场上拍卖这些许可证，接受这些许可证的厂商将获得垄断利润。由于进口许可证会带来垄断利润，进口商难免采用各种手段包括贿赂来获得它，"寻租"现象会造成腐败。

以上分析表明，如果从保护效果的角度看，进口配额比进口关税更好，因此，进口配额受到进口竞争行业的欢迎。在WTO成立以前，发达国家多用它来保护本国缺乏竞争力的行业和部门，特别是用来保护已失去比较优势的纺织、服装等成熟产业以及农业。发展中国家也广泛利用进口配额以限制进口数量，保证进口替代工业的发展和用于国际收支平衡的目的。但是，如果从生产效率、消费者主权和社会经济影响来看，进口配额则比等效关税有害。其一，进口配额只考虑保护生产者利益，一般由政府主管机构硬性规定，很难考虑消费者需要，使消费者遭受更大的福利损失；其二，进口配额取代了市场机制的作用，失去了对进口竞争产业的刺激力量，使生产效率降低，并易引起腐败。

WTO成立以后，进口配额的使用受到越来越多的限制与规范。如

2005年，发达国家取消了原先对纺织品服装的进口配额限制，改为关税限制。对进口限制措施，WTO鼓励优先采用价格措施，只有在价格措施达不到目的时，才可采用配额措施。进口配额的发放则要求遵循公开、透明、非歧视的原则。

四、非关税壁垒

（一）非关税壁垒的基本概念

1. 非关税壁垒的含义

非关税壁垒（non-tariff barriers，NTBs）指关税以外的一切限制外国商品进口的各种措施。相比较关税壁垒而言，非关税壁垒种类繁多，并具有更大的灵活性和针对性，隐蔽性和歧视性也更强，更有利于达到限制进口的目的。非关税壁垒可分为直接和间接非关税壁垒两大类。前者是由进口国直接对进口商品的数量和金额加以限制或迫使出口国直接限制商品出口，如进口配额制、进口许可证制等。后者是对进口商品制定严格的条例，间接地限制商品进口，如进口押金制、进口最低限价、烦苛的技术标准、卫生安全检验和包装、标签规定等。据世贸组织统计，目前世界上使用的非关税壁垒措施达3500多种。

由于目前关税已经降到很低的水平（发达国家的关税税率一般为3%~4%，发展中国家也只有10%左右），因此，现代贸易保护主义已不再以关税为其主要手段，特别是新的贸易保护主义主要以非关税壁垒为武器。

2. 非关税壁垒的基本性质

（1）限制和减少商品进口数量，这是非关税壁垒措施最重要的政策倾向。

（2）提高进口商品价格。非关税壁垒在限制进口商品数量的同时，也会在某种程度上提高进口商品的实际价格或者影子价格。而进口商品实际价格的提高进一步反映了非关税壁垒对经济活动中其他部门的经济行为和表现的影响，比如对以该种进口商品作为中间投入的行业的影响。

（3）影响进口商品需求弹性的变化。非关税壁垒经常改变进口商品需求曲线的斜率，从而改变某个特定部门进口量对商品价格变化的反应程度,并导致进口商品需求弹性的变化。

(4) 可变性与不确定性。与关税不同,非关税壁垒往往被定义为某一个数量基准或者独立于市场条件的价格,其效应随时间的推移而变化。某些非贸易壁垒中,如反倾销、反补贴,由于针对的国际贸易商存在不确定性,即使这类非贸易壁垒是公开的,执行的效果也往往是不确定的。

3. 非关税壁垒与关税壁垒相比的差异与特点

非关税壁垒除了与关税壁垒有一些共性之外,还具有很多独特的性质与特点,主要包括如下方面:

(1) 具有更大的灵活性和针对性。

一般来说,各国关税税率的制定必须通过严格的立法程序并办理必要的手续,并且具有一定的延续性。因此,关税制度在调整或更改时往往存在时滞,不能适应需要紧急限制进口的情况。同时,关税还要受到最惠国待遇条款的约束,从那些签有协议的国家进口商品时较难在税率方面进行灵活的调整。而非关税壁垒的制定和实施通常通过行政手续,制定过程较为迅速,手续也较为简便,能够随时针对某个国家的某种商品设置或更换相应的进口限制措施,从而达到限制进口的目的。

(2) 具有更强的隐蔽性和歧视性。

一般来说,关税税率确定之后,往往以法律形式公布于众,并依法执行,出口商通常比较容易获取关税的相关信息。但非关税壁垒的信息往往不公开,或者规定较为烦琐复杂的标准或手续,使得出口商难以适应和应对。

(3) 具有更强、更大的复杂性和广泛性。

20世纪60年代以来,发达资本主义国家所采取的非关税壁垒日益复杂,数目多达上千种。此外,非关税壁垒的使用范围也日益广泛,被限制进口的商品范围不仅包括汽车、钢铁等,还延伸到服务、软件等领域。

(4) 具有更明显的有效性。

关税壁垒是通过征收高额关税,提高进口商品的成本和价格,削弱其竞争力,间接达到限制进口的目的。但如果出口商宁愿多缴纳关税也要将商品出口,或者出口国采取补贴的形式支持该种商品的出口,或者出口商采取倾销形式,那么关税往往不能起到有效限制商品进口的作用。但诸如配额、自动出口限制、进口许可证等形式的非关税壁垒，由于它们一般直接规定进口商品的数量或金额，超过限额就禁止进口，因而能够有效保证限制进口作用的发挥。

（二）非关税壁垒的分类

1. 按政策制定主体分类

按政策制定主体分类，非关税壁垒可分为内生性非关税壁垒和外生性非关税壁垒。其中，内生性非关税壁垒是指所有由本国政府设置的、影响与限制外国商品进口的非关税壁垒，如进口许可证、配额等数量限制措施；外生性非关税壁垒是指所有由外国政府设置的、影响与限制向该国出口的商品的非关税壁垒，如自愿出口限制等。

2. 按影响方式分类

按影响方式分类，非关税壁垒可分为直接性的非关税壁垒、间接性的非关税壁垒和意外性的非关税壁垒。

（1）直接非关税壁垒。

进口配额是一种典型的直接非关税壁垒，此外，还有自愿出口限制、进口许可证制和汇率管制。

① 自愿出口限制。自愿出口限制或自愿出口配额，是指出口国或地区在进口国的要求和压力下，自动规定在某一时期内，某些商品对该国的出口限制。即在限定的配额内控制出口，超过配额则禁止出口。

自愿出口限制（voluntary export restraints）包括非协定的自愿出口限制和协定的自愿出口限制两种形式。非协定的自愿出口限制是指出口国迫于进口国的压力，自行单方面规定出口额，限制商品的出口。协定的自愿出口限制是指进出口双方通过谈判签订双边或多边的"自愿"出口限制协定，出口国按照协定规定的某些商品的出口配额，自行限制出口。

与进口配额相比，自愿出口限制也可以起到限制进口的作用，但在控制主体、强制性等方面存在着一些差异。自愿出口配额制由出口国直接控制出口商品数量，而进口配额制由进口国直接控制进口商品数量；自愿出口配额制带有被迫强制性的特点，进口配额制具有自动强制性的特点。

② 进口许可证制。进口许可证制是指商品的进口，事先要由进口商向

国家有关机构提出申请，经过审查批准并发给进口许可证后，才可以进口，没有许可证，一律不准进口。它是众多国家限制进口的一项重要措施。

从进口许可证与进口配额的关系上看，进口许可证可以分为两种：一种为有定额的进口许可证，即商品进口国的有关机构预先规定有关商品的进口配额，然后在配额的限度内，根据进口商的申请对每一笔进口货物发给进口商有关商品一定数量的进口许可证。一般来说，进口许可证是由进口国有关当局向提出申请的进口商颁发的，但也有将这种权限交给出口国自行分配使用的。另一种为无定额的进口许可证，即进口许可证不与进口配额相结合，商品进口国有关政府机构预先不公布进口配额，颁发有关商品的进口许可证，只在个别考虑的基础上进行。因为它是个别考虑的，没有公开的标准，所以就给正常的贸易活动造成更大的困难，起到更大的限制进口的作用。

从进口商品的许可证程度看，进口许可证一般又可分为两种：一种为公开一般许可证，又称为公开许可证或一般许可证。凡列明属于公开一般许可证的商品，进口商只要填写公开一般许可证后，即可获准进口。因此这类商品实际上是"自由进口"的商品。另一种为特种进口许可证，进口商必须向政府有关当局提出申请，经政府有关当局逐笔审查批准后才能进口。这种进口许可证，多数都指定进口国别或地区。这两种许可证相当于关贸总协定乌拉圭回合谈判中定义的自动许可证和非自动许可证。

进口许可证作为限制进口的数量措施，是 WTO 主张要加以取消的。但 WTO 并不完全禁止其使用。如果有关成员国因特殊情况要采用，WTO 要求使用公开的自动许可证，发放程序要透明。

③ 汇率政策。汇率作为更为广泛的贸易政策工具，在调节进口方面有着重要作用。汇率作为外汇的价格，是联结国内价格和国际价格的桥梁。汇率的变动直接影响进口商品的成本和价格，对进口起着积极的调节作用。

一般来说，汇率政策大致有三种选择：汇价高估，汇价低估和采用均衡汇率。

汇价高估指的是高估本币价值。汇价高估降低了进口产品的价格，其经济效应类似于对进口产品提供了相当的补贴，起到鼓励进口的作用。很多发展中国家在工业化初期都采用汇价高估来鼓励进口替代行业所需原材料和技术设备的进口，对促进其基本消费品工业的发展起到了积极的作用。汇价高估虽然支持了进口替代行业所必需的原材料和技术设备的进口，但却严重影响出口的发展，降低了资源配置效率，引起国际收支恶化。为了保证国际收支平衡，在采取汇价高估政策的同时，往往要辅之以数量限制和高额关税保护，以限制其他一些商品尤其是高档消费品的进口。因为汇率高估引起的进口商品价格的下降是普遍的，对一切商品都适用。它既鼓励进口替代行业所必需的原材料和技术设备的进口，也鼓励其他商品诸如高档消费品进口。这样，具有高度选择性的政策手段，如对某些产品征收高额关税或加以数量限制，就成为汇价高估政策的一个辅助工具。

汇价低估是指低估本币价值，有意识地使本国货币对外币贬值。汇价低估提高了进口产品的价格，其经济效应类似于对进口产品征收了相应的关税，起着限制进口的作用。在一国的进口需求弹性较大而国外的出口供给弹性较小的情况下汇价低估对一国外汇收支的平衡是有利的，也有利于保护本国民族工业的发展。但是，汇价低估对进口的限制是隐蔽和无选择性的。它在限制了本国需要限制的产品如高档消费品等最终产品进口的同时，也限制本国急需的技术设备和原材料的进口，妨碍本国经济的发展。汇价低估还会形成对民族工业的过度保护，使本国产品成本的降低和质量的提高失去国际竞争的刺激。如果本国某些产品如技术设备、原材料等的进口具有刚性，那更会提高企业的生产成本，推动价格上升，这不仅会导致国际竞争力的下降，还会诱发通货膨胀。为了保证必要的进口，在采取汇价低估政策的同时，可以选择对某些产品实施进口补贴，以保证本国经济发展和人民生活必需的重要产品的进口。

均衡汇率是由市场供求关系决定的汇率。均衡汇率对进口的调节作用是中性的，既不鼓励也不限制。也就是说，在汇率政策上，采取类似自由贸易的政策主张。

（2）间接非关税壁垒。

间接性的非关税壁垒是指进口国未直接规定进口商品的数量或金额，而是通过制定种种严格的规定和条例，间接地影响商品进口的非关税壁垒。主要包括进口歧视性政府采购、歧视性国内税、最低限价、进口押金制、海关估价制、外汇管制、技术壁垒、环境壁垒、社会标准壁垒。社会标准壁垒即以社会责任管理体系 SA8000 为代表的社会标准壁垒等。

① 歧视性政府采购。歧视性政府采购是指国家通过法令，规定政府机构在采购时必须优先购买本国产品的做法。

② 歧视性国内税。歧视性国内税是指利用国内各种课税制度来限制进口的办法。

歧视性国内税的特点主要包括：

第一，具有一定的灵活性。此方法比关税灵活得多，可以巧立名目。

第二，具有一定的伪装性。因国内税的制定和执行权属于本国政府机构，有时属于地方政府机构，是一国的内政，不受贸易条约或多边协定的限制和约束。

第三，可以体现差别性。对同一种商品，因由不同国家生产，所征国内税可以差别很大。

③ 最低限价。最低限价就是一国政府对进口商品规定的最低进口限价，凡低于最低限价的进口商品则加征进口附加税或禁止进口。

④ 进口押金制。进口押金制是指进口商在进口商品时，必须预先按进口金额的一定比率，在规定的时间在指定的银行无息存储一笔现金以后才能进口。

⑤ 海关估价制。海关估价制（custom valuation system）是指进口国海关确定进口商品完税价格的制度。某些国家往往根据某些特殊规定，提高某些进口商品的完税价格，从而增加进口商品的关税负担，阻碍商品的进口。

⑥ 外汇管制。外汇管制（exchange control）是指一国政府通过法令对国际结算和外汇买卖进行限制，进而限制商品进口、平衡国际收支和维护本国货币汇价的一种制度。

外汇管制的方式一般可以分为数量型外汇管制和成本型外汇管制两种。数量型外汇管制是指国家外汇管理机构对外汇买卖的数量直接加以限制和分配，从而达到限制商品进出口数量与种类的目的。成本型外汇管制是指国家外汇管理机构对外汇买卖实施复汇率制度，利用外汇买卖成本的差异，间接影响不同商品的进出口。

⑦ 技术壁垒。技术壁垒或技术性贸易壁垒（technical trade barrier），是指那些强制性或非强制性确定商品的某些特性的规定标准或法规，以及旨在检验商品是否符合这些技术法规和确定商品质量及其适应性能的认证、审批与试验程序所形成的贸易障碍。

技术壁垒的形式和特点可以分为以下几个方面：一是颁布各种强制性的技术法规，比如直接制定贸易保护法规、在法规中引用质量标准等评估指标；二是制定苛刻的技术标准，比如卫生标准、环境保护标准、人身安全防护标准；三是对商品实施某些特殊要求，比如技术限制、经济限制以及行政和司法限制等。

⑧ 环境壁垒。环境壁垒又称绿色壁垒，是指那些为了保护环境而直接或间接采取的限制甚至禁止贸易的措施，主要包括国际和区域性的环保公约、国别环保法规和标准、ISO14000环境管理体系和环境标志等自愿性措施、生产和加工方法及环境成本内在化要求等分系统。

环境壁垒的主要措施是环境管制，具体包括限制或禁止进口、课征环境进口附加税、环境贸易制裁、推行国内加工和生产方法等多项标准、推行国际标准、实施环境补贴、制定苛刻的环保法规等。

⑨ 社会标准壁垒。社会标准壁垒主要是指由于各国经济发展水平的差异以及政治文化历史的不同所导致的各国社会标准的差异对国际贸易的限制，最为典型的例子就是劳工标准。例如，第二章所提到的SA8000，就是一种以保护劳动环境和条件、劳工权利等为主要内容的新兴的管理标准体系。其以加强社会责任管理为名，通过管理体系认证，把人权问题与贸易结合起来。以劳工标准为本质特征的SA8000实际上也是技术性贸易壁垒的一种表现形式。劳工标准所涉及的内容大致包括伦理道德和经济效益两个方面，前者包括劳动者的权利、禁止劳动歧视、下一代成长、工人工作条件等有关人权方面的问题，后者包括与贸易效益相关的社会福利待遇标准问题，比如制定工人的最低工资标准、保证工人的合理收入、维持工人的基本生活等。

3. 按限制作用分类

按限制作用分类，非关税壁垒可分为价格费用型、数量限制型和综合影响型三类。

价格费用型非关税壁垒可以通过各种措施直接影响进出口商品的成本，从而影响这些商品的最终价格，达到限制进口或促进出口的作用。

数量限制型非关税壁垒可以通过直接限制进口商品的数量或进口总金额达到直接或间接限制商品进口的作用。

综合影响型非关税壁垒可以通过各种规定、标准以及海关检验达到限制进口的目的，对进口商品的数量和价格均能够起到间接的影响作用。

五、WTO 规则下的相机保护措施

（一）反倾销

倾销（dumping）是指在正常贸易中一国向另一国出口的某一商品的价格低于其正常价值（normal value），通常表现为一个出口企业在某一个国外市场上以低于它在其他市场（通常是本国）的价格出售商品。倾销的形式可分为三种：一是偶然性倾销（sporadic dumping），即由于存货过多，企业一边坚持国内的正常价格，一边临时向国外低价倾销；二是掠夺性倾销（predatory dumping），即出口企业为了击垮某些竞争对手、占领市场，暂时采取低价策略优惠外国购买者，但在竞争消除后再提高价格；三是持续性倾销（persistent dumping），即无期限的低价倾销。

由于倾销被视作一种价格歧视，各国从自身利益出发，对来自他国的倾销行为通常采取坚决反对和禁止的态度，这就形成了反倾销（anti-dumping）。根据《关税与贸易总协定》（1994）第 6 条和《WTO 反倾销协议》的规定，在一项反倾销调查中，如果进口商品被证明存在倾销价格、损害及倾销价格与损害之间的因果关系，进口国可以采取反倾销措施，所征收的反倾销税应与倾销的幅度相当。通常的反倾销措施包括征收反倾销税以及出口商承诺。

确定某一进口商品是否存在倾销的条件主要包括：

一是低于相同商品在出口国正常情况下用于国内消费时的可比价格。

二是如果没有这种国内价格，则低于相同产品在正常贸易情况下向第三国出口的最高可比价格。

三是低于产品在原产国的生产成本加上合理的管理费、销售费等费用

和利润的价格。正常价值是确定是否存在倾销的重要指标。在确定商品的正常价值时,通常应用的方法主要有如下三种:

第一种,国内销售价格。采用的国内销售价格必须具有代表性,应为当时正常商业行为下确定的价格。国内销售价格一般采用批发价格。

第二种,对第三国的出口价格。如果被指控倾销的商品在出口国无销售或者销售量极小,则出口国可能采取该种方法确定正常价值。

第三种,结构价格。结构价格是指商品的生产成本估算值加上一定的利润。

按 WTO 规则,倾销是不公平竞争和不公平贸易,是不合法的,而反倾销则是合法的,这是造成目前反倾销泛滥的主要原因之一。

(二) 反补贴

补贴(subsidy)是指政府或公共机构提供的财政捐助以及对收入或价格的支持。生产补贴和出口补贴是两种最基本的补贴形式。其中,生产补贴是指无论商品出口与否,政府均给予生产这种产品的工业部门补贴,它可以起到与关税相同的作用与影响;出口补贴是指一国政府为了降低商品的价格,加强其在国外市场上的竞争力,在出口某种商品时给予出口厂商补贴或财政上的优惠待遇。

按照补贴起作用的方式,补贴可以分为直接补贴和间接补贴。直接补贴是指政府直接给予的能够直接影响商品价格的补贴,如价格支持、税收优惠等;间接补贴是指政府给予的对成本有直接影响的补贴,如资金优惠、运输优惠、融资优惠等。

在满足以下条件时,进口国政府可以对出口补贴采取反补贴(anti-subsidy)措施:

一是补贴确定存在;

二是同类或相同产品的国内产业已受到实质损害;

三是补贴与损害之间存在因果关系。

不过一般来说,反补贴税的总额不应当超过进口产品在原产地直接或间接得到的补贴。

补贴与倾销一样,被 WTO 认定为不公平贸易的做法,属于非法性质,而反补贴则是合法行为。

（三）紧急保障措施

根据《关税与贸易总协定》（1994）第19条的规定，在国内产业受到进口产品严重损害时，政府可以实行临时的进口限制以保护国内生产者，这就是紧急保障措施（emergency action on import of particular products）。

使用紧急保障措施的必要条件是：

一是进口产品大量增加；

二是进口增加是由不可预见的情况造成的；

三是进口增加是多边贸易谈判所带来的贸易自由化的结果；

四是这种大量进口对国内生产者造成了严重损害或严重损害的威胁。

进口国政府实行的紧急保障措施主要包括全部或部分地停止正常情况所承诺的关税减让或其他优惠，或进口国政府可以临时设置数量限制。但对于紧急保障措施设有时间限制：一般来讲，紧急保障措施不得超过4年，延长后总期限不得超过8年。

六、鼓励出口的贸易政策和出口管制

（一）出口激励政策

鼓励出口措施是指出口国政府通过组织、行政和经济等方面的手段，促进本国商品出口的各种措施。主要包括出口信贷（export credit）、出口信贷国家担保制（export credit guarantee system）、出口补贴（export subsidies）和外汇倾销（exchange dumping）等。

1. 出口信贷

（1）出口信贷的含义。

出口信贷是指出口国银行为了鼓励商品出口，向本国出口厂商或国外进口厂商提供的贷款。它是一国扩大商品出口，特别是金额较大、期限较长的商品如成套设备、船舶等的出口的一种重要手段。

（2）出口信贷的类型。

按时间长短可分为短期信贷、中期信贷以及长期信贷。

按借贷关系可分为卖方信贷（supplier's credit）和买方信贷（buyer's credit），其中卖方信贷是指出口方银行向本国出口厂商提供的贷款，买方信贷是指出口方银行向外国进口厂商或进口方银行提供的贷款。

(3) 出口信贷的特点。

① 出口信贷必须联系出口项目；

② 出口信贷利率低于国际金融市场利率；

③ 出口信贷金额通常只占合同金额的85%左右；

④ 出口信贷的发放往往与出口信贷国家担保相结合。

由于国际市场上贸易战的加剧，各国的出口信贷业务不断扩大，为了做好出口信贷，很多国家一般都设立专门银行办理此项业务。例如，美国的进出口银行、日本的输出入银行、法国的对外贸易银行及中国的进出口银行等。为了缓和在发放出口信贷上的矛盾，经济合作与发展组织成员曾经就出口信贷最低利率和期限达成协议，称为《出口信贷君子协议》(1980)。

2. 出口信贷国家担保制

(1) 出口信贷国家担保制的定义。

出口信贷国家担保制是指由出口国政府设立的专门机构为本国出口厂商或商业银行向外国进口厂商或银行提供的信贷进行风险担保的制度。

出口信贷国家担保制的主要内容包括：担保的项目与金额、担保对象以及担保期限与费用等。

(2) 出口信贷国家担保制的特点。

① 担保的通常是商业保险公司不承保的出口风险项目，如政治风险、社会经济风险等；

② 担保的金额比较大，一般为合同金额的70%~80%；

③ 担保的期限比较长，所需的担保费较低；

④ 担保的对象可以是出口国厂商或出口国银行。

3. 出口补贴

(1) 出口补贴的定义。

出口补贴是指一国政府或同业公会为了降低出口商品的价格，以增强其在国外市场的竞争力，而给予出口商的现金补贴或财政上的优惠待遇。

(2) 出口补贴的方式。

出口补贴可分为直接补贴和间接补贴两种方式。

直接补贴是指政府在出口某种商品时，直接付给出口厂商的现金补贴。

间接补贴是指政府对某些出口商品给予财政上的优惠，主要包括：①退还或减免出口商品所缴纳的国内税（出口退税）；②暂时免税进口；③退还进口税。

4. 外汇倾销

（1）外汇倾销的含义。

外汇倾销是指出口企业利用本国货币对外贬值的机会争夺国外市场的一种特殊手段。

（2）货币对外贬值的作用。

在满足一定条件的情况下，本国货币贬值可以起到如下两个方面的作用：

① 出口商品以外国货币表示的价格下跌，有利于促进出口；

② 进口商品以本国货币表示的价格上涨，有利于抑制进口。

（3）本国货币对外贬值以促进出口的条件。

① 本国货币贬值的程度要大于国内价格上涨的程度；

② 其他国家不同时实行同幅度的贬值和采取其他措施；

③ 符合马歇尔－勒纳条件（Marshall－Lerner condition）。

（二）出口管制措施

出口管制（export control）是许多国家实行贸易歧视政策的手段。有些国家为了达到一定的政治、军事和经济目的，对某些商品，特别是对战略物资实行出口管制或禁止出口，并制定出口管制法令。出口管制的形式主要包括单边出口管制以及多边出口管制。

单边出口管制，指出口国一国自己制定出口管制方面的法律或法案。多边出口管制，指几个国家的政府，出于共同的政治和经济目的，制定共同的出口管制政策。最有代表性、最有名的多边出口管制组织是"巴黎统筹委员会"（Coordinating Committee for Multilateral Export Controls，

COCOM)。这一组织于 1949 年 11 月在美国的操纵下成立,其宗旨是对当时的社会主义阵营国家实行出口管制,即对苏联、东欧和中国等国家实施"禁运",1952 年又增设一个所谓"中国委员会",以加强对中国的封锁和禁运。

第二节 国际贸易政策的理论依据

一、幼稚产业保护理论

李斯特是德国经济学家,也是德国历史学派的先驱。他早年在德国提倡自由主义,由于在 1825 年出访美国,受到当时美国实行前任财政部部长汉密尔顿提倡的贸易保护政策受到很大成效的影响而转向信奉贸易保护主义。19 世纪初,德国的纺织、采矿、冶金、机械制造业等虽然都有所发展,但远较英国、法国落后,受英国廉价工业品的冲击很大。为此,李斯特在 1841 年出版的《政治经济学的国民体系》中系统地论述了他的保护幼稚产业的学说。

(一) 幼稚产业保护理论的内容

李斯特幼稚产业 (infant industry) 保护理论的基础是生产力论,即生产财富的能力比财富本身更重要。李斯特指出,从外国购买廉价的商品(工业品),表面上看是要合算一些,但这样做的结果将是德国的工业不可能得到发展,而会长期处于落后和从属于外国的地位。如果德国采取关税保护政策,开始会使工业品的价格很高,但经过一段时期,德国的工业得到充分发展,生产力将会提高,商品价格也会下降,甚至降到低于进口产品的价格。

李斯特批评古典贸易理论忽视了各国历史和经济上的特点,认为这种理论是一种世界主义经济学,它抹杀了各国的经济发展与历史特点。在李斯特看来,一国实行什么样的贸易政策,必须同本国工业发展的过程相适应。因此,李斯特把经济发展分成 5 个时期:①原始未开化时期;②畜牧时期;③农业时期;④农工业时期;⑤农工商业时期。

李斯特认为,应用动力与大规模机器的制造业的生产力远远大于农业,因此注重农业的国家,人民精神萎靡,一切习惯与方法偏于守旧,缺乏文化福利与自由,而注重工商业的国家则不然,其人民充满增进身心与才能的精神。因此,在农业及以前的时期,可自由输出农产品,输入工业品,一方面可促使农业发展,另一方面可培育工业基础。

在农工业时期,才需要保护,即要保护幼稚产业。到农工商业时期,因工业已经发展成熟,也就不需要保护了,这时又实行自由贸易政策。

(二) 保护幼稚产业的政策措施

1. 国家必须干预经济,国家应承担植树人而非守林人的角色

李斯特用风力和人力在树木生长中的作用进行比喻,说明国家在经济发展中的重要作用。他说:"固然,经验告诉我们,风力会把种子从这个地方带到那个地方,因此荒芜的原野会变成稠密的森林;但是,如果培养森林时就此静等着风力作用,让它在若干世纪的过程中来完成这样的转变,世上岂有这样愚蠢的办法?如果一个植林者选择树秧主动栽培,在几十年内达到了同样目的,这岂不是一个可取的办法?历史告诉我们,有许多国家,就是由于采取了那个植林者的办法,胜利实现了它们的目的。"[①]

2. 实行关税保护制度

在该制度的设计上,应体现以下几点:第一,差别关税税率。以对幼稚产业保护为出发点,对不同的产业征收不同的关税。比如对与国内幼稚产业相竞争的进口产品征收高关税,同时以免税或低关税的方式来鼓励国内不能自行生产的机械设备的进口。第二,有选择性地保护。并非对所有工业都加以保护,保护是有条件的。只有那些经过保护可以成长起来、能够获得国际竞争力的产业,才对其加以保护。如果60%的关税税率不能保护某种产业,或30%的关税税率不能维持某种产业,就没必要保护这种产业了。第三,保护的时间要有限制。保护的时间不能太长,最长不超过30年(现在一般为4~6年),而且产业成长所需的保护时间越短,对这种产

---

① 弗里德里希·李斯特. 政治经济学的国民体系 [M]. 商务印书馆出版社,2017.

业的保护就越有价值。

需要注意的是，李斯特并不否认自由贸易政策的一般正确性。他认为，当一个国家解决了落后问题，即实现了工业化后，是可以选择自由贸易政策的。

（三）幼稚产业的判定与选择标准

所谓幼稚产业，就是指刚刚产生，还处于成长阶段，尚未成熟，没有竞争力，但将来有竞争优势的产业。

对于什么是幼稚产业，世界上并无统一定论，但后人经过不断探索研究提出了3个比较有影响力的判定标准。

1. 穆勒（J. S. Mill）标准

该标准认为，通过政府保护，落后产业通过改进技术等措施，迅速形成国际竞争力，最终在自由贸易条件下取得独立自主发展的能力，即保护一个现在无法与国外竞争，但将来可具有竞争力并获益的产业。所以这一标准又被称为潜在竞争力标准。

某一产业刚刚诞生时，一般规模很小，生产成本高于国际市场价格。如果任由其自由竞争，该产业必然会发展不起来。若这时国家给予一段时间的保护，就能使该产业发展壮大，逐步实现规模经济，降低成本，以至最终完全能够面对自由竞争，获得利润，则该产业就应作为幼稚产业来加以保护。

2. 巴斯塔布尔（C. F. Bastable）标准

该标准引进经济分析的现值概念，认为保护一个产业的成本不能超过将来获益的现值。这一标准比穆勒标准要求更高，即它要求被保护的幼稚产业在经过一段时间的保护之后，不仅能够自立，而且必须能够补偿保护期间的损失或成本。该标准又被称为现值标准。

3. 坎普（M. C. Kemp）标准

该标准除包含穆勒标准和巴斯塔布尔标准的全部内容外，还包括外部性（技术可外溢性）标准。外部性是指企业所学习掌握的知识、技术、技巧可为其他企业模仿和无偿使用，从而其他企业的进入将会使其利润下降，以致无法以未来利润来补偿投资成本。这时国家便应采取保护政策来对该产业予以保护。

关于如何保护幼稚产业,既可用关税,也可采取生产补贴。对幼稚产业直接采取生产补贴的办法要比关税或非关税壁垒的手段更可取,因为生产补贴虽会造成生产扭曲,但可避免消费扭曲,所以补贴与进口壁垒相比保护成本更低。

(四) 对幼稚产业保护理论的评价

李斯特的幼稚产业保护理论对当时德国工业资本主义的发展起到了积极作用。在李斯特幼稚产业保护理论的影响下,德国通过保护政策的扶植,工业及国民经济在短期内有了迅速的发展,并很快赶上了英国。

幼稚产业保护理论现在对广大发展中国家仍具有积极的借鉴意义。一方面,幼稚产业保护理论具有其合理的内涵,连自由贸易的倡导者约翰穆勒都将幼稚产业保护理论作为贸易保护"唯一成立的理由"。李斯特关于经济发展的不同阶段应采取不同的对外贸易政策的观点是科学的,为落后国家实行贸易保护政策提供了理论依据。因此,幼稚产业保护理论在现实中有着广泛的影响力,WTO 也以该理论为依据设计幼稚产业保护条款,这为广大发展中国家合理保护自己的幼稚产业提供了法律依据。

另一方面,幼稚产业保护理论在实践中也遇到了很多问题,其中最主要的是无法准确界定幼稚产业。发展中国家都很注重对幼稚产业的保护,但多数都未达到预期效果,有些甚至付出惨痛代价。例如,中国保护了多个像汽车这样的产业,结果却使得国内企业安于现状,国产轿车的价格远远高于国际市场汽车的价格。

此外,李斯特虽然以经济部门作为划分经济社会发展阶段的基础,但未能说明生产力和经济发展的根本动力及真实过程。

二、关税的保护效应

征收关税会引起进口商品的国际价格和国内价格的变动,从而影响到出口国和进口国在生产、贸易和消费等方面的调整,引起收入的再分配。关税对进出口国经济的多方面影响称为关税的经济效应。这里主要分析进口关税对进口国的经济影响。

(一) 关税对贸易小国的经济效应

先来分析进口关税对进口小国的经济影响。假定该进口国是个贸易小国,即该国某种商品的进口量占世界进口量的很小一部分。因此,该国的进口量的变动不能影响世界市场价格,就好像是完全竞争的企业一样,只是价格的接受者。这样,该国征收关税以后,进口商品国内价格上涨的幅度等于关税税率,关税全部由进口国消费者负担。具体说来,该贸易小国对某种进口商品征收关税以后,将产生如下经济效应。

1. 消费效应

征收关税引起进口商品价格上涨,对消费者造成直接损害。一方面,如果该进口产品的进口需求弹性比较小,价格的上涨不能通过减少需求来调整,那消费者就要支付较高的价格。如果进口产品是具有需求刚性的资本品,将增加最终产品的生产成本,导致价格上涨,增加消费者的负担。另一方面,如果该进口产品的进口需求弹性比较大,那国内消费者将减少需求量,从而降低物质福利水平。

2. 生产效应

对于与进口商品相竞争的国内生产者来说,显然是可以从保护关税中获得利益的。我们知道,外国商品之所以会输入,其根本原因在于国际市场价格比国内市场价格低,或在价格相同的情况下,国外产品质量优于国内产品,如果自由进口,进口竞争厂商会被迫降低价格,并把自己的产品调整到边际成本等于价格的水平。征收关税提高了该商品的国内价格(国际价格则保持不变),使得国内生产者得以根据上涨的价格扩大生产量,增加利润。由于该种商品国内生产量的增加,会带来对生产该商品提供的投入品(如原料)需求的增加,同时也会提高同类产品或可替代产品的国内价格,使生产集团获得利益。但从整个国家来看,由于征收关税,一些国内资源从生产更有效率的可出口商品转移到生产较缺乏效率的可进口商品,由此造成了该国资源配置效率的下降。

3. 贸易效应

征收关税提高了进口商品的价格,导致进口减少,从而使经营进口商品的公司和个人损失了部分市场,减少了收入。

4. 财政收入效应

只要关税不提高到禁止关税的水平,它会给进口国带来财政收入,这项收入等于每单位课税额乘以征税的进口商品的数量。在小国情况下,由征收关税而带来的收入是由国内消费者支付的。应该看到,关税收入的一部分要用来支付征收关税这一行为的费用,如海关官员的报酬,因此,关税收入只有一部分成为财政收入。

5. 收入再分配效应

关税还会造成收入从国内消费者向国内生产者的再分配。关税引起国内商品价格上涨,生产者增加了利润,其中一部分是从消费者支付的较高价格中转移过来的。

西方国际经济学用图形形象地表达了上述分析得出的结论(见图4.1)。

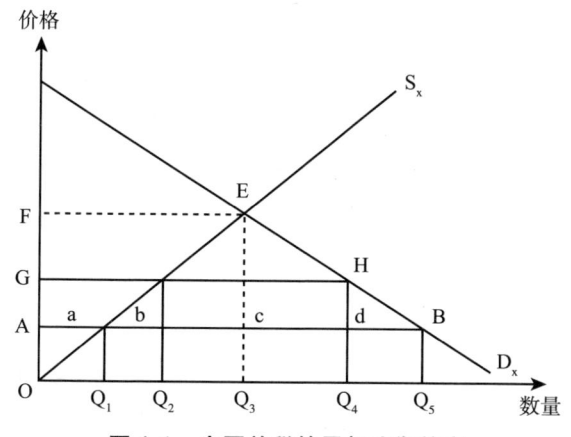

图 4.1 小国关税的局部均衡效应

在图4.1中,D_x是进口国X商品的需求曲线,S_x是该国X商品的供给曲线。在没有贸易的情况下,D_x和S_x的交点就决定了均衡点E。在这一点,该国以OF的价格生产和消费OQ_3数量的X商品。在自由贸易情况下,该贸易小国面对的是具有无穷弹性的X商品的供给曲线AB线。这时,世界市场价格(也是国内价格)为OA,国内需求量增加到OQ_5,其中OQ_1为国内生产,Q_1Q_5为进口。

如果该国对进口的X商品征收幅度为AG的从价关税,那X商品的价格将上升至OG。在这个价格水平上,该国将消费OQ_4,其中OQ_2为国内生产，其余 Q_2Q_4 从外国进口。GH 代表有关税时外国对该进口小国的 X 商品供给曲线。这样，关税的消费效应（即减少国内消费）为 Q_4Q_5，生产效应（即征收关税导致国内生产扩大）为 Q_1Q_2，贸易效应（即减少进口）为 $Q_1Q_2+Q_4Q_5$，财政收入效应为面积 c（即 $GA\times Q_2Q_4$）。消费者剩余（即消费者愿意为每一单位商品所支付的价格和他们所实际支付的价格之间的差额）的损失为 ABHG，即 $a+b+c+d$，生产者剩余（即价格超过边际成本的部分）增加为面积 a。因此，总体来说，征收关税的代价和利益是：消费者剩余减少 $a+b+c+d$，生产者剩余增加 a，政府增加财政收入 c，$b+d$ 则是贸易保护的代价，或是经济的净损失。其中 b 是净损失的生产部分，与生产资源从更有效率的部门转移到效率较低部门所引起的损失相联系；d 是净损失的消费部分，代表由于征收关税引起价格上涨而导致的消费者消费量的减少，从而造成实际收入的损失。

（二）关税对贸易大国的经济效应

上面考察的是小国的关税局部均衡效应。如果进口国是一个贸易大国，即该国某种商品的进口量占了世界进口量的较大份额，那么该国进口量的调整就会影响到世界价格。该国增加进口，将引起世界价格上涨；如果减少进口，世界价格就会下降。因此，大国征收关税虽然也有上述小国的种种关税的经济效应，但由于大国能影响世界价格，因此从局部均衡分析所得的征收关税的代价和利益对比的净效果，就与小国情况不同了。

在大国假定下，该进口大国征收关税而引起价格上涨必然导致的进口量缩减得相当大，就可能迫使该商品的国际市场价格下降。这就是说，大国进口商品价格上涨的幅度不会等于关税税率，而是低于关税税率。大国征收关税，进口商品国内价格上涨，同时国际市场价格下跌，价格上涨部分和下跌部分加在一起才等于进口关税税额；大国进口商在进口商品时支付的进口关税，不是全部由进口国的消费者负担的，而是由进口国消费者和出口国的生产者（通过出口商）共同负担的，大国向出口国转嫁了部分关税。由于征收关税，大国进口商品的国际价格下降，如果该国出口价格不变，那该国的贸易条件得到了改善。但与小国相比，在其他条件不变的前提下，大国关税对本国生产者的保护作用相对较小。这是由于大国关税引起的价格上涨，部分地被出口国下降的价格所抵销了，因此进口的数量下降不像小国情况那么多。由此也可以看出，与小国相比，大国征收关税能获得较多的收入，其中一部分收入是"剥削"出口国得到的。一般来说，小国从征收关税中遭受的净损失永远等于保护成本，因为外国出口价格或世界价格不受其影响。而大国征收关税对该国净福利的影响，则要把关税的保护成本与贸易条件改善而获得的利益相比较。如果该国贸易条件改善利益超过关税保护的代价，则意味着从征收关税中获得了净利益；如果贸易条件改善利益与保护成本相等，那么该国从关税中既未获得收益，也未遭受损失；如果贸易条件改善的利益比保护成本小，该国将会从征收关税中得到净损失。究竟是何种情况，要具体分析商品的进口需求弹性和出口供给弹性。

以上结论如图 4.2 所示。在图 4.2 中，S_H 是该大国 X 商品的国内供给曲线，S_{H+F} 是包括外国供给在内的总供给曲线。自由贸易价格 P = 2 美元，20X（图中 AC 段）由国内供应，30X（图中 CB 段）从外国进口，供求在 B 点达到平衡。在该点，总消费量为 AB = 50X。

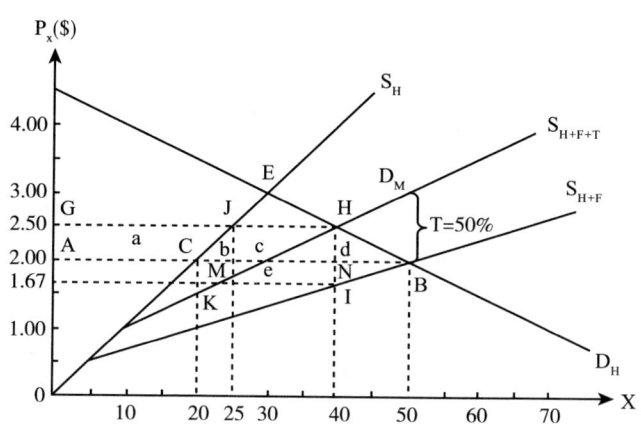

图 4.2　大国关税的局部均衡效应

如果该国现在对 X 商品征收 50% 的从价进口关税（T），总供给曲线上移 50%，变成曲线 S_{H+F+T}。D_H 与 S_{H+F+T} 在 H 点相交，因而 P_X = 2.50 美元，国内消费量为 GH = 40X，其中 GJ = 25X 由国内生产者供给，JH = 15X 由外国厂商供给。由于征收关税，消费者剩余损失为 a + b + c + d = 22.50

美元，其中面积 a = 11.25 美元是国内生产者获得的生产者剩余，c = 7.50 美元是政府从国内消费者那里征收的关税，b + d = 3.75 美元是该国的保护代价或净损失。但是，该大国征收关税迫使外国出口商降低价格，从自由贸易时的 P_x = 2.00 美元降低到 1.67 美元，使得该大国从外国出口商手中获得方形 S 长方形 IKMN = e = 4.95 美元的收入。e − (b + d) = 4.95 − 3.75 = 1.20 美元，是该大国从关税中获得的净利益。很清楚，这个国家贸易条件的改善利益，就是外国出口厂商的损失。进口小国征收关税，外国厂商只失去一部分出口量；而在大国进口的情况下他们不但要失去一部分出口量，还要被迫降低出口商品价格。

上述考察的只是关税的局部均衡效应，其分析带有短期的、静态的特征。事实上，关税还会带来种种动态影响。比如，关税对幼稚产业的保护，可以带来国内产业发展的长期利益；对某些停滞产业的保护，能够保护国内就业，保护国内经济的稳定等。关税对国内经济也会产生消极的影响，如过度保护使得国内企业不思进取、技术进步缓慢、劳动生产率低下等。因此，考察关税的经济效应和关税对本国净福利的影响，必须结合经济发展的动态来看。

三、配额的保护效应

进口配额是通过对进口数量的直接限制来影响国内市场的价格，从而起调节进口和保护国内生产作用的。如果实行进口配额的是一个贸易小国，那该国由于配额而减少进口不会影响世界价格，而只会引起本国价格的上涨。如果配额使进口商品价格上涨的幅度与征收进口关税相同（等效关税），那配额所产生的消费效应、生产效应、贸易效应与关税的局部均衡效应完全相同。假定政府在竞争性市场上把进口许可证拍卖给最高出价者，那财政收入效应也和等效关税相同。如果实行进口配额的国家是一个贸易大国，那么该国由于配额限制了外国产品进入本国市场，就会造成国际市场商品充斥，导致国际市场价格下跌。这样，该国会不会因此而改善贸易条件，产生贸易条件效应？这要作具体分析。在实行配额的条件下，即使国际市场价格下跌，该国也不会增加进口，因此，外国出口商就不会也无法通过降价的办法来扩大出口，对该进口国就会维持原有的价格水平，甚至可以借机提价，在外国出口供给弹性较大的情况下，尤其会这样做。但是如果外国出口供给弹性较小而又十分依赖于该大国的市场，那该大国实行配额控制进口，就可能改善该国的贸易条件，致使出口国贸易条件恶化。

下面，通过图来说明进口配额对贸易小国的经济效应（见图4.3）。

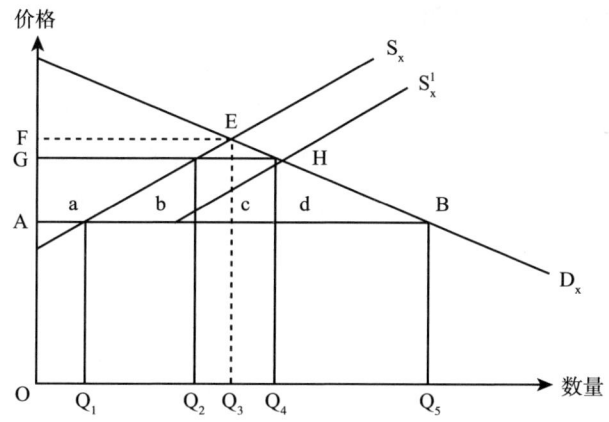

图4.3　小国配额的经济效应

图4.3是小国配额经济效应的局部均衡图。图中 D_x 和 S_x 分别是该国 X 商品的需求曲线和国内供给曲线。在封闭条件下，D_x 和 S_x 的交点 E 为国内供求均衡点。在 E 点，该国生产和消费 OQ_3 数量的 X 商品，价格为 OF。在自由贸易条件下，该贸易小国面对的是具有无穷弹性的 X 商品的供给曲线 AB 线，其国内生产、消费及进口数量与图4.1相似。

现在，如果该国对 X 商品的进口实行配额限制，规定只允许进口 Q_2Q_4 数量的 X 商品，其余的由国内生产予以满足，则此时该国 X 商品的供给曲线就会变为 S_x^1。在国际市场价格 OA 之上，不管价格如何变化，它总是在国内供给的基础上加一个固定的进口量。S_x 和 S_x^1 之间的距离即是配额的数量。这时国内市场的均衡点变为 H，价格为 OG。在此价格水平上，该国消费 OQ_4，进口 Q_2Q_4，其余 OQ_2 由国内生产。这样，配额的消费效应（即国内消费的减少）为 Q_1Q_3，生产效应（即由于配额限制使国内生产得到保护而增加的产量）为 Q_1Q_2，贸易效应（即进口的减少）为 Q_1Q_2 +

Q_4Q_5,配额持有者收入(如果通过拍卖则转化为政府的财政收入)为面积 $c \times (Q_2Q_4 \times GA)$。配额限制的利益和代价为:消费者剩余减少 $a+b+c+d$,生产者剩余增加 a,配额持有者收入增加 c,$b+d$ 为配额保护的代价,代表经济的净损失。简单地说,如果配额使进口商品提价的幅度与进口关税相同(等效关税),则两者的经济效应在数量上基本一致。

四、战略性贸易政策

20世纪七八十年代,在以规模经济和不完全竞争为基础的国际贸易"新"理论发展过程中,一些西方经济学家提出了战略性贸易政策,随即引起理论界的关注和西方发达国家政府的重视,并在实践中付诸实施。

(一) 战略性贸易政策的概念及其理论基础

所谓战略性贸易政策,是指一国政府在不完全竞争和规模经济条件下,可以凭借生产补贴、出口补贴或保护国内市场等政策手段,扶持本国战略性工业的成长,增强其国际市场上的竞争能力,从而谋取规模经济之类的额外收益,并借机劫掠他人市场份额和工业利润。即在不完全竞争环境下,实施这一贸易政策的国家不但无损于其经济福利,反而有可能提高自身的福利水平。

战略性贸易政策的创始者是加拿大的布朗德和斯潘赛教授(James Brander & Barbara Spencer)。他们认为传统国际贸易理论是建立在规模收益不变和完全竞争的理想境界上的,他们用国家之间在自然环境、技术、劳动生产率和要素禀赋等方面的差异来解释国际贸易的发生。由于贸易能改善双方的资源配置状况并使双方的国民福利得以提高,因此自由贸易政策也就是最优的选择。但是在现实经济生活中,不完全竞争和规模经济却是普遍存在的现象。在规模收益递增和不完全竞争的情况下,市场本身的运行处于一种"次优"的境界,这种次优的境界并不能保证潜在的收益一定能够实现,适当的政府干预或许有可能改进市场的运行结果。由于不完全竞争的上述性质,特别是本国进口产品被外国厂商所垄断时,政府应该运用关税将外国厂商从本国消费者身上赚取的超额利润转移到国内;再者，由于不完全竞争和规模经济的存在，市场份额对各国厂商变得更为重要，市场竞争变成了一场少数几家企业之间的博弈，一些产品特别是高科技产品具有"领先一步"的优势，谁能赢得主动，谁就能占领市场，从而获得超额利润。在这场博弈中，政府能够通过提供补贴或关税保护来帮助本国企业在国际竞争中获胜。因此，这种贸易政策被称为"战略性贸易政策"。

另外，外部经济也是一国政府实施战略性贸易政策的重要原因。通过鼓励出口或限制进口，发展本国的高科技产业，并使之成为主导产业，可以带来产业关联效应和技术外溢效应。

（二）战略性贸易政策的种类

战略性贸易政策按其扶植的对象和采取的政策工具，可以从总体上分为战略性进口关税和战略性出口补贴。

1. 战略性进口关税

战略性进口关税是指对于一些具有规模经济效益和不完全竞争特性的产业内的产品，由于技术或资金等方面的原因，一国因缺乏该产品的生产能力而只能从国外进口时，外国出口商将凭借产品的不完全竞争和规模经济特性在本国市场上取得垄断地位，从而将产品的价格定得高于边际成本，获得超额利润。对于进口国而言，每从国外进口一单位这样的产品就意味着向国外厂商支付一笔这样的"经济租"，造成本国福利的损失。进口国政府为减少这种超额利润的对外支付，可以对该产品征收进口关税，以迫使外国出口商降低价格，从而改善本国福利。对此关税不要求征收国一定要是一个进口大国，只要它能够通过征税后价格的提高有效地影响国内需求，就能达到迫使外国厂商降低价格的目的。在此情况下，外国厂商将和进口国政府展开博弈。战略性进口关税也由此得名。两者的博弈分两种情况：

一是当本国缺乏必要的生产技术条件、本国厂商无力进入或无意进入时，进口国政府征收进口关税则纯粹是为了减少对外支付。征税的多少主要取决于产品的需求价格弹性。显然，如果需求价格弹性高，税率就可以高一些。因为在此情况下，为了不致因价格的提高而过大影响消费者需求，外国出口商就不得不较大幅度地降低出口价格；相反，如果进口商品的需求价格弹性较低,甚至呈刚性,则进口国政府实施战略性进口关税的余地就较小。

二是当本国厂商初步具备了生产技术条件、准备进入市场,但只是由于外国出口商对本国市场的垄断使本国厂商面临因市场份额不足而亏损时,进口国政府可通过征收进口关税迫使外国厂商向本国厂商让渡市场份额。只要进口国政府能有效地通过价格提高影响国内需求,外国出口商就不得不这样做。最后,外国厂商将满足于充当价格领导者即可。

2. 战略性出口补贴

战略性出口补贴是指对一些具有规模经济效益的产业,哪个国家拥有较高的国际市场份额,就可以从国际市场上获得较多的超额利润。在此情况下,一国政府将对本国出口厂商实施出口补贴,鼓励其到国际市场上劫掠他人的市场份额,增进本国福利。

新贸易理论通常用一个假想的例子来说明战略性出口补贴。假定规模经济在某个行业中(如飞机制造业中)如此之大,以致在作为一个整体的世界市场上只容得下一个能获利的进入者(不管是美国波音公司还是欧洲空中客车公司),也就是说,如果两个厂商都进入,它们都会遭受损失。那么,不管哪一个厂商,若设法让自己在该行业中立足,就能够获得竞争失败者不能得到的超正常利润。波音和空中客车公司在各种情况下假设的损益图如图4.4所示。

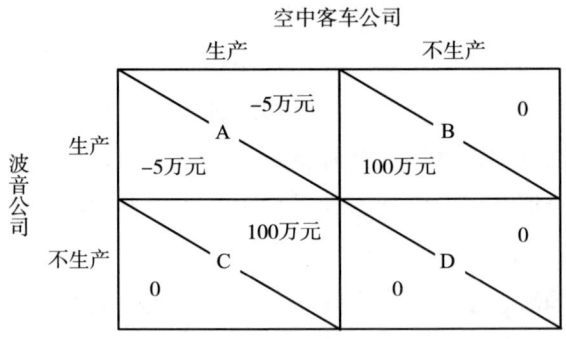

图 4.4 没有补贴时的损益

波音公司和空中客车公司都只有两种选择:要么生产,要么不生产。假定在没有政府干预的情形下,波音公司由于历史原因而先于空中客车公司生产并占领了世界大型宽体客机市场，此时的结果是方格 B 所示的情形，即波音公司生产获得 100 万元利润，空中客车公司不生产。若空中客车公司硬要挤入这个市场，则结果是两败俱伤，波音公司和空中客车公司都亏损 5 万元。即方格 A 所示情形。

由于空中客车公司在投入生产前已认识到会亏损 5 万元，故空中客车公司不会进入竞争。现在假设欧洲政府采取战略性贸易政策，补贴空中客车公司 25 万元进行生产，这种补贴使这两家的损益情况发生了变化。如果只是空中客车公司生产，总利润达到 125 万元。即使两家都生产，空中客车公司在减去亏损后，仍能有 20 万元的盈利，而波音公司没有补贴，其利润与亏损没有变化（见图 4.5）。

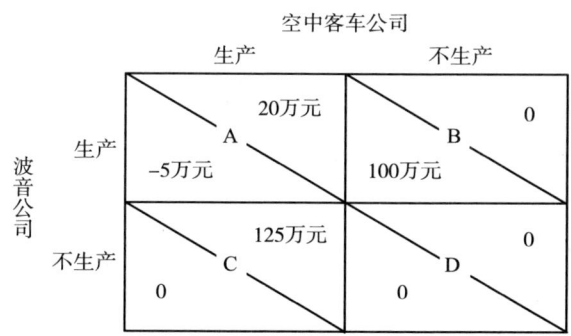

图 4.5　政府对空客予以补贴时的损益

在新的情况下，空中客车公司只要生产就有利润，而不管波音公司是否生产。对空中客车公司来说，不生产的选择已经被排除。而波音公司则处于一种两难困境：若生产，则要亏损 5 万元；而若不生产，原先的市场则完全被空中客车公司夺走。不论如何，波音公司已无获得利润的可能，最后只有退出竞争。从这个假设的例子可以看到，在某种不完全竞争市场结构的情况下，积极的政府干预政策可以改变不完全竞争厂商的竞争行为和结果，使本国企业在国际竞争中获得占领市场的战略性优势，并使整个国家获益。通过上面的分析可以发现，战略性贸易政策是新贸易理论在贸易政策领域的体现，它具有强烈的应用性。

（1）政府大力支持战略产业的发展。技术、知识密集型产业，比如计算机和信息产业等，产业关联极强，外部经济效益明显，一旦成为主导产业，就能对社会经济发展起到巨大的推动作用。

（2）政府协助企业争夺出口市场。在不完全竞争的条件下，政府对本国出口企业的鼓励，能够增强企业的国际竞争优势，扩大市场份额，获得规模经济效益，争得更多的出口利润。

（3）政府限制进口以培育本国进口竞争产业的竞争能力。由于垄断和规模经济的存在，贸易保护可以促使本国的进口竞争产业成为出口产业。

（三）战略性贸易政策简评

1. 积极意义

战略性贸易政策有其积极的方面：

首先，它是以20世纪80年代发展起来的不完全竞争贸易理论和规模经济贸易理论为基础的，是国际贸易新理论在国际贸易政策领域的反映和体现。不同于正统的自由贸易政策理论，战略性贸易政策理论精巧地论证了一国可以在不完全竞争条件下实行贸易干预政策，通过转移他人经济利润来提高自身的福利水平。

其次，战略性贸易政策是从现实世界经济中普遍存在的不完全竞争市场状况中提炼出来的，它试图设计出适于产业内贸易的干预政策，以改善受到扭曲的竞争环境，使市场运行处于次优境地，因而具有一定积极意义。

最后，从方法论上看，战略性贸易政策理论广泛借鉴和运用了产业组织理论与博弈论的分析方法和研究成果，特别是博弈论的运用应该说是国际贸易理论研究方法上的突破。

2. 消极意义

战略性贸易政策理论也有不完善甚至消极的地方：

第一，该理论未就政府的贸易干预和补贴给出任何总的通用的解决方法，其成立依赖于一系列严格的限制条件。除了产业必须具备不完全竞争和规模经济这两个必要条件外，还要求政府拥有齐全可靠的信息，对实行干预或补贴可能带来的预期收益胸中有数；接受补贴的企业必须与政府行动保持一致，且能在一个相对较长的时期内保持住自身的垄断地位；产品市场需求旺盛，被保护的目标市场不会诱使新厂商加入，以保证企业的规模经济效益不断提高；另外，别国政府不会采取针锋相对的报复措施。一旦这些条件得不到满足，战略性贸易政策的实施就不会取得理想的效果。

第二，战略性贸易政策背弃了自由贸易传统，采取了富于想象力和进攻性的保护措施，劫掠他人市场份额与经济利益。这往往使它成为贸易保护主义者加以曲解和滥用的口实，恶化全球贸易环境。因此，许多严肃的经济学家包括国际贸易新理论学派的一些学者都指出，对这一政策必须深刻理解和正确把握，切不可片面夸大或曲解其功效，以防贸易保护主义泛滥。一般认为，在技术、知识密集程度最高、与国家利益和声望关系最大的高新技术产业中，战略性贸易政策最有用武之地，政府的人为干预也是最值得的。对高新技术这类战略性产业的战略性保护还可通过外部经济效应使全世界从中受益。

第三，在研究方法上，该理论还缺乏不完全竞争条件下政策干预效应的统计分析，需要进行更多的定量分析和实证研究。

第四，即使通过战略性的贸易政策的实施，使某个产业取得了成功，但另一个问题是该产业的发展是否以其他行业的受损为代价，是否造成了国内资源配置的扭曲，也是应予注意的。

课后思考题

1. 简述与关税措施相比，非关税措施有哪些明显的特点。
2. 试述小国征收进口关税和进口配额的经济效应，比较二者的不同。
3. 何谓重商主义？试述重商主义产生的背景、意义及缺陷。
4. 何为战略性贸易政策？试述战略性贸易政策理论的基本内容并进行评价。
5. 中国是世界上遭遇反倾销最多的国家，产生这一现象的原因有哪些，如何应对？
6. 案例思考与讨论：以下是有关贸易技术壁垒的一则案例，结合所学知识，谈谈你的看法及其对我国的启示。

西门子家电：

贸易壁垒会成为企业发展的动力

家电业——中国最具国际竞争力的优秀行业，在国际化进程中曾遇到了不少麻烦。尽管原定于 2005 年 8 月全面推行的欧盟 WEEE 指令（《报废电子电气设备指令》）有望延期，但面对中国家电出口的最大市场——欧盟正一天天建起的绿色壁垒，面对即将出台的比 WEEE 指令更加难以突破的欧盟 ROHS 指令，一直依靠低廉价格取得竞争优势的中国企业将面临沉重打击。但欧洲著名家电品牌西门子家电却认为，贸易中的壁垒只会成为企业发展的动力。100 多年来，正是越来越严格的法规促进了欧洲家电技术的进步。如今，正在融入全球经济的中国，在适应世界统一的法规、标准的过程中，因此要付出些代价，但是代价过后，必然迎来企业迅速成长的未来。

西门子家电集团深信，企业经济效益的成功与社会和环保息息相关，也取决于如何将社会和环保完美地融入到长期的发展战略中去，承担起国际性大企业的责任就意味着在全世界范围之内严格执行统一的标准。西门子家电集团在下属 42 个生产地设立了环保管理系统，每一个产品创新都要经过环保检测方能批量生产。旗下所有企业都要做当地人的好邻居。弃用氟氯化碳是最好的体现。20 世纪 90 年代初，科技工作者发现氟氯化碳是破坏臭氧层的罪魁祸首。西门子家电集团立即开发新科技，用无害于环境的碳氢化合物取代了氟氯化碳。当时，集团不但决定在德国使用新科技，在全球范围之内也同时采用新工艺。此举成为行业的开山之作，推动了整个行业的发展。今天，西门子生产的冰箱全是无氟冰箱。

西门子的产品政策是，所有产品在使用阶段应当节能，在回收利用阶段应当环保、低耗。产品对环境产生的影响大约 90% 是发生在使用阶段。就环保而言，节能是关键。因此，节能是集团在此领域环保思想的核心内容。在德国，集团生产的 80% 的产品可以达到节能 A 类标准，同时还具有稳定优秀的性能。2004 年，欧盟制冷家电指导性能耗标识生效，为行业立下了更为严格的标准，并推出了新的节能类别 A + 和 A ++。目前 A 类产品必须再节能 25% 方能成为 A +。西门子所生产的 600 个型号的产品中，

10%的产品已经达到这些苛刻的要求。

西门子家电集团认为,能源在当今已成为影响全球经济健康、持续发展的关键因素,人类在节能家电上所寄予的期望和已经取得的巨大成就,使得节能技术逐渐成为未来家电企业成败的决定因素。虽然严格的法规和标准会使企业成本增加,但从长远看来,环保、安全、节能是国际电器发展不可阻挡的趋势。它将给家电企业一个重新定位的机会。谁能抓住机会,谁就有可能实现从价格优势到技术优势的转化。1970~2004年,经过不断研究和创新,西门子冰箱百升24小时耗电量从1.7千瓦时降到了0.09千瓦时,下降幅度达95%。

在西门子看来,真正的节能技术革新是在不改变原有产品性能的前提下寻找有害物质的替代品,让产品满足环保法规和标准。在冰箱的耗电量、洗衣机的洗涤容量等指标的标注上,西门子家电等品牌都表现得极为"保守"。譬如洗衣机的容量必须和洗净度、用水量等联系在一起考察,否则标注得再大也是一串毫无意义的数字。对市场的敏锐感知和长期积累起来的强大技术研发能力,决定了西门子家电不仅不被法规、标准所牵制,反而成了行业发展的一面旗帜。

资料来源:傅连英. 贸易壁垒会成为企业发展动力 [N]. 国际商报,2005-06-27(A07).

第五章
"一带一路"货物贸易合作

货物贸易合作是"一带一路"建设的重要组成部分，通过促进沿线国家的贸易往来，推动经济繁荣和共同发展。"一带一路"货物贸易合作涉及众多领域，包括物资贸易、能源合作、基础设施建设以及跨境电商等。这些合作不仅加强了沿线国家和地区之间的经济联系，还为参与国家开启了更广阔市场并提供了更广泛商机。通过实现贸易互联互通、提升贸易便利化水平和加强产能合作，"一带一路"货物贸易合作为各方合作伙伴创造了实实在在的共赢机会。

然而，"一带一路"货物贸易合作也面临一系列挑战，如贸易壁垒、物流瓶颈和风险管理等问题。在推进合作的过程中，各国需要共同努力，加强沟通与合作，寻找解决方案。同时，科技创新、数字化技术和绿色发展等也是推动"一带一路"货物贸易合作的重要驱动力，为各方合作提供了更多机会和可能性。

引导案例

疫情下，逆势增长的中国与"一带一路"沿线国家贸易

2020年以来，新冠疫情与百年变局相叠加，中国与"一带一路"沿线国家贸易额逆势上扬，成为世界经济复苏乏力大背景下的一抹亮色。

在博鳌亚洲论坛2021年年会举行的"可持续融资助力高质量共建'一带一路'"圆桌会上，中国商务部副部长钱克明介绍说，2020年，中国与"一带一路"沿线国家货物贸易额是1.4万亿美元，同比增长0.7%，"一带一路"沿线国家贸易额占中国对外贸易总的比重为29.1%。今年一季度，中国与沿线国家货物贸易额达2.5万亿元，同比增长21.4%，占总体对外贸易额的29.5%，比去年全年上升了0.4个百分点。

> 疫情下，我国与"一带一路"沿线国家贸易保持稳定增长，甚至对部分国家出现较快增长，说明了什么？
>
> 首先，这是中国经济充满韧性活力和具备强大供给、制造能力的体现。
>
> 其次，疫情下中欧班列有序运行，为维护包括"一带一路"沿线国家在内的全球产业链供应链稳定发挥了不可或缺的作用。
>
> 最后，我国不断扩大开放、持续拓展贸易伙伴，也成为我国与沿线国家贸易稳定增长的重要原因。
>
> 资料来源：疫情下，与"一带一路"沿线国家贸易缘何稳定增长？[N]．新华社，2021-04-14．

第一节 "一带一路"货物贸易发展概况

一、"一带一路"倡议下国际货物贸易新格局[*]

2013~2021年，中国与"一带一路"沿线国家货物贸易额累计达11万亿美元，年均增长7.1%，占同期外贸总值的比重从25%升至29.7%。2021年，中国与"一带一路"沿线国家货物贸易额达1.8万亿美元，创9年来新高，同比增长32.6%，较当年外贸整体增速提高2.6个百分点。2021年，中国与145个签署"一带一路"合作文件的国家货物贸易总额达2.5万亿美元，占中国货物贸易总额的41.7%。其中，东盟是中国与共建"一带一路"沿线国家开展货物贸易最集中的地区，中国与东盟贸易总额达8782.1亿美元，占中国与沿线国家货物贸易总额的48.9%，占中国与共建"一带一路"国家货物贸易总额的34.8%。中国对东盟出口4836.9亿美元，同比增长26.1%；自东盟进口3945.1亿美

---

[*] 资料来源：以下数据来自商务部国际贸易经济合作研究院．中国"一带一路"贸易投资发展报告（2022）[R]．2022-09-30．

元,同比增长31.3%。

在产业链供应链合作方面,2013~2021年,中间产品占中国对"一带一路"沿线国家出口比重由2013年的49.8%升至2021年的56.2%。2021年,中国对"一带一路"沿线国家出口机电产品、劳动密集型产品分别为3.55万亿元(人民币,下同)、1.25万亿元,同比分别增长18.8%、15.2%,合计占当年中国对"一带一路"沿线国家出口总值的72.9%。同期,出口医药材及药品1181.3亿元,增长168.6%。中国自"一带一路"沿线国家进口原油、农产品、金属矿砂和天然气分别为1.18万亿元、3565.5亿元、2127.7亿元和1854.5亿元,同比分别增长44%、26.1%、24.9%和38.9%。

在服务贸易方面,2015~2021年,中国与"一带一路"沿线国家服务贸易总额累计达6700亿美元,年均增长5.8%,占同期服务贸易总额的比重从2015年的12%升至2021年的14.7%。2021年,中国与"一带一路"沿线国家完成服贸进出口总额超过1000亿美元,服务外包业务快速增长,中国承接"一带一路"沿线国家离岸服务外包执行额243.4亿美元,同比增长23.2%。

在贸易便利化方面,自2017年2月《贸易便利化协定》正式生效以来,中国积极实施各项贸易便利化措施,实施率达100%。2021年12月,全国进口、出口通关时间分别为32.97小时和1.23小时,分别较2017年缩短了66.14%和89.98%。进出口环节需要验核的监管证件已从2018年的86种精简至41种。

在以跨境电商、市场采购贸易方式为代表的新业态新模式上,2021年,中国跨境电商进出口1.92万亿元,增长18.6%,其中出口1.39万亿元,增长28.3%,全年跨境电商B2B简化申报商品规模达24.02亿美元。截至2022年第一季度,累计在132个城市和地区设立跨境电商综试区,区内企业建设海外仓超2000个。跨境电商零售进口试点已覆盖全国31个省区市,跨境电商零售进口商品清单上的商品数已达1476个,2020年、2021年两年跨境电商零售进口金额均超千亿元。

二、"一带一路"沿线主要国家贸易概况*

2021年，我国对"一带一路"沿线国家进出口总值11.6万亿元，增长23.6%，较同期我国外贸整体增速高出2.2个百分点。其中，出口6.59万亿元，增长21.5%；进口5.01万亿元，增长26.4%。我国与"一带一路"沿线主要国家的贸易呈现出以下几个特征。

一是贸易规模稳步提升。2013~2021年，我国与"一带一路"沿线国家进出口总值从6.46万亿元增长至11.6万亿元，年均增长7.5%，占同期我国外贸总值的比重从25%提升至29.7%。

二是产业链供应链合作更加密切。2013~2021年，中间产品占我国对"一带一路"沿线国家的出口比重由2013年的49.8%提升至2021年的56.2%，2021年出口汽车零配件、纺织品、锂电子蓄电池分别增长26.7%、14.1%和50.4%。

三是能源、农业、矿产等领域合作向好。2021年我国自"一带一路"沿线国家进口原油1.18万亿元，增长44%；农产品3265.5亿元，增长26.1%；金属矿砂2127.7亿元，增长24.9%；天然气1854.5亿元，增长38.9%。

四是民营企业表现活跃。2021年民营企业对"一带一路"沿线国家进出口6.21万亿元，增长了25.6%，占同期我国与"一带一路"沿线国家进出口的53.5%，提升了0.8个百分点。

第二节　中国与沿线国家双边贸易发展

一、中国与新加坡的进出口贸易

（一）中国与新加坡进出口贸易概况

中国与新加坡进出口贸易总额如表5.1所示，可见两国之间的进出口

---

* 资料来源：以下数据来自王震.海关总署：2021年我国对"一带一路"沿线国家进出口增长23.6%[N].人民网，2022-01-14.

贸易往来总体上呈现出逐年增长的趋势,在 2009 年全球金融危机以及 2020 年新冠疫情影响下,进出口总额略微有所下滑。

表 5.1　　　　　　中国与新加坡进出口贸易总额　　　　　单位:亿美元

年份	进出口总额	年份	进出口总额
1998	81.79	2010	570.76
1999	85.63	2011	637.10
2000	108.21	2012	692.73
2001	109.34	2013	758.96
2002	140.31	2014	797.40
2003	193.49	2015	795.23
2004	266.82	2016	705.26
2005	331.47	2017	792.69
2006	408.58	2018	827.64
2007	471.44	2019	900.36
2008	524.77	2020	892.44
2009	478.56	2021	939.23

资料来源:UNCTAD(联合国贸易与发展会议)数据库。

2021 年,中国与新加坡货物进出口额为 939.23 亿美元,比 2020 年增长 5.2%。其中,中国对新加坡出口为 551.03 亿美元,同比下降 4.4%;自新加坡进口为 388.2 亿美元,同比增长 22.8%,中国对新加坡贸易呈现顺差,差额为 162.83 亿美元。出口方面,中国对新加坡主要出口电机、电气设备及其零件等;其次是核反应堆、锅炉、机器、机械器具及零件和矿物燃料、矿物油及其蒸馏产品等。进口方面,中国自新加坡进口的主要商品为电机、电气设备及其零件等;其次分别是核反应堆、锅炉、机器、机械器具及零件和塑料及其制品。

对新投资方面,2021 年,中国对新加坡直接投资流量为 84.05 亿美元,较 2020 年有所增加。截至 2021 年末,中国对新加坡直接投资存量约 672.02 亿美元。

(二) 中国与新加坡签订的经贸协议

新加坡是典型的外向型经济,对外贸易总额是 GDP 总额的若干倍。因此,对新加坡而言,与主要的贸易伙伴建立良好的合作关系尤其重要。到目前为止新加坡已经签订了 15 个区域或双边自由贸易协定。其中,《中国—

新加坡自由贸易协定》是一份内容全面的协定。双方在中国—东盟自贸区的基础上，进一步加快了贸易自由化进程，拓展了双边自由贸易关系与经贸合作的深度与广度。协定的主要内容有以下几个方面。

1. 货物贸易

关于货物贸易的内容主要体现在双方关税减让、取消数量限制和非关税措施等方面。除此之外，双方还将在自由贸易区合作框架下，加强双方海关在风险管理等方面的合作，简化海关程序，提高货物和运输工具的通关便利。促进双方履行WTO《动物卫生与植物卫生措施协定》（SPS协定）与WTO《技术性贸易壁垒协议》（TBT协议），以避免对双边贸易造成不必要的障碍，促进和便利双边贸易的开展，同时保护人类、动物及植物的生命与健康或实现其他合法目标。

2. 服务贸易

两国在WTO服务贸易承诺表和中国—东盟自贸区《服务贸易协议》市场准入承诺清单的基础上，进一步相互扩大市场准入范围。在服务贸易领域中有下面一些承诺值得关注，新方承诺包括：（1）新方承认中方两所中医大学学历；（2）新方允许中方在新设立中医大学和中医培训机构；（3）新方允许中方在新开展中文高等教育、中文成人教育和中文培训；（4）新方允许中方在新开办独资医院；（5）新方同意与中方尽快启动会计审计准则的认可谈判。中方承诺包括：（1）承诺新方在华设立股比不超过70%的外资医院；（2）允许持有其本国颁发的专业证书的外国医生，获得国家卫生健康委员会的许可后，在华提供短期医疗服务，期限为6个月，并可延长至1年；（3）允许新方服务提供者在华设立广告企业；（4）认可新方两所大学的医学学历。

在服务贸易方面，除上述内容外，《中国—新加坡自由贸易协定》还非常重视协调中国与东盟已经签署的服务贸易协议。《中国—新加坡自由贸易协定》中双方在服务贸易方面的承诺高于《中国—东盟服务贸易协议》承诺的内容。

3. 自然人流动

在商务人员入境方面，双方在《中国—新加坡自由贸易协定》中设立了自然人移动章节，明确了商务人员临时入境的纪律和准则，并就居留时间和条件做出了具体承诺，进一步便利两国人员往来，为自然人临时入境建立透明的标准、简化的投资程序和快速申请程序。

4. 投资

双方同意推动目前正在谈判的《中国—东盟投资协议》尽早达成。本协定生效后的任何时候双方应为鼓励和便利双方之间的投资进行磋商。如果《中国—东盟投资协议》与本协定不一致，本协定的条款优先适用。

5. 经济合作

双方将进一步加强双边合作，合作领域包括：（1）贸易投资促进；（2）参与中国的区域发展；（3）旅游合作；（4）人力资源开发；（5）促进中国企业"走出去"。双方还将探索新的合作领域。

【专栏 5-1】

中国与新加坡宣布实质性完成自贸协定升级后续谈判

2023 年 4 月，商务部部长王文涛与新加坡贸工部部长颜金勇共同签署了《中华人民共和国商务部和新加坡贸易与工业部关于宣布实质性完成中国—新加坡自由贸易协定升级后续谈判的谅解备忘录》，确认实质性完成两国自贸协定升级后续谈判。

该协定是我国在自贸协定实践中首次采用负面清单模式作出服务和投资开放承诺。双方在原升级协定基础上，进一步提高服务贸易和投资开放承诺水平，新增电信章节，并纳入国民待遇、市场准入、透明度、数字经济等高水平经贸规则。双方还共同确认服务贸易和投资领域开放措施不回撤，以协定方式承诺彼此"开放的大门越来越大"。该协定是我国对接高标准国际经贸规则，扩大对外开放的重要举措和实际行动，将有力推动中新经贸合作迈上新台阶。

资料来源：商务部国际司负责人解读中新自由贸易协定进一步升级议定书[N]. 商务部网站，2023-12-08.

（三）中国与新加坡经贸合作中存在的问题及应对建议

1. 经济发展水平上的差异

按照最优货币区理论，经济制度、经济发展水平、相近的经济结构以及要素的自由流动是构成区域货币金融合作的基础。由于两国经济发展水平不同，经济一体化程度均不高，经济周期所处阶段、影响经济波动的因素各不相同，这些差异为两国的经贸合作加大了难度。两国在产业整合及政策协调等方面可能会出现不协调以及相冲突的状况。

2. 两国贸易的竞争性

中国和东盟国家的制造业结构非常相似，特别是在劳动密集型制造业领域，因此双方存在很强的竞争性。这种竞争性很大程度体现在国际市场的争夺上，美国、日本及欧盟是双方最大的出口市场。这种贸易上的竞争性无疑会增加中国与东盟国家经贸合作的难度。

3. 应对策略

（1）促进两国互补贸易的发展。

新加坡在电子机械、信息技术、化工业等方面比较发达，而中国在农业、纺织业等方面具有比较优势，因此双方应基于各自的比较优势，促进互补贸易合作，最终实现优化资源配置和产业结构、两国互惠共赢的局面。

（2）加强经济互补性合作。

由于中国和新加坡在发展水平以及产业结构等方面存在差异，并且双方在贸易上的竞争性和互补性并存，因此两国的贸易发展模式存在局限。但中国拥有良好的投资环境，相比其他大部分东盟国家，中国在吸引外资的竞争中处于有利地位，这为中新两国的经济合作提供了一种新的思路。

中国与新加坡具有很强的经济互补性，新加坡需要依靠中国实现国内企业转型升级，而中国则可借助新加坡发达的金融市场等开展"一带一路"建设，因此两国通过互补性合作，可以实现共同发展。

（3）淡化区域主导权问题。

新加坡其固有的不安全感使其热衷于在区域经济一体化中获得"主导权"。一旦主导地位受到威胁，新加坡有可能会通过引入区域外的力量来稀释区域中的大国力量。因此，中国应严格奉行"主动但不主导"的区域经济合作战略，淡化主导权问题，从区域经济合作中获取实质性利益。

二、中国与马来西亚进出口贸易

农业曾是马来西亚最为重要的经济支柱，以农产品作物为主，有棕榈油、天然橡胶、可可、椰子、胡椒、烟叶、菠萝、其他热带水果等,这些农产品不管产量还是出口量都在世界前列,农业在马来西亚经济中占重要地位。第二产业现在是马来西亚最重要的支柱性产业,是推动马来经济增长的"加速器"。马来西亚政府推出"国家工业4.0政策",提出要在2025年将马来西亚打造为亚太地区智能制造战略合作伙伴、高科技产业投资目的地、高技术解决方案提供国的目标。

(一) 中国与马来西亚进出口贸易概况

马来西亚与中国的贸易关系良好,自改革开放以来就有着良性的双边贸易。自2006年主要出口电子电器、棕榈油、原油、木材产品、天然气和石油产品,主要进口机械运输设备、食品、烟草和燃料等,经济增长迅速,具有强大的吸引外资的能力和强劲的经济增长动力。

2021年,中马双边贸易额达1769.60亿美元,同比增长34.5%,增速快于同年中国与东盟10国贸易的平均增速。中国向马来西亚出口786.55亿美元,增长39.9%;主要产品为液化天然气、金属与电器和电子产品。中国从马来西亚进口额为983.05亿美元,增长30.4%,在中国从东盟十国进口中马来西亚排名第一位;进口产品主要为电器、电子产品和化学产品。中马贸易中中方为逆差,达196.50亿美元,在中国与东盟十国贸易中马来西亚是中国最大逆差来源国。1998年以来两国的外贸总额如表5.2所示。

表5.2　　　　　　中国与马来西亚进出口贸易总额　　　　　单位:亿美元

年份	进出口总额	年份	出口总额
1998	42.70	2010	742.49
1999	52.79	2011	900.23
2000	80.45	2012	948.32
2001	94.25	2013	1060.83
2002	142.71	2014	1020.06
2003	201.27	2015	972.58
2004	262.61	2016	869.41
2005	307.00	2017	961.38
2006	371.10	2018	1085.81
2007	463.86	2019	1240.52
2008	535.57	2020	1314.76
2009	519.68	2021	1769.60

资料来源:UNCTAD数据库。

截至 2021 年底,中国对马来西亚直接投资累计超过 100 亿美元,马来西亚累计对华直接投资近 80 亿美元。2021 年,在中国投资东盟十国、东盟十国投资中国、中国在东盟十国新签工程承包合同额中,马来西亚均居第三位。

【专栏 5-2】

礼赞·中马"两国双园"10 周年

"多年来,在'两国双园'的倡议下,中马钦州产业园和马中关丹产业园发展实现了长足进步。"日前,在马来西亚—中国(广西)投资论坛暨中马"两国双园"建设十周年庆祝活动上,马来西亚国际贸易及工业部副部长林万锋表示,马中关丹产业园是马来西亚最大的承接外国直接投资的园区,中马双方在物流运输、零售、港口服务等多个领域开展广泛深入的合作,并建立起了包容性、进步性的伙伴关系。

据悉,截至目前,中马钦州产业园总开发面积已达 25 平方公里,建设起了集工业、商业、居住"三位一体"的产业新城,签约落户项目超过 200 个,协议总投资超过 1900 亿元。马中关丹产业园开发面积已达 9 平方公里,累计签约项目投资超过 400 亿元,为当地创造就业岗位近两万个,带动关丹港新增吞吐量 1000 万吨。

马中关丹产业园区是马来西亚首个被授予"国家级产业园区"称号的产业园区。为支持其发展,马来西亚政府在此新建了许多基础设施项目,其中包括将关丹港扩建为深水码头,以吞吐载重达 15 万公吨的船只。该园区享有多项优惠政策,包括最高全额免除 15 年的企业所得税。目前,马中关丹产业园区三期工程计划将园区转型为马来西亚—中国关丹国际物流园区,进一步推动关丹地区成为东盟标志性的经济中心,有效推动出口加工、国际贸易、跨境电商、仓储物流和财务结算一体化。

资料来源:十年建设路,中马"两国双园"创新升级再出发 [N]. 中国商务新闻网,2022-05-18.

(二)马来西亚的贸易壁垒和投资需求

1. 贸易壁垒

中国和马来西亚同为发展中国家,出口的产品服务也有趋同化的特征。为保护本国企业和贸易，马来西亚政府设置了不同的贸易壁垒，比如关税和关税配额；与植物、动物、木材、机械、车辆等相关领域的产品有着进口限制且要求其部分本土化；服务贸易上，马来西亚政府对金融、电信服务、建筑、法律等领域有着贸易壁垒，不允许外国务工者及外国资本在此类领域随意进入本国市场；马来西亚本国的政府采购必须要有利于本土企业的发展，有利于本地居民的务工，外国企业在多数情况下只有与本土企业成为合作伙伴后才能参与招标。而这些壁垒中，管理十分严格的是药品的进口，中医药产品要进入马来西亚市场首先须委托当地注册公司向马来西亚卫生部药监局提出申请，并向其公开配方，经过马来西亚药管局检验确保百分百安全后批准的产品和获得有效认证才能在马来西亚各大西医及中医药房、私人诊所和保健商店等销售，但是药品注册程序比较复杂。

2. 投资需求

马来西亚政府虽然对外商设置了严格的准入门槛和多重限制，但一直鼓励外资进入其国内的高新科技领域及出口导向型的生产制造类企业，以此带动国家经济发展。给予税收产业优惠的产业有：制造业、农业、旅游宾馆服务业、环境保护、科技研究开发、技术培训和转让等；允许外商独资的服务业领域有：计算机相关服务、保健和社区服务、旅游服务、运输服务、体育及休闲服务、商业服务、租赁服务、运输救援服务。不仅仅是在投资行业领域方面，马来西亚政府对外来投资者在不同的区位上也有不同的政策优惠。例如，东马来西亚地区及马来西亚半岛东部沿海地区等区位，这些地区产业基础较为薄弱，外商和本地投资者在东马的沙巴和沙捞越州及马来西亚半岛"东部走廊"①地带投资，在所得税等方面予以特别优惠。由此可见，马政府对这些领域外资需求较大，且其鼓励外资企业进入此类领域的政策、法律在不断完善，交通基础设施也相对健全。中国想要推进海上丝绸之路战略，就要重点选择几个可以建设成"海上驿站"的国家，马来西亚由于历史、文化与地理的因素，应成为我国海上驿站建设的重点。对中国企业和投资者而言，在此投资设厂不仅可以更好地进入马

---

① 马来西亚的"东部走廊"包括吉兰丹州、丁加奴州及彭亨州。

来西亚国内市场,更可以将马来西亚当成交通枢纽,充分利用马来西亚的地理位置,向东南亚地区的其他市场出口。

(三) 应对策略

1. 抓住机遇加强对马来西亚的投资

(1) 投资中方具有优势的行业。中国投资可以充分利用自由贸易区平台,在实践《中国—东盟自由贸易区投资协议》的基础上,将马方丰富的资源与中方的优势技术以及资金进行有效结合。比如从中国的角度出发,中国在石油化工、机械设备和工程承包等领域有较大的优势,其中不少优势行业是马来西亚鼓励投资和进口的项目,因此,可以发挥中国的人才和劳动力成本优势,扩大对外承包工程劳务合作和项目咨询业务。目前,马来西亚多个领域已向中国投资商开放,其中包括一般金属制品制造、汽车零部件、机械工程设备、工程支持、医疗设备、保健产品、医药产品、替代能源等诸多领域。中国企业应积极利用马来西亚政府提供的优惠投资条件,充分发挥中国专业技术和丰富资金的优势,加深中马双边经济关系。

(2) 充分利用中国与马来西亚之间已有的产业园平台。目前,中国与马来西亚两国政府合作建设的中马钦州产业园区、马中关丹产业园区进展顺利,并已在园区建设、招商引资等方面迈出实质性步伐。中马钦州产业园区于2012年4月1日正式开园,坐落于广西北部湾经济区。2013年2月5日,作为中马钦州产业园区的"姊妹园",马中关丹产业园区正式启动。马中关丹产业园区临近马来西亚4个工业集群,园区提供在清真食品、非食品、石油化工、棕榈油加工行业的广阔的投资合作机会,同时产业园区重点发展领域有:塑料、金属的装备产业、汽车零部件、水泥板、不锈钢、电子、信息通信技术以及可再生能源等。

2. 推进中马双方的产业内贸易以平衡两国贸易

近年来,中马双边贸易的中方处于较大贸易逆差,主要是因为马方的自然资源禀赋优势突出。值得关注的是,中国与马来西亚之间的贸易正在经历着从传统的、基于资源禀赋差异的产业间贸易向规模经济、产品异质性为基础的产业内贸易的转变。在双边贸易统计数据中,中国与马来西亚间的机电音像设备、光学医疗设备和化工产品的产业内贸易指数不是最高，但占了中国与马来西亚贸易总额的 51%①。由此看来，中马双边产业内贸易主要发生在工业制成品之间，尤其是机电产品设备。因此，中国可以通过发展双边贸易产品的差异化和调整双边产业内结构来减少在中马双边贸易中中方逆差的问题。

（1）提高产品的差异化。

当前，要减少中国在中马双边贸易中的逆差，就应该加强和扩大差异化产品生产。以中国和马来西亚双方市场需求的差异性为基础，力争在同类产品差异化生产上下功夫，在促进中马之间市场不断扩大的同时减少中国的贸易逆差。中国应在生产和流通领域形成统一的、完整的差异化竞争策略，通过产品的差异化生产，满足不同的消费性产品需求，并不断培育新的消费领域，使中马两国的贸易发展更趋于平衡。

（2）在同一产业内部要进行结构调整。

中国的许多劳动密集型产品具有出口优势，如果都要在结构上与马来西亚形成互补不太现实，因此，中国不仅在产业结构上要与马来西亚形成互补，也要在同一产业内部进行结构调整，要扩大发展同一层次产业的横向互补关系。努力在同一产业上延长产业链并进行产业高级化发展，向同一产品多元化、多层次、不同质量的方向发展。

（3）对马来西亚加大开放人民币结算业务。

为了共同抵御全球金融危机冲击、减少对美元的依赖性、降低贸易成本和减少汇率波动，中马双方应进一步扩大人民币在中马双边贸易结算中的比重。目前，马来西亚国家银行于 2009 年与中国央行达成双边本币互换协议，马来西亚已有 11 家金融机构以人民币作为贸易结算货币，这些金融机构在 2012 年 3 月以后已加入马来西亚电子清算机构私人有限公司的人民币清算系统，该系统已于 2012 年 3 月 21 日正式启动。

中国要进一步加快与马来西亚人民币结算的步伐，增加双方国家有资质的金融机构和银行到对方国家设立派驻机构或成立分行，加大推进马来西亚国家金融机构开展人民币业务种类和范围的力度。加大人民币结算的

---

① 高健，朱连心. 中国与"一带一路"沿线国家的贸易研究［M］. 北京：中国经济出版社，2021.

应用和推广，在马来西亚开展更多的人民币业务。这是当下有效避免双方在贸易过程中发生资金成本、汇率波动的风险的最佳策略。

（4）借助马来西亚华商的经济实力。

马来西亚是东南亚华人占人口总数比例最高的国家之一，华人占其全国人口的 1/3 以上。马来西亚华商数量众多，行业分布广泛，是马来西亚经济发展的支柱。首先应进一步发挥马来西亚华商在中马经济合作中的作用。目前中国政府已经放宽对企业"走出去"到海外投资的限制要求，中国企业投资马来西亚应积极关注马来西亚华商，利用华商在马来西亚国内的经济实力和人脉关系，与马来西亚华商企业积极开展合作关系，共同拓展东南亚和中东伊斯兰国家市场。其次让华商成为中马双边经济关系的天然"黏合剂"，促进中马经贸走向更深层次的交流与合作。另外，应巩固和扩大马来西亚华商前期已经投资或正计划在中国投资的项目，真正让华商感受到投资中国的良好收益，这一强大的示范效应将有利于强化马来西亚和其他东南亚国家的企业对中国的投资信心。

三、中国与泰国的进出口贸易

泰国位于中南半岛中部，是一个位于东南亚的君主立宪制国家，且军方素有干政传统。其人口主要为农业人口，集中在稻米产地，即泰国的中部和东北、北方。在经济方面，泰国实行自由经济政策，在 20 世纪 90 年代经济发展较快，跻身为"亚洲四小虎"之一，是东南亚第二大经济体，仅次于印度尼西亚。制造业、农业和旅游业是其经济发展的主要行业。此外，泰国是亚洲唯一的粮食净出口国，世界五大农产品出口国之一。电子工业等制造业发展迅速，产业结构变化明显，汽车业是支柱产业，是东南亚汽车制造中心和东盟最大的汽车市场。

2011 年 12 月 22 日，中国人民银行与泰国银行在曼谷签署了中泰双边本币互换协议。2012 年 4 月，中泰两国建立全面战略合作伙伴关系，也是东盟成员国中第一个与中国建立战略性合作关系的国家。泰国和中国不仅在政治上友好，经济上密切，在军事上也有较为紧密的联系。泰国和中国领土不相邻，因而没有边境和南海争端。

(一) 中国与泰国进出口贸易概况

近年来,中泰两国经贸往来日益密切,两国贸易额持续保持增长态势。中国已成为泰国第二大出口市场和第一大进口来源地。中泰建交以来,双边贸易额从1975年的2462万美元(中国向泰国出口1067万美元、从泰国进口1395万美元)上升到2021年的1311.87亿美元(中国向泰国出口693.55亿美元、从泰国进口618.32亿美元),进出口分别同比增长37.2%、28.5%[①]。泰国也成为中国在东盟国家中的第三大贸易伙伴。2021年,中国自泰国主要进口机械设备及零件,电机、电气设备及零件,水果、坚果,橡胶及其制品,塑料及其制品等,中国向泰国主要出口电机、电气设备及零件、机械设备及零件、塑料及其制品、钢铁及钢铁制品等。1998~2021年双方进出口贸易总额如表5.3所示。

表5.3　　　　　中国与泰国进出口贸易总额　　　　单位:亿美元

年份	进出口总额	年份	进出口总额
1998	36.72	2010	529.37
1999	42.16	2011	647.34
2000	66.24	2012	697.51
2001	70.50	2013	712.41
2002	85.57	2014	726.21
2003	126.55	2015	754.60
2004	173.42	2016	757.27
2005	218.11	2017	801.38
2006	277.26	2018	875.08
2007	346.38	2019	917.46
2008	412.93	2020	986.54
2009	381.91	2021	1311.87

资料来源:UNCTAD数据库。

近年来,中国对泰国投资呈上升趋势。根据中国国家统计局数据,中国企业对泰国直接投资流量由2009年的0.5亿美元增至2021年的14.9亿美元,投资存量由2009年的4.5亿美元增至2021年的99.2亿美元。2021

---

① 资料来源:UNCTAD数据库。

年，中国对泰国直接投资项目共 112 个，占泰国全部外商投资项目的 14.30%，主要为小型投资项目（价值小于 5000 万泰铢），共 45 个，占总数的 40.18%，投资行业集中在电气电子、金属制品及机械设备、轻工业及纺织品等领域。

2015 年共计 2990 万外国游客赴泰旅游，同比增长 20.7%，创下过去 10 年最高纪录。泰国是 2023 年中国入境游十大客源国之一，自 2024 年 3 月 1 日起，两国永久互免对方公民签证。

（二）中国与泰国之间的经贸协定

中国—泰国的经贸合作主要是在中国—东盟 FTA、RCEP（Regional Comprehensive Economic Partnership，RCEP）、共建"一带一路"及澜湄合作框架下有序展开。两国于 1978 年签署《科技合作协定》；1985 年签订《促进和保护投资协定》；1986 年签订《避免双重征税和防止偷漏税协定》；1993 年签订《旅游合作协定》《引渡条约》；1994 年签订《民商事司法协助和仲裁合作协定》；1997 年签订《贸易经济和技术合作谅解备忘录》；2003 年签订《刑事司法协助条约》；2003 年两国在中国—东盟自贸区框架下实施蔬菜、水果零关税安排；2004 年泰国承认中国完全市场经济地位；2007 年签订《关于相互承认高等教育学历和学位的协定》；2009 年 6 月，两国签署《扩大和深化双边经贸合作的协议》。2011 年和 2014 年签订《双边货币互换协议》；2012 年两国签署《经贸合作五年发展规划》；2014 年签署《关于在泰国建立人民币清算安排的合作谅解备忘录》，并续签《双边本币互换协议》；2014 年开始澜湄合作（澜沧江——湄公河合作，Lancang - Mekong Cooperation，简称"澜湄合作"）；泰国政府于 2015 年 9 月 29 日在北京签署《亚洲基础设施投资银行协定》，成为亚投行第 52 个创始成员国。

截至目前，泰国作为东盟老六国与中国已有 91.9% 以上的产品实现零关税，3.0 版 FTA 谈判已于 2022 年 11 月启动。东盟主导的 RCEP 在 2022 年 1 月实施，而中国、泰国分别于 2021 年 4 月、10 月正式向东盟秘书长提交 RCEP 核准书，泰国商业部还在 2021 年 3 月宣布成立 RCEP 中心。中泰两国海关的"'经认证的经营者'（AEO）互认安排的行动计划"已于

2022年3月签署，这是中国在RCEP生效后与其成员海关达成的首个此类行动计划。

2022年11月，中国与泰国签署"共同推进'一带一路'建设的合作规划"；正大力推动"泰国4.0"、泰国"东部经济走廊（EEC）"与共建"一带一路"的深度对接和泰国BCG与中国高质量发展的战略协同，并加快落实"廊开—万象铁路连接线合作备忘录"，以实现中老泰铁路的全面贯通。

（三）中国与泰国在基础设施建设、数字经济等领域的合作逐步推进

泰国积极推进东部、南部经济走廊建设，努力打造经济特区、工业园区，不断提升互联互通水平，增强区域物流中心地位，基础设施建设需求持续增加。中国国家统计局的数据显示，2010~2021年，中国在泰国承包工程完成营业额由4.62亿美元增至27.04亿美元，年均增长17.4%。作为两国政府间的合作项目，采用中国技术设计建造的泰国首条标准轨高速铁路——中泰铁路于2017年12月正式动工，但受新冠疫情的影响，预计2026年正式运营的连接曼谷和呵叻的一期工程截至2022年11月初进展仅为15%，远低于预定的37%；连接呵叻和廊开的二期工程已通过环境影响评估，预计于2029~2030年完工。随着2021年12月正式通车的中老铁路运营成效的不断显现，特别是万象南站换装场已于2022年7月正式建成投用，泰国政府正加快建设中泰铁路二期工程与连接孔敬和廊开的双轨铁路，力争使物流成本占GDP的比重由2021年的13.8%降至2027年的11%。中泰铁路一旦建成，中老泰铁路就将全面贯通，泛亚铁路中线通道也将初步打通，无疑会对"中老泰联通发展构想"产生极大的推动作用。

数字经济已成为泰国的优先发展领域，2016年专门成立"数字经济和社会部"，《个人数据保护法》也已于2022年6月正式生效。随着数字经济基础设施投入的不断加大，泰国的数字经济快速发展，2021年已占GDP的14.1%。谷歌等联合发布的报告《东南亚数字经济2022》预计，泰国数字经济规模有望于2025年、2030年分别达530亿美元、1000亿美元~1650亿美元，电子商务为其主要驱动力。泰国商业部"国家电子商务发展行动计划"预计，2023～2027 年泰国电商贸易额将年均增长 10%。除了积极推进中国—东盟数字经济合作倡议及其行动计划，共建 2020 年"数字经济合作年"外，泰国商业部还单独与中国商务部于 2022 年 11 月签署"电子商务合作的谅解备忘录"。中国企业参与泰国数字经济建设的步伐同样加快，积极助力"数字泰国"和泰国发展成为东盟数字中心。华为与泰国相关企业在 2019 年联合发布泰国第 1 个 OTN 高品质专线网络，与相关政府部门在 2020 年联合建有东盟第 1 家 5G 生态系统创新中心。作为发起人之一，在 2022 年宣布成立东南亚第 1 个 5G 生态系统联盟"泰国 5G 联盟"，相继获泰国总理亲颁"年度数字国际企业总理奖""泰国网络安全总理奖"。中兴则同泰国最大电信运营商等合作部署 5G 技术，建设智慧工厂；京东亦已落户泰国；阿里巴巴 eWTP 在泰国 EEC 开设的首个数字自由贸易区也已在 2022 年 12 月 8 日试运营。中国至泰国的跨境电商履约时效从 10 天缩减为 3 天，也是泰国首个数字自由贸易区。

四、中国与菲律宾的进出口贸易

菲律宾位于亚洲东南部，海岸线长约 18533 公里，是商业、贸易的中转站，在泛北部湾经济合作中具有十分重要的战略地位。2014 年 7 月 27 日，菲律宾全国总人口突破 1 亿人大关，成为世界上第 12 个人口过亿的国家。在经济方面，菲律宾曾是"亚洲四小虎"之一，但国内贫富差距很大。2021 年，菲律宾第一、第二、第三产业占 GDP 的比重分别为 10.1%、28.9%、61%，服务业带动、工业为辅、农业疲软的经济结构一直没有改变①。菲律宾实行总统制，奉行独立的外交政策，重视同美国、中国和日本等大国的关系，积极推动东盟内部合作。

（一）中国与菲律宾的进出口贸易概况

自菲律宾总统杜特尔特 2016 年 6 月 30 日就职以来，中菲关系从此前的南海争端阴影中逐渐走出来，中菲贸易关系不断地在改善。2021 年，中

---

① 中国外交部. 菲律宾国家概况 [N]. 中华人民共和国外交部官网，2024-04.

国是菲最大贸易伙伴和第一大进口来源地,并上升为菲第二大出口市场。全年中菲贸易总额达820.47亿美元,其中中国对菲出口572.85亿美元,从菲进口247.61亿美元(见表5.4)。中国对菲出口产品主要包括电机、设备及其零件,锅炉、机械设备及其零件等;中国从菲进口产品包括制造业产品、矿产品、农产品等。

表5.4　　　　　中国与菲律宾进出口贸易总额　　　　　单位:亿美元

年份	进出口总额	年份	进出口总额
1998	20.26	2010	277.62
1999	22.87	2011	322.47
2000	31.42	2012	363.75
2001	35.66	2013	380.50
2002	52.59	2014	444.58
2003	94.00	2015	456.36
2004	133.28	2016	472.39
2005	175.57	2017	513.05
2006	234.13	2018	556.48
2007	306.16	2019	609.63
2008	286.37	2020	612.17
2009	205.39	2021	820.47

资料来源:UNCTAD数据库。

据菲方统计,2016~2021年中国企业对菲律宾协议投资额累计约29亿美元,涉及服务外包、物流、农业、钢铁、通信等领域。

(二) 中国与菲律宾之间的经贸协定

2010年中国—东盟自由贸易区建立。按照《中国—东盟自由贸易协定》,成员国90%的贸易商品实行零关税。菲律宾为东盟十国主要成员,其多数产品对中国的进出口为零关税。

2015年12月31日,菲律宾政府签署《亚洲基础设施投资银行协定》,成为第57个也是最后一个创始成员国。

2023年,菲律宾国会参议院正式批准区域全面经济伙伴关系协定

(RCEP)核准书。随后，菲律宾将向东南亚国家联盟秘书处提交核准书。RCEP 将在核准书提交 60 天后正式对菲律宾生效。RCEP 将进一步激发中菲贸易的增长潜力，为中菲实现更加全面的产业合作提供新的契机，在 RCEP 框架下，中菲经贸合作将迎来更多新机遇。

（三）中国与菲律宾经贸合作的热点领域

"一带一路"倡议的提出，为包括中菲在内的沿线国家实现互惠合作和优势互补提供了新的机遇。菲律宾有着丰富的自然资源以及相对廉价的劳动力，可与中国的资金、技术等资源相结合，在全球产业链中形成更强的竞争优势，实现共赢。

1. 产业合作

菲律宾不仅拥有丰富的受教育程度较高的劳动力资源，还拥有发展制造业所需的农林和能源、矿产资源，在加工制造业、电子信息等产业方面也具有一定的发展基础。RCEP 的生效实施为菲律宾发展国内产业、融入区域和全球产业链带来新机遇，也能促进其国内加快改革、优化营商环境，而这也为中菲两国在农业、制造业、能源等相关产业的合作提供新的发展契机。

2. 基础设施建设合作

菲律宾的交通运输以公路和海运为主。铁路不发达，总长才 1200 公里，集中在吕宋岛。公路总长约 20 万公里，客运量占运输总量的 90%，货运量占运输货运量的 65%。水运总长 3219 公里，共有大小港口数百个。基础设施建设滞后是制约菲律宾经济发展的一大因素，菲律宾政府提出的"大建特建"计划也旨在解决这一问题。而"一带一路"倡议正是旨在构建基础设施等发展网络，与相关国家连成一体，因此菲律宾的"多建好建"计划与"一带一路"倡议相互契合、遥相呼应。

在公路桥梁建设领域，中菲合作的一系列基建设施大项目得以落地。2022 年 4 月，中国援菲律宾比诺多—因特拉穆罗斯大桥项目通车。2022 年 10 月，中国企业承建的菲律宾跨海大桥项目达沃—萨马尔岛大桥正式开工，预计 2027 年竣工并投入使用。建成后将有效盘活达沃市、萨马尔岛经济资源和旅游潜力，进一步促进两地物流、旅游、商贸等领域发展。

第三节　国际货物贸易的风险

一、货物交货过程中的风险

在国际货物贸易中，买卖双方签订合同，达成一致协议后，货物要由出口国运往进口国目的地，在交货过程中存在一定的风险。在运输过程中会有国际货运代理、无船承运人、实际承运人、港口、机场、海关、仓储等相关部门参与协作，不可避免会在某些环节存在风险，会引起争议，可能出现的风险主要有以下几点。

（一）交易过程中海运提单存在的风险

提单——海上货物运输的重要单据，提单是物权，可以转让也可以抵押，是承运人签发的用以证明货物已经由承运人装船承运并负责运输的凭证。在当前的国际贸易业务中，也是信用证条款下卖方交单收汇，买方付款赎单的重要单证之一。提单的风险有很多，包括内容填写不当引起争议，伪造提单骗取货物等，风险出现较多的情况主要是在签发提单时，有预借提单、倒签提单、顺签提单等情况，往往货物还在装运或者待岗，提单已经按照信用证要求的日期签发完毕，给买方按时收货造成了风险，另外在提单流转的过程中，无单放货给卖方按时收汇的风险也不容忽视。例如承运人给卖方提供保函，用保函换取清洁提单，买方使用无单放货，提取货物之后拒付货款，给卖方造成不必要的损失。

1. 货物贸易过程中运费的风险

一般情况下，承运人装船之后将提单交由货代，货代会要求货主支付运费获取提单，但有些时候货代为了同行业竞争，或者本公司的财务结算制度，也会出现月结算或者季度结算，而先将提单交由货主的情况。货主取得正本提单之后就可以到银行付款赎单，而货代运费的结算就全凭货主的信誉，失去了主动权和控制权，一旦货主出现拖欠运费、拒不支付等现象，货运公司就会非常被动，从而在整个国际货物运输过程中出现纠纷、争议，甚至要诉诸法律解决。

2. 货物贸易过程中转委托的风险

国际贸易买卖双方为顺利完成国际货物运输，一般会委托一些熟悉或者行业内有一定信誉的货运代理公司，代办订舱、通关、仓储、装卸等业务，而货代公司之间又往往会出现将全部或部分事项委托其他公司的情况，通常委托人与转委托人也应该有合同关系和长期合作的信任为基础，但是国际货物运输行业内企业众多、资质不一，沿线各个国家的具体情况也不一样，尤其是国外代理以及国外转委托，风险发生的可能性更大，一旦所托非人，会造成货代公司、货主的极大损失。

3. 货物贸易过程中支付存在的风险

国际贸易与国际货物运输承载了国际贸易中的商业来往和货物的实质交付，而货款以及运费的支付是实现国际贸易业务完结的不可缺少的一环。支付的国际性使得它比国内的贸易和运输更具有复杂性，涉及汇率波动、法律制度差异等障碍，甚至会出现某些企业的欺诈行为存在，如伪造单据骗取货款及运费等。

（二）结算收款方面的风险

在国际货物贸易中，结算收款需要考虑各方的利益因素以及多种风险应对措施，程序相对麻烦。在国际货物贸易中可能会在结算收款方面遇到的风险有以下几点：

一是汇率风险。在国际货物贸易中，交易往往涉及到不同国家的货币，因此货款支付和收款方都会涉及到汇率问题。如果出口方或进口方所在的国家货币的汇率波动较大，就有可能导致货款实际收款金额较原定金额有出入。

二是利益冲突风险。在国际货物贸易中，可能存在出口方利润过高或进口方付款过低的情况，这种情况可能导致一方在合作关系中受到损失并引起不愉快。

三是收款难题风险。受国家政策、国际法律法规等因素影响，在国际货物贸易中进口方可能遇到支付困难，并不能及时收到货款，这导致了银行提供贷款服务需要花费更多精力。

(三) 地缘政治风险

"一带一路"沿线国家有着极其复杂的地缘政治关系，是国际博弈较为敏感的地带，"一带一路"必将面临大国间地缘政治博弈所带来的全局性挑战。

首先，大国所秉持的战略价值判断以及其政策走向对于推进"一带一路"倡议有着重大影响。具体而言，以美国为例，我国所倡导的"一带一路"倡议就招致美国的非议。在美国看来，若欧洲转向融入亚洲，则其全球战略的规划部署将被打乱，使其不断强化"亚太再平衡"战略。如通过进一步加大对亚洲贫困国家的战略扶持来平衡与我国的竞争关系。与此同时，美方仍将会继续利用我国南海的纷争，挑拨我国与东盟国家的伙伴关系，从而弱化我国在"一带一路"倡议中降低海上通道风险的努力。

其次，"一带一路"沿线地区的国家政局隐藏着潜在风险，尤其是中亚、中东、南亚等部分国家的政局持续不稳定；部分国家正处于体制转轨期和社会矛盾的加深期。与此同时，复杂历史遗留问题、尖锐民族矛盾和宗教矛盾、频发的武装冲突使得沿线地区的地缘政治碎片化，都成为"一带一路"倡议实施的阻碍因素。

(四) 基础设施的投资运营风险

正是由于沿线地区复杂多变的地缘政治风险，以基础设施为主要内容的项目投资的安全程度也需要在资金和法律方面加以衡量。目前沿线区域内的基础设施建设滞后，不能满足其自身经济发展的需求，在量或质上均低于国际标准。

以新欧亚大陆桥为例，由于横跨多区域和铁路轨距不同等因素，进行换轨操作需要耗费大量的时间；沿线国家的口岸合作机制仍未形成，通行便利化程度较低抬高了物流成本，加大了商品和服务相互流通的难度。

由于沿线国家的经济发展程度、政治体制和法律体系存在明显差异，基础设施投资环境变得异常复杂，如何保障投资安全成为最现实和最直接的问题。在资金方面，"一带一路"沿线区域多为发展水平比较低的新兴市场国家和发展中国家，用于相关投资的自有资金相对匮乏。据世界银行

2014年测算,"一带一路"亚洲部分未来十年内与基础设施相关的资金投入约需8万亿美元;同时IMF的统计数据显示,中低收入国家的资本形成率占GDP比重仅在20%左右,以亚洲基础设施投资银行和丝路基金为代表的金融服务机构无法弥补基础设施建设所存在的巨大缺口。

在法律方面,主要涉及法律和法规的完善性问题。沿线部分国家立法和执法机制不健全,存在巨大的利益寻租空间,而在法律和法规不健全的情况下,外国投资有被当地政府强制国有化的可能,基础设施建设或者厂房施工均存在投资运营风险。

二、防范货物交货风险的措施

(一)防范货物贸易风险的措施

1. 建立客户信用等级评价

设立有效的信用等级评价系统,建立信用档案,对客户进行信用等级评价,评价的时候重点考虑客户以前的业务中的诚信率,合同的争议、诉讼、索赔等情况,如果客户信用评级较低,可以不与其建立业务关系,或者在签订合同、选取支付方式的时候,选用安全性较高的方式,有效防范可能出现的合同未履行等风险,必要的时候,可以要求客户提供银行担保等。客户的信用等级建立之后,也要注意后期的变化情况,对客户的等价评价可以三年一次或者进行出现索赔降级等管理,同时注意做好客户信用等级的档案管理,根据客户的业务往来、信用状况变化及时更新。

2. 保证合同条款的准确和严谨

"一带一路"沿线国家众多、语言也各不相同,在签订合同时首先要严格审核合同条款,确保合同条款完整,并符合法律、法规及国际惯例等的要求,另外在双方采用的合同语言上要严格审核,确保用语的准确性,以及双方不会产生文字理解上的歧义,以免在合同执行以及出现合同纠纷时,存在争议。

(二)防范结算收款方面的应对措施

一方面,在开展跨境贸易时,可以采用风险分散的方式尽量避免集中化处理大额货物的订单,以避免单笔交易所面临的风险过高。分散订单可降低交付风险和信用风险。

另一方面,要选择合适的支付方式。在货物交付前,应选择适当的支付方式并明确具体约定。例如,信用证、托收、保函等支付方式,在一定程度上可以缓解贸易风险。

最后,在双方进行贸易前,进出口方可以了解双方信誉度,并评估其信誉度和市场声誉,同时确定资产稳定性和财务健康情况。

(三) 防范地缘政治风险的应对措施

"一带一路"倡议下所面临的地缘政治风险包含区域内的政治局势和大国战略冲突的风险,有着极为明显的复杂性和多样性,为有效防范所面临的地缘政治风险应做好以下工作:

一方面,加强沿线区域内的政策战略沟通。因为沿线区域覆盖范围广,牵涉包括国家、地区和国际组织在内的众多主体,做好沿线国家的政策战略沟通需要聚焦各行为主体的现实诉求并打消参与国家的顾虑。我国在2013年提出"一带一路"的区域发展倡议,并于2014年设立400亿美元的丝路基金,在2015年注资500亿美元成立亚洲基础设施投资银行,均为我国开展"一带一路"倡议的建设工作提供了有力的支撑和保障。[①]

另一方面,要强调突出"一带一路"的非排他性和战略合作性,通过积极稳妥的外交方式来化解沿线地区的地缘政治风险。具体而言,以政府外交、领导高层互访、军事外交、公共外交和民间外交等多种途径和方式,在全面研判沿线地缘政治风险的基础上,签署合作项目和协议,在地缘风险控制领域达成深度有效的共识。

(四) 防范有关基础设施项目投资风险的应对措施

在资金方面,"一带一路"作为当前世界上最大的基础设施投资区域,由于沿线国家的基础设施比较薄弱,所覆盖的基建项目涵盖公路、铁路、水运、航空等多个层面,所需资金量是巨大的。在资金的筹措和使用方

---

① 何凡. 五年间,支撑"一带一路"建设的"金钥匙"[N]. 新华网,2018-08-31.

面，亚洲基础设施投资银行作为沿线地区基础设施建设的融资平台，可以借鉴世界银行以及亚洲开发银行的贷款以及融资经验，有效评估在地缘政治风险下所投于基础设施建设的项目风险，提高项目整体的预期资金可回收性，并积极调配国内的优势资源改善沿线地区的投资环境。同时亚洲基础设施投资银行，仅靠自身资金无法完成海量需求，需要引入外部资金，支持"一带一路"范围内基础设施的有效改善。

与此同时，丝路基金作为一个开放性的融资平台，也可以引入愿意提供资金的相关金融机构乃至民间金融资本，为"一带一路"倡议的具体实施提供充裕的资金保障。此外，我国政府应加强对沿线地区海外投资的保护，整合资源，加大对地缘政治风险的甄别和研究，加强对海外投资企业和产业的规划、引导及保护。

第四节 国际贸易支点城市的合作与共赢

从古丝绸之路到"一带一路"，关键在于"丝绸之路经济带"的畅通，而使"丝绸之路经济带"畅通的关键则是路线上的城市，可见"一带一路"沿线城市的贸易发展是破题的第一要义。本节将对"一带一路"国际贸易优势支点城市、潜在支点城市、重要支点城市进行研究。

一、国际贸易支点城市的合作与共赢

（一）上海：优势支点城市

上海是我国四大直辖市（北京、上海、天津、重庆）和五大国家中心城市（北京、上海、天津、重庆、广州）之一，同时也是我国最大的金融、贸易、航运和经济中心城市。2013 年，我国建立的首个自由贸易区——"中国（上海）自由贸易试验区"在上海成立，旨在推动上海成为集国际金融中心、国际贸易中心、国际航运中心、国际经济中心"4 个中心"为一体的国际化大都市。"4 个中心"建设与"一带一路"倡议密切关联，上海的发展不仅能够使自身发展为国际贸易中心城市，更能促进长三角地区与

"一带一路"倡议实施的充分对接。

在 8 个国际贸易支点城市中，上海综合实力排名第一，其强劲的实力不仅体现在 GDP 总量得分高，还体现在拥有充足的劳动力资源和完善的基础设施条件。

1. 区位优势：通达全球，内外联通

上海位于我国海岸线中段，地处长江入海口，背靠整个长江经济带，是"丝绸之路经济带"与"21 世纪海上丝绸之路"、内陆与沿海的交汇点，拥有得天独厚的区位优势，向外可通达全球，对内可连通整个长江三角洲，上海港的充分利用更为"一带一路"沿线国家提供了港口与陆路资源能源通道的对接服务。

2. 国际贸易：规模基数大，增速趋缓

自 2008 年以来，上海国际贸易规模不断扩大，尽管金融危机对对外贸易造成了一定的影响，但是 2010～2011 年实现了强劲反弹，此后进入平缓增长阶段。2014 年，上海口岸贸易额远超中国香港和新加坡等国际贸易中心城市，这也是上海国际贸易竞争力显著提升的重要标志。

3. 产业结构：先进制造业实力雄厚，配套设施齐全

在"一带一路"建设中，基础设施互联互通是重点，上海雄厚的制造业实力恰恰能够为改善沿线国家的基础设施条件提供强有力的支撑。目前上海已经形成钢铁、化工、汽车制造及港口设备产业集群等先进制造业的产业布局，此外金融、贸易、商务等现代服务业也已经成为其经济增长的主要动力。

4. 发展机遇：具备发展成为国际贸易中心城市的潜力

"一带一路"为上海拓展对外发展空间提供了新的机遇，上海应发挥自身优势，积极与沿线国家和重点城市建立经贸倡议合作伙伴关系，推动自身"4 个中心"建设以及国家"一带一路"倡议实施。具体而言，应该做到以下 4 个"合作"。

（1）国际贸易合作。在"一带一路"倡议的贸易畅通方面，上海应以上海自贸区为依托，发挥上海港的航运枢纽优势，深化与沿线国家的贸易合作，拓展全球贸易投资网络。

（2）金融合作。在"一带一路"倡议的资金融通方面，上海应利用亚洲基础设施投资银行、丝路基金等融资平台，发挥上海的金融集聚优势，为沿线国家提供金融服务。

（3）国际产能合作。上海拥有完备的工业体系和雄厚的制造业实力，汇集了全国最尖端的装备制造、电子器材、石油炼化等产能，具备与沿线国家开展产能合作的条件。上海应主动参与和推动国际产能合作，从而在"走出去"的过程中提升自己的层次和水平。

（4）科技合作。作为国际化大都市，上海的科研基础和实力雄厚，大量的复合型和国际型人才也渴求觅得伯乐。在此背景下，上海应当利用好"一带一路"的机遇，加强与沿线国家的人员交流和科技交流，加快科技成果"走出去"，使上海的科技创新成果能够辐射广阔的区域。

（二）北京：国际贸易中心城市

北京是我国的首都、四大直辖市之一，同时也是全国的政治中心、文化中心、国际交往中心和科技创新中心。在"一带一路"国际贸易支点城市综合评价中，北京仅次于上海，排名第二。从综合实力来看，其基建得分、消费品零售总额和大学数量居全国城市首位，拥有完善的基础设施、丰富的劳动力资源和高校人才资源，经济发展主要依靠内需拉动。在优势城市当中，北京具备条件发展成为"一带一路"国际贸易中心城市。

1. 区位优势：交通网络发达，腹地广阔

"一带一路"共分为北、中、南三条线路，无一例外，都是以北京为起点，这就形成了条条大路通北京的区位优势，同时，作为我国的经济、政治、文化中心，北京拥有其他城市无可比拟的优势，以其腹地来说，北京所在的环渤海经济圈远大于上海所在的长三角经济圈。这些都促使北京拥有集群效应优势，从而促进整体经济发展。

2. 国际贸易：实力雄厚，进口贸易发达

北京对外贸易规模庞大，金融危机以来增速由快转缓。由于北京资源较为短缺，经济发展在很大程度上依赖国际贸易尤其是进口贸易，因此进口贸易多年来保持高速增长，十分发达。

3. 产业结构：以服务业和高端新兴行业为主布局

进入21世纪，北京根据自身城市职能定位的变化，同时结合符合自身资源禀赋和经济社会发展的实际,加快产业结构调整,工业发展逐步形成以电子、汽车、医药等高端新兴行业为主导的产业支撑,同时第三产业主导地位进一步强化。

4. 发展机遇:具备发展成为国际贸易中心城市的潜力

"京津冀协同发展"与"一带一路"倡议相互辉映,一内一外,为北京带来了新的机遇。在"一带一路"倡议实施过程中,北京要做到以下两点。

(1)基础设施互联互通。"一带一路"倡议实施旨在加强沿线国家的互利共赢。资本输出,尤其是基础设施领域的投资是北京参与"一带一路"建设最直接的方式。在基础设施互联互通方面,北京拥有通往全国各地的线路,是我国最繁忙的交通枢纽之一。北京致力于打造国际铁路交通枢纽,既帮助沿线国家实现技术提升,又促进我国高新技术研发制造产业链的协同发展。

(2)加强国际经济交流。北京是我国的文化中心、国际交流中心,其可充分利用这一优势,促进国际经济交流,如开展旅游节、电影节等。一方面,在国际交流过程中增强我国的影响力、提升国家的软实力;另一方面,能够帮助沿线国家提升文化水平,如合办大学,提升教育水平。

(三)哈尔滨:中蒙俄经济走廊的重要支点城市

哈尔滨是我国东北政治、经济、文化中心,也是亚欧大陆桥和空中走廊的重要枢纽。20 世纪初,哈尔滨就成为我国东北北部地区的物资集散地,农副产品加工基地和国际贸易城市,直接同东京、伦敦、巴黎、莫斯科、纽约等大城市有贸易往来,尤其与俄国贸易往来密切。哈尔滨先后开通了 12 条对俄客运和货运包机航线,设立了对俄邮政互换局,成立了中俄跨境金融服务中心。目前哈尔滨已成为国内对俄跨境电商平台数量最多、对俄出口电商包裹量最多和跨境零售出口额最大的城市。

哈尔滨是我国的重要工业基地,农业也相当发达,以装备制造业为代表的传统产业基础好,对经济发展贡献大,是激活存量的关键。近年来,哈尔滨经济发展突飞猛进,正由一个以工业为主的城市转变为综合性、多功能的现代化城市。

哈尔滨作为中蒙俄经济走廊黑龙江省"东部陆海丝绸之路经济带"的

核心枢纽，将着重发展国际物流、国际金融、电子商务等高端服务业，并大力发展先进制造业和现代医药、新能源、生物产业，明确中俄经贸合作新平台、物流集散枢纽、信息金融服务和文化科技交流中心等综合城市定位，建成对俄合作中心城市。

"一带一路"倡议的实施为哈尔滨的发展提供了新的契机，哈尔滨可借此加快形成开放型经济新优势。在继续巩固传统市场、开拓新兴市场的同时，全面实施沿边开发开放战略，把哈尔滨打造成对俄合作中心城市。具体举措如下：一是以陆海联运为基础，扩展对俄航空客货混载业务，开通北美航空货运航线，启动对俄电商物流运营，着力打造面向俄罗斯、辐射东北亚、承接北美地区业务的国际货运通道；二是抓好综合保税区、临空经济区申建、内陆港与铁路集装箱中心站整合，积极探索建立中俄（哈尔滨）自由贸易区；三是围绕打造对俄旅游先行示范区，积极争取俄罗斯在哈设立领事机构，力争太平国际机场享有外国游客72小时过境免签政策，为全方位扩大交流奠定坚实基础；四是加快推进中俄木材交易中心、诺林化工物流中心、黄金珠宝基地、科技合作基地建。

（四）呼和浩特：中蒙俄经济走廊的重要支点城市

作为内蒙古自治区的首府，呼和浩特具有独特的联通中俄蒙的区位优势。呼和浩特矿产资源、土地资源、森林资源、农牧业生产资源丰富，周边煤炭、电力资源丰富；制造业上，以轻工业为主，尤以毛纺工业最为重要，乳业也较为发达。但呼和浩特工业经济的基础较薄弱、总量小，对整体经济拉动作用不明显。这种不均衡的经济发展模式风险较大，使呼和浩特招商引资面临困境。

作为草原丝绸之路起点城市和枢纽城市，呼和浩特应积极融入国家"一带一路"倡议，加强区域经贸文化交流与合作，不断扩大草原"丝绸之路经济带"的影响力。一是扩大与蒙俄能源、资源合作。由于产业结构单一、整体经济抗风险能力较低，呼和浩特需要逐步发展产业多元化，找多个优势产业，降低对乳业企业的单一依赖。二是不断加强技术创新。呼和浩特面临着技术落后、开发度低等问题，在科技创新方面，政府需要进一步引导和支持。可适当设立创业中心、科技孵化器和研发机构，提高全市研发投入，推动产业升级。三是创新与俄罗斯以及蒙古国的合作机制，合理利用内蒙古矿产业、林业、农业、畜牧业生产和技术比较优势，加强与俄蒙矿业、林业、农业、畜牧业的开发合作。

（五）西安：新亚欧大陆桥经济走廊的重要支点城市

新亚欧大陆桥东起太平洋西岸连云港、日照等中国东部沿海港口，西可达大西洋东岸荷兰的鹿特丹、比利时的安特卫普等港口，横贯亚欧两大洲中部地带，开辟了我国陆桥经济新时代，实现了海桥、江桥、陆桥、空桥互补、互动协调发展。依托于便捷的铁路运输体系，新亚欧大陆桥经济走廊上的国际贸易支点城市在推动走廊上国家的通关便利化、贸易和投资便利化等方面具有巨大空间，其代表城市有西安、连云港等。

西安是新亚欧大陆桥的中心城市，从地理位置上来分析，西安是第一个东部经中部再向西部过渡的城市，是西部地区的桥头堡。西安位于中国中西部两大经济区域的结合点，是西北地区通往西南、中原、华东和华北的门户和交通枢纽，在全国经济布局上具有承东启西、东联西进的地理优势。基础设施建设也为西安的发展提供了保障，作为丝绸之路的起点，西安以高铁为连接方式，将长江经济带和沿海经济带连接起来。同时，陕西省航空产业发达，2014年西安国家航空实验区的设立加快了西安建设"丝绸之路经济带"上最大国际中转枢纽港的步伐。作为历史文化名城，西安的文化优势也是其他城市无法比拟的，自汉唐时代成为古丝绸之路的起点，进而成为"丝绸之路经济带"新起点，西安具有独特的地理、文化、资源等天然优势。

在习近平总书记提出"一带一路"倡议之后，西安随即出台了《关于加快建设丝绸之路经济带新起点的实施方案》，确定了具体的工作思路以及发展目标，着力将西安打造成"一高地六中心"地区。"丝绸之路经济带"为推进西部发展带来了巨大机遇，西安可以在此背景下进一步发展基础设施建设，吸引投资，增强与西部沿线国家的经贸、文化、商务往来。

"货币流通"是互联互通的重要方面，西安在与沿线国家的贸易过程中应推动实现经常项目下和资本项目下本币兑换和结算，降低流通风险，促进贸易发展，如果能够将辐射欧亚地区的"丝绸之路经济带"金融结算中心落户西安,将实现人民币区域内自由流通,使西安与"一带一路"沿线各国的贸易往来更加顺畅,创造投资与合作的便利条件。

除此之外,西安应积极利用"丝绸之路经济带"的契机,加强基础设施的建设,并通过加快西安出口加工区、西安综合保税区与西安高新综合保税区的整合,促进信息技术、大型跨国公司和国际知名金融服务在保税区的聚集,积极申请西安自贸区,最大限度地发挥西安"丝绸之路经济带"物流中心作用,此举也会对中国与"丝绸之路经济带"沿线国家之间的贸易起到至关重要的作用。

(六)连云港:新亚欧大陆桥经济走廊的重要支点城市

连云港地处中国东部沿海、江苏省北部,是江苏沿海大开发的中心城市、中国首批14个沿海开放城市之一、新亚欧大陆桥经济走廊首个节点城市、"丝绸之路经济带"东方桥头堡、国际性港口城市,连云港的港口优势较大,外贸进出口额持续增长,连云港曾以农副产品的生产以及海洋水产品的出口为主要产业基础,现在加快了高新技术材料、船舶制造业以及农机等特色产业园的建设步伐,力主打造特色工业园区,培植壮大开发区和重点园区的特色产业。

乘着"一带一路"倡议的"东风",连云港独特的地理优势为其创造了迅猛发展的绝佳机遇,江苏沿海开发、长三角一体化、国家东中西区域合作示范区建设和国家创新型城市试点这四大国家战略也为连云港实现跨越式发展带来了强大的动力。

(七)乌鲁木齐:中国—中亚—西亚经济走廊的重要支点城市

中西亚走廊从新疆出发,抵达波斯湾、地中海沿岸和阿拉伯半岛,途经哈萨克斯坦、吉尔吉斯斯坦、乌兹别克斯坦、土库曼斯坦、伊朗等国。这条经济走廊蕴藏着丰富的石油资源,是全球最重要的能源输出地。但同时文化、军事和宗教也最为复杂。为促进中西亚走廊建设,中国以乌鲁木齐和银川为支点城市,大力构建西部地区和中西亚国家的互联互通大通道。这里将重点对乌鲁木齐进行介绍。

在"一带一路"倡议规划和实施过程中,新疆成为建设"丝绸之路经济带"的核心区，新疆首府乌鲁木齐地处亚欧大陆桥中心，具有连接世界三大洋（太平洋、大西洋西岸和印度洋北岸）与世界四大经济区域（东北亚、东南亚、中亚和西欧）的核心区位。随着新亚欧大陆桥的全线贯通，乌鲁木齐在中国西部乃至中亚经济发展中的地位和作用更加显著，应当着力发展成为中国扩大向西开放、对外经济文化交流的重要窗口。

乌鲁木齐边贸市场发展潜力巨大，目前已经形成了以中亚五国、俄罗斯为中心的边贸市场格局，并呈现出多元化发展趋势。在未来的发展中，乌鲁木齐应以"五大中心"建设为着眼点，加快构建"丝绸之路经济带"，提升对外开放水平。

（1）打造交通枢纽中心。乌鲁木齐应利用地处新亚欧大陆桥和国际能源大通道黄金节点的有利区位条件，最大限度地与周边地区和中亚国家实现互联互通，如构建亚欧交通、通信传输大通道，启动城市轨道交通、城际铁路和高速铁路的联网工程，推进高铁、地铁、航空等重大基础设施建设等。

（2）打造商贸物流中心。乌鲁木齐目前建设的物流中心有乌拉泊国际物流基地、米东公路物流园、国际铁路物流园等。除了大型物流基地，乌鲁木齐还应加快综合保税区和亚欧经济合作试验区建设，尽快将乌鲁木齐建设成为面向中西亚、南亚以及欧洲的具有较强资源配置能力的现代国际商贸物流中心。

（3）打造金融服务中心。乌鲁木齐应大力培育和引进金融机构，建设国际金融城，大力发展特色金融业务，完善多层次金融市场体系，力图将乌鲁木齐发展成为区域性国际金融中心。

（4）打造文化科教中心。乌鲁木齐文化多元，科研教育机构有一定的优势。乌鲁木齐应加快推进文化产业建设和科技研发，发展特色文化产业，尽快建设成为面向中西亚和南亚的文化科技创新策源地和人才集聚地。

（5）打造医疗服务中心。乌鲁木齐应大力发展现代医疗、旅游医疗、康复医疗，推动本地大型综合医院做强做优，同时还应发展一批辐射中西亚的医疗保健服务机构，建设有辐射力的品牌医院，使乌鲁木齐成为中西亚地区乃至国际一流的医疗卫生服务基地。

(八) 南宁：中国—中南半岛经济走廊的重要支点城市

中国—中南半岛经济走廊东起珠三角经济区，沿南广高速公路、桂广高速铁路，经南宁、凭祥、河内至新加坡，纵贯中南半岛的越南、老挝、柬埔寨等国家，既是中国连接中南半岛的大陆桥，也是中国与东盟合作的跨国经济走廊。这条通道上的代表性国际贸易支点城市是南宁。

南宁是广西壮族自治区的首府，自古以来便是中国南部著名商埠和主要物资集散地。改革开放以来，南宁经济持续、快速、健康发展，产业结构不断调整，经济效益不断提高，综合实力日益增强。作为全国43个交通总枢纽城市之一，南宁是西南出海大通道的枢纽，同时处于中国西南、华南和东盟三大经济圈的交汇中心，并处在中国—东盟自由贸易区、泛北部经济合作、大湄公河次区域合作、泛珠三角区域合作等多个区域合作的交汇点的核心，有着重要的地位。

2022年南宁实现地区生产总值5218.34亿元，按可比价格计算，比上年增长1.4%。三次产业中，第一产业增加值601.51亿元，增长4.4%；第二产业增加值1182.81亿元，增长0.1%；第三产业增加值3434.03亿元，增长1.2%[①]。总体而言，南宁已经具备了一定的产业基础，应积极利用地域优势，抓住发展契机，主动融入"一带一路"倡议规划。在其他配套方面，如金融支持，可以在南宁设立针对东盟的"中国—东盟合作开发银行"，以服务东盟国家。

(九) 喀什：中巴经济走廊的重要支点城市

中巴经济走廊始于中国西北部新疆喀什地区，止于巴基斯坦西南部的瓜达尔港，是一条覆盖铁路、公路、通信光缆、油气管道等的经济贸易走廊。中巴经济走廊将通过陆海空交通、油气管道和光缆电站等的设施建设，实现互联互通。这一经济走廊不仅能为当地民众带来大量工作发展机会，还能对中巴两国经济发展产生强大的推动力和杠杆撬动作用，此外，还将惠及整个中亚地区经济。

---

① 2022年南宁市国民经济和社会发展统计公报[R]. 2023 – 05 – 11.

在中巴经济走廊建设中，喀什战略地位优势明显。喀什是古丝绸之路"五口通八国、一路连欧亚"的交通重镇和商埠重镇，随着"一带一路"倡议下欧亚大陆的中部崛起，喀什迎来发展的重要机遇期。喀什与周边国家经济互补性强，相邻的中亚国家资源富集，这使得喀什地区最有条件成为我国进口的安全通道和面向周边国家出口加工组装工业的基地及商贸物流中心。

2013年8月14日，巴基斯坦冉岩航空公司开通伊斯兰堡—喀什往返航班，标志着建设"中巴经济走廊"迈出实质性一步，喀什成为连通中国和巴基斯坦以及中国通过中巴经济走廊向西拓展的关键枢纽。随着经济的发展，喀什将吸引更多的国内外人才、资金和技术，通过促进产业集聚发展，构建现代产业体系，充分发挥喀什作为"一带一路"倡议的重要支点城市的重要作用，这将对当地经济社会发展起到辐射带动作用，促进喀什周边地区实现跨越式发展。

（十）昆明：孟中印缅经济走廊的重要支点城市

通过孟中印缅经济走廊，孟中印缅四国可以利用中国投资资金、经济方式和基建技术建设本国的基础设施，中国也可以利用印度软件技术、缅甸能源、孟加拉国资源实现我国的技术增长、劳务输出以及能源资源的利用，最终促进经济共同发展。孟中印缅经济走廊不仅可以直接惠及四国，还可以带动南亚、东亚、东南亚三大经济板块共同发展。该经济走廊上的国际贸易支点城市机遇与挑战并存，最具代表性的城市是昆明。

目前，昆明正在努力建设成中国面向西南开放的区域性国际城市。昆明地理位置独特，集中部地区的资源优势和东部地区的区位优势于一体，还兼具西部大开发的政策优势。随着昆明至曼谷国际公路的通车，泛亚铁路的规划建设，以及昆明国际空港等重大基础设施的实施，昆明面向南亚、东南亚开放的前沿作用日益凸显。但昆明经济体量仍有局限，对外贸易总额上升空间大，应结合昆明自身的产业结构特点发展昆明面向东南的国际贸易支点城市。

1992年，GMS（由中国、缅甸、老挝、泰国、柬埔寨、越南推动的大湄公河次区域经济合作）机制正式启动，现已经成为推动东南亚区域经济一体化的重要动力。昆明作为中国参与GMS合作的主要城市之一，正在积极推进 GMS 升级版发展，加快完善区域合作机制，努力成为推动"一带一路"建设的合作高地。在基础设施方面，昆明正在推进综合交通运输建设，加快构建国际门户，即加快建设以城际铁路和高速公路为主体，公路等为补充的城际复合客运交通网络，积极推动昆明至仰光、昆明至河内、昆明至加尔各答、昆明至曼谷四条经济走廊建设。同时，昆明的国际金融中心建设进程也在不断加快。

二、经济走廊中的商业机遇

"一带一路"经济走廊是"一带一路"倡议建设的重要措施之一，通过互联互通、市场开放、贸易自由化和投资便利化等方式，促进区域内各国多层面合作，形成贸易、投资、技术、文化等方面合作机遇。

（一）市场需求增长

随着沿线国家经济发展，人口数量和消费水平都在不断提升，市场诉求也在逐渐变大。而中国企业则可以利用其技术和资源优势，满足这些国家的市场需求，推广和销售自身的产品和服务。

（二）基础设施建设

"一带一路"经济走廊建设需要大量的土地平整、道路铺设、水电站建设等基础设施建设工作，为此政府会鼓励公私合营创造市场机遇，各国企业可以承揽到诸如施工、设计、监理等一整套作为汽车和房地产公司的供应商提供的项目。

（三）技术创新合作

"一带一路"经济走廊中还存在技术壁垒，而对于这种情况，沿线国家也需要寻求优质技术及产品以充实内部生态。欧洲和北美洲创新领域的方案已经非常成熟，中国企业可以不断加强与欧洲和北美合作。

（四）数字化合作

随着数字化时代的崛起，跨境电子商务将成为"一带一路"合作的新焦点，能够增进效率，促进互利互惠、在全球范围内实现更多价值。同时"一带一路"还提供了线上到线下（Online-to-Offline，O2O）解决方案，其中包括移动支付、智能城市、物流共享以及虚拟现实和智能机器人等机会。

综上，"一带一路"倡议下的投资、贸易和基础设施建设等领域正在形成巨大的商业机遇，吸引着越来越多的企业参与。这些（小型）企业和创新品牌企业透过网络直接精准经营进行生产研发和商品销售。

【专栏5-3】

推进共建"一带一路"绿色发展

共建"一带一路"倡议提出10年多来，中国智慧、中国技术、中国方案正不断转化为行动和成果，为共建国家带来实实在在的好处，为落实联合国2030年可持续发展议程注入蓬勃动力。

共建"一带一路"的绿色实践不断深化。从欧洲到拉丁美洲，从撒哈拉沙漠到南太平洋海域，水电、风电、光伏电站等清洁能源基础设施点亮共建国家万家灯火，电气化列车、新能源汽车等低碳交通工具满载绿色发展与幸福生活的希望，绿色贸易、绿色金融、绿色物流等助推共建"一带一路"取得更大成果。例如，蒙内铁路，是共建"一带一路"的众多绿色名片之一。全长约480公里的蒙内铁路穿越肯尼亚多个野生动物保护区。全程共建大型野生动物通道14个、桥梁百余座和涵洞数百处，所有桥梁式动物通道净高6.5米以上，长颈鹿可"昂首挺胸"穿桥而过，斑马等动物可俯身在涵洞饮水……铁路贯通以来，客货运列车在蒙内铁路上往来穿梭，珍稀野生动物、特有的绿色植被不但没有受到不断增多的经济活动影响，而且得到了更为精心的呵护。

"一带一路"为绿色低碳发展提供更加开放的合作平台。从共建低碳示范区到开展能力建设培训，再到援助气象卫星、光伏发电系统和照明设备、新能源汽车、环境监测设备等应对气候变化相关物资，"一带一路"应对气候变化南南合作计划持续落地。通过实施绿色丝路使者计划，中国为上百个发展中国家培训了上万名环境与气候专业人才。中国无偿援助埃塞俄比亚的微小卫星通过获取多光谱遥感数据，用于农林水利、防灾减灾等领域；中方向哥斯达黎加援助电动公交车，为哥斯达黎加低碳交通发展提供助力；向基里巴斯援助户用光伏发电系统，帮助当地解决用电问题；向博茨瓦纳援助一套多星一体化卫星数据移动接收处理应用系统（气象机动站）。

绿色"一带一路"将真正成为建设绿色地球的主要推动力量。中国先后发布《关于推进绿色"一带一路"建设的指导意见》《关于推进共建"一带一路"绿色发展的意见》等，提出2030年共建"一带一路"绿色发展格局基本形成的宏伟目标。在中非合作论坛框架下，中国和非洲建立起新时代中非应对气候变化战略合作伙伴关系。在第二十届中国—东盟博览会上，以"绿色低碳，共建中国东盟命运共同体"为主题的环保合作展区，展示中国和东盟生态环境合作成果，推进国际环境环保领域合作示范。在首届中国—阿拉伯国家峰会上，中方提出愿同阿方设立中阿干旱、荒漠化和土地退化国际研究中心，共建中阿清洁能源合作中心等。

资料来源：龚鸣，禹丽敏. 推进共建"一带一路"绿色发展［N］. 人民日报，2024-01-22.

课后思考题

1. 试阐述"一带一路"沿线国家贸易新格局。
2. "一带一路"的主要贸易伙伴有哪些？
3. "一带一路"背景下货物贸易风险有哪些？
4. "一带一路"背景下，未来的货物贸易合作有哪些新的机遇？

第六章
"一带一路"技术贸易合作

在如今全球化、高度互联互通的世界中，技术的飞速发展和全球贸易的快速扩张已经成为推动经济增长和社会进步的重要引擎。国际技术贸易作为一项关键的商业活动，正日益引起全球各国政府、企业和个人的广泛关注。国际技术贸易不仅涉及到各种技术产品和服务的交易，也涵盖了知识、创新和人才的跨国流动。这种交流与合作的方式不仅推动了技术进步，还为经济增长和社会发展注入新的动力。本章将深入探讨国际技术贸易的概念、特点和壁垒，并深入分析"一带一路"倡议下，技术贸易的发展情况。

引导案例

共建创新之路，携手合作发展

首届"一带一路"科技交流大会于2023年11月6日至7日在重庆成功举行。习近平主席向大会致贺信指出，"科技合作是共建'一带一路'合作的重要组成部分"。本届大会发布的"一带一路"科技创新合作成果显示，我国已与80多个共建国家签署政府间科技合作协定，共建50多家"一带一路"联合实验室，在共建国家建成20多个农业技术示范中心和70多个海外产业园，建设了9个跨国技术转移中心，累计举办技术交流对接活动300余场，促进千余项合作项目落地。

中国历来视科技创新合作为"一带一路"重点领域。2016年10月，中国发布《推进"一带一路"建设科技创新合作专项规划》。2017年5月，"一带一路"科技创新行动计划正式启动实施，通过联合研究、技术转移、科技人文交流和科技园区合作等务实举措，提升共建国家的创新能力。2023年10月，习近平主席在第三届"一带一路"国际合作高峰论坛上将"推动科技创新"列为支持高质量共建"一带一路"的八项行动之一。在首届科技交流大会上,我国提出将启动实施可持续发展技术、创新创业、科技减贫、空间信息科技等专项合作计划,未来5年将把同各方共建的实验室扩大到100家,为各国发展提供更多科技原动力。

资料来源:共建创新之路 携手合作发展 [N]. 新华社, 2023 – 11 – 08.

第一节 "一带一路"倡议下技术贸易发展概况

一、国际技术贸易的基本概念

(一)国际技术贸易含义

国际技术贸易(international technology trade)或者国际技术转让(international technology transfer)是指一国的技术供方通过签订技术合同或协议,将技术有偿地转让给另一国受方使用的行为。国际技术贸易是随着市场经济的发展逐渐演变而形成的现代贸易方式,大致经历了技术转移、技术转让和技术贸易三个阶段。

1. 技术转移

技术转移(shift of technology)是指技术地理位置的变化,既可以指技术在一个国家境内不同地区的地理位置变化,也可以是技术在不同国家间跨越国境的地理位置变化。技术转移通常是非人为的或非主动的行为,如技术人员到工作、生活条件更优越的地区或国家谋生,或者因为战乱移居他乡异国,其本身无意识地成了技术的载体,完成了技术转移。

2. 技术转让

技术转让(technology transfer)是指人们根据不同地区或国家的生产力水平、经济基础、劳动力素质等因素,人为地、有意识地将技术在不同地区间或国家间进行引进或让予的行为。技术转让一般又分为两种。

(1) 有偿转让。

有偿转让（technology transfer with pay）是指通过当事人之间签订合同，规定各自的权利和义务，由一方授予技术使用权许可或转让技术的所用权，另一方支付相应的报酬。

(2) 无偿转让。

无偿转让（technology transfer without pay）是指通过国家经济技术援助、科技合作与交流，或通过技术考察、专业研讨会等方式提供或获得技术。无偿转让是不需要技术的受让方提供对价的。

3. 技术贸易

技术贸易（technology trade）即有偿的技术转让。交易当事人处于不同国家时，称为国际技术贸易（international technology transactions or international technology trade）。国际技术贸易是指不同国家的当事人之间按一般的商业条件进行的技术跨越国境的转让或技术许可行为。当事人是否为同国籍的法人或自然人，并不影响国际技术贸易的"国际性"，关键是看交易的当事人是否处于不同的国家、交易标的是否跨越国境。当事人的国籍不是区分国际技术贸易和国内技术贸易的关键。例如，一家外国企业将技术转让给设立在我国的一家子公司，就属于国际技术贸易，而如果该子公司将技术转让给我国境内的一家国有企业，则属于国内技术贸易。

（二）国际技术贸易特点

国际技术贸易是以技术作为交易内容，在国际发生的交换行为，必然遵循商品交换一般规律。但是，由于技术这类商品有自己的特点，在某些方面不同于物质商品，因此，技术贸易也不同于一般的商品贸易，形成了相对独立的世界技术市场，技术贸易与一般商品贸易有以下区别：

第一，标的物不同。一般商品贸易的标的物是各种具体的物质产品。技术贸易的标的物是知识产品，是人们在科学实验和生产过程中创造的各种科技成果。

第二，形态不同。一般商品贸易是有形贸易，是看得见摸得着的物质产品，而技术贸易则是无形贸易，无法称量也难以检验其质量，不能以大小轻重来衡量。因为技术革新、创造发明可能是一个数学公式、一项原理、一项设计，可以写在纸上，也可以记录在录音带上，但是，文字和录音只是技术的载体，可以表示技术的内容，并不是技术本身。

第三，所有权转移不同。商品所有权是指对商品的占有、使用、收益处分的权利。一般商品的所有权随贸易过程发生转移，原所有者不能再使用、再出卖，而技术贸易过程一般不转移所有权，只转移使用权，绝大多数情况下是技术转让后，技术所有权仍属技术所有人，因而一项技术不需要经过再生产就可以多次转让。这与技术商品的特点有关，因为技术商品的所有权与使用权可以完全分开，技术转让只是扩散技术知识，转让的只是使用权、制造权、销售权，并非所有权。

第四，贸易关系不同。一般商品贸易只是简单的买卖关系，钱货两清，贸易关系终结。技术贸易是一种长期合作关系：一项技术从一方转移到另一方，往往须经过提供资料、吸收技术、消化投产，最后才完成技术贸易行为。因此，技术交付不是双方关系的终结，而是双方关系的开始，技术贸易双方通常是"同行"，所以能合作，但也会存在潜在利益冲突和竞争关系。

第五，贸易条件不同。一般商品贸易条件比较简单。而技术贸易的条件非常复杂，包括转移什么技术，专利使用范围，承担什么义务和责任等。由于技术市场本质上是卖方市场，一般来说，技术引进方总是处于较被动的地位，特别是当今各国都重视科学技术进步对经济发展的作用，采用新技术速度快，需求量大，使世界技术贸易的卖方市场特征更加明显，技术供给方常常利用提供新技术附带一些限制性条款。

第六，作价和价格构成不同。一般物质商品的价值量是由生产该商品的社会必要劳动时间决定的，而技术商品的价值量是由该技术发明所需的个别劳动时间直接构成。因为新技术具有先进性，新颖性是社会唯一的，不可能形成社会平均必要劳动时间，同时新技术又具有垄断性、独占性的特点，这就决定了技术商品作价原则的特殊性，技术商品价格构成也复杂得多。

此外，国际技术贸易还具有先进性、垄断性、保护性等特点。

（三）国际技术贸易种类

国际技术贸易分为直接贸易和间接贸易两大类。直接贸易包括许可贸易，工业产权、非工业产权的转让，技术服务和技术咨询。间接贸易包括国际租赁、国际工程承包、国际合作生产和开发、直接投资、设备买卖、国际 BOT、特许经营、补偿贸易等方式。

1. 许可贸易

（1）许可贸易概念。

许可贸易（licensing）是指知识产权的所有人作为许可方，在一定的条件下，通过与被许可方（技术引进方）签订许可合同，将其所拥有的专利权、商标权、专有技术和计算机软件著作权等授予被许可方，允许被许可方使用该项技术制造，销售许可合同产品的技术交易行为。许可贸易是技术实施权的许可，而不是财产权和所有权的转让。

（2）许可贸易的内容。

许可贸易是一项专业性，法律性很强的贸易活动，目前已经成为国际技术贸易中最普遍采用的方式。单纯的许可贸易包括专利许可、商标许可、专有技术许可，软件技术许可等，许可贸易还可以是与国际工程承包、BOT 方式等相结合的一揽子交易。

（3）许可贸易与工业产权、非工业产权转让的区别。

许可贸易的特点在于许可方允许被许可方使用其技术，而不转让其技术的所有权。工业产权和非工业产权的转让则是将所有权和使用权全部让渡给受方。

2. 技术服务和技术咨询

（1）技术服务。

技术服务（technical service）是指受托方应委托方的要求，针对某一特定技术课题，运用所掌握的专业技术技能和经验、信息、情报等向委托方所提供的知识性服务。技术课题是指有关改进产品结构、改良工艺流程、提高产品质量、降低生产成本、减少原材料和能源消耗，安全生产操作、治理污染等特定的技术问题。技术服务业务一般在项目建成、交易完成之后，有时可以与许可贸易和设备贸易结合起来进行。

（2）技术咨询。

技术咨询（technical consulting）是指受托方应委托方的要求，针对解决重大技术课题或特定的技术项目，运用所掌握的理论知识、实践知识和信息，通过调查研究，运用科学的方法和先进手段，进行分析、评价、预测，为委托方提供建议或者几种可供选择的方案。技术咨询常常在项目建成之前进行，表现形式多为书面的咨询报告、意见书等。

3. 国际租赁

（1）国际租赁的概念。

国际租赁（international leasing）是指一国的出租人按一定的租金和期限把租赁物（物品、技术）出租给另一国承租人使用，租赁人按租约缴纳租金，获取租赁物使用权的一种经济合作方式。租赁人通过租赁的方式，把货物、技术、资金融合起来，引进国外先进的技术和设备，促进企业技术水平的提高。

（2）国际租赁的方式。

融资租赁：出租人根据承租人对出卖人、租赁物的选择，向出卖人购买租赁物，提供给承租人使用，承租人向出租人支付租金的融资方式。中国国际租赁业务以融资租赁为主。

经营租赁：由租赁公司提供给用户必要的设备并负责设备保养和维修，用户按租期缴纳租金，租用期满后退回设备的租赁方式。

综合租赁：由出租人将机器设备租给承租人后，承租人用租赁的设备生产出产品偿付租金，或用加工装配所获得的人工缴费顶替租金的分期偿付，或把产品交给出租人包销，尤其在包销价款中扣除租金。综合租赁是与合资经营、合作经营、对外加工装配、补偿贸易及包销等贸易方式相结合的一种租赁方式。

国际工程承包：指一国的承包商，以自己的资金技术劳务、设备原材料和许可权等，承揽国外政府、国际组织或私人企业及业主的工程项目，并按承包商与业主签订的承包合同所规定的价格、支付方式收取各项成本费及应得利润的一种国际经济合作方式。工程承包是一种综合性的国际经济合作、国际劳务合作方式，包括大量技术转让内容。但是如果某个承包项目只涉及劳务合作和建筑材料、设备买卖，而并不包括技术转让内容时，则不属于国际技术贸易的范畴。

4. 国际合作生产和开发

（1）合作生产的概念。

合作生产（cooperation production）是指分属不同国家的企业通过订立

合作生产合同,在合同有效期内,一方或双方提供有关生产技术,共同生产某种产品。通过生产产品的过程,由技术实力较强的一方通过提供技术资料、技术培训、技术指导等措施,逐步将产品生产的有关技术传授给实力较弱的一方。因此,合作生产产品的过程也是技术转让的过程。

(2)合作生产的主要形式。

第一种是双方分别生产不同的零部件,由一方或双方组装成完整的产品出售。第二种是分别生产对方所需的零部件,分别计价,各自组装成完整的产品出售。第三种是由技术较强的一方提供图纸联合设计,提供技术指导和相关技术,由技术较弱的一方进行制造,联合销售等。

5. 与直接投资相结合的技术贸易

(1)直接投资的概念。

直接投资是以取得企业控制权为目的的一种投资方式,通常通过新建企业(greenfield investment)、购买现有企业的股票和股权来达到控制企业的目的。当直接投资跨越国境时,就变成了国际直接投资(foreign direct investment,FDI)。

(2)与直接投资相结合的技术贸易的特点。

许多国家的法律允许在建立合资企业时,以工业产权等技术作为资本进行投资。《中华人民共和国中外合资经营企业法》规定:"合资企业各方可以现金、实物、工业产权等进行投资"。这样,直接投资就变成了国际技术贸易的一种间接手段,并具有如下特点:一是工业产权、专有技术作为一种出资方式而使技术资本化。二是合资双方或各方不仅是一种共同经营关系,而且是一种技术合作关系。三是技术出资方同样分享利润,因而更关心技术实施、产品质量和经济效益。

6. 国际 BOT 方式

(1)BOT 方式的概念。

BOT(build operation transfer)方式有时被称为"公共工程特许权",它是政府吸引非官方资本进行基础设施建设的一种投资、融资方式。其运行特征是:政府与非官方资本签订项目特许权经营协议,将基础设施项目的建设和投产后的一定时间内的经营权交给非官方资本组建的投资机构,由该投资机构收回项目建设成本,并取得合理利润,经营期满后将该基础设施无偿移交给政府。BOT 方式不仅是一种投资方式,也是一种融资方式,作为基础设施项目的一种建设方式,其融资性质更加明显。

(2) 国际 BOT 方式的主要特点。

一是主体上,参与 BOT 的主体是政府部门和国外私营部门。二是经营管理上,在项目方政府许可范围之内,建设方可以按照自己的管理模式运营项目。三是转让对象上,BOT 方式合作期满后,建设方把建成的基础设施转让给地方政府。四是成交方式上,政府采用国际招标的方式选择合作者。

二、"一带一路"技术贸易的格局

为了刻画"一带一路"技术贸易的格局,这里以联合国商品贸易数据库(UN Comtrade Database)中国家(地区)间知识产权(Intellectual Property)贸易数据作为国家(地区)间技术贸易的衡量指标。

(一)技术贸易的进口格局

1. 内部技术进口:由独联体、中东欧地区主导向东亚地区主导转变

从"一带一路"国家(地区)彼此之间的技术贸易来看,2010 年之前,独联体、中东欧地区为主要进口方,但自 2011 年开始转变为以东亚地区为主要进口方。2001~2005 年,独联体和中东欧地区是"一带一路"内部主要的技术销售市场,市场份额分别达到 33.6% 和 24.1%。2006~2010 年,"一带一路"内部技术市场由独联体国家(地区)"一极"主导,其内部技术进口市场份额达到 50.2%。其中,俄罗斯为"一带一路"最大的进口国。2011~2015 年,东亚地区成为"一带一路"内部最大的技术销售市场,内部技术进口市场份额达到 38.5%[①]。中国(除中国港澳台地区)开始超越俄罗斯,位居第一。但独联体国家(地区)依然是"一带一路"内部主要的技术销售市场,市场份额为 34.1%。

---

① 钮潇雨,陈伟,俞肇元."一带一路"贸易网络连通性演化 [J]. 地理科学进展,2023,42 (6):1069-1081.

2. 外部技术进口：东盟—东亚地区主导

外部国家在"一带一路"的最大技术销售市场呈现出由东盟向东亚更替的过程。2001~2010年，东盟地区是"一带一路"对外部技术需求最大的地区，也是外部国家（地区）在"一带一路"的最大技术销售市场。而从2011年开始，东亚地区成长为外部国家（地区）在"一带一路"的最大技术销售市场，外部技术进口额占到整体的42.4%[①]。相应地，从外部进口技术最大国（地区）也呈现出由新加坡到中国大陆的更替过程。

美国是"一带一路"最大的外部技术供给国，其提供给"一带一路"国家的技术占"一带一路"外部技术进口的比重从2005年的44.8%上升至2015年的61.7%[②]。日本是"一带一路"第二大的外部技术供给国，其出口至"一带一路"的技术额占"一带一路"外部技术进口的比重虽从2005年的28.3%下降至2015年的15.2%，但其销售至"一带一路"的技术额始终占到其全球技术出口的20%以上[③]，表明"一带一路"在日本技术出口中始终具有重要的市场地位。

（二）技术贸易的出口格局

1. 内部技术出口：由西亚地区"一极主导"向东盟—西亚—东亚"三极主导"格局转变

"一带一路"内部技术来源地格局呈现出由西亚地区"一极主导"向东盟—西亚—东亚"三极主导"格局转变，内部技术出口最大国也经历由塞浦路斯至新加坡的更替过程。2001~2005年，西亚地区是"一带一路"内部最大的技术来源地，其内部技术出口份额达到48.0%。其中，塞浦路斯高居"一带一路"国家（地区）之首，究其原因是其优惠的税收政策吸引众多的跨国公司将其视为国际合法税务规划地点。2006~2010年，西亚地区依然是"一带一路"内部最大的技术来源地，其内部技术出口份额上升至49.1%。塞浦路斯仍居"一带一路"国家（地区）之首。这一阶段，东盟地区的技术出口能力快速上升，尤其是新加坡，位居第二。2011~

[①][②][③] 钮潇雨，陈伟，俞肇元."一带一路"贸易网络连通性演化[J]. 地理科学进展，2023，42（6）：1069-1081.

2015年，东盟地区成为"一带一路"内部最大的技术来源地，内部技术出口份额为28.8%。其中，新加坡的内部技术出口额上升至第一位。西亚地区的技术出口能力下降明显，内部技术出口份额下降至27.8%，但其依然是"一带一路"内部主要的技术来源地。这一阶段，东亚地区的技术出口能力增长明显，内部技术出口份额也增长至20.1%。中国香港、中国内地的内部技术出口额分列第3和第5[①]。

2. 外部技术出口：始终由以新加坡为核心的东盟地区主导

首先，东盟地区始终是"一带一路"最大的向外出口技术区，2005～2015年其外部技术出口占"一带一路"整体向外出口的比重约50%。其中，新加坡始终是"一带一路"第一大技术外部出口国，且占主导地位，其技术外部出口额占"一带一路"整体比重始终在40%以上。其次，东亚地区向外出口的技术额增长迅速，2011～2015年，其占"一带一路"整体向外出口的比重上升至20.3%。其中，2015年中国香港的外部技术出口额位居第2位，中国内地居第5位[②]。最后，中亚是"一带一路"中对外技术服务程度最低的地区，在2011～2015年期间没有一个国家向外出口技术。

日本始终是"一带一路"技术最大的外销市场，其从"一带一路"进口的技术额占到"一带一路"外部总出口的比重始终为50%左右。而且，从日本的全球技术进口来看，"一带一路"在其技术供给链中的地位不断增强。美国始终是"一带一路"第二大技术外销市场，且其地位在不断增强，2011～2015年其从"一带一路"进口的技术额占"一带一路"外部总出口的比重增至第三时段的28.3%，但从美国全球技术进口来看，"一带一路"在其技术供给市场中的份额始终在2%左右，表明"一带一路"并不是美国技术供给链中的重点地区[③]。

第二节 技术贸易合作重点领域

2016年10月，中国发布《推进"一带一路"建设科技创新合作专项

[①②③] 钮潇雨，陈伟，俞肇元．"一带一路"贸易网络连通性演化[J]．地理科学进展，2023，42（6）：1069-1081．

规划》，从深化科技沟通和人文交流，到推动平台建设与技术转移，再到支撑重大工程建设、共建特色园区，以及加强共性技术合作研究，推进"一带一路"共建国家在农业、能源、交通、信息通信、资源、环境、海洋先进制造、新材料、航空航天、医药健康、防灾减灾等多个重点领域开展更紧密合作。截至2023年6月底，中国与80多个共建国家签署政府间科技合作协定，"一带一路"国际科学组织联盟（ANSO）成员单位达58家。

一、农业技术贸易合作

自古以来，农业交流和农产品贸易就是丝绸之路的主要合作内容之一。借古丝绸之路，中国从西方引入了胡麻、石榴、苜蓿、葡萄等作物品种，并把掘井、丝绸、茶等生产技术和产品带到了中亚，促进了沿线国家间农业技术和产品的传播交流，亚欧非的农业文明沿着古丝绸之路交流互通，不断发扬光大。

新时期，农业发展仍然是"一带一路"沿线国家国民经济发展的重要基础，沿线大部分国家对解决饥饿和贫困问题、保障粮食安全与营养的愿望强烈，开展农业合作是沿线国家的共同诉求。在"一带一路"倡议下，农业国际合作成为沿线国家共建利益共同体和命运共同体的最佳结合点之一。

农业技术贸易合作既包括了种植、养殖、水资源利用、食品加工和农业机械等方面知识和资源的交流和转让，也包括在不同国家之间开展农业技术培训、创新和合作的机会。2013~2023年，中国持续加大对共建"一带一路"的发展中国家提供农业基础设施、农资、技术、粮食等援助，帮助共建国家逐步实现农业独立自主发展。中国在有需要的国家和地区开展农业投资，推广粮食生产、加工、仓储、物流、贸易等技术和经验。特别是在共建"一带一路"过程中，中国与共建国家积极开展粮食领域合作，为提高全球粮食安全水平、改善全球营养状况贡献"中国智慧"和"中国方案"。截至2023年，中国在共建国家农业投资存量超140亿美元，双方农产品年贸易额已达1394亿美元；人才交流密集开展，中国已向70多个国家和地区派出2000多名农业专家和技术人员；中国向多个国家推广示范草、杂交水稻等1500项农业技术，帮助亚、非、拉等地区推进乡村减贫①。

 案例分享

中国朋友改变了苏丹农业面貌

2016年9月中国—苏丹农业合作开发区在苏丹拉哈德灌区正式揭牌。中苏农业合作开发区核心区位于苏丹第二大国有灌区——拉哈德灌区内，该开发区前期占地约220万亩，这里毗邻青尼罗河，水量、阳光充足，土地肥沃，灌溉、交通、电力等基础设施条件较好。经过中方农业专家的不懈努力，在从中国引进的品种中筛选出多个棉花、玉米等优良品种，在苏丹通过审定并获大面积推广。凭借高产出、低病虫害等特点，已累计在当地推广1200万亩，占苏丹棉花种植总面积的90%以上。

未来，苏丹政府和中国企业将共同合作，按照"一园多区"的总体空间布局，进一步扩大产业规模，提升当地加工能力和水平，不断释放苏丹农业潜力。

资料来源：中国朋友改变了苏丹农业面貌［N］. 人民日报，2016-09-26.

二、能源技术贸易合作

能源合作是共建"一带一路"的重点领域。自倡议提出以来，我国持续加强与"一带一路"沿线国家在能源领域的政策沟通、贸易畅通、能源投资合作、能源产能合作及能源基础设施互联互通，为促进世界经济繁荣和社会发展提供了新动能，为全球能源市场稳定与供应安全、全球能源转型变革注入了强劲动力。

（一）合作的现状

1. 油气领域境外合作实力显著增强

我国海外油气项目经营规模不断扩大。截至2021年底，我国企业在全

---

① 2023"一带一路"农业合作发展论坛在京举行［EB/OL］. 人民网，2023-09-21.

球 60 多个国家和地区管理运作着超过 260 个油气项目，累计投资额约 3000 亿美元，基本覆盖了全球重点资源国和油气富集地，已建成中亚、俄罗斯、中东、非洲、美洲、亚太和欧洲七大油气合作区。其中，三大石油公司（中国石油、中国石化和中国海油）的境外石油权益产量约 1.4×10^8 吨，天然气权益产量近 470×10^8 立方米①。目前，我国已逐步建成和完善了东北、西北、西南和东部海上四大油气进口通道，年输油、输气能力保持高水平，一大批高质量、可持续、抗风险、价格合理的大型油气项目落地实施。2021 年 11 月，中国石油和巴西国家石油公司合作开发的位于巴西桑托斯盆地阿拉姆深水勘探区块的首口探井——古拉绍 – 1 井取得了重大勘探发现，成为近十年全球十大原油发现之一。2022 年 10 月，古拉绍 – 1 井完成三开三关阶段测试并获得高产油流，为我国海外石油供给提供了新基地。

2. 境外电力市场发展迅速

我国境外电力市场规模持续扩大。截至 2021 年，我国对外直接投资和并购的电力装机累计达到 11720.3×10^4 千瓦。其中在运装机 7838.2×10^4 千瓦，在建装机 3882.1×10^4 千瓦，已经进入近 140 个国家和地区的电力市场，基本涵盖"一带一路"沿线主要国家，大型项目主要集中于非洲和亚洲地区。2021 年，我国与周边国家电网互联规模合计约 309×10^4 千瓦，从周边国家进口电量为 54.63×10^8 千瓦时，出口电量为 19.57×10^8 千瓦时②。目前，我国电力投资项目类型涉及风电、气电、水电、煤电、太阳能发电、燃油发电、核电、生物质发电等领域，占比分别约为 7%、17%、26%、42%、3%、3%、1% 和 1%。目前，我国已在菲律宾、巴西、葡萄牙、澳大利亚、希腊、智利等国成功投资和运营了不少骨干输电网。

3. 煤炭领域投资趋向清洁化、多元化

海外煤炭资源投资规模不断扩大、进口量不断上涨。目前，我国煤炭企业已在印度尼西亚、澳大利亚、俄罗斯、蒙古国等累计投资 17 个海外煤炭资源开发类项目，投入金额逾 100 亿美元，项目覆盖资源量超过

---

①② 能源技术合作现状方面的数据来源于：中能传媒能源安全新战略研究院．"一带一路"能源国际合作报告（2023）[R]．2023 – 09 – 22．

100×10^8 吨，海外生产能力约 8000×10^4 吨每年。2021 年我国进口煤炭约 3.24×10^8 吨，同比增长 6.44%①。同时，煤炭企业投资模式更加多元化。近年来，不少清洁煤电的海外煤炭合作项目签约实施，这些项目注重煤炭的清洁化利用和低碳转型，实现了从产品对外贸易合作到战略、资源、工程、人才、技术、市场和资本等全方位、多元化、高层次的海外合作模式的升华。

4. 可再生能源领域合作增长势头强劲

在全球能源转型已成大局背景下，我国海外绿色能源投资逐年增长。从行业数据看，2013～2021 年，在"一带一路"签约国家的可再生能源投资中，水电占绝对优势，风电和光伏投资合作占比逐年提高。

在海外水电合作项目领域，我国凭借技术、人才、资金优势，水电境外业务遍及 140 多个国家和地区，占据了海外 70% 以上的水电建设市场份额，几乎"包揽"了国际大中型水电建设市场。截至 2021 年底，我国企业参与的已建、在建海外水电站约 320 座，总装机达到 8100×10^4 千瓦。其中在建项目数量占比 33.2%，装机规模占比 46.1%；已建项目数量占比 66.8%，装机规模占比 53.9%②。从项目所在区域看，目前主要集中在亚洲地区，其次为非洲和南美洲地区。

在海外风电合作项目投资领域，截至 2020 年底，我国风电国际合作累计规模达 642.4×10^4 千瓦，以陆上风电为主③。合作国家主要集中于东南亚和南美洲，主要签约市场有越南、菲律宾、阿根廷、墨西哥、巴西等，主要投资方式为并购。

在海外光伏合作项目投资领域，截至 2021 年底，我国海外光伏项目投资累计约 257.1 亿美元，从地区来看，投资主要集中在欧洲和南美洲地区。2021 年，全国光伏产品出口额为 284.3 亿美元，同比增长 43.9%，规模再创新高④。

（二）面临的风险

虽然我国在共建"一带一路"能源合作方面取得不少新进展，但鉴于

---

①②③④ 能源技术合作现状方面的数据来源于：中能传媒能源安全新战略研究院．"一带一路"能源国际合作报告（2023）[R]．2023 – 09 – 22．

当前日趋复杂的国际政治经济环境，能源国际合作面临的风险有加重趋势，需高度重视。

1. 政治风险

一是大国能源地缘政治博弈愈演愈烈。2022年3月，美国国防部向国会提交新版《国防战略》报告，明确指出，中国是美国最重要的战略竞争对手。在能源合作领域，美国借口"合规性""碳排放"污名化中资企业和"一带一路"能源合作项目，并不断诱导逼压资源国"选边站"，致使中国石油天然气集团公司在伊朗、委内瑞拉、俄罗斯的油气业务运作受阻，在北美、澳大利亚和欧洲运营受限。此外，美国加紧对缅甸实施制裁，可能导致中缅油气管道断供或减供，危及中缅油气管道安全运行，打乱我国西南陆海通道的建设步伐。

二是俄乌冲突加剧全球能源供需格局演变。乌克兰危机导致俄罗斯与美西方展开全面对抗，全球能源供需格局面临深刻调整。短期看，全球能源市场供应短缺局面加剧，如果美西方对俄实施全面出口禁运，国际原油价格上涨，会加大全球经济滞胀风险和能源危机爆发的可能性，俄欧能源合作将全面断裂。中长期看，全球能源地缘政治格局面临重塑，能源转型进程将会迟滞，全球能源治理体系面临"碎片化"和"无序化"的风险，会对我国国际能源合作及进口安全战略布局产生较大负面效应。目前，中俄油气合同谈判和签订情况为美西方高度关注，双方能源合作将持续面临美国调查压力。如果未来美国同沙特联手在能源领域打击俄罗斯，印度又在美国威逼利诱下放弃对俄能源合作，中俄能源合作将会面临更大的政治压力。

2. 能源供给风险

2023年1月30日，英国石油公司（BP）发布的《全球能源展望2023》中提到，全球化石能源需求持续上涨，而化石能源供应呈现紧缺趋势，各国加速了绿色低碳转型进程。近年来，伴随着碳排放量的持续增加，大气污染日趋严重，凸显了净零排放的重要性，全球能源结构随之发生重要变化，可再生能源比例不断提高。但是中短期内，油气能源的重要性仍无可替代。目前，俄乌冲突、中东乱局等政治事件以及油气开采技术和法律规范等市场因素均对地区油气资源供给量有重要影响，本地区的经济发展水平和可再生能源产业占 GDP 比重等也会深刻影响能源产业可持续发展的潜力。

3. 市场风险

2022 年上半年，国际原油市场基本面偏紧、俄乌冲突导致国际地缘政治溢价高企，支撑油价震荡走高；而全球经济又因新冠疫情冲击等因素面临衰退风险，高油价加剧了需求侧压力，市场供需偏紧，进一步推高了油价。国际天然气市场上，自俄乌战争爆发以来，俄罗斯供应欧洲的管道气大幅减少，美国自由港项目停运，全球新投产液化天然气产能不足导致液化天然气市场供给侧受到较大冲击，供需基本面偏紧。

此外，能源合作还包括油气管道过境运输风险、能源基础设施与信息网络设施安全风险、恐怖主义和海盗猖獗等风险的存在。

（三）碳中和成为"一带一路"能源合作新领域

2020 年 9 月，习近平主席在出席第七十五届联合国大会时郑重承诺，"中国将提高国家自主贡献力度，采取更加有力的政策和措施，二氧化碳排放力争于 2030 年前达到峰值，努力争取 2060 年前实现碳中和。"① 中国正式向世界宣布了自己的碳中和目标。这一目标的提出既是对 2015 年关于气候变化的《巴黎协定》走向新阶段的务实反应，也是习近平生态文明思想深入人心的具体体现。在"一带一路"能源合作领域，中国的碳中和脚步也没有放慢。2021 年 9 月，在第七十六届联合国大会上，习近平主席提出，"中国将大力支持发展中国家能源绿色低碳发展，不再新建境外煤电项目。"② 这表明，在未来"一带一路"能源合作中，我们要围绕碳中和目标将能源合作与应对气候变化结合起来。

三、交通技术贸易合作

共建"一带一路"，互联互通是关键，交通运输要先行。目前，互联

---

① 苑基荣等. 中国减排承诺激励全球气候行动［N］. 人民日报，2020 – 10 – 12.
② 史伟等. 习近平：中国不再新建境外煤电项目［N］. 央视新闻，2021 – 09 – 22.

互通实现重大突破,在铁路、公路、水运、民航、邮政等领域都取得重要进展,一大批海外交通基础设施重大项目成功落地,"六廊六路多国多港"互联互通架构基本形成。特别地,2020年9月19日,中共中央、国务院印发《交通强国建设纲要》,提出"构建互联互通、面向全球的交通网络",作出了"以丝绸之路经济带六大国际经济合作走廊为主体,推进与周边国家铁路、公路、航道、油气管道等基础设施互联互通,推进21世纪海上丝绸之路建设"的重要部署。

(一)公路建设

中国有着丰富的高速公路建设经验和技术,在"一带一路"沿线国家中,也有许多国家需要建设高速公路来改善基础设施和促进经济发展。因此,中国可以向这些国家提供高速公路建设技术和设备,并与这些国家合作开展高速公路建设项目。

1. 中巴经济走廊公路设施互联互通

1978年喀喇昆仑公路建成,2015年9月喀喇昆仑公路扩建通车,喀什到瓜达尔港已经整体联通,部分公路在改扩建。公路全线设计时速多为40~60千米/小时,部分路段时速可达100千米/小时,改扩建后有效减少了物流时间和运输成本①。

2. 孟中印缅经济走廊公路设施互联互通

中国长期保持缅甸第一大贸易伙伴、第一大出口市场和第一大进口来源国地位,中缅边贸主要以公路汽车运输为主。修建于第二次世界大战期间的史迪威公路(也被称为中印公路)是孟中印缅地区公路联通的历史典范,但处于年久失修状态。孟中印缅公路通道主要有北线、南线和中线三条。其中,北线"昆明—腾冲—缅甸密支那—印度雷多"线路是中国通往南亚国家条件最优、路程最短、辐射人口最多的国际商路。整条线路全长1239公里,已有954公里为高等级公路,其中:中国境内昆明—腾冲—猴桥694公里为高速公路,并与全国高速公路网及铁路网互联互通②。

---

①② 刘大清:加快中缅印公路升级改造建设[EB/OL]. 网易网,2023-10-31.

3. 中蒙俄经济走廊公路设施互联互通

全程有满洲里、二连浩特和策克三个主要国际交流合作口岸。公路通道主要走向及关键节点有：大连—满洲里—乌兰巴托—莫斯科、北京—二连浩特—乌兰巴托—莫斯科，以及西安—策克—乌兰巴托—莫斯科等。蒙古国和俄罗斯远东地区公路交通基础设施落后，中国西南、西北地区的产品出口蒙俄需要绕道二连浩特。

4. 中国—中南半岛经济走廊公路设施互联互通

中国—中南半岛经济走廊公路基础交通设施互联互通度较高，目前有四条线路。一是昆明—磨憨—磨丁—纳堆—万象公路于2002年全线贯通，全长超过1660公里，行驶时间大约需要24小时，其中我国境内路面全部实现沥青铺装，老挝境内以三级公路为主。二是昆曼国际公路全长为1880公里，东起昆玉高速公路入口，止于泰国曼谷，全线无缝连接，不考虑通关时间，大约需要30小时。三是昆明—河口（中国）—老街—河内公路，全长为79公里，已经全线通车。四是南宁—凭祥友谊关—谅山—河内公路，全长为400公里，不考虑通关时间，大约需要7小时。2005年12月，我国第一条连接东盟国家的高速公路——广西南宁至友谊关高速公路建成通车；2019年9月，谅山到河内高速公路也建成①。

 案例分享

巴布亚新几内亚西高地省高速公路项目顺利完工

2021年，巴布亚新几内亚西高地省高速公路项目取得最终接收证书（TOC），标志着由进出口银行融资支持的中巴新"一带一路"建设重点交通基础设施项目正式移交通车。

巴布亚新几内亚高地地区是其矿产资源主产区和农业生产中心，全国约一半的人口居住在该区域。本项目作为地区公路网的重要组成部分，全长13公里，建成后将大幅改善该地区交通运输状况，也将带动沿线地区农

---

① "一带一路"上的经济走廊：中国－中南半岛经济走廊［EB/OL］. 中国经济网，2020－03－20.

业和矿产资源开发、拉动区域经济增长，对实现巴新高地公路走廊贯通、完善巴新国家路网具有重要意义。

巴布亚新几内亚是南太岛国地区第一大经济体。长期以来，进出口银行在交通、通信、电力等领域为巴新多个重点项目提供了融资支持，极大地改善了当地基础设施状况，对推动太平洋岛国地区互联互通及产能合作走深走实发挥了重要作用。

资料来源：巴布亚新几内亚西高地省高速公路项目顺利完工［N］. 中国一带一路网，2021-02-02.

（二）高铁建设

以"复兴号"为代表的中国高铁技术目前已成为世界高铁技术典范。"复兴号"不仅拥有高速、安全、舒适的特点，而且在动力系统、悬挂系统、制动系统等方面都取得了重要突破。作为高铁行业的创新者，中国高铁技术为全球提供了可借鉴的宝贵经验，进一步加快了全球高铁的发展进程。在"一带一路"倡议的推动下，中国高铁不仅在国内持续快速发展，而且已经开始覆盖到许多沿线国家。中国高铁的建设速度不仅刷新了修建时间的纪录，而且为各国的基础设施建设提供了借鉴。

中国—老挝铁路（中老铁路）。我国25个省份开通了中老铁路的国际货运列车，运输覆盖老挝、泰国、缅甸、马来西亚、柬埔寨、新加坡等国，使老挝从"陆锁国"变为"陆联国"，更多产品能够在中国、东盟各国以及欧洲各国之间方便快捷运输。从2021年12月开通至2023年9月初，累计发送旅客超2090万人次，运输货物超2536万吨，成为当地的"黄金大通道"。未来铁路将向南延伸至泰国、马来西亚和新加坡等国，成为中南半岛南北大动脉的重要组成部分。

蒙巴萨—内罗毕铁路（蒙内铁路）。2017年5月，由中国路桥工程有限责任公司承建的蒙内铁路建成通车。铁路全长约480公里，从东非第一大港口、肯尼亚蒙巴萨港向广袤的非洲内陆延伸，至首都内罗毕。蒙内铁路是肯尼亚独立以来建设的首条铁路，也是肯尼亚独立以来最大的基础设施项目。肯尼亚国家统计局的数据显示，蒙内铁路2022年共运送旅客239万人次，高于2021年的199万人次，客运服务收入达26亿肯尼亚先令（1 元人民币约合 20 肯尼亚先令），全年运输货物总计超过 600 万吨，货运服务收入超过 126 亿肯尼亚先令。此外，蒙内铁路还为肯尼亚创造超过 7.4 万个就业岗位，培养出 2800 余名高素质铁路专业技术和管理人才，不断为实现"连接国家，走向繁荣"的建设目标贡献力量[1]。

匈牙利—塞尔维亚（匈塞铁路）。连接塞尔维亚首都贝尔格莱德和匈牙利首都布达佩斯的铁路，全长近 350 公里，是中国—中东欧国家合作的旗舰项目。塞尔维亚境内区段由中国铁路国际有限公司和中国交通建设股份有限公司联营体承建，全长 183 公里，设计时速 200 公里，实现了中国与欧盟铁路技术规范的对接。匈牙利段进入全面铺轨施工阶段，铁路全线建成通车后，匈塞两国首都间铁路旅行时间将由 8 小时缩短到 3 小时左右，大幅提高中东欧国家间互联互通水平[2]。

印尼雅加达—万隆（雅万高铁）。高铁连接印尼最大城市雅加达和旅游名城万隆，全长 142 公里。在建设过程中，无论是高铁技术、物资还是施工等环节，都有中国国家铁路集团牵头的中企联合体参与，是中国高铁全产业链"走出去"的首单项目。它不仅是印度尼西亚的第一条高速铁路，还是东南亚地区第一条能够拥有 350 公里最高时速，速度最快的泛亚铁路。2023 年 10 月开始正式运营，从雅加达到万隆的出行时间将由原来的 3 个多小时缩短至 40 分钟[3]。同时，铁路的连通，将带动中印两国的制造业合作，例如，增加中间品出口等，并带来更多的投资增长点，比如在数字经济、移动支付、生物制药等领域。

斯亚贝巴—吉布提铁路（亚吉铁路）。非洲大陆一条连接埃塞俄比亚和吉布提以货运为主的铁路，是东非地区首条标准轨距电气化铁路。2018 年 1 月 1 日，亚吉铁路开通商业运营，全长 752.7 千米[4]。亚吉铁路是海外首条集设计标准、投融资、装备材料、施工、监理和运营管理全产业链

---

[1] "一带一路"上的"中国名片"！中国元素闪耀蒙内铁路［EB/OL］. 新华网，2017 - 06 - 01.
[2] 服务高质量共建"一带一路" 匈塞铁路贝诺段平稳运营两周年［N/OL］. 人民日报海外版，2024 - 03 - 28.
[3] 印尼和东南亚第一条高速铁路 共建"一带一路"标志性成果 中印尼合作建设的雅万高铁 10 月 17 日正式开通运营 最高运营时速 350 公里 两地旅行时间压缩至 46 分钟［EB/OL］. 中国国家铁路集团有限公司官网，2023 - 10 - 18.
[4] 通讯：中国"铁路红利"惠及东非大地［EB/OL］. 新华社，2018 - 09 - 03.

"中国化"的铁路项目,是"一带一路"的标志性成果。它不仅是一条运输线,更是一条经济走廊、一条繁荣之路,为世界人口过亿的唯一内陆国家埃塞打通了出海铁路大通道,同时,来自中国等亚洲国家的货物也可通过亚吉铁路运输到埃塞俄比亚等非洲多国。

四、信息通信技术贸易合作

(一)信息高速公路建设催生巨大投资需求

"一带一路"倡议启动以来,全力打造"六廊六路多国多港"大格局,信息高速公路是畅通六大路网之一,未来将建设多条以重点国家和港口为支点、贯穿六大经济走廊的国际信息通道。这将催生出巨大的信息通信产业投资需求,对于设备制造和通信建设企业,六大经济走廊横跨亚欧非,国际信息通道建设需要铺设上万公里的光缆和部署规模庞大的传输系统,是投资需求最大的领域。对于电信运营企业,是国际信息通道最主要的策划者和投资者,并承担着通信网络运营和维护的职责。对于互联网企业,"一带一路"倡议以政策沟通、设施联通、贸易畅通、资金融通、民心相通为主要内容,其实质是推动实体空间与虚拟空间相互结合,这就需要互联网技术和传统产业紧密结合,广泛融入经济和社会生活的各个领域。

(二)沿线国家潜在市场空间广阔

在用户普及率方面,"一带一路"国家4G用户普及率远低于世界平均水平,未上网人数有29亿人,占全球未上网人数的3/4[①]。未来世界电信市场新增用户将主要来自于"一带一路"国家。在网络应用方面,很多国家信息化刚刚起步,电商、社交、移动支付等方兴未艾,视频内容媒体蓄势待发,移动互联网衍生的创新创业热潮处于萌芽状态,新商业模式有待发掘。在网络基础设施方面,许多国家骨干网落后,连接国际网络能力差,固定宽带网络仅覆盖城市地区,人均带宽不足全球平均水平的1/5。

---

① 陈辉,董建军. 加快推进"一带一路"信息通信业"走出去"[J]. 信息通信技术与政策,2018(9):1-5.

在信息通信产业方面,多数国家基本没有通信设备制造能力,通信网络和业务运营能力也比较弱,互联网内容完全被欧美网站控制,产业空心化极其严重。可见"一带一路"沿线国家市场空间巨大,虽然许多国际电信企业已经在"一带一路"沿线国家布局,但是分布较为零散,整体呈现出了诸侯割据的发展状态,只要我国能够发挥产业链整体竞争优势,抓住机遇、策略得当,还是有很大的市场拓展空间。

(三) 周边国家与我国合作意愿强烈

中国在"一带一路"国家中信息通信产业实力最强,许多国家希望中国能够在本国的信息通信产业发展中发挥作用。有希望中国参与信息基础设施建设的,提升其与周边国家的通信质量,或者希望和中国合作建设直达海缆。有希望中国进入其国内市场运营的,中国电信企业运营着世界上最大的通信网络和服务世界上最多的用户数量,希望能够引入中国电信企业先进的网络技术和运营管理经验。一些国家长期遭受欧美操控的互联网络舆论和意识形态影响,特别希望中国的互联网企业进入改变这一局面。还有希望获得中国帮助提升产业能力的,一些国家计划建设区域信息通信产业中心,希望中国能够发挥产业链优势,在产业园区、设备和终端制造等方面帮助建立起产业基础。

第三节 技术性贸易壁垒

一、技术性贸易壁垒概念与特点

(一) 技术性贸易壁垒的概念

对技术性贸易壁垒的基本概念,国内外学者的观点并不一致,在专业文献中非常不统一。而概念界定是任何一项研究工作的重要理论基础,对其内涵与外延的明确对于研究范围的界定将有决定性作用。本章节首先对目前学术界对技术性贸易壁垒的不同理解作简要回顾。

一些学者没有明确给出技术性贸易壁垒的定义,但他们普遍认为技术性贸易壁垒是非关税壁垒的形式之一。例如,美国学者苏珊娜·桑斯伯利(Suzanne Thornsbury)认为,贸易限制法规与或然性保护措施、数量限制、国内税收以及管理壁垒等构成了贸易的非关税限制,而技术性贸易壁垒是贸易限制法规的形式之一。塞克斯明确指出,管理国内市场产品销售的不同标准与法规是非关税障碍的可能来源,用时髦的提法,就是可能成为"技术性贸易壁垒"。多娜·罗伯茨(Donna Roberts)、蒂莫西·约瑟令(Timothy Josling)和奥顿等则从经济学意义上的外部效应角度来定义技术性贸易壁垒,他们认为,技术性贸易壁垒是各国管理外国产品在国内市场销售的不同法规和标准,它们的表面目的是纠正与这些产品的生产、分配和消费有关的外部效应产生的"市场无效"。该定义中使用"表面目的",表明他们认为技术性贸易壁垒实质上是以纠正市场无效为名进行故意的贸易限制。

国内学者叶柏林、陈志田等(1992)认为,贸易的技术性壁垒是指那些确定工业产品或消费品的某些特性的强制性或非强制性的规定、标准和法规,以及检验产品是否符合这些技术法规和确定产品质量及适用性能的认证、审批和试验程序。广义地讲,贸易中的技术壁垒是指因种种技术问题引起的商品贸易的障碍。国家质量技术监督局管理研究所在一份研究报告(1998)中则认为,国际贸易中的技术壁垒是指一国在对本国市场上流通的商品进行管理时,由于其技术法规、技术标准以及为证明商品和企业符合法规和标准的要求而建立的合格评定程序,即认证制度、认可制度、检验制度等与其他国家不一致所形成的影响自由贸易的障碍。

综上所述,国内外学者对技术性贸易壁垒的概念界定尽管不尽相同,但基本上立足于以下两点:一是技术性贸易壁垒的外在表现形式,即技术标准与法规等;二是技术性贸易壁垒的性质,即是贸易限制法规,是非关税壁垒的一种形式,但并没有对其贸易限制作用作进一步区分。在WTO有关技术性贸易壁垒的协议中并未给出明确的定义,但根据协议的有关阐述以及本书的研究目标,笔者的理解是:所谓"技术性贸易壁垒"(Technical Barriers to Trade,TBT),是指一国政府或非政府机构以维护国家安全、保护人类与动植物生命和健康、保护环境、防止欺诈行为以及保证食品安全与产品质量等为由,所采取的一系列强制性或非强制性的技术性限制措施或规定，这些措施或规定主观或客观地成为外国产品自由进入该国市场的障碍。这一定义强调了技术性贸易壁垒贸易限制作用的主观或客观方面，也就是对贸易限制作用本身进行了区分。

一方面，由于市场失灵，可能存在信息不对称以及与生产或消费有关的负外部效应，一国政府或非政府机构制定的技术性贸易壁垒可以起到客观地限制不符合本国要求的外国产品进入、保护本国产业与市场的作用。因此，就这一意义而言，技术性贸易壁垒是一种合理的贸易限制法规，即使是在忽略贸易条件效应的小国情形下，它也有可能增进国家福利。对于技术性贸易壁垒这种针对市场失灵所产生的贸易限制与市场保护作用，本书称其为基于市场失灵的保护。

另一方面，该定义还强调了技术性贸易壁垒有故意地被滥用的可能性，从而在主观上成为一国政府进行贸易限制的工具；也就是说，政府以实现社会公共目标为由，制定技术性贸易壁垒，以达到限制外国竞争性产品进入以及保护国内产业与市场的目的。在小国假设下，这种技术性贸易壁垒与关税和其他非关税壁垒一样会减少国家福利。对于技术性贸易壁垒这种旨在保护本国产业与经济利益的贸易限制作用。

（二）技术性贸易壁垒的特点

首先，技术性贸易壁垒表现出社会法规的特征。根据经济合作与发展组织（OECD，1997）的分类，法规可分为经济法规、社会法规与管理法规，其中经济法规直接干预市场决策如定价、竞争、市场进入或退出，社会法规保护公共利益如健康、安全、环境以及社会内聚力，管理法规则指文书工作与管理形式。给出了上述三类法规的基本含义以及分别与之相对应的贸易措施，其中食品安全措施、环境贸易措施与质量标准等通过限制不符合要求的外国产品进入来实现一定的社会公共目标，而配额、或然性保护措施与国内成分要求等其他贸易措施显然无法实现这一目标。通过限制不符合技术法规和标准要求的外国产品进入，纠正单纯市场机制所无法解决的市场失灵，技术性贸易壁垒可能会带来社会福利的增加。但是，根据扭曲和福利理论（Bhagwati，1984），最优政策的关键是尽可能在距扭曲源头最近处纠正市场失灵，也就是应直接针对市场失灵本身采取措施，而不是间接地通过实行贸易政策来实现这一目标。而且，根据基姆·安德森（Kym Anderson，1992）的次优经济理论，贸易政策在多数条件下只是治理一国内部扭曲的次优手段。因此，用贸易限制措施来达到社会公共目标，这一行为本身就意味着一定的扭曲，于是，在运用技术性贸易壁垒实现社会公共目标的同时，也不可避免地产生了一个副产品，即可能会对国内有关产业构成贸易保护，即使该技术性贸易壁垒完全是出于纠正市场失灵的需要。而且，还有一种可能性是政府的技术性贸易壁垒政策的制定受到国内某些利益集团积极的游说和"院外活动"的影响或控制，政府因此制定了对该利益集团有利的技术性贸易壁垒，这就会进一步加剧对国内产业的保护作用。

其次，技术性贸易壁垒的另一个明显特征是它具有公共物品特征。查理斯·金德尔伯格（Charles P. Kindleberger）早在1983年的一篇论文中就提出标准具有公共物品特征，即一个消费者的使用并不降低它对其他消费者的价值，也不改变它的价格。但是，标准往往是一个不纯的公共物品，因为它可能会给某个特殊的集团带来利益。根据公共物品的基本原理，标准的边际社会价值超过其边际私人价值，因此，单纯的市场机制本身不可能产生所需要的标准数量，尤其是在有关健康、安全与环境质量的领域；而且，由于市场上普遍存在企业的免费"搭车"行为，因此，其结果往往是由各国政府或其指定的非政府机构负责开发与制定有关的国家标准，而不可能听任市场去解决。由于不同国家政府制定标准的依据、手段及其过程有很大差别，因此，国际市场上技术标准或卫生检疫标准的差异不可避免。

再次，构成技术性贸易壁垒实体内容的技术性措施或法规本身具有双重性。为了实现一定的社会公共目标而在合理限度内实行技术性贸易壁垒，对那些达不到一定技术法规和标准要求的进口产品构成事实上的贸易限制是正当的，而超出实现社会公共目标必需的、过于严格的技术性贸易壁垒，或是完全是出于对国内产业保护目的的技术性贸易壁垒，则影响了正常的国际贸易流向与流量，是歧视性的贸易限制手段，是违反WTO基本原则的。但是，由于技术性贸易壁垒具有基于市场失灵的保护和基于经济利益的保护的双重作用，现实中的技术性贸易壁垒往往同时具有这两种保护成分，二者很难区分，因此，技术性贸易壁垒具有双重性。这一特征使技术性贸易壁垒明显地不同于关税和其他非关税壁垒等贸易限制措施，同时也使得对合理的技术性贸易壁垒与超出合理限度的技术性贸易壁垒的区分格外困难。

最后，技术性贸易壁垒具有争议性。由于技术性贸易壁垒内涵丰富，涉及面相当广泛，表现形式又非常复杂，而且由于它具有双重性，对其是否是实现社会公共目标的必需以及是否超出合理限度，目前尚无明确的可操作的规定与标准，结果必然是不同国家从各自经济利益出发对技术性贸易壁垒予以评判，相互之间很难协调，难以达成共识，容易引发贸易争端。目前，涉及技术性贸易壁垒的贸易纠纷已经成为国际贸易争端的重要领域之一。

二、沿线国家的技术性贸易措施

（一）近年技术性贸易措施的特征

随着"一带一路"倡议的深入推进，中国与沿线国家的贸易合作日益紧密，部分"一带一路"沿线国家开始出台关于产品进出口及通关的新政策，以限制国外产品进入其市场，新兴的技术性贸易措施通报量也在不断攀升。由于新兴的技术性贸易措施具有名义上的合理性、手段上的隐蔽性、技术上的先进性和形式上的复杂性，已经日益成为相关国家的贸易保护工具。这些技术贸易壁垒新规的频出，对中国出口企业带来了较大影响。2015年WTO成员提交TBT和SPS通报共3459件，"一带一路"沿线国家提交了795件，占当年WTO成员提交的TBT和SPS通报总数的23%。2016年WTO成员提交3473份TBT和SPS通报，"一带一路"沿线国家共提交1105件，占当年WTO成员提交的TBT通报总数的32%，相比2015年占比提高9%，以色列、沙特阿拉伯、泰国、阿联酋、埃及、俄罗斯、印度、阿曼、巴林、卡塔尔（科威特同）占据2016年TBT和SPS通报的前十国[①]。随着"一带一路"倡议的不断深入，为缓解外汇匮乏和保护本国产业，"一带一路"沿线国家贸易新规频出，对中国对外贸易发展形成了较大威胁。

---

① 出自WTO成员国履行《技术贸易壁垒协定》（TBT）和《动植物卫生措施协定》（SPS）的通报情况的报告。

1. 技术贸易壁垒新规频出

自中国推行"一带一路"倡议以来,"一带一路"沿线国家在加强与中国经贸密切合作的同时,开始频繁出台一些关于产品进出口检验、通关方面的新政策,以减少国外产品对本国市场的冲击。如沙特阿拉伯要求符合本国标准 SASO 2870:2015 中的照明类产品出口到沙特必须强制满足 SASO EER 能耗认证要求,从 2015 年起逐渐开始对灯具、马达类等进口产品提出经检验符合要求,并贴上强制能源标签;2016 年 2 月印度尼西亚对新鲜植物源性食品进口颁布新规定,扩大规定管辖范围,将涵盖的产品种类由最初的 38 种延伸到 103 种,监控的项目从 556 项拓展为 2161 项[①]。从发展趋势来看,"一带一路"国家新出现的技术贸易壁垒规定涉及的产品种类和标准有日益增多趋势,这对于中国出口企业来说,增加了对"一带一路"技术贸易壁垒信息的收集、整理、提炼的难度,也更难以把握其精髓。而新技术贸易壁垒规定的频繁出现,也势必会增加产品抽样、检测的时间和成本,降低出口产品的竞争力。此外,技术贸易壁垒的做法也容易产生"多米诺骨牌"效应,一般"一带一路"国家只要有一国采取,其他国家马上会借鉴,采取类似措施,给中国企业出口带来很大麻烦。

2. 技术标准检验结果难以互认

"一带一路"沿线国家中发展中国家居多,科学技术相对比较落后,在各种贸易制度和管理制度方面也存在着一些欠缺,在进口技术标准制定时采用的依据往往缺乏科学性,并且"一带一路"沿线国家的检验指标并不统一,检测结果也难以互认,这不仅让中国出口企业难以适应,而且对产品的出口形成了较大的障碍,仅 2016 年"一带一路"沿线国家就对中国提起十余次特别贸易关注。如打着保护人类健康,对有毒有害物质设置限值,如印度尼西亚规定进口玩具必须进行甲醛含量检验(甲醛含量不超过 20ppm);土耳其要求塑料玩具要进行偶氮含量测试,而这些检验在国际标准化组织的标准中则没有被提及;再如印度和印度尼西亚都是国际实验室认可合作组织的签约成员国,但印度官方规定出口到印度的电子产品

---

① 印尼新鲜植物源性食品进出口食品安全控制条例[EB/OL]. 印尼市场_技术壁垒资源网, 2020 – 10 – 22.

必须在印度本土实验室进行测试,而印度尼西亚则规定玩具产品只有在该国进行检测才能被接受,这两个国家在这些产品检测上都不认可国外实验室的检验结论,这无疑增加了中国产品出口的风险和成本。

3. 技术贸易壁垒新规覆盖范围逐渐扩大

随着"一带一路"倡议的深入推进,"一带一路"沿线国家技术贸易壁垒覆盖范围的不断扩大,如埃及在2016年1月颁布限制性发令,要求出口埃及的生产厂商、品牌所有者在商品出口埃及之前,需要在埃及进出口控制总局进行注册,否则禁止进口,这个法令涉及25大类涵盖食品、家电、日化、家用照明设备、儿童玩具、餐厨具等产品,极大地增加了企业出口埃及的手续。参照欧盟REACH的监管规则,泰国也正制定相似的监控要求,预测将对出口到泰国的中国化工企业带来难以忽视的冲击,同时也将对下游出口企业,如玩具、家具、纺织、机电等产生深远影响。

(二) 技术贸易壁垒频出的原因

1. 各国在历史文化等存在较大差异

"一带一路"沿线国家技术贸易壁垒频出,这与历史、文化、发展水平、政治体制、经济结构和国别间的特殊联系有关。

在历史和文化上,"一带一路"沿线国家在语言、信仰、习俗和传统等方面存在着显著的差异,这导致了各国间交流和协作方面的障碍。例如,中亚地区曾经是苏联加盟共和国,在分裂后这些国家独立成为同等主权国家,然而,这些国家之间可能存在互信问题或者历史遗留问题,导致对各种合作的限制和阻挠。

在政治体制上,沿线国家存在不同的政治制度和方向。有些国家自由度较高,而有些国家则极端保守且封闭,导致沿线国度执行的进出口政策差异悬殊,造成市场独占或者流通难度大的问题,因此一些国家可能会实行将外商置于关键行业前限制、强制本土化等措施对消除产品风险进行管理。这些因素同时也曾给中国在某些地区的运营带来压力,而一些国家在某些领域的竞争优势又显然并不明显。

2. 出于对本国市场和产业链的保护

"一带一路"沿线国家国情复杂而多元,虽然大多数是发展中国家,但也有新加坡这样的发达经济体，也有如不丹这样的经济发展极为落后的国家，各个国家之间市场化程度参差不齐，经济发展水平差距较大，受其经济发展水平、市场需求能力和产业结构等因素的影响，这些"一带一路"沿线国家在市场开放程度、愿意合作深度以及执行的力度上常常有所保留。他们一方面对中国的市场、资金和技术非常感兴趣，另一方面也担心中国低廉优质的产品对其市场和产业链形成冲击，以致很多"一带一路"沿线国家在积极引进中国资金建设基础设施的同时，通过设置层层技术贸易壁垒来保护本国市场。

3. 保护生态环境和节约能源

随着绿色发展、低碳环保逐渐成为全人类的共识，世界各国纷纷出台生态环境保护和能源节约为由的产品能效标准、法规，"一带一路"沿线国家对家电产品能效通报增长快速。如根据能源节约促进法案，泰国先后发布了电热水器、电熨斗、平底电锅、电烤箱等十多种商品的高能源性能标准和高能效标签；沙特阿拉伯先后发布三起关于照明产品、洗衣机、轻型车辆产品注册、能效标签和最低性能要求的通报；埃及、越南、新加坡等国也先后发布多起有关机动车辆、照明灯具、家用电器等产品的能效通报。

第四节　技术贸易合作的机会与未来

一、绿色发展与绿色金融

在应对全球气候变化的大背景下，绿色"一带一路"的建设为推动相关国家的绿色转型、实现绿色发展做出了积极的贡献。一方面，许多"一带一路"相关国家不仅环境承载力较弱，而且因为前殖民问题或是不当的发展面临着严峻的生态环境问题；另一方面，大多"一带一路"国家还属于发展中国家，面临着经济发展、推进减贫的重要任务。因此，在这种特殊的背景下，中国通过与相关国家共建绿色"一带一路"，将绿色理念贯穿至"设施联通""贸易畅通"的全过程，通过重点支持欠发达国家发展清洁能源以及循环经济等,助力相关国家在实现经济增长的同时减少对环境的污染与破坏,开辟了一条不同于西方"先污染、后治理"的可持续发展新路。

与此同时,也应注意到许多国家由于发展薄弱,发展绿色能源、进行基础设施建设方面资金缺口规模十分庞大,单纯依靠中国的援助或优惠贷款并不能真正解决问题。虽然近几年"一带一路"相关国家绿色债券发行增长迅速,绿色融资发展不断得到重视,如印度尼西亚、泰国等国相继首次发布了绿色债券,但是绿色投资的融资需求与绿色金融供给仍面临着严重的错位问题。清华大学等机构发布的研究报告称,2016~2030年"一带一路"国家和地区至少需要12万亿美元的绿色投资。特别是面对疫后的经济复苏,推动绿色发展对许多发展薄弱的国家无疑是重大的挑战。

要进一步通过发展绿色金融的方式为相关国家的发展提供持久动能。目前,"一带一路"范围的绿色金融产品种类相对而言仍较为单一,因此可通过与东道国当地金融机构、主权财富基金、私人资本以及国际上融资机构开展合作,充分利用多层次的融资机构和机制,有针对性地扩展绿色信贷、绿色基金的种类与规模,从而最大程度弥补其资金缺口,提升绿色产业的融资效率。与此同时,"一带一路"各参与方要在加强顶层设计的过程中,积极制定相关政策以及开发量化工具,重点支持资金流向绿色产业和绿色项目。而针对许多欠发达国家,巨大潜力的背后是急需金融供给的刺激,但相关机制的不健全以及营商环境相对较差的现状阻碍了国际资金的流入尤其是绿色金融的发展。对此,中国的援助资金或者是绿色基金也可作为许多绿色项目的先期启动资金,引导项目进入商业化的运营,进而吸引更多的金融资本流入,发挥出援助资金的更有力撬动作用。最终以大规模、多层次的绿色金融支持,助力共建"一带一路"行稳致远。

二、数字经济与数字贸易

数字贸易通过大数据、云计算、人工智能等新的科技手段,利用国际电子支付、结算等数字金融工具迈出了高速发展的步伐。加之新冠疫情导致跨境出行受限，大量依赖面对面的传统服务贸易转到线上，推动数字贸易逆势增长，不仅引起了全球经济的根本性变革，也令全球经济活动重心从货物贸易、服务贸易向数字贸易转移。

面对国际贸易发展新趋势，近年来，中国也加速了数字贸易领域的发展进程。据《数字贸易发展与合作报告》数据显示，中国数字服务贸易规模在 2020 年已高达 2947.6 亿美元，不仅占服务贸易总额的 44.5%，年平均增长率更达 6.7%，高于同期服务贸易和货物贸易的增长速度。商务部还预测，到 2025 年，中国可数字化的服务贸易进出口总额将超过 4000 亿美元，占服务贸易总额的比重可跃居 50% 左右。

然而，"一带一路" 沿线国家大多属于经济上较为落后的国家，而且多属于"互联网发展中国家"，例如，非洲国家的互联网普及率目前只有 15% 左右，深陷数字鸿沟①。中国要进行数字贸易国际合作，尤其是和 "一带一路" 沿线国家进行数字贸易合作，将至少遭遇以下几个挑战。

第一，监管挑战。在疫情冲击下，各国跨境电商发展迅速，因此，小批量、高频率的碎片化货物贸易，以及随之而来的大量数字信息，给传统货物监管部门和数字产业监管部门带来了巨大的监管挑战，这些挑战对部分"一带一路"沿线国家监管部门尤为巨大。

第二，人力资源和核心技术挑战。对于众多经济较为落后的"一带一路"沿线国家而言，如果未能及时拥抱数字贸易，不仅未来经贸发展不能进行弯道超车，且又将被国际最新经贸发展潮流抛弃。但若要发展数字贸易，这些国家不少传统产业的中小微企业又缺乏诸如大数据、云计算、人工智能等新技术和数字贸易技术和数字金融工具的支持，也缺乏能够从事数字贸易的人才加盟，从而剥夺了这些企业原本留存在境内的部分收益以及生存、发展空间，严重的甚至会出现企业倒闭的情况。

第三，关税挑战。随着跨境数字贸易规模日益扩大，各国税收主权和利益受到较大影响，特别是净进口国维护本国税收利益的意愿愈发强烈，单边开征数字税的国家逐步增多。当前中国与"一带一路"沿线国家的单边碎片化和缺乏协调的数字服务税体系，不仅会增加中国与沿线国家的贸

---

① 非洲国家努力弥合"数字鸿沟"[EB/OL]. 人民网—人民日报，2022 - 06 - 10.

易摩擦，未来还将影响跨境数字贸易的开展和准入。

第四，跨国数据保护和法律挑战。进行数字贸易，必将涉及到各国的信息安全问题。数字贸易尤其是跨境电商非常依赖于数据的移动、存储和使用。随着跨境数据流动变得更加频繁，其中个人信息、商业信息保护和法律问题，已摆在中国与"一带一路"沿线国家面前，成为中国与沿线国家发展数字贸易的主要"拦路虎"。

对此，中国可考虑与"一带一路"沿线中的区域性国际组织，尤其是与东盟、非盟等国家组织，参考CPTPP、RCEP等国际协议的相关条款，再结合各国具体情况，率先建立中国与东盟之间、中国与非盟之间的数字贸易信息保护法、安全法等相关法律法规，完善个人信息、商业信息保护、数据跨境流动、安全防护等制度；明确加强个人信息、商业信息保护的原则，包括收集限制、数据质量、目的规范、使用限制、安全保障和透明度，要求各缔约国依据这些原则建立法律框架来保护个人信息。

课后思考题

1. 技术贸易有哪些种类？
2. "一带一路"背景下技术贸易有哪些重点领域？
3. "一带一路"背景下技术贸易壁垒呈现哪些新特征？
4. "一带一路"背景下技术贸易合作有哪些新的机遇和挑战？

第七章

"一带一路"数字贸易合作

随着互联网、大数据、人工智能等的快速发展，人们的消费、生产和生活正在经历着深刻的改变。微信、QQ和电子邮件部分替代了面对面交流，人们足不出户而只需要轻松一点就能选购到自己满意的产品和了解天下信息，越来越多的工作正在被机器人替代……

引导案例

新冠疫情下数字经济快速发展

2020年全球新冠疫情暴发以来，各个国家出台了一系列防疫措施减缓疫情蔓延，对经济活动造成严重的冲击。根据世界银行的数据，2020年全球GDP同比收缩3.6%，创下有数据以来的新低。在此前的全球金融危机中，全球经济在最困难的2009年也只下滑了1.7%。

然而，疫情对不同行业的影响不尽相同。虽然消费者出于降低感染风险的目的，减少了接触性消费，如旅游、出差等活动，但线上活动却明显增加了。一是远程办公比例明显提高，视频会议开始流行。英国国家统计局数据显示，2020年上半年疫情暴发期间，英国居家办公比例一度从6%升至43%。二是电子商务蓬勃发展。疫情蔓延下，各国出台的社交隔离等防疫措施让消费者转向在线购物以满足其需求。根据联合国贸发会议的统计，2020年全球在线零售额在总零售额中的份额从16%增至19%。三是娱乐模式发生了转变。据Statista的数据，2020年全球51%的互联网用户更多地收看流媒体服务节目。四是企业和政府纷纷进行数字化转型，包括建立数字平台等。例如，传统学校开启在线教育的尝试，健身教练授课模式也转向提供直播和预录制流媒体服务的虚拟课程授课，远程医疗与远程诊断正在帮助患者在家中获取医疗服务等。

> 随着越来越多的经济活动被线上化,数字经济部门在2020年疫情后快速扩张。以互联网技术(IT)及相关服务为载体的数字经济,正成为推动经济复苏的重要引擎。根据第一财经研究院的数据,2020年,全球18个主要国家中,虽然近2/3的国家数字经济部门活动在疫情冲击下收缩,但仍有超过80%的国家数字经济增加值增速高于该经济体整体GDP增速,其中中国数字经济增加值增速最高,为11.4%。
>
> 资料来源:第一财经研究院.疫情与数字经济[N].第一财经网(www.yicai.com),2022-07-06.

第一节 数字贸易现状

随着数字经济的发展,数字技术与国际贸易不断融合,数字贸易这一新型贸易形式应运而生。如今数字化新外贸蔚然成风,跨境电商等新业态新模式不断涌现并快速发展,为中国对外贸易发展装上了新的引擎、注入了新的动能。2019年11月,《中共中央 国务院关于推进贸易高质量发展的指导意见》在中央层面首次提出"数字贸易"明确加快培育贸易竞争新优势,推进贸易高质量发展。在《"十四五"商务发展规划》正式提出"数字强贸"战略为我国通过贸易数字化实现贸易高质量发展和建设贸易强国指明了方向。

一、国际贸易发展的三个阶段

从哥伦布发现新大陆至今,人类社会先后经历了四次全球化浪潮。第一次全球化航海技术的发展使人们对世界全貌形成较完整的认识,以欧洲为代表的西方国家在亚非、美洲进行殖民扩张,劳动力、原材料、初级产品贸易兴起。第二次全球化,第一、第二次工业革命催生动力机器生产模式,美国、德国、英国、法国、日本等国工业迅速崛起,各国间工业制成品贸易大幅增长。第三次全球化,以国际组织和规则为基础的国际治理体系日益完善，全球经贸关系前所未有的紧密，韩国、日本、新加坡等原本相对落后的国家通过积极参与全球价值链体系，实现本国工业化快速发展和经济腾飞，由于生产率和国际分工水平的进一步提升，中间品贸易成为国际贸易重要组成部分。第四次全球化，随着信息通信技术在世界范围的发展与应用，国际贸易呈现出高度数字化的特征贸易方式的数字化、贸易对象的数字化极大地改变了现有贸易模式，贸易分工和分配模式可能面临巨大调整，国际贸易格局可能再一次重构。

伴随四次全球化浪潮，国际贸易的发展可分为三个阶段，第一阶段是传统贸易，第二阶段是全球价值链贸易，第三阶段可以称为数字贸易。

（一）传统贸易阶段：1760~2001 年

蒸汽动力引发的第一次工业革命，以及以电力为基础的第二次工业革命，大大降低了运输成本。运输成本的降低使得商品远距离运输成为可能，生产和消费不再局限在小空间内。生产开始从家庭小作坊转向工厂，人口开始向城市聚集。大规模生产和人口聚集激发了创新的热情，使得现代经济持续不断增长。国家将其生产要素投向具有竞争力的部门，规模经济使得企业能够以较低的成本生产，消费者能以更低廉的价格获得国内外更多的商品，结果就是取得更高的生产率和更高的收入。

（二）全球价值链贸易阶段：2001~2015 年

全球价值链贸易源于通信成本降低。信息通信技术革命，以及 20 世纪 90 年代互联网的普及，使得信息的传输、存储和处理成本进一步降低，这意味着可以将生产的不同阶段在国际上分散进行，而不会导致效率和时间的损失。发达国家便将生产外包到邻近的低工资国家，将企业特定的专业知识与低技术国家的比较优势（低成本劳动）结合，既降低生产成本又增强了竞争力。全球价值链贸易的一个重要特征是生产的国际化、碎片化、高度专业化，贸易对象主要是中间产品和服务。

价值链贸易的影响不仅局限于高技术国家、新兴国家，也影响了大宗商品出口国。随着贫穷国家的迅速工业化，它们的经济获得了史无前例的增长，同时，工业化产生了对大宗商品的需求，由此大宗商品出口国也凭借大宗商品出口获得迅速发展。在传统贸易中，一个国家的出口体现了这个国家的劳动力、资本、专业知识、组织管理水平，但在这一轮全球化中，与发达国家的工业化不同，新兴国家并没有形成国内的专业知识，也没有形成自身的供应链，它们的竞争力建立在加入地区供应链的前提下。生产的增加值转移到服务业，这是价值链贸易的一个重要特征。随着高技术国家将生产外包到低工资国家，相比于高技术国家的高工资，低技术国家劳动力成本相对较低，劳动成本在总生产成本占比降低，制造本身的成本逐渐降低，而制造前和制造后的阶段如研发、设计、金融、组织、营销、售后服务增加值占比越来越高，这就是著名的"微笑曲线"。对于许多正在进行工业化的发展中国家来说，制造业增加值逐渐降低是一个令人担忧的现象，低增加值的工作流向低技术国家，而高增加值的工作留在高技术国家。

全球价值链贸易中，各国生产的主要是中间品。由于中间品生产需要将本国专业知识与新兴国家比较优势结合起来，涉及投资、关税、知识产权等一系列新的问题贸易政策更加复杂。

（三）数字贸易阶段：2015 年起

20 世纪 90 年代之后，交通运输成本继续下降，网络的发展使得数据和信息的传输成本进一步下降，这使思想的传播成本也大幅下降，从而促成了数字贸易的发展。在价值链贸易中，交通成本和信息传输成本下降，但由于生产过程复杂，仍然需要技术人员面对面交流，人的移动成本显得重要起来。

数字技术改变了贸易的方式。虽然数字贸易仍然要受到比较优势、信息不对称和贸易壁垒的限制。然而，数字技术降低了信息的共享成本，将价值链上的不同参与者相互连接起来，有助于减少参与国际市场的障碍，转变比较优势资源，引领新的商业模式。数字平台正在迅速替代传统的中间商，将供应和消费连接起来，例如，亚马逊（eBay）和阿里巴巴等平台，能帮助中小企业和消费者更直接地参与国际贸易。这些平台有助于减少搜寻成本和信息不对称，解决市场的很多限制性问题，帮助企业尤其是中小企业承担与出口相关的成本，这对发展中国家的企业来说是一个重要因素。

数字技术改变了服务的生产和交付方式。数字化革新了生产服务的跨境合作过程并通过数字平台和实体设备，提供了一种新的交付方式。因此，服务贸易种类增加包括一些低价值的数字服务，例如音乐、电子书和网络游戏。新兴技术，例如区块链有可能进一步改变我们未来贸易的内容。通过实施更加透明、更具有效力的国际合同便利价值的转移，区块链能进一步降低贸易的持有成本，并促进全球价值链中产品与服务的及时交付。随着企业采用新技术，它们很可能走向知识更密集的生产流程，引发新的比较优势资源。同时，人工智能与自动化能有效弱化劳动力的角色，无形资产和获取知识的资本会变得更加重要，有可能从根本上改变生产要素的分布，新技术和数字化也带动了新"信息工业"，如交付"大数据"分析、网络安全解决方式、远程跨境量子计算服务等。与此同时，数字化也改变了成熟的服务业，如出租车。传统上不可能进行跨境贸易，但是数字化改变了这种服务的本质和交付方式。在此背景下，商品和服务、制造业和服务活动之间的界限变得越来越模糊。

伴随着全球贸易数字化发展，人类社会正迈向以数字贸易为突出特征的第四次全球化浪潮，对全球供应链、产业链、价值链产生了巨大影响，国家间经济分工、贸易利益分配面临巨大挑战，新的国际规则、国际治理挑战正在到来。

二、数字贸易的定义

目前，国际上对数字贸易的概念尚未形成统一的认识，其内涵界定大致有两类标准。第一个是美国标准，来源于美国国际贸易委员会（United States International Trade Commission，USITC）分别于2013年、2014年、2017年发布的报告。2013年USITC将数字贸易定义为通过互联网传输产品和服务的国内商务和国际贸易活动，该定义不包括即通过互联网购买的实体货物，将电子商务排除在外。2014年USITC调整了数字贸易的内涵，将其定义为以互联网为基础并且互联网技术在产品和服务的订购、生产及交付环节中起着重要作用的贸易活动。该定义大大拓宽了原有的数字贸易内涵，只要在产品或服务的订购、生产和交付的任一环节中采用了互联网技术即可视为数字贸易，这就将通过数字技术交易的实体货物纳入数字贸易的范畴中，并且该定义将电子商务包含在其中。2017年USITC进一步将数据流、实现智能制造的服务及其他相关的平台和应用也纳入数字贸易的范畴。

第二个是经济发展与合作组织（Organization for Economic Cooperation and Development，OECD）的统计标准。OECD在2019年发布的第一版《数字贸易测度手册》中指出，"数字贸易是指以数字方式订购和/或交付的所有国际贸易"。具体包括数字化方式订购的贸易、数字（平台）促成的交易和数字交付的贸易。其中，数字方式订购贸易定义为，以计算机网络来专门作为接收或下单的方法而进行的一种货物或服务的国际交易，强调利用线上方式进行货物或服务的订购，即实现数字订购环节的数字化；以数字化方式交付的贸易，强调贸易对象的数字化，定义为"所有国际通过计算机网络远程交付的交易"，这里的贸易对象仅涵盖服务，例如数据与信息的购买与传递、视频与音频版权的购买与使用等；平台促进型贸易主要指的是为跨国买家与卖家之间搭建双边交易平台和提供中介服务的贸易赋能环节。2023年世界贸易组织、国际货币基金组织、OECD和联合国贸发会议联合撰写、发布了新版《数字贸易测度手册》。新版本在沿袭第一版定义的同时，拓宽了数字化交付的贸易的定义，认为它涵盖了任何形式的数字交付，不仅仅是专门为提供服务的目的。

中国对数字贸易内涵的界定与第二种标准更为接近，但更为全面和具体。商务部研究院国际服务贸易研究所发布的《全球数字贸易与中国发展报告（2021）》将数字贸易的内容划分为数字货物贸易、数字服务贸易与跨境数据要素贸易。其中，数字货物贸易是指以数字订购和数字交付为主要实现方式的贸易，如跨境电子商务等；数字服务贸易为通过信息通信网络（语音和数据网络等）传输的数字服务贸易，包括数字媒体、数字出版等数字服务，以及包括软件、音乐在内的数字产品（《数字贸易发展与影响白皮书（2019）》）；跨境数据要素贸易是依赖跨境数据流动进行的贸易活动，主要是数字化的知识流和信息流。

三、数字贸易的内容

数字贸易由贸易数字化和数字贸易化构成。贸易数字化指信息通信技术与传统贸易手段的深度融合,与跨境电子商务内涵基本相同;数字贸易化主要指以数字内容服务贸易和数据为核心的服务贸易,包括电信、计算机与信息服务费及知识产权使用费。

(一)贸易数字化

1. 贸易数字化的内涵

贸易数字化是将现代数字技术应用于传统贸易的事后(售后服务、供应链优化)、事中(贸易结算、贸易洽谈)和事前(产品推广、市场调研)环节和贸易的监管过程中,实现贸易各环节、全链条、全流程的数字化。

贸易包括货物贸易和服务贸易,贸易数字化相应可以分为货物贸易的数字化和服务贸易的数字化。货物贸易的数字化是指通过互联网达成货物交易、资金结算和产品送达的商业活动,通常指货物跨境电商,将在本章第三节展开讲解。

服务贸易的数字化是通过互联网达成服务交易、资金结算和服务送达的商业活动,也可称服务跨境电商或服务跨境交付。服务业包括传统服务业和现代服务业,各类服务业的跨境交付占比情况如表7.1所示。服务贸易的数字化更多的是电信、计算机和信息服务、知识产权和技术服务、金融保险、旅游服务、医疗服务、视听服务等现代服务业的数字化交付,简称为数字旅游、数字教育、数字医疗、数字金融等。例如,数字旅游是通过互联网、移动互联网及电话呼叫中心等方式为消费者提供旅游相关信息、产品和服务,包括在线机票/火车票预订、在线住宿预订、在线度假预订和其他旅游产品及服务(如商旅、保险、Wi-Fi等)。数字教育也称远程教育、网络教育,即为了教育、培训和知识管理而进行的在线信息传递。教与学可以不受时间、空间和地点等条件的限制,知识获取渠道灵活多样。在线问诊是数字医疗服务的主要形式,主要方式有轻问诊模式、视频问诊模式和导医导药模式等医生的响应时间根据不同形式也各有差异，从 15 分钟到 24 小时不等。

表 7.1　　　　　　　　　　服务业的跨境交付情况

类型	跨境交付占比
传统服务贸易	1. 旅行服务与互联网结合紧密，旅行服务跨境交付占比高。 2. 运输服务与互联网结合较紧密，运输服务跨境交付占比可能不够高。 3. 建筑服务与互联网结合程度低，建筑服务跨境交付占比可能很低
现代服务贸易	1. 电信、计算机和信息服务、文化娱乐属数字数据服务，完全通过互联网跨境交付。 2. 知识产权和技术服务贸易可完全通过互联网进行跨境交付。 3. 金融保险和其他商业服务等服务贸易可与数字信息技术紧密结合，实现服务贸易跨境交付。 4. 在线教育、医疗、咨询等服务可实现实时跨境交付。 5. 维修维护、加工服务和政府服务等服务贸易可以部分实现跨境交付

资料来源：林吉安，孙波，陈和，等．我国数字贸易发展现状及对策研究［M］．北京：人民出版社，2021．

2. 贸易数字化的主要特征

（1）贸易流程极简化。无纸贸易、电子口岸、数字征信体系和结算体系使烦琐的贸易环节可以通过数字化和网络化的手段完成，减少单据的不必要重复填报和跨地域业务办理。

（2）信息成本极小化。互联网、平台为外贸企业跨境信息的获取提供了极大便利，信息搜索成本降低由于信息不对称所导致的贸易风险急剧下降。

（3）市场规模的极大化。网络打破了国家间的信息壁垒，将不同国家的市场联系在一起，形成一个统一聚合高效的大市场，企业可以更广泛地参与到这个市场中不同领域、不同环节的国际分工之中。

3. 贸易数字化在营销端和服务端的表现

越来越多的企业开始重视营销端的数字化，更多地在数字世界推广自己的产品。从营销端来说，贸易数字化主要趋势是数字营销、外贸大数据和跨境电商。数字营销是通过利用外贸 B2B 平台、搜索引擎、社媒和社群等数字传播渠道推广产品和服务的实践活动，它能够在大数据的基础上广泛识别客户，给客户"画像"，精准触达客户需求。外贸大数据则包含公开数据、海关数据、商业数据三种类型。跨境电商当前比较成熟的是B2C（企业对消费者）模式，但随着个性化定制、柔性生产的发展，以及产业数字化的深入推进和贸易全链条数字化的配合，B2B（企业对企业）模式将迎来新发展阶段。

贸易服务端的数字化主要包括贸易主体、渠道、服务机构等的数字化转型。前者主要指外贸企业、跨国公司、金融机构的决策、运营、营销、管理、服务等活动的数字化转型，后者是贸易渠道的线上化和网络化。在互联网出现之前，参加线下展会是中国企业开发海外客户的主要方式，另外还有国外经销商、海外营销网络等渠道。广交会是中国规模最大的国际性贸易盛会，每届几乎都会吸引大量国际采购商到会。曾有很长一段时间，外贸企业只要能在广交会拿到展位，就意味着不必为订单发愁。所以，外贸企业争相在广交会占据一席之地。此外，还有许多企业每年都会出国参加2~3场国际成熟展会。目前展会开始线上化，有利于企业更便捷地参展和看展。

总体而言，贸易数字化将数字赋能于贸易，是虚拟和现实结合、线上和线下结合的新外贸。未来贸易数字化还将推动国际营销线上和线下网络建设，贯通线上推广、数字营销、外贸大数据、线上看展、线下海外仓和实体营销网络等环节，让数据流动起来，促进线上线下一体化发展。

 案例分享

线上广交会

中国进出口商品交易会，又称"广交会"，创办于1957年春，每年春秋两季在广州举办，是中国历史最长、规模最大、商品种类最全、到会采购商最多且分布国别地区最广、成交效果最好的综合性国际贸易盛会。

2020年，在全球新冠疫情持续蔓延、国际贸易受到严重冲击的形势下，第127届、第128届广交会相继在网上举办。这是国家积极应对疫情影响、统筹推进疫情防控和经济社会发展的重要决策，意义重大。在第128届广交会上2.6万家境内外参展企业通过线上平台展示产品、直播营销在线洽谈，吸引了来自226个国家和地区的采购商注册观展，采购商来源地分布创历史纪录。

广交会在网上成功举办,探索了国际贸易发展的新路奠定了线上线下融合发展的坚实基础,更好地发挥了全方位对外开放平台作用,为稳住外贸外资基本盘作出了积极贡献,也向国际社会传递了中国扩大开放、努力维护国际产业链供应链安全的坚定决心。

拓展资料

全球最佳数字银行——星展银行

新加坡星展银行,分别于 2016 年和 2018 年两次荣获金融专业权威期刊《欧洲货币》授予的"全球最佳数字银行"的称号。在《环球金融》(Global Finance)杂志评选的"2018 年全球最佳银行"中,星展银行被评为亚洲首个"全球最佳银行"。星展银行原名"Development Bank of Singapore(新加坡发展银行)"如今则有"Digit Bank of Singapore(新加坡数字银行)"的含义。

星展银行成立于 1968 年,起初是新加坡政府的开发银行,如今在东南亚区、中国地区和南亚地区等 18 个国家和地区设立了 280 多个网点,集团总员工约 24000 人。星展银行的具体业务涵盖了零售银行、资产管理、私人银行、中小企业银行、证券经纪和保险等广泛的业务领域。

星展银行的数字化转型分为两个阶段:第一阶段是为建立数字银行奠定基础的阶段(2009~2014 年),为的是消除银行系统的脆弱性,星展银行不仅增设了数据中心,还设立了安全操作系统和监控中心,而且星展银行一直在积极摆脱对工程和技术外包的依赖,现已实现 85% 的内部生产。另外,针对每个渠道、产品与服务、启动程序(信息管理系统等内部系统和基础设施),出售不必要的应用程序,购买需要的应用程序,以便搭建 2014 年之前成为数字银行的基础概论平台。

第二阶段是整体构筑数字银行的阶段(2014 年至今)。首先以"从项目型向平台型转变""组建敏捷的开发团队"等为主题推进数字化改革,同时贯彻"成为云原生""加速产品和服务的市场投入""通过 API 提高生态系统的性能""基于数据挖掘、客户计算、测定和实验,贯彻执行顾客至上主义""投资人与技术"等具体目标。

同一时期,中国也出现了"金融颠覆者"。支付宝是阿里巴巴推出的一款支付应用程序,每年活跃用户数高达8.7亿人次。阿里巴巴以支付宝为切入点,捆绑了阿里巴巴提供的电子商务、零售、物流、媒体、娱乐等涵盖生活各个方面的服务,并且正在拓展为一款生活服务平台。而腾讯则以通信应用程序"微信"为入口,不断强化并扩大在线游戏、媒体、支付、公共事业、零售等多元化生活服务平台。微信每月约有1057亿名活跃用户和15亿名付费内容的订购者。

上述这些"金融颠覆者"的共同特点是,它们已经复制了银行业务,拥有庞大的活跃用户量,而且由于主营业务不是金融,所以不需要通过金融服务本身赚取利润,但就是这些就已对现有金融机构构成了巨大的威胁。

资料来源:田中道昭. 新金融帝国:智能时代全球金融变局[M]. 杨晨,译. 杭州:浙江人民出版社,2020.

(二)数字贸易化

1. 数字贸易化的内涵

数字贸易化,也是数字数据贸易化,指基于互联网技术开展的数字产品、数据服务、数字平台服务等服务交易、资金结算和服务送达的商业活动。其内容可以细化为三个部分(见表7.2)。

(1)数字产品的贸易,主要包括以游戏、图书、视频、音乐等数字媒体为产品内容的贸易和软件产品、软件服务的贸易。数字媒体中的"数字"二字代表一种用二进制代码进行电子创作和传播的内容形式。数字媒体是新媒体的主要形式。由于用二进制代码表示,像数字视频或电子邮件这样的内容都可以被编辑、分享,甚至在某些情况下在虚拟世界形成互动。2012年,谷歌在发表的《多屏世界报告研究》中提出:在各种屏幕,包括手机、个人电脑、平板电脑、电视等新兴数字媒体上的互动已经构成了消费者日常媒体互动的主要部分。相比传统的广播、报纸、杂志新兴数字媒体的互动占比已经达到了90%。

(2)数据服务,是指以数据为核心进行的一系列服务贸易,包括数据采集、传输、存储等服务的跨境流动。

（3）数字平台服务，是指平台提供的或者围绕平台展开的数字服务，包括云计算服务、社交媒体和搜索引擎服务、其他数字平台服务。云计算服务是云计算提供的软件服务（SaaS）、平台服务（PaaS）、基础设施服务（IaaS），以及相关的安全防护、数据分析、解决方案等。社交媒体和搜索引擎服务主要是指社交媒体和搜索引擎平台提供的广告、新闻、科技金融等服务。

表7.2　　　　　　　　　　　　数字贸易化内容

类型		具体内容
数字产品	数字内容服务	数字图书、数字影视、数字音乐、数字游戏、数字动漫等
	数字工具服务	软件产品和软件服务
数据服务	信息服务	数据采集、传输、存储和处理、卫星定位和导航服务等
数字平台服务	云计算服务	包括 IaaS、PaaS、SaaS 提供的服务
	社交媒体和搜索引擎服务	广告服务、新闻服务、科技金融服务等
	其他数字平台服务	工业互联网和跨境电商平台等提供的服务

资料来源：林吉安，孙波，陈和，等. 我国数字贸易发展现状及对策研究［M］. 北京：人民出版社，2021.

2. 数字贸易化的特征

（1）产品内容云端化。网络传输速度的提升和云端存储的发展使越来越多的数字产品内容存储在云服务器中。

（2）数字产品可交易化。随着互联网传输速度的不断提升，高品质、大容量的数字内容产品的跨境传输成本不断降低，贸易可能性提升。

（3）产品内容高度复用。数字内容产品的边际成本几乎为零，随着数字贸易的进一步发展，产业创造价值显著提升。

（4）产品内容互动化。数字产品内容与消费者的互动反馈不断增强，消费者一方面向平台提供了大量的数据，另一方面也从平台处获得更优质的产品和服务。

四、数字贸易与传统贸易的区别

(一) 数字贸易与传统贸易的相同之处

1. 贸易行为本质一致

自史前社会以来,贸易的本质始终未发生改变,都是人类为满足自身需求而进行彼此间的服务和货物交换。无论是数字贸易,还是传统贸易,两者都无法脱离贸易的本质(以不同主体间的服务、商品、生产要素转移为核心),仅是活动方式有所不同。

2. 贸易的经济意义一致

传统贸易和数字贸易的经济价值主要体现在:克服各类经济主体之间的生产要素流动障碍,加强各个区域资源的价格联动与供求匹配;推动资源结构均衡化发展,强化各主体的技术、资源优势;弱化信息不对称,提高经济主体间的关联性;激发经济体的创新能力,优化生产效率,增加经济效益。

(二) 数字贸易与传统贸易的不同之处

1. 贸易的时代背景不同

第一次到第二次工业革命引起了生产生活方式的巨大改变,如内燃机、蒸汽机的应用引起机械生产替代手工劳动,贸易产品规模大幅扩大,通信技术的变革使实时通信成为可能;火车、飞机等交通工具的产生,推广了远途运输。基于此,传统贸易蓬勃发展。然而,数字贸易诞生于第三次和第四次工业革命,是一种新型贸易活动。数字技术的普及引发信息通信等方式的改变,传统产业迈入智能化、数字化的升级阶段,数据成为重要的生产资料。

2. 贸易的驱动因素扩充

在传统国际贸易中,劳动力要素、资本要素、技术以及地理位置、基础设施和制度因素等均是一国比较优势的来源。而在数据经济背景下,劳动力要素逐渐被机器人、人工智能等新技术所替代,地理位置、基础设施的影响也下降,以数据要素为核心的数字技术以及收集、使用和分析数据的能力逐渐成为各国形成并维持竞争优势的主要因素。此外，传统的制度因素对一国竞争优势的影响也逐渐降低，取而代之的是数据流动监管、数字知识产权、个人隐私权、数据保护制度等新型监管模式与制度安排。

3. 贸易的时空属性变化

影响传统贸易周期的因素主要是汇率、商品价格，而数字贸易通过数字技术，从交易开始到交易完成的时间不确定性极大地减少。同时，传统贸易受地理距离的制约较大，而数字贸易打破了严格的空间属性，地理距离的限制作用大大降低。

4. 贸易的主体改变

传统贸易存在许多零售商、批发商、代理商等诸多中间机构，需求方和供给方并不直接进行交易。然而，在数字贸易中，现代信息通信技术与信息网络可以让供求双方直接交易。此外，C2C、B2C等商业模式的推广增大了个人消费者在贸易活动中的作用。在未来数智时代，C2M、C2B等商业模式将进一步突出消费者的重要性。

5. 贸易的标的转换

传统贸易的标的主要是生产要素、服务、货物。数字贸易突出数字技术在生产、订购、递送等环节的关键作用，交易标的主要为通过互联网等数字化手段传输的数字服务与产品、在电子商务平台上交易的实体货物、数字化的信息与知识，较传统贸易而言，标的形式更为复杂多样。

6. 贸易的运营方式变革

传统贸易的开展需要纸质单据、证明材料、固定交易场所，而数字贸易主要凭借互联网平台完成，全部交易过程实现电子化。在传统贸易中，货物主要通过火车、轮船、飞机等方式运输，规模庞大，经济价值较高；在数字贸易中，数字服务与产品的贸易通过数字化的递送方式完成，个人在电商平台购买的商品则通过快递、邮政等方式实现交付，部分跨境电商企业采取保税仓、海外仓模式开展贸易。

7. 贸易的构成发生改变

在传统贸易中，货物贸易的占比较大。而在数字经济时代，新技术的发展扩展了服务贸易的方式，扩大了跨境交易的服务范围种类，从而使得服务贸易占比提升。此外，在货物贸易领域，由于数字技术对通信成本、运输成本、监管合规成本和交易成本的大幅削减，诸如时间敏感型商品（time - sensitive goods）、认证密集型商品（certification - intensive goods）、合同密集商品（contract - intensive goods）等产品的贸易增加。

8. 贸易的监管体系调整

一是监管方式持续优化。在以往的传统货物贸易中，主要监管部门是指海关、检验检疫、外汇管理局等机构。人工审核管理的比重较高、监管机构间信息不流通是制约监管效率的重要原因。随着数字贸易的发展，传统监管手段加速向数字化、网络化、智能化转变，充分提升监管部门的单点效率和点对点协同效率。例如，国际贸易"单一窗口"助力各监管部门间信息互换、监管互认、执法互助、联合执法、联合查验，"串联执法"转为"并联执法"，从而实现关检合作的"三个一"（一次申报、一次查验、一次放行），极大地提升了监管执法效率。二是监管主体和监管范围迅速扩张。传统贸易的主要监管机构包括各国海关、商务部门及世界贸易组织等。但是，在数字贸易监管体系不仅包括传统贸易的监管机构和法律规范，还将数据监管纳入体系建设。因此，工业和信息化部、国家发展和改革委员会、国家互联网信息办公室等信息产业主管部门和信息内容审核部门成为新的外贸监管主体，确保数字内容符合我国法律法规体系，防范潜在的产业发展和安全风险。

数字贸易与传统贸易的异同如表 7.3 所示。

表 7.3　　　　　　　　数字贸易与传统贸易的异同

	传统贸易	数字贸易
贸易本质	不同主体间的服务、商品、生产要素转移	
经济意义	克服各类经济主体之间的生产要素流动障碍；推动资源结构均衡化发展；弱化信息不对称；激发经济体的创新能力	
驱动因素	劳动力要素、资本要素、技术以及地理位置、基础设施和制度因素	数据、信息和数字技术
时间属性	交易周期长，受地理距离制约程度大	无严格时空属性
贸易主体	存在零售商、批发商、代理商等中间机构	让供求双方直接交易
贸易标的	生产要素、服务、货物	通过互联网等数字化手段传输的数字服务与产品、在电子商务平台上交易的实体货物、数字化的信息与知识

续表

	传统贸易	数字贸易
贸易运作	面对面贸易洽谈、现实交易场所、跨境交易结算系统、市场调研、物流运输	网络传输、电商平台展示、信息服务线上交易结算
贸易构成	货物贸易比重大	服务贸易比重增大，货物贸易中数字技术密集型产品比重上升
贸易监管	检验检疫、海关、外汇管理局	除传统监管机构和制度外，还需对数据进行监管

五、数字贸易的特点

（一）虚拟化

数字贸易存在与运作的技术基础是现代信息通信技术，这使得数字贸易在贸易生产、交易、运输等环节呈现虚拟化、数字化的特征。首先，传统贸易的标的主要为实体货物和服务，通常是由固定的生产工序加工而成，具有各种物理特性、化学性质。而在数字贸易中，生产过程中使用虚拟化的数字化知识和信息。其次，交易环节往往是在虚拟的互联网平台上开展和实现的，并且交易双方通常使用虚拟化的电子支付方式。最后，传统贸易的实物贸易依赖于物理交通工具和基础设施才能从卖方运送至买方，而在数字贸易中，数字化产品和服务的运输可以通过虚拟化的方式实现。

（二）平台化

数字平台是推动数字经济快速扩张的重要原因之一。一方面，跨境平台服务自身就是数字贸易中的数字贸易化，用户是进口方，平台企业是出口方。另一方面，交易平台为不同经济主体间进出口贸易营造了良好的环境，双方可以通过平台更好、更快地开展贸易。贸易活动的有关当事人集聚在一起进行在线沟通互动，卖家通过数字平台展示产品和服务、接受订单等，买家通过数字平台搜索产品和服务、在线订购和支付等，高效地实现数据、产品和服务供需信息的对接以及交易的达成。此外，数字化平台为企业之间开展研发、创新和生产等活动的协同合作提供了重要的支持，使得产业链上下游、供应链各方能够高效沟通、及时获取信息和享受技术溢出带来的协同创新效应。

（三）集约化

在数字贸易中，贸易活动主要通过数字化方式实现。互联网、大数据等数字技术与贸易的各个环节深度融合，促进产品和服务的研发设计、生产制造、市场营销、交易订购、支付结算、运输交付、海关通关、售后服务等贸易环节数字化、集约化运作和管理，不仅可以实现精准的供需匹配，促进要素资源的集约化投入，减少库存积压的情况出现，而且大大减少了中间环节，降低了信息搜寻成本和运营成本等贸易成本，减少了信息不对称，有效提升了贸易效率。

（四）普惠化

在以信息通信技术为基础的数字贸易中，交易主体不仅包括大型跨国公司，而且中小型企业和个人消费者也直接参与到贸易活动中，使得这些在传统贸易中处于弱势地位的群体能够获取和享受贸易红利。一方面，数字贸易通过运用信息通信技术实现了供需双方的直接交易行为，例如，B2C、C2C等新型商业模式使得消费者可以直接参与到贸易活动中；另一方面，相比于传统贸易，数字技术的创新和广泛应用降低了参与贸易活动的门槛，使得中小企业也有机会走上国际轨道、参与国际贸易，而不再局限于大型跨国企业。

（五）个性化

大数据、云计算等数字技术的创新和运用畅通了信息交流渠道，为交易体开展即时互动交流提供了高效便捷的媒介和手段。这不仅使得生产经营者可以及时地获取、分析市场的行业信息、供需信息，精准地了解消费者偏好和需求，而且使得消费者可以通过互联网平台、移动设备端等渠道直接参与到贸易活动中，与供给方进行沟通，提出自身的需求。根据消费者个性化需求提供定制化、差异化、多样化的产品和服务，满足消费者个性化需求，成为数字贸易的重要特征。

 **案例**

东南亚数字经济报告

东南亚是一个充满活力和多元化的地区。人口基数庞大，截至2022年其总人口数量已经突破了6.78亿人，其中东南亚地区互联网用户近几年也在逐年增长，目前数量达到约4.6亿人，同时人口结构具有年轻化特征，市场规模和增长潜力较高。

2022年东南亚数字经济总交易额接近2000亿美元，比上年增长约20%。这些交易总额包括电子商务、旅游、食品和运输以及网上付费媒体行业。到2025年，东南亚数字经济规模预计达到3300亿美元。总体上，数字应用的增长正走向正常化，并且随着数字化的普及，大多数数字企业的重点也逐渐从获取新客户转向加强现有客户的互动，以解锁更多增长空间。虽然防疫措施解除，线下购物已逐渐恢复，但电子商务仍是东南亚数字经济规模的增长助力。这具体体现在电子商务的优先目标正在从如何获客，向如何提升与用户接触程度方面转变。同时，商家也正开始通过减少促销和折扣手段来提高盈利能力，并进一步将增值服务货币化。预计从2022~2025年，电子商务将以17%的复合年增长率增长。

除此之外，数字金融服务也是东南亚数字经济增长的一大动力，包括支付、汇款、贷款、投资、保险数字金融服务子行业均将近些年来都呈现出了两位数的增幅，其中保险增幅最大，达到了31%。数字银行在年轻的数字原住民中越来越受欢迎，而高净值和富裕的客户仍然忠于成熟的金融服务提供商。在私人市场中，宏观来看，风险资本家仍然在东南亚市场拥有150亿美元的现金流来维持交易；微观来看，新加坡和印度尼西亚仍然是2022年的主要投资目的地，而越南和菲律宾的投资者兴趣在长期内不断增长。数字金融服务超越电子商务成为最大的投资领域，在2022年上半年创纪录的40亿美元融资，其中支付获得了最大投资份额。超过80%的接受调查的风险资本家预计将增加对健康科技、SaaS和Web3.0的关注，而教育科技会在后疫情阶段不再像以前一样被看好。

展望未来，东南亚地区的数字经济增长速度较快且平稳，如果能够释放全部潜力，到 2030 年可能达到 1 万亿美元。支付、资金、物流、互联网接入和消费者信任等数字经济增长推动因素的进步导致了前所未有的数字经济增长。

资料来源：谷歌、淡马锡与贝恩公司发布的《2022 年东南亚数字经济报告》（e‐Conomy SEA）。

【延伸阅读】

爱沙尼亚——数字化国度

爱沙尼亚，一个面积只有约 4.5 万平方千米、人口只有 130 多万人的东欧小国，却因数字化成果名声大噪。在很多发展中国家还在聚焦工业的 20 世纪 90 年代，爱沙尼亚就开始实施信息技术发展战略，推动互联网在各领域的应用。近 30 年来，该国推出了网上电子银行、在线报税系统、智能停车系统、公民电子身份证、电子医疗系统等数字化服务，甚至还成了世界上第一个采用在线投票的国家，并建立了世界上第一个数据大使馆。根据 e‐Estonia 网站公布的数据，99% 的爱沙尼亚公民拥有电子身份证，99% 的爱沙尼亚政务实现在线化，约 47% 的爱沙尼亚人通过互联网投票。

数字化已渗透爱沙尼亚社会生活的每一个角落，颠覆了这个国家的社会运行模式。该国被誉为全球数字化水平最高的国家。曾经贫困羸弱的小国，因为拥抱数字化而实现逆袭，其做法值得我们思考。虽说爱沙尼亚仅是小国数字化的典范，对大国数字化有无借鉴意义尚不好说，但它至少向我们传递一个关键信息：数字化国家是可实现且具有巨大发展红利的。

资料来源：腾讯研究院. 爱沙尼亚：从 0 到 1 的"数字国家"进化史, 2020 (7).

第二节　数字贸易壁垒

数字贸易作为推动全球经济发展的一股新力量，其突飞猛进的发展势头与现阶段的法律、法规的滞后形成了一种违和的局面。尽管数字贸易自由化仍然被认为是推进数字贸易发展的重要因素，但各国出于保护各自利益的诉求，或多或少地会制定一些政策对数字贸易的推进和发展造成了一定的阻碍和负面影响，这就形成了数字贸易壁垒。

一、数字贸易壁垒的概念

（一）数字贸易壁垒的内涵

数字贸易壁垒伴随着新兴的数字贸易产生，在最初时沿用了传统贸易壁垒的做法，对数字产品和服务进行规制。到21世纪前10年，数字贸易壁垒不仅沿用了传统贸易壁垒的部分措施而且丰富了贸易壁垒的内涵。美国贸易代表办公室发布的《2018年国家贸易评估报告——关于外国贸易壁垒》将数字贸易壁垒描述为"保护国内商品和服务免受外国竞争、人为刺激国内商品和服务出口或未能提供充分有效的知识产权保护的法律、法规、政策或做法"。这里将数字贸易壁垒定义为，存在针对数字贸易活动的约束条件和限制政策，这些约束或限制既可以表现为针对数字贸易活动的关税，也可以表现为非关税的数据管制、知识产权、市场准入等特定标准（李晓钟等，2023）。

（二）数字贸易壁垒与传统贸易壁垒的区别

1. 实施主体

数字贸易壁垒较高的主体主要是数字技术发展尚不成熟的发展中国家、在全球数字贸易规则尚未完善的环境下遭受利益损失的国家、意识形态或国家文化较为保守的国家及实行数字霸权的国家。

2. 实施对象

数字贸易中的贸易标的包括数字产品和服务，且随着时间的推移其包括的内容也在不断更新，因此传统贸易壁垒所规制的产品和服务难免存在盲区，依靠传统贸易壁垒无法规制所有数字产品和服务，需要数字贸易壁垒来实现。

3. 实施方式

贸易壁垒分为关税壁垒及非关税壁垒。传统贸易壁垒的关税有多种分类，如进口税、出口税、反倾销税等；非关税壁垒可以分为直接限制和间接限制，前者指海关直接限制进口商品的数量及种类，后者指政府对进口商品制定相应海关手续或通过外汇管制等来间接限制进出口。关于数字贸易壁垒的关税壁垒及非关税壁垒，根据2017年8月美国国际贸易委员会（ITC）提出的数字贸易壁垒的主要形式以及欧洲国际政治经济中心（ECIPE）发布的"全球数字贸易限制指数"（DTRI），数字贸易关税壁垒包括数字产品税及数字服务税。其中，数字产品税中的实体数字产品的关税等同于传统贸易壁垒的关税，是对传统贸易壁垒措施的沿用。数字贸易非关税壁垒包括：市场准入限制、数据限制、建立知识产权保护体系、网络安全，与传统贸易非关税壁垒存在较大差别。

4. 实施目的

传统贸易壁垒和数字贸易壁垒的目的包括增加政府财政收入、保护国内相关产业发展等。由于数字贸易中的数字产品和服务的特殊性，因此，数字贸易壁垒的目的会更加复杂。例如，数字产品和服务的内容可能涉及到知识产权、个人隐私等，但其传输却非常便利，这将致使部分国家的个人、企业及国家利益在数字贸易中受到威胁。传统贸易壁垒的部分措施无法有效对数字贸易进行规制，需要构筑数字贸易壁垒来填补空缺。

二、数字贸易壁垒的成因

（一）宏观层面考虑：国家安全

随着大数据的发展，数字贸易中所蕴含的社会、安全、军事等方面的信息价值不断增大，维护国家安全日益成为各国关注的重点问题。各个国家出于对数据要素所带来的社会安全以及军事价值的考虑，对数据的跨境流动采取了一系列的限制措施，避免数据流动带来关系国计民生和军事安全等数据泄露的风险。

（二）中观层面考虑：幼稚产业保护

数字贸易和数字经济归根到底属于资本密集型或者技术密集型的行

业,这一形态势必造成在不同国家之间存在着发展不均衡的问题。相较于数字经济发展具有优势的国家而言,处于落后地位的国家为了保护本国数字产业的发展更可能实施一系列保护措施限制国外处于优势的数字产业直接与本国数字产业竞争,这些措施毫无疑问会形成数字贸易壁垒。

(三)微观层面考虑:个人隐私与企业利益

对于个人而言,大数据时代个人隐私问题已成为学界和社会的重要议题。比如当我们在使用淘宝、微信或者进行网络游戏时,包括性别、民族、年龄等在内的个人信息就可能泄露。不少国家在颁布相关数字贸易法律条例时将提高个人数据保护标准纳入其中,在一定程度上限制了数字贸易的自由流动。对于企业而言,数据要素中蕴含着巨大的商业价值和经济价值,企业会积极游说政府设置一些限制措施,以期在国内市场上获得优势地位。

三、数字贸易壁垒的分类

数字贸易壁垒与传统贸易壁垒一样,可以分为关税壁垒和非关税壁垒。

(一)数字贸易的关税壁垒

数字贸易中的标的物既包括在电子商务平台上交易的实体货物,也包括通过互联网等数字化手段传输的数字服务与产品等。因此,数字贸易关税壁垒可以分为实体货物中的关税壁垒和数字产品中的关税壁垒。

1. 实体货物中的关税壁垒

所谓实体货物中的关税壁垒是指数字贸易壁垒中的征税标的是以实体货物的形式存在,大部分借助跨境电子商务实现的。我国 2016 年 4 月 8 日发布了《关于跨境电子商务零售进口税收政策的通知》,预示着我国开始正式对跨境电子商务进口征收进口税。随着全球跨境电子商务的发展,越来越多的国家或地区开始对跨境电子商务进行征税,并加强对本地电子商务税收的监管。表 7.4 中列出了部分国家对跨境电子商务的税收情况。

表 7.4　　　　　　　　部分国家对跨境电子商务的税收情况

国别	征收政策
英国	所有在线销售商品均须缴增值税，一般标准税率达 17.5%，优惠税率 5%
俄罗斯	自 2018 年 7 月 1 日起，所有邮寄的包裹须提供收货人（俄罗斯公民）的个人纳税号购物网址链接，以检查免税进口商品是否超额，否则包裹将退回给发货人
日本	超过 1000 万日元的跨境电商在国内作书面登记，并委任税务代理人作代理单位
泰国	新电商税收法案要求满足条件的业务经营者缴纳税款
土耳其	2019 年 5 月底，对电商产品以及其他邮寄物品征收高达 20% 的进口关税，并将进口货物的价值上限定为 500 欧元
印度尼西亚	自 2020 年 1 月 1 日起，跨境电商商品进口税起征数额由每 75 美元大幅调低到 3 美元

资料来源：李晓钟，胡馨月. 数字贸易：理论与应用 [M]. 西安：西安电子科技大学出版社，2023.

2. 数字产品中的关税壁垒

数字产品主要指可数字化并通过数字网络传输的产品。针对关税的态度，大致有主税派与免税派两种。

目前，根据 WTO 的最新谈判结果，各成员暂时同意对数字产品免征关税。但该条款仅仅是暂时的，并非永久性免征。再者 WTO 的技术中立原则中规定，政府应该公平公正地制定不同技术市场的竞争规则，电子传输免征关税条款与该规则相悖，因此电子产品免征关税条款在实践中极具不稳定性。发达国家之间、发达国家与发展中国家之间因为产业发展水平不同、利益主张不同，因此对数字贸易征税的态度也不同。

美国是全球经济体中最早开始发展数字贸易的国家，如今已是数字贸易强国，因此在 WTO 会议上支持电子传输永久免关税的主张，并提出建立更加开放自由的数字贸易市场，对所有的数字产品和服务免征关税。欧盟在数字贸易的关税主张上趋于严格，对数字贸易态度谨慎。从 1998 年开始，欧盟将数字产品销售收入归入了劳务销售范畴，免征关税，但对欧盟成员国内部的数字产品和数字服务消费征收 20% 增值税。在数字服务方面，还规定非欧盟成员国向欧盟成员国境内提供数字服务时，同样征收 20% 增值税。在 WTO 的谈判会议上，欧盟持中立原则，主张不对数字贸易主体企业征收关税，但反对对数字产品永久免征关税的提案。欧洲 DTRI 指数显示，目前只有中国香港、挪威和新加坡对数字产品实行零关税，而且没有建立数字产品的贸易保护措施（赵瑾，2021）。

发展中国家因为处在数字产业的起步阶段，在数字贸易中处于劣势地位，其数字产品逆差往往较大，对数字产品免征关税将会降低其关税收入，损害其税收主权，更难以令其有效地监管数字贸易。因而，绝大多数发展中国家均对数字贸易产品免征关税主张持反对态度。拉丁美洲和亚洲对信息技术产品及其投入征收的最高关税率和平均最惠国关税率最高，其中阿根廷、中国、巴基斯坦和越南的最高关税率高达35%（赵瑾，2021）。但数字贸易壁垒的存在反过来又会阻碍发展中国家的数字贸易发展，发达国家先进的数字技术、数字服务、高端知识要素能在一定程度上促进发展中国家落后的数字产业发展，因此也有部分发展中国家改变了对数字产品征税的态度，主张对电子传输免征关税条款设置更长的时间限制，降低或取消数字贸易关税以促进本国数字产业发展，中国就是其中一员。同时，在 WTO 第十一届部长会议中，部分发展中国家成员国希望能够通过电子传输免征关税条款放宽欧盟、美国等数字产业发达国家对本国的市场准入标准，提倡延长执行电子传输免征关税决议。

（二）数字贸易的非关税壁垒

数字贸易的非关税壁垒主要包括数据管制、知识产权壁垒和市场准入等。

1. 跨境数据流动限制

跨境数据流动限制是阻碍数字贸易中最常被使用的政策措施，其核心内容就是本地化措施。受到2013年斯诺登事件的影响，各国都非常重视数据的本地存储。本地化措施主要包括设施本地化、服务本地化和数据本地化三种，设施本地化要求数据存储设施必须储存在本国境内，跨境数据流动需要征得数据所有人的允许；服务本地化要求当进行数据存储时，必须使用本地生产和提供的服务；数据本地化要求数据必须存储在本国境内，数据跨境流出会面临一定的规则限制。

美国为保持本国数字产业在国际市场的优势，一直倡导数字贸易跨境数据流动完全自由化的主张，期望构建跨境数据自由流动新规则，并在其中充当领导者角色。因此，其为数据跨境流动带来的国家安全隐患所采取的限制措施较少，仅通过制定联邦政府云计算战略规定数据存储地和保障数字服务。相较于美国，欧洲则对跨境数据流动有更为严格的限制，2016年4月，欧洲议会通过了《通用数据保护条例》（简称GDPR），该条例堪称是史上最严厉、最翔实的一部保护用户个人数据安全的法律，把个人信息保护和监管提高到了一个前所未有的高度。以中国、俄罗斯、巴西为首的发展中国家更是如此，对设施、服务、数据均设置了本地化标准。

综合各国的政策来看，跨境数据流动限制已经形成了一种有条件的流动制度，即针对不同的数字信息采取不同严格程度的限制措施，一般是对重要的数据禁止跨境流动，相关行业的技术数据以及公共部门的数据有条件限制流动，普通个人数据则在满足安全要求基础上允许流动。虽然这是一般的做法，但在国际数字贸易上，哪些是重要数据，哪些是普通数据，完全是由一国监管部门说了算，这也说明所谓的本地化要求很容易成为数字贸易的壁垒。

跨境数据流动限制为全球数字贸易流动带来严重的消极影响，特别是对于跨国公司而言，分散的隐私政策可能会导致其成本的增加，阻碍企业参与数字贸易。因而如何协调各国的隐私，创建共同的法律政策框架，便成为各国正在努力寻找的突破口。比如2022年4月21日，美国、加拿大、日本、韩国、菲律宾、新加坡和我国台湾地区共同发布《全球跨境隐私规则声明》，宣布成立全球跨境隐私规则论坛，以促进数据保护和隐私规则的互操作性并帮助弥合不同监管方式之间的差距。

2. 市场准入壁垒

数字贸易市场准入壁垒包括技术壁垒、互联网非中性的审查措施以及其他歧视性措施。

（1）技术壁垒。

技术壁垒在传统国际贸易中也存在，是比较常见的一种非关税壁垒。在数字贸易背景下，技术壁垒最常见的一种形式就是源代码披露（李晓钟等，2023）。部分国家出于对国家公共安全的考虑，将公开或者本地化转让源代码作为企业进入本国市场的前置条件,但作为源代码持有方的企业,考虑到源代码强制性披露会造成商业机密的泄露风险,从而对企业的技术竞争优势形成非公平歧视。比如,巴西国家电信局(ANATEL)要求进口的电信产品由指定的测试设施进行测试,而不允许由独立认证机构认证的机构进行测试(涂芷筠,2020)。唯一的例外是设备太大或太贵,无法运输到指定的测试设施。这一措施不仅仅增加了出口商的出口资金成本和时间成本,而且也存在一定的商业机密泄露风险。另外,巴西2015年第8135(2013)号总统令实施条例草案在对政府采购的规制中,要求所有IT企业必须公布源代码。印度尼西亚政府在2015年提出的一项关于电子系统软件的法规草案中,也要求电子系统提供商在提供与公共服务相关的服务时,必须公开软件源代码。

(2)互联网非中性的审查措施。

在开放的数字经济背景下,互联网技术带来信息的自由流动,使得进出口双方能够以较低的成本获取更多的信息。然而若国家利用公共安全为由,使用互联网审查措施,通过设置防火墙或其他限制手段,对互联网平台中的内容进行拦截或者过滤,将会直接削弱互联网作为搜索引擎带来的效用,阻碍数字贸易的发展,形成数字贸易壁垒。当然,不同的国家在对互联网平台中的内容进行审查与过滤中存在各自的警戒线。比如,德国对仇恨言论有限制,泰国则监督其国王的评论,而印度则拦截关于主权、国防等方面的言论。

(3)其他歧视性措施。

除了上述数字贸易壁垒之外,还有其他歧视性措施对数字贸易构成壁垒。比如数字贸易主体资格的最低标准限制。该要求对从事电子商务企业的货物价值设定一个最低的阈值,并要求出口商在履行国际订单的同时,必须确保完成关税支付和相关的文书工作。设想如果门槛值设置得很低,那么对于通过易贝(eBay)和Etsy等在线市场从事电子商务的小型出口商来说,这些要求就会显得特别沉重。因为对于这类出口商而言,通常没有专门负责确保遵守海关法规的雇员。

另外,传统的非关税壁垒中对外资所有权的限制也同样影响到了数字贸易行业。在大多数国家中,影响数字服务投资的所有权限制一般是与电信有关的部门。采用强制性合资企业和股权上限能够确保企业的很大控制权掌握在国内伙伴手中，同时往往还需要将技术强制转让给东道国，从而构成了贸易壁垒。菲律宾宪法禁止对大众媒体的所有外国投资包括付费电视。越南对付费电视服务实施了一系列限制：首先，对付费电视服务可以播的外国频道总数设置了30%的上限；其次，要求所有付费电视运营商通过当地代理商工作；最后，要求大多数外国节目由获得许可的当地代理商编辑，并要求在越南制作的付费电视上播放越南的商业广告。

3. 知识产权壁垒

知识产权保护体系是指各国为限制数字贸易中的知识产权侵权行为做出的法律规定。例如，WTO框架下的《与贸易有关的知识产权协议》（《TRIPs协议》）涵盖了大部分知识产权类型，并对执法标准做出规范。但随着数字贸易量的增加，知识产权侵权的数量也在增加，部分国家或在本国加强立法工作，或与周边国家签署其他协议进一步规制知识产权侵权现象，如USMCA等。此外，互联网的便捷性及可获得性必然会滋生知识产权滥用的增加，当数字贸易下的知识产权保护超出了合理的范围和标准，就构成知识产权壁垒，对贸易造成不合理障碍。

将上述数字贸易壁垒的类型综合列入表7.5中。

表7.5　　　　　　　　　数字贸易壁垒种类

类型			解释
数字贸易关税壁垒	实体货物中的关税壁垒		对实体货物征收关税
	数字产品中的关税壁垒		对数字产品征收关税
数字贸易非关税壁垒	数据跨境流动限制		本地化措施，主要包括服务本地化、设施本地化以及数据本地化
	市场准入壁垒	技术壁垒	主要指一国政府对进口产品通过法律规范制定技术标准从而达到限制数字贸易进口目的的一种歧视性做法
		互联网非中性审查措施	主要包括互联网平台或内容的筛选、审查和监管等
		其他歧视性措施	包括数字贸易主体资格的最低标准限制、对外资所有权或者股权的限制等
	知识产权壁垒		知识产权保护超出了合理的范围和标准

第三节 跨境电商

近年来,跨境电子商务作为新兴业态在全球范围内异军突起,市场交易规模高速增长,已成为全球跨境贸易的主要方式之一。跨境电商是数字经济与实体经济有效融合的重要载体,是"互联网+外贸"的典型代表。

一、跨境电商的概念

跨境电子商务,即跨境电商,是交易主体属于不同关境,通过电子商务平台交易、支付结算并通过跨境物流配送完成交易的一种商务模式。

与国内电子商务相比,跨境电商强调其"跨境",即交易主体分属于不同"关境",可能是国内企业对境外企业、国内企业对境外个人或者是国内个人对境外个人。据此,跨境电商交易的过程更复杂,例如,需要经过海关通关、检验检疫、外汇结算等环节;交易风险有差异,例如,交易中涉及到文化差异、知识产权纠纷等;适用规则不同,需要遵循国际贸易规则和交易双方政策法律等。

跨境电商与数字贸易都是在数字经济发展与壮大的情境下出现的。从数字贸易的贸易数字化和数字化贸易的分类来看,贸易数字化与跨境电商定义基本一致。在现实应用中,跨境电商主要指基于互联网而进行的跨境货物贸易以及相关服务,其核心在于"货物流动";而数字贸易更侧重于数字化交付内容及服务的跨境流动,核心在于"数据流动"。

二、跨境电商的类型

(一)按照进出口方向分

跨境电商依据进出口货物流向可分为出口跨境电商和进口跨境电商。

1. 出口跨境电商

出口跨境电商是国外买家访问国内卖家的自建网店或者平台网店,然后下单购买，并完成支付，由国内卖家发货给国外买家。其模式和国内的电商平台在本质上基本一样，主要区别是跨境物流和跨境支付。但是和国内电商平台相比，出口跨境电商面对的消费者更多、更广泛。出口跨境电商起步于20世纪90年代或21世纪初，国内平台有阿里巴巴国际站、敦煌网、DX、兰亭集势等，国外有eBay、亚马逊（Amazon）等。

2. 进口跨境电商

进口跨境电商指国内消费者通过访问境外商家的购物网站来选择商品，然后下单由境外卖家发货给消费者。进口跨境电商的运作方式有：（1）境内下单，国际运输直达境内。消费者购买境外商品，境外商品通过国际运输直达境内消费者。（2）境内下单，商家海外采购。消费者境内下单，订单达到一定数量后，商家在海外采购，通过国际物流直达保税区，报关后经过国内物流送达消费者。（3）境内下单备货模式。境外商品入境暂存保税区，消费者购买后以个人包裹形式通过国内物流送达境内消费者。在中国，进口跨境电商兴于代购，产品品类集中于服饰、箱包、奶粉和化妆品等。

（二）按照交易主体分

跨境电商按照交易主体类型可分为B2B跨境电商、B2C跨境电商、C2C跨境电商三种。

1. B2B 跨境电商

B2B（business to business），即商业对商业，或者说是企业间的电子商务。B2B跨境电商，是指分属于不同关境的企业与企业之间通过电子商务平台进行产品、服务及信息的交换，完成商务交易的过程。B2B模式下，企业运用电子商务以广告和信息发布为主，成交和通关流程基本在线下完成，本质上仍属于传统贸易，已纳入海关一般贸易统计。

代表性平台有敦煌网、中国制造网、阿里巴巴国际站、环球资源网。根据平台的盈利方式，B2B跨境电商平台可分为信息服务平台与交易服务平台。信息服务平台的作用是买卖信息的发布和搜索，主要盈利模式包括收取会员服务费用和增值服务费用。会员服务费即指卖方每年缴纳一定的会员费用后才可以享受的平台所提供的各种服务，增值服务即指平台为买卖双方提供竞价排名、点击付费及展位推广服务等增值服务时收费的费用。信息服务平台的主要代表企业包括阿里巴巴国际站和环球资源网等。

交易服务平台的主要作用是为了保障交易双方在进行网上交易和电子支付的安全、诚信等问题，例如，国内众所周知的电子商务平台"淘宝"。跨境交易服务平台的主要代表包括敦煌网和大龙网等。主要盈利模式包括佣金制以及展示费用。佣金制是指在成交以后按比例收取一定的佣金；展示费用是卖方上传产品时平台所收取的费用。

2. B2C 跨境电商

B2C（business to customer），是企业对消费者在线销售的商业零售模式。B2C 跨境电商是指分属不同关境的企业直接面向消费者个人开展在线销售产品和服务，通过电商平台达成交易、进行支付结算，并通过跨境物流送达商品、完成交易的一种国际商业活动。在 B2C 模式下，我国企业直接面对国外消费者，以销售个人消费品为主，物流方面主要采用航空小包、邮寄、快递等方式，其报关主体是邮政或快递公司，目前大多未纳入海关统计。

B2C 跨境电商的卖方分为两类：第一类是产品制造商，利用网上直销的方式销售其产品及各类服务。例如，DELL 计算机制造商通过 B2C 方式实现全球直销。第二类是产品经销商，通过自营平台或第三方平台出口产品。

根据平台的运营模式，B2C 跨境电商可以分为开放平台和自营平台。前者指电商平台邀请国内外商家入驻，开放共享商品、店铺、评价、仓储、营销等各个环节和流程的业务，例如，eBay、亚马逊和全球速卖通等。后者类似于传统的零售企业，通过自建平台将原来线下交易的产品在线展示、交易、运输至最终消费者，例如兰亭集势、环球易购。

3. C2C 跨境电商或平台

C2C（customer to customer），即个人对个人。C2C 跨境是指分属不同关境的个人卖方对个人买方开展在线销售产品和服务，由个人卖家通过第三方电商平台发布产品和服务信息，个人买方进行筛选，最终通过电商平台达成交易、进行支付结算，并通过跨境物流送达商品、完成交易的一种国际商业活动。C2C 模式的特点是大众化交易,早期的亿贝属于 C2C 平台,而一度非常流行的海淘代购,也是典型的 C2C 模式。

【延伸阅读】

全球主要跨境电商平台

Amazon:美国最大的网络零售商,也是世界级电商平台,最初以销售书籍起家,以自营模式为主,现在扩展为全品类经营。目前,Amazon 已成为全球商品品种最多的网上零售商,并和其他销售商一起为客户提供数百万种独特的全新、翻新及二手商品,如图书、影视、鞋类、食品、玩具等。Amazon 主要市场在美国和加拿大,同时在英国、法国、德国、意大利、西班牙、巴西、日本、中国、印度和墨西哥等很多国家和地区设有独立站,客户覆盖面广。

eBay:1995 年 9 月成立于美国加利福尼亚州圣荷西市作为诞生最早的在线拍卖和购物网站,eBay 以 B2C 垂直销售模式为主,主要针对个人客户或小型企业,类似淘宝 C 店。目前,全球共有超过 2500 万个卖家入驻该平台,其中约 80% 来自美国、英国、德国和中国。eBay 在全球共拥有 1.82 亿用户,分布在 190 多个不同的国家和地区,但超过 70% 的用户分布在美国,因此美国是其最主要的市场,主要热销数码产品类、时尚品类、家具及园艺品类、汽配品类、商业品类和工业品类。

AliExpress:中国最大的跨境出口 B2C 平台之一,全球第三大英文在线购物网站,也是俄罗斯、西班牙排名第一的电商网站,在消费电子、服装、汽车配件、家居、珠宝、饰品等品类上具有较大优势。该平台的业务覆盖全球 230 个国家和地区,主要交易市场集中在俄罗斯、巴西、美国、西班牙和土耳其。

Wish:聚焦于移动端的交易平台,堪称"手机上的亚马逊"。该平台主要面向欧美地区的客户,并且以女性为主。Wish 力求给消费者带来便捷的购物体验,利用自己的独特预算规则将商户的商品精准推送到客户面前,而不是被动地依赖消费者搜索。从某种意义上说,Wish 赋予产品主动积极性,而不再被动等待,卖家也可以进行精准营销。Wish 用户数已经突破 4700 万，成为除 Amazon、eBay 和 AliExpress 以外最大的跨境电商平台。对于中小零售商来说，Wish 未来潜力巨大，很有可能坐上跨境移动电商第一的宝座。

Lazada：东南亚地区最大的电商平台，由中国阿里巴巴集团投资控股。该平台只允许企业卖家入驻，其销售的产品包括电子设备、衣服、器械、书籍、化妆品等，市场范围涵盖印度尼西亚、马来西亚、菲律宾、泰国、越南等东南亚国家和地区。该平台拥有自建物流网络，在东南亚 17 个城市拥有超过 30 个仓储中心，在各国建立自营仓库、分拣中心和电子科技设施，为商家解决"第一公里"和"最后一公里"的复杂货运流程问题，大幅度降低了东南亚部分地区因基础设施落后而产生的昂贵运费。小米登陆菲律宾时，就是通过 Lazada 进行产品销售的。

Shopee（虾皮）：一家来自新加坡的移动电商平台。中国腾讯公司持有其 39.8% 的股权，是腾讯布局跨境电商平台一个最重要的环节。该平台推出于 2015 年，主要销售电子消费品、家居、美容护理、母婴、服装和健身器材等多种品类的产品，在社交媒体上拥有超过 3000 万名粉丝、700 万家活跃卖家。Shopee 在东南亚和中国拥有超过 8000 名员工，是东南亚地区发展最快的电商平台，业务服务市场范围涵盖马来西亚、泰国、印度尼西亚、越南、菲律宾等国家和地区。

Rakuten（乐天）：日本最大的电子商务集团，最初专门从事计算机及电子产品的网络销售，后来拓展为全品类商品销售。值得一提的是，入驻该平台的商家高达 25% 以上开通了直邮中国的服务。中国消费者为其业务带来了倍数级的增长动力。Rakuten 于 2000 年 4 月上市，随后开始扩张布局如今已经发展成一家综合性集团公司，核心业务包括电子商务、旅游、信用及支付、金融证券、新闻门户等。

Mercado Livre：巴西本土最大的 C2C 平台，也是目前为止南美洲最大的全品类电子交易平台，除电子交易平台外，旗下还有南美洲最大的支付平台 Mercado Pago。业务范围覆盖巴西、阿根廷、智利、哥伦比亚、哥斯达黎加、厄瓜多尔、墨西哥、巴拿马、秘鲁、多米尼加、巴拉圭、委内瑞拉、葡萄牙 13 个国家。

Flipkart：印度最大的电商平台和全球十大电商巨头之一，在成立之初,与亚马逊一样只是一个卖书的网站,但现在它已经是一家拥有 9000 多名员工、3 万多家商户、7000 多万用户、日均访问量达 1 亿多次、年销售额突破 10 亿美元、市值高达上百亿美元的电商巨头。

Allegro:波兰最大的电商平台,成立于 1999 年,经过 20 多年的本地化耕耘,几乎垄断了该国 90% 的电子商务市场,号称通过 Allegro 才能接触到波兰消费者。自 2006 年起,Allegro 把业务陆续扩展到了其他中东欧国家,分别在捷克推出了 Aukro.cz 网站,在匈牙利推出了 TeszVesh.hu 网站,在俄罗斯推出了 Molotok.ru 网站,在乌克兰推出了 Aukro.ua 网站。

Bol.com:荷兰最大的在线销售平台,产品类别包含电子、书籍、娱乐、家居用品和玩具等,约有 560 万活跃用户,向荷兰和比利时顾客提供超过 1000 万种商品。绝大部分荷兰人和比利时人会在这个平台上购物。近年来,入驻 Bol.com 的商家数量以 20% 以上的速度增长。

Cdiscount:法国最大的电子商务平台,产品涵盖食品消费电子、家用电器、婴幼儿用品、箱包、玩具等。其经营模式类似于批发商城,因此价格非常有优势。很多批发商在此注册开店。此外,Cdiscount 在哥伦比亚、科特迪瓦、厄瓜多尔、泰国、越南、塞内加尔、巴西、喀麦隆、巴拿马等国家和地区均设有分站。

Souq:成立于 2005 年,总部位于迪拜,是中东地区最大的电商平台,号称"中东的亚马逊",现已被亚马逊以 6.5 亿美元纳入麾下。值得注意的是,若你想注册 Souq 账号,就需要有中东当地的公司,用当地的电话卡作为联络信息,还要提供当地的仓储发货地址。当交易完成,还需要使用当地的银行卡来进行收款。

资料来源:逯宇铎,陈璇. 跨境电子商务 [M]. 北京:机械工业出版社,2020.

第四节 新时代推动共建数字丝绸之路

互联网与大数据赋予"一带一路"新的发展活力。乌鲁木齐、重庆、西安、兰州、西宁、成都、郑州、武汉、长沙、南昌、合肥等作为"一带一路"建设节点城市，在参与"一带一路"建设中要抓住信息技术革命的契机，将互联网、大数据等技术应用到不同产业的方方面面。中国与"一带一路"沿线各国加强网络互联、信息互通，形成多领域、多层次的基于"互联网+"的信息经济带。

一、数字丝绸之路的提出

数字丝绸之路经济带是推动共建"一带一路"高质量发展的重要内容，包括数字技术创新、数字贸易、数字产业、数字基础设施、数字交通物流、数字科技合作、数字文化旅游等。

数字丝绸之路倡议的构想可追溯至 2015 年《推动共建丝绸之路经济带和 21 世纪海上丝绸之路的愿景与行动》中的"信息丝绸之路"。2016 年《国民经济和社会发展第十三个五年规划纲要》提要建设"网上丝绸之路"。2017 年，习近平总书记在首届"一带一路"国际合作高峰论坛上正式提出"数字丝绸之路"发展倡议，呼吁"一带一路"国家加强在数字经济和人工智能等相关前沿领域的合作①。2019 年第二届"一带一路"国际合作高峰论坛，习近平总书记进一步指出，"要顺应第四次工业革命发展趋势，共同把握数字化、网络化、智能化发展机遇，共同探索新技术、新业态、新模式，探寻新的增长动能和发展路径，建设数字丝绸之路、创新丝绸之路"②。2021 年，习近平总书记在第三次"一带一路"建设座谈会上强调，要深化数字领域合作，发展"丝路电商"，构建数字合作格局③。在新发展格局下，数字丝绸之路经济带建设要以数字经济培育新动能，用新动能推动"一带一路"建设。通过数据连通促进丝路沿线信息、贸易、经济合作，通过数字技术为丝绸之路经济带高质量发展提供支撑，从而推动高水平对外开放的形成。

---

① 习近平. 在"一带一路"国际合作高峰论坛开幕式上的演讲［EB/OL］. 新华网，2017 – 05 – 14.

② 习近平. 在第二届"一带一路"国际合作高峰论坛开幕式上的主旨演讲［EB/OL］. 新华网，2019 – 04 – 26.

③ 新华社. 习近平出席第三次"一带一路"建设座谈会并发表重要讲话［EB/OL］. 新华网，2021 – 11 – 19.

二、数字丝绸之路的总体进展

数字丝绸之路自倡议提出以来，其建设和发展十分迅速，中国在数字经济领域与"一带一路"沿线国家和地区的合作持续深化，数字丝绸之路相关的双多边合作机制不断完善，推动全球数字合作新格局加速形成。在打造数字丝绸之路国际论坛方面，中国也取得了显著成就，为各方交流提供了重要平台，在促进合作方面取得丰硕成果。

（一）推动国际合作机制发展卓有成效

近年来，中国一直秉持开放合作、共建共享的原则，努力推进数字丝绸之路相关的国际合作机制建设，为中国与"一带一路"沿线国家和地区持续深化数字合作提供重要保障，推动数字全球化及有关国际规则的发展。

第一，加强数字丝绸之路双边机制建设，积极扩大数字丝绸之路核心朋友圈。截至2022年10月，中国已与捷克、古巴、埃及、哈萨克斯坦、韩国、匈牙利等五大洲的17个国家签署了数字丝绸之路合作谅解备忘录，覆盖数字经济链和全球供应链的各个环节①。

第二，在区域合作中充分发挥引领作用，不断提升数字丝绸之路相关议题的国际影响力。例如，2022年，中国力推的《区域全面经济伙伴关系协定》（RCEP）生效，其中涵盖电子商务和电信服务等重要议题。2019年亚太经济合作组织（APEC）数字经济指导组成立以来，中国一直积极推动《APEC互联网和数字经济路线图》全面落实。2017年，中国和其他金砖国家通过《金砖国家领导人厦门宣言》，推动互联网空间、信息通信技术等领域深化合作。2022年，金砖国家领导人第十四次会晤通过《金砖国家数字经济伙伴关系框架》，进一步推动数字经济合作。

第三，在多边框架下务实推动国际合作，为数字丝绸之路发展创造良

---

① 国务院新闻办公室. 中国"数字丝绸之路"创造新机遇 [R/OL]. 人民日报海外版，2022 – 10 – 10.

好国际环境。例如，自 2017 年中国宣布加入世界贸易组织（WTO）"电子商务发展之友"以来，一直积极推动电子商务议题的国际谈判。2022 年，中国与其他 WTO 成员就继续支持电子传输免征关税达成一致。在二十国集团（G20）框架下，中国于 2016 年推动 G20 成员国签署《G20 数字经济发展与合作倡议》，作为全球首个多国领导人签署的数字经济政策文件，数字经济首次被列为 G20 创新增长的核心议题。中国还积极参加 G20 数字经济部长会议和数字经济任务组的相关磋商，推动数字经济任务组升级为工作组。

第四，主动对接融入全球领先和高标准的数字国际合作协定，为数字丝绸之路的建设和发展提供更强劲的中国动力。例如，中国在 2021 年提出加入《数字经济伙伴关系协定》（DEPA），并于 2022 年正式成立中国加入 DEPA 工作组，一方面对标 DEPA 有关要求检视国内规则并制订改革方案，另一方面积极推进与 DEPA 各成员国的沟通与谈判。

（二）促进数字丝绸之路国际交流合作成果丰硕

通过各类重大的国际论坛与国际会议，中国近年来与"一带一路"国家就数字丝绸之路相关议题加强了沟通与交流，在主动发声、形成共识、深化互信、促进合作等方面均取得丰硕成果。

第一，主场打造了若干数字主题的国际论坛与国际会议，包括世界互联网大会、世界数字经济论坛、全球数字经济大会等。其中，影响力最大的是 2014 年中国创办的世界互联网大会，截至 2022 年底已经成功举办 9 届。从 2015 年第二届世界互联网大会开始，每一届大会均围绕数字丝绸之路设置了分论坛，吸引重要国际组织、有关国家政要、政府部门代表、中外互联网企业、专家学者等参会交流与洽谈合作，议题不仅涵盖云计算、人工智能、5G、区块链等前沿技术和产业，也包括国际互联网治理与合作以及全球数字化进程等。此外，2022 年，商务部投资促进事务局在厦门主办"数字经济国际合作论坛"和"数字经济对外投资合作论坛"，深化国内外政府部门、头部企业、专业机构合作，推动多方数字经济产业集群精准对接。

第二，中国与多个国际组织合作举办数字丝绸之路相关的重要会议与重大活动，积极推动国际交流合作。例如，近年来中国与联合国教科文组织举办国际教育信息化大会、国际人工智能与教育大会等重大活动，并发布成果文件《青岛宣言》《北京共识》，在推动教育数字化方面发挥重要作用。2021年，中国举办APEC数字减贫研讨会，为亚太地区加快减贫进程提出数字化解决方案，积极落实中国在APEC框架下发起的"建设包容性数字社会"合作倡议。此外，在中国的支持下，全球移动通信系统协会2015～2023年在上海连续举办9届世界移动通信大会（MWC），持续推动移动互联网新技术等领域的国际合作。

第三，中国不断加强和拓展与周边及广大发展中国家的数字经济对话。例如，截至2022年，"中国—东盟信息港论坛"已连续成功举办5届，并建立了网络事务对话机制，有效推动中国与东盟国家在信息通信领域的交流合作，促进数字经济领域的互联互通，为中国与东盟国家的企业提供更多数字经济领域的务实合作机会。2021年，"中国—非洲互联网发展与合作论坛"发布《中非携手构建网络空间命运共同体倡议》，并提出《中非数字创新伙伴计划》。在数字基础设施建设、数字教育、数字安全等方面开展切实合作，帮助非洲国家消除数字鸿沟。同年，作为第五届中国—阿拉伯国家博览会重要部分，网上丝绸之路大会成功举办，深入推进中国与阿拉伯国家在数字基建、跨境电子商务和智慧城市等领域的务实合作。

（三）新冠疫情期间数字丝绸之路建设逆势发展

2020年新冠疫情暴发，人类携手合作应对全球挑战的迫切性更加显著。大力发展数字经济成为"一带一路"沿线各国应对疫情冲击、加快经济社会转型的重要抓手。从需求看，疫情对多国经济造成较大冲击，亟待通过扩大和加强数字经济国际合作提振经济，重新走上发展之路。从供给看，疫情期间远程办公、在线教育、网络社交和娱乐方式层出不穷，在线用户数量激增，进一步刺激了互联网商务、内容平台、网络通信基础设施建设的供给。基于共商共建共享和互利共赢的原则，中国与共建"一带一路"国家从供需两端同时发力，推动数字丝绸之路合作在疫情期间逆势发展、行稳致远。

第一，疫情期间中国高度重视数字手段在与"一带一路"沿线国家交流中的重要性，并发布了促进数字丝绸之路高质量发展相关的重要文件。2021年《国民经济和社会发展第十四个五年规划纲要》提出："推动与共建'一带一路'国家贸易投资合作优化升级，积极发展丝路电商。"同年，商务部等有关部门联合发布了《数字经济对外投资合作工作指引》，强调要更好融入数字经济全球产业链，加快推进海外数字基础设施建设，积极参与国际数字规则标准制定等。2022年，《"十四五"数字经济发展规划》发布，其中明确提到要"推动'数字丝绸之路'深入发展"，特别是与东盟、中东欧、欧盟、非盟及非洲国家等加强数字伙伴关系，进一步促进互联互通，推动数字经济和技术合作高质量发展。

第二，抢抓疫情期间全球数字经济发展的战略机遇，中国和共建"一带一路"国家就促进数字丝绸之路高质量发展深化交流与合作。例如，2020年是中国—东盟数字经济合作年，双方以"集智聚力共战疫，互利共赢同发展"为主题开展对话交流，中国向东盟国家介绍了数字技术在科学高效抗疫以及保障人民工作生活等方面发挥的重要作用，共同发表《中国—东盟关于建立数字经济合作伙伴关系的倡议》。中国与东盟国家间的数字经济合作显著促进双方贸易增长。2020年，东盟超过欧盟成为中国第一大贸易伙伴，此后连续3年中国与东盟一直互为最大贸易伙伴。在APEC框架下，中国自2020年以来先后提出《运用数字技术助力新冠肺炎疫情防控和经济复苏倡议》《优化数字营商环境激活市场主体活力》《后疫情时代加强数字能力建设，弥合数字鸿沟》等重要倡议文件，为促进APEC成员方的数字经济发展与数字国际合作做出贡献。2021年，中国—上海合作组织数字经济产业论坛在重庆成功举办，为上合组织成员国之间的数字经济和产业合作搭建重要平台。

第三，中国加快提升"丝路电商"国际合作平台影响力。截至2023年1月，中国已与29个国家建立了"丝路电商"双边合作机制。截至2022年11月，针对伙伴国政府、商协会和企业推出的"丝路电商"云上大讲堂已成功举办51场直播讲座，累计参训和观看人数超10万人次。新冠疫情以来，南宁、福州、郑州、西安、宁波、厦门等地均举办了"丝路电商"为主题的国际合作论坛，其中"丝路电商"国际合作（郑州）高峰论坛截至 2023 年已连续举办 4 届。这些国际论坛有效促进了中国与共建"一带一路"国家的跨境电商合作。2023 年初，上海和杭州等地都在年度政府工作报告中明确提出要积极创建"丝路电商"合作先行区。截至 2022 年 11 月，中国已在 31 个省份设置 165 个跨境电商综合试验区。

第四，数字丝绸之路建设过程中，中欧班列数字化转型迅速。2021 年，首个海外仓供需对接的海外智慧物流平台海外仓服务正式上线，中欧班列全年开行 1.5 万列，运送 146 万标箱，同比分别增长 22%、29%[①]。"上合示范区——明斯克"、"义新欧"、"苏新欧"、合肥至德国汉堡、威廉港等跨境电商专列先后开通并常态化开行，实现了"中欧班列"与跨境电商模式的融合。

三、数字丝绸之路建设的五大重点领域

数字丝绸之路建设涵盖数字技术、消费电子、数字应用、数字基建、跨境电商、数字规则六大领域。从"五通"的角度来看，数字丝绸之路建设不仅丰富了设施联通的内涵，而且为促进政策沟通、贸易畅通、资金融通、民心相通提供了重要推动力。总体而言，中国在数字丝绸之路具体领域与东南亚和南亚的合作较为深入，与欧洲的合作空间较大，与中东、中亚及非洲地区的数字丝绸之路合作发展较快，与拉丁美洲的合作具有较好的成长性。

（一）数字技术

在数字技术领域，中国近年来在以 5G 为代表的新一代通信技术、以算法为核心的人工智能技术等方面发展迅速，为数字丝绸之路建设提供较好支撑。根据瑞士洛桑国际管理发展学院（IMD）发布的世界数字竞争力排名，中国的综合排名从 2018 年的第 30 名上升为 2022 年的第 17 名。近年来，中国技术出口前 5 大行业中，通信设备和计算机及其他电子设备制

---

① 商务部. 2021 年我国与沿线国家货物贸易额 11.6 万亿元，创八年来新高 [EB/OL]. 光明网，2022-01-25.

造业、软件业、计算机服务业的规模分别位列第一、第二、第五。2021年这三个数字技术行业出口的合同金额占中国技术出口总额的43.95%。在数字技术方面，中国与大多数共建"一带一路"国家均有贸易往来，而且总体上处于净出口的状态。

在5G通信技术领域，中国与东南亚和南亚（不包括印度）的数字技术合作总体上较为成功。例如，中国电信与Udenna集团合作，在菲律宾全境建设运营4G/5G移动通信网络，服务近90%的当地居民。此外，印度尼西亚、马来西亚、缅甸、老挝、泰国、柬埔寨、新加坡、巴基斯坦、孟加拉国等国家也与中国开展了5G技术合作。在欧洲方面，主要是中东欧国家对中国的5G技术有较大兴趣，如匈牙利便较早采用了华为5G技术。在中东、非洲、中亚方面，受益于中国与这些地区关系不断向好的发展趋势，目前大多数国家均与中国积极开展5G技术合作，仅有以色列等极少数国家宣布禁用华为5G。但是，非洲和中亚的经济发展水平相对较低，大规模采用5G技术仍需较长时间。例如，截至2022年底，非洲53个国家中仅有13国（如南非）开通5G网络，其余大部分国家至少要等到2025年才有望启用5G[1]。在拉美地区，智利、巴西和墨西哥是5G技术的领跑国家，三国均与中国有较多合作，其余大多数拉美国家离5G商用还有较大距离。

在人工智能领域，中国的国际合作情况大体同上。就合作最为深入的东南亚地区而言，中国已与9个东盟国家建立政府间双边技术转移工作机制，成立中国—东盟人工智能创新中心、区块链创新中心和信息港鲲鹏生态创新中心等，形成超过2600家成员的技术转移协作网络。中国—东盟新型智慧城市协同创新中心和地理信息与卫星应用产业园已累计入驻数字经济企业及科研机构达130家[2]。阿里云利用人工智能、大数据、云计算等技术推动马来西亚的智慧城市发展，取得积极进展[3]。"中国—东盟跨境征

---

[1] The Economist Intelligence Unit, Assessing 5G Readiness in Africa, 2022.
[2] 中央网信办. 中国—东盟信息港：推动数字互联互通打造"数字丝绸之路" [EB/OL]. 人民网，2022-09-16.
[3] 罗圣荣. 东盟数字经济与中国—东盟"数字丝绸之路"建设 [EB/OL]. 当代世界，2023 (3).

信服务平台"应用大数据、人工智能和区块链等技术,可查询东盟国家超过700万家企业及中国境内超过2万家外贸企业的征信①。此外,截至2022年底,中国北斗卫星导航系统向约120个国家和地区提供公共安全、智慧城市、数字交通等技术支持,在亚洲、非洲和拉丁美洲重点示范应用②。

在软件业领域,如果将中国内地出口至美国、日本的软件排除在外,欧盟和新加坡是中国排前两位的出口目的地,2021年出口至这两地的合同额分别占共建"一带一路"国家与地区总额的30%和12.5%。按区域分,2021年中国对数字丝绸之路国家的软件出口主要集中在欧洲(114.52亿美元)和东南亚(62.23亿美元),合计占比为69.5%,其次为南亚(9.18亿美元)、中东(8.35亿美元)和拉美(4.6亿美元)③。

(二)数字载体

消费电子作为数字经济的重要载体,是数字丝绸之路发展的重要基础。其中,智能手机、平板电脑和个人电脑是消费电子中的代表性产品。

智能手机方面,2022年中国智能手机出货量较多的数字丝绸之路地区是欧洲和东南亚,约占47.3%;其次为中东和拉美,仅阿联酋、沙特、墨西哥、哥伦比亚4个国家的进口量约占中国向数字丝绸之路地区出口总量的19.3%④。

平板电脑方面,中国出货量较多的地区是欧洲。近年来,荷兰、英国、德国、俄罗斯、意大利、法国6国的进口量每年都超过100万台。2022年6国的进口量合计超过2000万台,占到中国向数字丝绸之路地区出口的近50%⑤。此外,中东(阿联酋和土耳其)、拉美(墨西哥和巴西)、东南亚(新加坡、马来西亚、泰国、菲律宾、越南、印度尼西亚)

---

① 广西壮族自治区信息中心. 中国—东盟信息港建设情况评估报告 [EB/OL]. 中国—东盟信息港网,2019-04-13.
② 国务院新闻办公室. 中国"数字丝绸之路"创造新机遇 [N/OL]. 人民日报海外版,2022-10-10;国务院新闻办公室. 新时代的中国北斗 [EB/OL]. 国新办网,2022-11-04.
③ 作者根据《中国商务年鉴·2022》中的数据计算而得,各区域的数据仅统计了排名前30的数字丝绸之路国家,在所有数字丝绸之路国家中合计占比约80%。
④⑤ 作者根据海关统计数据在线查询平台的数据整理分析而得。

的平板电脑进口量近年来也维持在较高水平。

个人电脑方面，2019~2022年中国对欧洲的出货量占整个数字丝绸之路地区的比例每年均在50%以上，2021年总出货量超过6000万台，其中德国、荷兰、英国、俄罗斯、法国进口量位居欧洲前列①。其次是中国对东南亚（印度尼西亚、新加坡、泰国等）和南亚（印度）地区的出口，二者合计占中国向数字丝绸之路地区出口个人电脑总量的20%左右。

（三）数字应用

以数字技术合作与消费电子发展为基础，数字应用正在成为中国与"一带一路"国家共建数字丝绸之路的增长新动能。近年来，中国开发的社交、娱乐、新闻、购物、出行、移动支付等各类数字应用"出海"十分成功，在共建"一带一路"国家与地区广受欢迎。

从数字应用生态系统看，华为2018年开发的应用商店（App Gallery）很快打破苹果（App Store）和谷歌（Google Play）对全球市场的垄断，成为全球第三大数字应用生态。根据华为应用市场数据，截至2021年底，App Gallery的月活跃用户超过5.8亿，覆盖几乎所有共建"一带一路"国家，2021年的总分发量超过4320亿次②。

在社交应用中，2020~2022年，抖音国际版（TikTok）连续三年位列全球下载人次最多的数字应用，成为中国数字应用"出海"的成功范例。2021年上半年其总下载量达到30亿次，2022年底达到40亿次，是增长最快的非手机预装应用③。截至2023年1月，TikTok的月活跃用户已超过10亿个账户④。

在直播应用中，欢聚时代开发的Bigo Live在2020~2021年居全球同类应用下载榜第一。2022年上半年，该应用的下载量为3500万次，在直

---

① 作者根据海关统计数据在线查询平台的数据整理分析而得。
② 盛思鑫，袁梅诗. 新时代推动共建数字丝绸之路的主要成就与前景展望［J］. 全球化，2023（4）：27-42，134.
③ Curry D., TikTok App Report 2023［J］. Business of Apps, May 10, 2023.
④ Statista, Most popular social networks worldwide as of January 2023 ranked by number of monthly active users［J］. Statista, January 2023.

播应用中保持了新增用户最多的地位①。

在音乐应用中，昆仑万维旗下的 StarMaker 在 2022 年的下载量近 1 亿人次，位居全球第二，主要布局在东南亚、中东、北非、欧洲、拉美等共建"一带一路"地区②。在非洲，传音手机预装的 Boomplay 应用是该地区最大的音乐流媒体平台，截至 2021 年底，月度活跃用户已超 6000 万个③。

在购物应用中，希音（Shein）在 2022 年下载量超过 2 亿人次，取代亚马逊（Amazon）成为全球下载量第一的购物数字应用④。该应用主打服装和鞋包等时尚快速消费品领域，在欧洲、东南亚、南亚、中东等中高收入国家中用户数增加较快，海外发展势头迅猛。

在游戏应用中，近年来腾讯、米哈游、趣加、三七互娱、莉莉丝、网易等中国游戏公司开发的手游，在"出海"过程中表现突出。2022 年全球收入最高的前十款游戏应用中，有 5 款均由中国厂商发行，其中腾讯开发的游戏 PUBG Mobile 是第一款成功进入海外市场的中国应用，风靡中东、南亚、东南亚和欧洲等共建"一带一路"地区，2018～2022 年海外总收入合计约 38 亿美元⑤。

（四）数字基建

数字基建既是促进"一带一路"国家互联互通的重要方式，也是弥合全球数字鸿沟的有效手段。当前，以海陆光缆、电信基础设施、数据中心等为代表的数字基建已成为数字丝绸之路高质量发展的重要动力。

海底光缆作为全球各大区域间网络互联互通的主动脉，目前承载着 95% 以上的跨国数据传输，是全球最重要的通信载体。自 1993 年中国开通第一条海缆以来，中资企业联合国际运营商投资建设的自中国出发的海缆，已联通东南亚、南亚、中东、欧洲、拉美、非洲的主要地区，显著提升了中国与海丝国家的网络通达性和安全性。例如，由中国移动、中国电

---

① Ting Qian. 2022 年移动直播应用市场洞察［EB/OL］. Sensor Tower 中文网站, 2022. 9.
② Curry, D., Most Popular Apps［J］. Business of Apps, May 4, 2023.
③④ 传音控股. 深圳传音控股股份有限公司 2021 年年度报告［N］. 证券之星, 2022-04-26.
⑤ Game Look. 2022 全球 TOP20 手游收入曝光：王者荣耀、PUBGM、原神位居前三［EB/OL］. 游戏大观网, 2023-01-05；动点科技. 2022 年 12 月成功出海中国手游：PUBG Mobile 登顶海外收入增长榜，多款策略手游收入表现亮眼［EB/OL］. 动点科技网, 2023-01-17.

信、中国联通以及亨通集团等中资企业投资或建设的亚非欧 1 号（AAE1）、亚欧 5 号（SMW5）和 PEACE 海缆，是当前中国连通亚非、亚欧和非欧的主要通信项目。随着中国在海缆制造、铺设及维护方面的技术与经验日渐成熟，中资企业近年来逐渐打破由西方传统寡头垄断的国际海缆建设市场。例如，由中国联通和中国移动投资、亨通集团建设的 SEA – H2X 海缆，在 2024 年投入使用后将成为中国与东南亚实现网络直联的重要路径。此外，由中国移动投资的全球最大 2Africa 海缆项目于 2023 年投入使用，该线路无缝连接亚洲、非洲和欧洲，主干拥有 50 个登陆点，全长 45000 千米，预计服务全球 30 亿名用户①。在拉丁美洲方向，由中国联通投资参与的南大西洋 SAIL 海缆已于 2020 年投入使用，成为第一条连接非洲与南美洲的洲际互联网直达线路。

在电信基础设施建设方面，中资企业积极与共建"一带一路"国家开展合作，推动地区数字化智能化转型升级。例如，中国三大电信运营商和华为等企业为非洲、东南亚和拉丁美洲提供高水平通信基础设施联通，大幅降低国际通信成本。在全球基站天线供应方面，2020 年华为占全球市场份额的 35.1%，位居全球第一②。截至 2023 年，中国在非援建 15 余万公里的通信骨干网，网络服务覆盖近 7 亿名用户终端。其中，约 80% 的 3G 网络基础设施和约 70% 的 4G 网络基础设施均由华为和中兴承建③。此外，多家中资企业近年来积极投资参股境外基础电信运营：分享通信收购尼日利亚 Gicell 公司 80% 股份、京信通信入股老挝国有电信运营商 ETL、中国移动收购泰国 True 集团 18% 股份等④。

在互联网数据中心建设方面，2023 年全球数据中心企业排名前 20 中，中国有万国数据（第 9 位）和阿里云（第 15 位）两家上榜⑤。从区域来

---

① 2Africa, 2Africa deployment underway with first landing in Genoa Italy, Key Milestones, April 14, 2022.

② ABI Research, Huawei and CommScope are the Market Leaders in ABI Research's Cellular Base Station Antenna Competitive Ranking, ABI Research, August 3, 2021.

③ 梅冠群. 中非"一带一路"合作迈上新阶段、拓展新领域、开创新模式［N］. 中国日报, 2023 – 2 – 16.

④ 刘永旺, 林小雨. "一带一路"信息通信企业"走出去"策略探讨［J］. 信息通信技术与政策, 2018（9）.

⑤ Zhang, M., Top 250 Data Center Companies in the World as of 2023, Dgtl Infra, March 2, 2023.

看，中国投资建设的海外数据中心主要集中在东南亚。自 2022 年中国—东盟信息港项目开工以来，华为和万国数据等中资企业与泰国、柬埔寨、缅甸、老挝等国合作建设运营数据中心。近年来，中国移动、阿里云和字节跳动等企业积极拓展与英国、德国、沙特、肯尼亚、巴基斯坦等国在数据中心建设方面的合作。

（五）数字规则

数字规则是数字治理的核心，也是数字丝绸之路发展的重要保障。在中国和数字丝绸之路国家特别是发展中国家的共同努力下，当前全球数字规则已初步形成中国模式、美国模式、欧洲模式三足鼎立的局面。概而言之，中国模式的数字规则以合作、发展、安全为基础，强调尊重各国网络主权，聚焦电子商务等数字贸易发展，最能反映发展中国家的利益诉求。

一是坚持"网络空间命运共同体"理念，联合共建"一带一路"国家积极推进与数字丝绸之路相关的国际议题。在 2015 年第二届世界互联网大会上，习近平总书记首次提出"构建网络空间命运共同体"倡议和推进全球互联网治理体系变革的"四项原则"[①]。在 2017 年第四届世界互联网大会上，中国与沙特、塞尔维亚、土耳其、泰国等国共同发起《"一带一路"数字经济国际合作倡议》。在中国互联网治理论坛 2020 年举办的国际研讨会上，中国发起的《全球数据安全倡议》得到国际社会积极响应。2021 年和 2022 年，阿拉伯国家联盟和中亚五国先后与中国签署《中阿数据安全合作倡议》《"中国+中亚五国"数据安全合作倡议》。2022 年第九届世界互联网大会以"共建网络世界共创数字未来——携手构建网络空间命运共同体"为主题，探索世界百年变局和疫情叠加形势下，数字丝绸之路的高质量发展。大会同期举办"全球发展倡议数字合作论坛"，围绕深化数字经济国际合作、加强数字治理能力建设、共享数字技术发展红利等议题进行交流，深入推进全球发展倡议数字领域合作。

二是以 2018 年签订的《东盟电子商务协议》与 2020 年签订的 RCEP

---

① 于丰华. 全球数字规则构建：中国国际法的守正与创新［J］. 辽宁工业大学学报（社会科学版），2023（1）.

为抓手,初步制定了适合数字丝绸之路发展的数字贸易规则。由于 RCEP 既包括东南亚的发展中国家,也包括日本、韩国、澳大利亚、新西兰等高收入经济体,在此基础上形成的数字贸易规则兼顾了处于不同发展水平和不同发展阶段经济体的利益考量,有较强的代表性和发展潜力,充分体现了中国一贯主张的"多元共治"的发展理念。作为当前全球覆盖区域最广、内容最全面的电子商务国际规则,RCEP 设有专门的电子商务章节和电信章节,并对跨境数据自由流动、数据存储本地化、网络安全、电子传输关税、个人信息保护、线上消费者保护等规则做了规定,为构建公平便利的数据跨境流动与数字贸易规则体系贡献了中国智慧。例如,RCEP 在保障数据自由流动的同时,也允许各成员国基于国家安全与公共利益的考量保留监管,并给予数字产业落后的缔约方一定的宽限期去落实协定要求。

三是中国在规则实践方面也做了很多有益探索,有力推动了数字丝绸之路发展。例如,在数字标准共建互认方面,2019 年中国向国际电信联盟提交 5G 技术方案,推动北斗二号、北斗三号进入第三代合作伙伴计划(3GPP)标准体系。2015~2020 年,超过 800 项国际标准由中国主持制定①。2020 年,中建三局智能技术公司与英国标准学会合作,发布第一份智慧城市(社区)数据产品和服务供应商国际标准。在电子口岸平台建设与推进智慧通关方面,中国近年来在全国各省份的自贸区积极打造"国际贸易单一窗口",为进出口企业提供货物申报、进口配额申请、税费办理、跨境电商、物品通关等各项基本服务功能,有效提高通关效率和降低通关成本。在海上物流信息合作方面,自 2017 年以来,国家物流信息平台与国际港口社区系统协会、比利时安特卫普港、阿联酋阿布扎比港、马来西亚巴生港等签署合作备忘录,覆盖欧亚 8 个国家,共同推动东北亚物流信息服务网络(NEAL-NET)应用扩展至欧洲、东南亚和中东地区。

四、"丝路电商"的稳步推进

"丝路电商"是按照共建"一带一路"倡议,充分发挥我国电子商务

---

① 李雅文. 激发"数字丝路"产业活力,构建"一带一路"数字贸易规则体系[J]. 中国信息安全, 2021(2).

技术应用、模式创新和市场规模等优势,积极推进电子商务国际合作的重要举措。"丝路电商"的落脚点和侧重点在"电子商务国际合作",且以电子商务技术发展、模式创新以及我国超大市场规模为基础;合作内容主要涵盖政策沟通、规划对接、产业促进、地方合作、能力建设等,包括但不限于数字交付贸易或数字订购贸易。

(一)"丝路电商"的发展现状

1. "丝路电商"朋友圈不断扩展

"丝路电商"加快全球布局,截至 2021 年底,我国已与五大洲 23 个国家建立了双边电子商务合作机制,与十余个重点国家就签署双边电子商务合作备忘录达成一致[1],在金砖国家、上海合作组织、中国中东欧国家、中国中亚五国等框架下,建立电子商务多边合作机制,共同开展政策沟通、规划对接、产业促进、地方合作、能力建设等多领域、多层次的合作。电子商务企业加快出海,带动物流、移动支付等领域实现全球发展。积极参与世界贸易组织(WTO)、二十国集团(G20)、亚太经合组织(APEC)、金砖国家(BRICS)、上海合作组织(SCO)等多边和区域贸易机制下的电子商务议题磋商,与自贸伙伴共同构建区域高水平数字经济规则。

2. 跨境电商增势迅猛

自 2017 年以来,中国跨境电商增势迅猛,已成为外贸发展新动能、转型升级新渠道和高质量发展的新抓手。2017~2021 年,中国跨境电子商务规模从 902.4 亿元增长到 1.98 万亿元,5 年增长近 22 倍,年均增速高达 55.5%。新冠疫情期间,中国跨境电商进出口额基本呈两位数增长,跨境电商市场规模不断扩大。2020 年中国跨境电商贸易额为 1.69 万亿元,比 2019 年疫情前增长 31.1%;2021 年为 1.98 万亿元,同比增长 15%,其中出口额为 1.44 万亿元,同比增长 24.5%;2022 年达到 2.11 万亿元,同比增长 9.8%,其中出口额为 1.55 万亿元,同比增长 11.7%[2]。

---

[1] 商务部国际贸易经济合作研究院. 中国"一带一路"贸易投资发展报告 2022 [R/OL]. 2023-03-01.

[2] 根据中国海关的统计数据整理计算。

跨境电商 B2B 出口监管试点在全国海关正式复制推广，配套政策不断完善，B2B 跨境电商交易量显著增加。为进一步推动跨境电商发展，全国跨境电子商务综合试验区已扩容至 132 个，基本覆盖全国①。综合试验区形成的成熟经验和制度创新政策逐步推广到全国，发展模式不断创新，有力推动跨境电商平稳较快发展。此外，中国海外仓的数量和规模进一步扩大。截至目前，中国跨境电商海外仓数量已超 2000 个，面积超 1600 万平方米，约覆盖 20% 的"一带一路"沿线国家。2021 年 10 月，中国首个跨境电商海外仓国家标准正式启动，为"丝路电商"的进一步发展奠定了良好的制度和政策基础②。

以阿里巴巴为代表的中国电商平台与东南亚、西欧、东欧和中东地区有着较为密切的市场合作。新冠疫情期间，中国的电商平台在东南亚增长较快。以泰国为例，泰国前三大电商企业均与中资企业合作密切。2020 年京东与泰国尚泰合资的电商平台（京东泰国，JD Central）销售额同比增长 169%。在东南亚地区，电商的市场集中度较高，2022 年中国电商平台在印度尼西亚、马来西亚、菲律宾、新加坡、泰国、越南 6 国的成交额合计占比达到 16.3%③。尽管中国在欧洲的电商市占率比东南亚低，但是欧洲电商市场规模较大，从销售额来看，中国电商平台的影响力并不小，特别是在服装鞋帽箱包等细分领域。

从具体区域来说，如果将美日韩等国家不计算在内，当前中国跨境电商的主要贸易伙伴是欧洲和东盟。欧洲既是中国跨境电商出口的重要目的地，也是进口的重要来源地。2021 年，中国海外仓总数除去在北美和日本的数量后约有 1000 个，其中欧洲是中国建立海外仓数量最多（超过 600 个）以及仓库总面积最大的地区。在新兴市场中，中国在东南亚的海外仓数量最多（71 个）、面积最大、增长速度也最快④。受益于近年来中国—东盟经贸关系的发展，特别是 RCEP 的签订和实施以及中国和东盟国家

---

① 试点扩围 跨境电商迎来新机遇 [N]. 人民日报，2022-04-06.
② 张剑. "丝路电商"发展路径研究 [J]. 海外投资与出口信贷，2022（2）：28-31.
③ 盛思鑫，袁梅诗. 新时代推动共建数字丝绸之路的主要成就与前景展望 [J]. 全球化，2023（4）：27-42，134.
④ 2022 海外仓蓝皮书 [R/OL]. 2022.

"两国双园"建设等制度性安排,东盟在中国跨境电商出口中所占比重正在快速上升。例如,2022年上半年中国对东盟国家的跨境电商出口额增长了近100%①。此外,中东、拉丁美洲、非洲等新兴市场也是中国跨境电商市场新的增长点。

总的来看,中国跨境电商维持着较高的贸易顺差,出口有四个明显的特点。一是中国跨境电商出口增速显著超过中国外贸出口增速。以2017~2021年为例,期间中国跨境电商年均增速为41.3%,大大超过同期外贸出口9.6%的年均增速②。二是由于共建"一带一路"高质量发展,中国对"一带一路"沿线国家的跨境电商出口增长率明显高于跨境电商出口的整体增速。例如,2022年第一季度,中国对"一带一路"沿线国家跨境电商出口增长92.7%,远超同期跨境电商出口整体增速③。三是随着主要贸易伙伴的变化,中国跨境电商出口的主要市场也发生变化。例如,2018年,中国前两大贸易伙伴是欧盟和美国,同期中国跨境电商出口的主要目的地也是欧美地区④。2020年东盟取代欧盟成为中国最大贸易伙伴,2021年便有3个东盟国家(马来西亚、新加坡、菲律宾)位列中国跨境电商出口前十大目的地⑤。四是跨境电商出口货物超90%为衣帽鞋包、家居用品和电子产品等日常消费品,反映了中国制造在国际市场的比较优势⑥。

3. "丝路电商"合作模式不断创新

2021年,中国与丝路电商伙伴国共同应对新冠疫情带来的全球性挑战不断创新合作方式,丰富合作内涵,丝路电商、云上大讲堂、双品网购节、丝路国别爆款等合作亮点纷呈。第三届"双品网购节"邀请约20个"丝路电商"伙伴国参与,伙伴国驻华大使亲自录制视频,宣传本国特色

---

① 白舒婕. 上半年中国对东盟跨境电商出口增长98.5% "一带一路"跨境电商合作前景广阔 [EB/OL]. 中国一带一路网,2022-7-13.
② 亚马逊全球开店,财新智库. 中国出口跨境电商产业集群发展白皮书 [EB/OL]. 搜狐网,2022-10-26.
③ 曹莉,王乾筝. 中国—东盟跨境电商合作:机遇与挑战 [J]. 中国远洋海运,2022(9).
④ Statista, Leading target countries for cross-border e-commerce export market in China in 2018, Statista, August 2020.
⑤ 商务部. 中国电子商务报告 (2021) [M]. 北京:中国商务出版社,2022.
⑥ 中国海关总署. 2021年跨境电商进出口情况 [EB/OL]. 中国海关总署网,2022-04-24.

产品和旅游资源，共同打造国别爆款。创新举办"丝路电商"云上大讲堂，为伙伴国中小企业和电子商务从业者举办35场直播讲座和3场交流会，共同提升数字素养，"云上大讲堂"被评选为"网络空间命运共同体最佳实践案例"。

4. 中欧班列常态化开行

中欧班列是"丝路电商"贸易畅通的重要载体，通过搭乘中欧班列，跨境电商货物可以更加高效、低成本运往"一带一路"沿线国家和地区。经过多年市场培育，中欧班列已实现常态化开行和规模化运营，成为畅通亚欧供应链的大通道。2016～2021年，中欧班列开行数量从1702列增长至15183列，年均增长率为55%；年运输货值由80亿美元增长至749亿美元，增长了8倍多，占中欧贸易总额的比重也从1.5%增长至8%。截至2021年底，中欧班列运行线路多达78条，通达欧洲23个国家的180个城市，国际市场网络加快拓展①。2021年下半年，跨境电商B2B出口监管试点在全国海关正式复制推广，跨境电商专列先后开通并常态化开行，实现了中欧班列与跨境电商模式的融合，助力跨境电商出口企业更好地开拓国际市场。

（二）"丝路电商"面临的主要困境

1. 物流体系建设落后

"一带一路"沿线国家大多数为新兴市场经济体和发展中国家，基础设施建设普遍落后，且不同区域、不同国家物流体系建设非常不平衡，在很大程度上制约了"丝路电商"可持续发展。其中，西欧基础设施和物流体系建设较为完备，而东亚、中亚和非洲地区都相对比较落后。在铁路运输方面，作为"丝路电商"重要载体的中欧班列不仅要遵循欧亚大陆国家普遍认可的《国际铁路货物运输公约》和《国际铁路货物联运协定》等国际铁路运输规则，同时还要遵守沿线各国的铁路运输规则。由于沿线国家的国际铁路运输规则不统一，物流市场差异大，且尚未形成国际统一标准的跨境物流合作体系，沿线各国整体物流运输效率不高。虽然近年来沿线

---

① 中欧班列助力沿线国家互利共赢［EB/OL］. 中国经济网，2022-02-14.

各国加大了基础设施建设力度，但落后的物流体系仍难以满足"丝路电商"快速发展的需求。

2. "数字鸿沟"较大，电子支付体系不健全

"一带一路"沿线各国经济发展的阶段不同，在电子支付体系、互联网和数字化等电子商务线下支撑基础设施建设方面存在较大差异。多数"一带一路"沿线国家普遍存在银行数字化支付体系不完善等问题，在很大程度上制约了跨境网购。尤其是中亚和非洲等沿线国家数字技术落后，数字金融服务普遍不健全，尚未建立起高效畅通的数字金融服务网络。支付方式也存在较大差异，目前世界各国跨境电商使用较多的是贝宝（PayPal），中国主流的第三方支付平台如支付宝和财付通等在"一带一路"沿线国家的应用不广泛。在监管方面，多数沿线国家缺乏行业法律法规的统一管理，在信用风险、身份认证技术等方面缺乏安全性保障，沿线国家政府监管能力有限，当地资金流向管理漏洞多，跨境电商利益保障水平较弱。同时，沿线各国在网络普及率、网民数量与网购群体规模等方面也存在很大差异。数字基础设施水平差异和较低的网络渗透率在很大程度上制约了"丝路电商"的快速发展。

3. 通关效率低

"一带一路"沿线国家与地区之间的法律规则、海关政策、清关效率以及国际多式联运操作标准存在较大差异，整体通关效率低下。具体体现在通关、报检、退税、结汇等环节的技术标准、业务流程、监管模式和信息化建设等方面存在差异，且尚未形成国际通关协调机制。繁杂的手续和准则规范的不统一，使沿线各国通关效率整体低下，增加了企业的经营成本，制约了"丝路电商"的可持续发展。

4. 电子商务规则体系不完善

制约"丝路电商"发展的因素不仅体现在基础设施的"硬件"方面，而且体现在"软件"方面。电子商务规则体系的不统一和不健全，已经成为制约"丝路电商"建设的重要因素。中国已出台了《中华人民共和国电子商务法》，但当前多数伙伴国尚未出台电子商务相关的法律法规，国际电子商务规则体系建设更需时日。此外，虽然中国与部分沿线国家已签署了电子商务国际合作备忘录，但目前仍以框架协议为主，具体的合作对接、优惠政策条款尚未实质落地。由于沿线各国之间海关、商检流程和电子商务法规差异大，一旦遇到货物受损、丢失以及退换等情况，则相关程序较为复杂，跨境电商消费者的售后体验难以得到保障。

（三）发展"丝路电商"的路径选择

1. 健全国际跨境物流合作体系

积极完善运输交通网络搭建，参与沿线各国物流基础设施建设，从而推进"一带一路"沿线国家跨境电商物流体系建设，促进沿线各国物流实现互联互通。加强与"一带一路"沿线各国的物流体系协作，推动与伙伴国共同进行国际物流体系标准化、统一化建设，提高跨境电商物流体系的运行效率。支持中欧班列与跨境电商融合发展，加快构建中欧班列和陆海新通道等大通道，建设以铁路和港口等为依托的互联互通网络，打造国际陆海贸易新通道，提升"丝路电商"运输效率。围绕中欧班列铁路运输，从技术层面上与沿线国家联合制定统一标准的中欧班列运输规则，共同推动国际陆运贸易规则制定，推进铁路多式联运运单物权化。在跨境物流数智化建设方面，我国各级政府引导、鼓励企业做出积极尝试和有效探索。例如，菜鸟国际持续投入智慧物流枢纽等海外物流基础建设，与合作伙伴共建全球数智航空物流网络，加强数字清关、智能设备等的研发与应用，推进跨境物流行业的数智化，提升运营效率，缩短包裹滚存时间，获得更低的运力成本，提升跨境物流效率。

2. 促进数字基础设施互联互通

发挥中国在资金、技术和人才等方面的优势，加大对沿线国家数字基础设施的投资力度，共享我国数字基础设施建设经验，弥补"一带一路"沿线各国的"数字鸿沟"。引导沿线国家和地区充分利用丝路基金、金砖国家新开发银行、亚洲基础设施投资银行和亚洲开发银行等机构的资金，促进数字基础设施领域投资。支持和鼓励中国企业参与沿线国家数字基础设施建设，拓宽智能互联、物联网、5G、云计算和数字化等领域的合作范围。加快推动沿线各国电网、公路、铁路和港口等传统基础设施与互联网、大数据和人工智能等新一代信息技术的深度融合，打造较为完善的互联互通数字基础设施。

3. 提升跨境电商通关效率

加强与"一带一路"沿线国家和地区海关部门的交流与合作，推进海关监管与互认、信息共享，推动区域通关一体化和监管模式创新。进一步简化货物通关批复流程，统一通关标准，提升跨境电商通关效率，降低企业通关成本。制定完善的通关管理制度与国际通关口岸管理办法，强化监督通关行为，与沿线国家建设良好的通关环境。加快全面推广跨境电商B2B出口监管试点，推广电商出口24小时通关模式，实现区域物流无缝对接。进一步扩大与沿线国家海关开展经认证的经营者（AEO）互认合作，推进跨境电商通关便利化。在提高通关效率方面，我国不少地区有一些好的做法，可供借鉴参考。如上海、广东等地海关已经推出跨境电商出口24小时通关模式，即通过出口跨境审批放行全程电子化，确保从货物运抵海关监管场所到通关放行，时间最长不超过24小时。该举措为企业节省了人力和物力成本。此外，上海海关还推出了"清单核放、集中纳税"通关模式，跨境电商企业可集中向海关申请汇总缴款书，为企业提供便利。

4. 推进电子商务国际规则构建

积极参与以电子商务为核心的国际规则制定，推动构建互利共赢、公开透明的电子商务国际规则体系。进一步扩大"丝路电商"合作范围，与"一带一路"沿线国家和地区共同提升电子商务合作发展水平。推进多双边电子商务规则谈判，加快跨境电子支付、消费者权益、跨境数据流动等领域国内与国际规则的衔接。充分利用"一带一路"国际合作高峰论坛等平台，加强电子商务领域的国际协调与合作，进一步推动"丝路电商"伙伴国之间的政策法规对接，保障各方企业的合法权益，构建规则相通的电子商务合作环境。支持行业组织、企业等在国际规则体系建设中发挥积极作用，促进双边和区域合作规则制定。落实好《区域全面经济伙伴关系协定》（RCEP）中电子商务的相关举措。

5. 加强海外仓与跨境电商的合作

鼓励有实力的外贸企业、电商企业以及物流企业通过自建或与第三方合作的方式建设海外仓网络，提升海外仓数字化和智能化水平，逐步构建完善的国际物流体系。鼓励跨境电商企业通过海外仓开设海外品牌集成店、代运营头部品牌线上旗舰店或自建电商平台。创新海外仓供应链金融服务，通过提供第三方担保降低跨境电商企业融资成本。统筹海外仓节点布局，优化海外仓在各节点的配送效率。加强与国内快递物流企业的合作，提升海外仓物流末端配送效率。推进海外仓服务模式创新，引导海外仓向简易加工、金融、咨询等产业链高端延伸，提升海外仓综合服务能力。我国海外仓在建设和发展过程中，形成了一些可复制、可推广的经验和做法。如加强信息管理平台建设，实现物流、订单流、信息流、资金流等信息融合统一管理；运用大数据、人工智能等技术和智能设备，提升生产、运营和仓配效率、降低人工成本；针对不同需求，提供个性化、定制化服务，提升终端消费者体验；以海外仓为支点，提供从国内揽收、国际货运、海外上架到终端配送的一站式跨境物流服务等。

6. 加强跨境电商人才培养

完善电子商务人才培养体系，发挥高等院校、职业院校和培训机构的作用，大力培养有针对性、实操性和高素质的复合型跨境电商人才。同时，鼓励电子商务企业与高等院校深度合作，采用订单培养和在线培养等多种灵活方式，定向满足电子商务平台企业人才需求。整合各方优质资源，加强横向和纵向联动，积极构建多层次、多梯度的跨境电商人才培养体系，实现人才的多元联动。推动政府、企业、高校和培训机构等的跨境电子商务优质教育资源数字化和在线化，加大面向国内外的开放力度，鼓励通过网络直播授课等多种方式实现全天候跨境电商在线教育。同时，面向沿线国家开通在线公益课堂，赋能当地市场的电子商务发展。加强与"一带一路"沿线国家的国际人文交流和教育合作，推动教育国际化合作，共享优质教育资源，打造国际化人才资源服务平台，助力"丝路电商"的人才合作与发展。

课后思考题

1. 简述数字贸易、跨境电商与传统贸易的区别。
2. 传统国际经济理论是对传统国际贸易的理论提炼。数字贸易作为一种全新的贸易业态与传统国际贸易存在很大的不同。你认为数字贸易会对国际经济理论形成哪些挑战？

3. 习近平总书记在党的十九大报告中指出："中国开放的大门不关闭，只会越开越大。"我国要完成从贸易大国到贸易强国的转变，需要"拓展对外贸易，培育贸易新业态新模式"。你认为数字贸易对于全面开放新格局有什么意义？

4. 特朗普在任美国总统期间（2017~2021年），与中国多次发生贸易摩擦，延伸到针对字节跳动和腾讯两家母公司；从瞄准少数"明星企业"，扩展到启动针对中国互联网的"清洁网络"计划；从早前干预5G建设、收紧华为技术获取限制，到动用国家力量企图切断华为芯片供应链；从精准打击信息通信领域，延伸到干预应用程序、人工智能、数据计算等其他数字经济领域。从政府的角度出发，我国应如何面对这些挑战？

5. 自2017年5月14日习近平在"一带一路"国际合作高峰论坛上提出构建"21世纪数字丝绸之路"以来，数字丝绸之路已经成为中国与"一带一路"沿线国家实现设施联通的重要接口。请思考中国应该通过哪些路径来推进数字丝绸之路的建设。

第八章
国际直接投资理论

国际直接投资（foreign direct investment，FDI），又称外国直接投资，是指投资者以获得国外公司的控制权为目的而购买该公司资产，或者在外国设立全资子公司发生的资本流动。"一带一路"倡议为中国企业"引进来""走出去"提供了丰富的机遇和广阔的平台。从2017年以来，中国吸引外商直接投资连续六年位居世界第二，对外直接投资流量稳居全球前三位。市场经济条件下中国企业的成长是从"引进来"开始的，通过引进西方发达国家的先进技术、管理方法、资金和人才，中国企业在竞争与合作中逐渐成长起来。而自2001年开始，中国政府支持有实力的企业"走出去"，实现国际化发展。本书的第八章至第十章将介绍国际直接投资、跨国公司等内容，以加深对"一带一路"倡议下中国企业国际化经营的认知。本章主要从三个方面介绍国际直接投资的主要理论，即西方主流直接投资理论、发展中国家的直接投资理论和国际直接投资理论的新发展。

引导案例

中国汽车产业发展

第一阶段：从自力更生到引进外资。1953年7月15日，第一汽车制造厂在长春动工兴建。1956年7月13日第一辆解放牌载货汽车驶下总装配生产线，结束了中国不能自己制造汽车的历史。1969年，第二汽车制造厂（东风汽车集团前身）在湖北十堰开始建设，到改革开放初期，我国已经形成了以"卡车为主"的汽车产业布局。

改革开放前，中国汽车产品资源匮乏、品种单一、货车缺重少轻、轿车近乎空白，结构非常不合理。随着改革开放的开始，国内汽车工业调整产品结构，开始进入全面发展的阶段。1983年，美国吉普汽车公司在北京成立第一家中外汽车合资企业。此后，外资便不断地涌入对中国的汽车产业进行投资。在2001年中国正式加入WTO之后，外资开始全面进入对中国的汽车产业投资阶段，合资车企在中国市场遍地开花，迅速成为我国汽车市场产销的中坚力量。

第二阶段：从自主创新到产销大国。合资企业给中国汽车工业带来了先进技术和经营理念，为自主品牌的快速崛起积累了大量人才和丰富经验。20世纪90年代末到21世纪初期，涌现出一批中国自主汽车品牌，如吉利汽车、长城、比亚迪等。但当时自主品牌技术还很薄弱，产品力不足，据中国汽车工业协会统计，2004年自主品牌乘用车的市场占有率仅为19.67%。

在国家大力倡导自主创新的支持下，自主品牌迎来快速发展新机遇。从逆向研发逐步转为正向开发，自主品牌整车的质量品质、一致性和可靠性快速追赶外资品牌，奇瑞、吉利、长安、长城、比亚迪等一批自主车企开始进入快速上升通道。中国汽车产销量从2009年首次超越美国跃居世界第一，此后连续14年稳居全球第一。与此同时，中国新能源汽车产销量同样连续8年位居世界第一。中国汽车产业在海外市场的表现同样惊喜连连。根据中国汽车工业协会统计，2022年汽车出口量为311.1万辆，同比增长54.4%，其中乘用车出口252.9万辆，同比增长56.7%，商用车出口58.2万辆，同比增长44.9%，新能源汽车出口67.9万辆，同比增长1.2倍。

第三阶段：从引进来到走出去。中国汽车产销、出口方面实现了历史性跨越的同时，中国车企还通过海外建厂的方式布局全球。例如，上汽集团在美国硅谷、以色列特拉维夫和英国伦敦设立三个创新研发中心；在泰国、印度尼西亚、印度建立了三个海外生产制造基地，并且在巴基斯坦建立了散件组装工厂；在欧洲、南美、中东、北非、澳新和东盟等地，上汽集团还设立多个区域营销服务中心，建成近810个海外营销服务网点。奇瑞汽车在欧洲、北美、中东以及巴西等地建立了全球研发基地，并且拥有10家海外工厂，1500余家经销商和服务网点，覆盖"一带一路"沿线70%以上的国家和地区，海外总产能达到每年20万辆。

资料来源：上汽集团：把握"一带一路"机遇打造全球品牌[EB/OL]. 中国汽车报网，2024-01-02.

第一节 西方主流直接投资理论

第二次世界大战后,跨国公司迅速发展,国际直接投资的增长速度不仅快于世界经济的增长速度,而且也快于国际贸易的增长速度。以跨国公司为主体的国际直接投资成为现代世界经济的重要影响因素,这一现象引起了世界理论界的广泛关注,各国学者纷纷对此进行了深入的研究,从不同的侧面探讨了国际直接投资产生的内在动因,相继出现了促进国民收入学说、垄断优势理论、产品生命周期理论、内部化理论、国际生产折衷理论、比较优势理论等理论流派从而形成了比较完整的国际直接投资理论体系。

一、促进国民收入学说

(一)麦克杜格尔模型

麦克杜格尔(G. D. A. MacDougall)于1960年的一篇论文"外国私人投资的收益与成本:理论分析"(The Benefits and Cost of Private Investment from Abroad: A Theoretical Approach),首次分析了国际资本流动对国民收入的生产和收入分配的影响。这一研究,后经肯普(Kemp)发展,成为促进国民收入说。该理论认为:国际资本流动的原因是各国利率和预期利润率存在差异,认为各国的产品和生产要素市场是一个完全竞争的市场,资本可以自由地从资本充裕国向资本稀缺国流动。国际的资本流动效果使各国的资本边际产出率趋于一致,从而提高世界的总产量和各国的福利,促进了相关国家国民收入的增加,又被称为"促进国民收入"学说。该理论分析模型被称为麦克杜格尔模型,从宏观角度分析了国际资本的生产力差异产生的资本流动,并创造新增国民收入并进行国际分配的问题,其内容属于典型的国际直接投资的范畴,因此,该理论也可归入国际直接投资理论。

（二）促进国民收入学说的假定

（1）资本可以在国际自由流动，因而不存在限制资本流动的因素；

（2）存在两类国家 A 和 B。其中，A 国是资本要素禀赋丰富的国家，而 B 国是劳动力要素禀赋丰富的国家；

（3）在流动之前，由于受边际报酬递减规律的制约，A 国的资本边际生产力相对 B 国来说较低；

（4）存在完全竞争的要素市场，即要素的价格等于要素的边际生产力。结合假设（3），可推知 A 国的资本价格低于 B 国的资本价格。

（三）促进国民收入学说的分析

1. 资本流动对国民收入生产的影响

根据上述假设条件（见图 8.1）。图中 O_1 为甲国的原点，O_2 为乙国的原点；O_1Q 为甲国的资本量，O_2Q 为乙国的资本量，$O_1Q + O_2Q = O_1O_2$ 为世界资本总量；MN 为甲国的资本边际生产力线；mn 为乙国的资本边际生产力线。

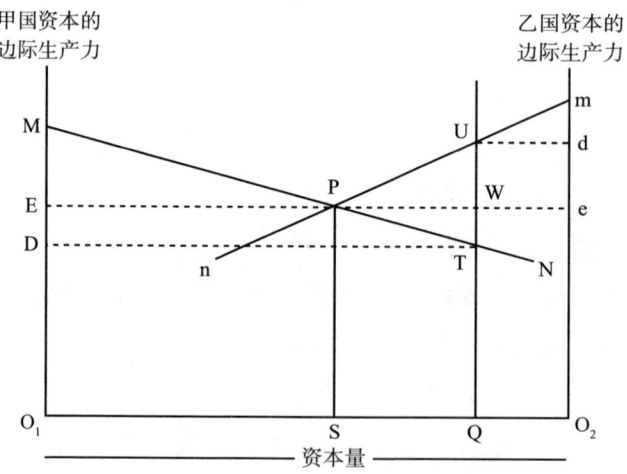

图 8.1　麦克杜尔模型

在资本流动之前，甲国使用 O_1Q 的资本量全部投资于本国国内，生产 O_1MTQ 的产出量；乙国使用 O_2Q 的资本量全部投资于本国国内，生

产 O_2mUQ 的产出量。甲国和乙国的边际生产力，即资本价格分别为 QT 和 QU，前者小于后者，由此导致资本从甲国流向乙国，这种流动一直到两国的资本边际生产力相等，即 $SP = O_1E = O_2e$，资本流动才会停止。资本流动的结果是两国共增加了 PUT 的产出量。资本的国际自由流动提高了全世界的总产出量，资本流动所增加的 PUT 由甲、乙两国分享。从甲国来看，产出量由 O_1MTQ 减少为 O_1MPS，共减少了 SPTQ。但甲国的国民收入并没有减少，其对外投资获得的收益为 SPWQ，只要对外投资的收益大于国内生产的减少量，即 SPWQ > SPTQ 甲国就可以获得比资本流动前更多的收益。在图中甲国收益的增加额为 PWT = SPWQ - SPTQ；从乙国来看，产出量由 O_2mUQ 增加为 O_2mPS，共增加了 SPUQ，其中的 SPWQ 支付给了甲国，乙国还净得 UPW = SPUQ - SPWQ。甲、乙两国共增加产量为 PUT。

综合 A 国和 B 国的情况，可以得出如下结论，即资本流动给资本流出国和流入国都能带来好处。流出国由于把一部分资本投放到资本边际效率更高的国家，因而获得了更高的报酬；流入国则由于利用外资而使其国内资源得到了有效利用进而增加了收益。从世界范围总体考察，资本流动后世界总产量比原来增加了三角形面积 PUT。可见，资本流动有利于增进全世界的生产和总的福利水平。

2. 资本流动对国民收入分配的影响

（1）对于投资国国民收入分配的影响。流动后，A 国总产量减少 SPUQ。但是，它的国民收入并没有下降。因为，SQ 量的对外投资，按 PS 水平的资本价格，给 A 国带来了 SPWQ 量的海外投资收益。只要海外投资收益超过因产量下降而减少国内收益，那么，A 国的国民收入在资本流出后，不仅没有减少，反而增加了。但是，A 国国民收入的增加，对国内资本要素和劳动力要素的收入分配却有着不同的影响：对资本要素的收入分配，较之流出前增加了。相反，对劳动力要素的收入分配在流动后下降了。流动前，资本要素和劳动力要素的收入分别为 O_1DTQ 和 MDT。流动后，资本要素的收入由国内收入 O_1EPS 和海外投资收益 SPWQ 两部分组成，比流动前增加了 EDTW 部分；流动后，劳动力要素的收入减少为 MEP，减少了 EDTP 部分。可见，资本流动后，使流动前劳动力要素的一部分收入（EDTP）再分配给资本要素，从而产生了有利于资本要素的收入分配效应。

（2）对于投资接受国国民收入分配的影响。B国在利用SQ部分外资后，使总产量增加。扣除支付给A国的投资收益之后，仍有三角形PWU部分的国民收入净收入。与A国相反，B国国民收入的增加，在国民收入分配上，产生了有利于劳动力要素的分配效应。流动前，B国资本要素和劳动力要素的收入分别为O_2dUQ和mdU。流动后，B国国内资本要素和劳动力要素的收入分别是O_2eWQ和meP。在劳动力收入增加总额dePU中，deWU恰好是资本收入减少的部分，即：流动后使原来归资本要素的部分收入再分配给了劳动力要素。

（四）促进国民收入说的结论

促进国民收入说认为：（1）在资本国际自由流动的前提下，可以促使资本生产力的国际平均化；（2）资本流动，不仅增加了全世界的生产和福利水平，同时增加了投资国和接受投资国的国民收入；（3）资本流动对投资国和接受投资国各自的国民收入分配产生了相反的影响。

（五）促进国民收入说的局限性

该理论没有区分国际直接投资和国际间接投资；没有阐明资本流动的方式（信贷/生产转移）；没有谈及投资者是否参与或控制经营活动；没有提及影响国际直接投资的影响因素（产业、技术、市场），也因为其局限性未能解释实践中也存在B国向A国资本流动的现象，促使学者们从微观角度探索国际资本流动问题，便产生了垄断优势理论。

二、垄断优势理论

垄断优势理论（Monopolistic Advantage Theory）最早由美国经济学家斯蒂芬·海默（Steven H. Hymer）于1960年在题为《国内企业的国际经营：一种对外直接投资的研究》（The International Operations of National Firms: A Study of Direct Foreign Investment）的博士论文中提出来的，开创

了国际直接投资理论研究的先河,被称作"零公里界碑"。后来经过他的导师美国著名国际经济学家查尔斯·金德尔伯格对该理论的补充、发展和完善以及大力的宣传,使海默也被誉为国际经济学界的著名学者,但他的博士论文直到他去世后两年的1976年才公开出版。

海默在解释对外直接投资时,提出了两个基本观点或者说两个基本命题,即垄断优势和市场不完全。垄断优势是指大企业特有的优势,例如专有技术、管理经验、融资渠道和销售能力等。市场不完全是指产品在生产和销售过程中存在着垄断因素,或市场存在着某些障碍和干扰,从而引起不完全竞争。垄断优势是指大企业特有的优势,如专有技术、管理经验、融资渠道和销售能力等。

(一) 垄断优势

海默在他的博士论文中,根据美国商务部关于直接投资与间接投资的区分准则,实证分析了美国1914~1956年对外投资的有关资料,并得出了对外直接投资与对外证券投资有着不同的行为表现,传统的理论难以对直接投资做出科学的解释。传统的解释国际资本运动的理论是要素禀赋论。该理论认为,各国的产品和生产要素市场是完全竞争的;资本从"资本过剩"国流向"资本短缺"国;国际资本运动的根本原因是各国间利率的差异,对外投资的主要目标是追求高利率。海默的理论认为这种传统的理论无法解释战后迅速发展的国际直接投资。海默在大量实证分析的基础上指出,现实的市场是不完全竞争的市场,面对同一市场的各国企业之间存在着竞争,若实行集中经营,则可使其他企业难以进入市场,形成一定的垄断,既可获得垄断利润,又可减少由于竞争而造成的损失。因此,跨国公司实际上就是垄断者或寡占者。海默认为,市场的不完全竞争是跨国公司进行国际直接投资的根本原因,而跨国公司特有的垄断或寡占优势是其实现对外直接投资利益的条件。

由于跨国公司在进行对外直接投资时,相对于东道国厂商处于较为不利的地位,比如东道国企业熟悉投资环境、熟悉市场、运输费用低廉、信息灵通、决策迅捷、易于获得政府的支持以及不存在语言文化障碍等。跨国公司在东道国投资要承担比东道国企业更大的风险。为了要在竞争中获胜，跨国公司就必须利用市场的不完全性和自身的垄断优势来抵消东道国厂商所特有的优势，补偿在东道国陌生环境中投资经营所增加的成本，并能获得高额利润。垄断优势理论认为跨国公司拥有的垄断优势主要有以下几个方面。

1. 技术优势

拥有先进技术是跨国公司最重要的垄断优势。大型跨国公司拥有极强的科研力量和雄厚的资金，可以投入巨额资金开发新技术、新工艺。跨国公司可以通过专利等手段，防止这种新工艺、新技术为同行所利用，保持这种优势在跨国公司内部长期使用，以保持其垄断地位，这与单纯的技术转让相比，可获得更大的利润。跨国公司的新产品开发技术是其技术优势中最有实质性的部分。跨国公司的许多开发、研究所取得的成果投入生产过程后，必然要走向产品异质化。因为对新产品进行异质化只需对产品的物质形成性能做少量改变，就可以既免受同行的仿造，又扩大市场占有量，从而扩展原有的优势。

2. 先进的管理经验

跨国公司拥有受过良好的训练与教育的员工、经验丰富的经理人员和经过实践考验的、能有效运行的组织结构和机制，能保证整个企业的高效运营。这既是先进技术对公司组织的要求，又是先进技术得以在公司普及的条件。跨国公司还在长期的世界市场竞争中总结出一整套适应于现代化生产过程的先进管理技术，大大地优化公司的生产经营活动和资源的有效配置。这是国内企业所无法比拟的优势。

3. 雄厚的资金实力

大型跨国公司的资金由两部分构成：一部分为公司自有资金，另一部分为金融市场上融资的资金。首先，跨国公司本身具有雄厚的资金实力，并且公司总部可以在公司内部的各子公司之间灵活调度数额庞大的资金，这是一般国内企业无法与之相比的。其次，跨国公司可以在国际金融市场上利用公司良好的资信顺利地融资，大大地降低融资的成本。有了大量的资金就可以在世界范围内寻找最有利的投资项目，以保证跨国公司可以获得大大高于国内企业的高额利润。

4. 全面而灵通的信息

大型跨国公司拥有先进的通信设备，分支机构遍布全球，它们收集的信息不仅全面灵通，而且可以得到及时的处理。当今世界已经迈入了信息社会，一个企业的成功与失败同它具有的信息密切相关。可以说，现代社会中，谁拥有了信息，谁就拥有了世界。有些跨国公司在信息网络上投下巨资，不仅是要拥有大量的信息为公司的运营服务，而且还要在信息网络服务上获得垄断优势。

5. 规模经济优势

大型跨国公司大都从事科学技术密集型、知识密集型行业。这些行业的规模越大，单位产品成本越低，边际收益越高，这就是内部规模经济。跨国公司可以利用各国生产要素的差异，通过横向一体化取得这种内部规模经济优势，提高公司获利能力。这种内部规模经济还会促进同行业在地域上的集中，促进专业化供应商队伍的形成，使一些关键的设备和服务由专业供应商提供，还可以实现高技术的劳动力市场的共享和知识外溢所带来的利益，这就是外部规模经济。跨国公司可以通过纵向一体化取得这种外部规模经济的优势，并使之转化为公司内部的利润。

6. 全球性的销售网络

大型跨国公司历史悠久，声名显赫，影响面广，其产品更容易打入国际市场，特别是这些大型跨国公司都有自己独立的销售网络，并且与国际包销商建立了长期而稳定的业务联系，销售成本低，成交速度快，商品流转速度快等。这就使跨国公司在销售方面占有巨大的优势。

（二）市场不完全

海默认为市场的不完全性主要包括以下四个方面。

1. 产品和生产要素市场的不完全

少数买主或卖主能够凭借控制产量或购买量来影响市场价格的制定。比如在商品性质、商标及特殊的市场技能或价格联盟等方面的控制权，都会导致产品市场的不完全。在要素市场上，劳动力、资本和技术方面，特别是技术和知识市场存在着不完全。比如在技术转让中，技术拥有者

（卖方）和技术购买者之间存在着信息不对称现象，由此提高了技术转让的风险，从而增加了成本。买方在购买技术过程中，虽能间接地从卖方那里了解到这种技术的有效性，但卖方为了使买方相信技术的有效性，就必须将技术的有关细节公开或部分公开，这样又会导致技术的无偿转让。

2. 由规模经济引起的市场不完全

传统的比较优势模型是假定规模报酬不变的。但实际上，有一些行业的规模越大，单位产品成本越低，边际收益越高，这就是规模经济。在这些行业中，规模经济对国际贸易起着重要的作用。规模经济的结果是使企业在本行业中处于垄断地位，达不到这种规模的中小企业被挤出，从而导致不完全竞争的出现。规模经济包括内部规模经济和外部规模经济。当规模经济存在于单个厂商内部时就称为内部规模经济。当规模经济存在于整个行业内部时就称为外部规模经济。内部规模经济导致厂商单位产品成本的直接降低，而外部规模经济则导致同行业生产的集中度提高。厂商通过资源共享特别是知识共享提高了生产效率。

3. 由于政府干预经济而导致的市场不完全

二战后各国经济发展的一个特点是增加了政府干预经济的力度。政府干预行为的目的是纠正市场自发造成的弊端，而政府一旦干预经济就必然带有人为性、强制性，必然打破市场的完全性。

4. 由关税引起的市场不完全

二战后各国的贸易保护主义抬头，发达国家实行战略性贸易政策，保护或支持某些特殊产业，设置了关税壁垒。发展中国家在二战后，为保护"幼稚"的民族工业也设置了高关税壁垒。关税的存在必然阻碍着国际贸易的正常进行，从而破坏了国际市场的完全性。不完全竞争必然导致国际直接投资。

垄断和寡占的存在导致不完全竞争，不完全竞争必然导致商品和要素市场的不完全，使企业所需的产品和生产出的产品无法在国际市场上正常交易。各国政府采取不同的经济政策和法规，如关税、税收、汇率和利率等，对经济进行干预，使国际市场出现不完全。在外部市场失灵的情况下，企业所需的中间产品如原材料、半成品、技术知识产品等的国际市场交易出现低效率或高交易成本，知识外溢给企业造成的损失等，迫使企业选择国际直接投资方式来克服这些市场不完全所带来的风险。这种市场的不完全性导致各国在商品和要素的市场容量、供求关系、价格水平上出现了种种差异，从而为国际直接投资开辟了空间。

总之，垄断优势理论认为，对外直接投资是不完全竞争的产物，纯粹竞争性的市场部门不会出现对外直接投资；跨国公司为保持垄断优势的独占性，对与东道国创立合资企业不感兴趣，而更倾向于创办独资企业；寡占行为是西方发达国家之间进行相互直接投资的重要原因。所谓寡占行为是指处于垄断地位的跨国公司通过在竞争对手的领土上建立市场来加强国际竞争地位的活动。发达国家之间相互直接投资是国内寡占竞争行为在世界范围内的延伸，其目的在于防止竞争对手占领潜在市场而削弱自己的竞争地位。

（三）对垄断优势理论的评价

垄断优势理论不仅开创了国际直接投资理论研究的先河，而且许多内容具有科学性。该理论提出了不完全竞争市场是导致国际直接投资的根本原因，并论述了市场不完全的类型；提出了跨国公司拥有的垄断优势是其实现对外直接投资获得高额利润的条件，并分析了垄断优势的内容；提出了知识的转移是跨国公司直接投资过程的关键，并分析了知识产品的特点；提出了产品的差异性是跨国公司进行对外直接投资的又一重要优势，并分析了产品差异性能给跨国公司带来的优势的维护和强化；提出了跨国公司的寡占反应行为是促使其对外直接投资的主要原因，并分析了寡占反应行为所导致的对外直接投资的成批性。这些理论对于国际直接投资理论和实践的发展都具有十分重要的意义。

垄断优势理论也存在着许多局限性：垄断优势理论主要是对美国对外直接投资研究的成果，并且研究的对象是技术经济实力雄厚、独具对外扩张能力的大型跨国公司；垄断优势理论没有对发展中国家的对外直接投资、中小企业的对外直接投资进行分析。实践中出现的情况则是，自20世纪60年代以来，许多发达国家的中小企业也积极进行对外直接投资，特别是广大的发展中国家的企业也加入国际直接投资的行列中来。垄断优势理论显然对这些新现象无法做出科学的解释。垄断优势理论的这些局限性使它失去了普遍的意义。

三、产品生命周期理论

（一）产品生命周期理论简介

产品生命周期理论（product life cycle theory）由美国哈佛大学教授雷蒙德·弗农（Raymond Vernon）于1966年提出。弗农在其《产品周期中的国际贸易与国际投资》一文中，把产品生命周期的概念应用到国际贸易和国际投资的理论分析中。他认为，产品生命周期理论可以解释发达国家出口贸易、技术转让和对外直接投资的发展过程。

（二）产品生命周期阶段分析

弗农根据美国的情况，他提出产品周期有四个阶段，如图8.2所示。

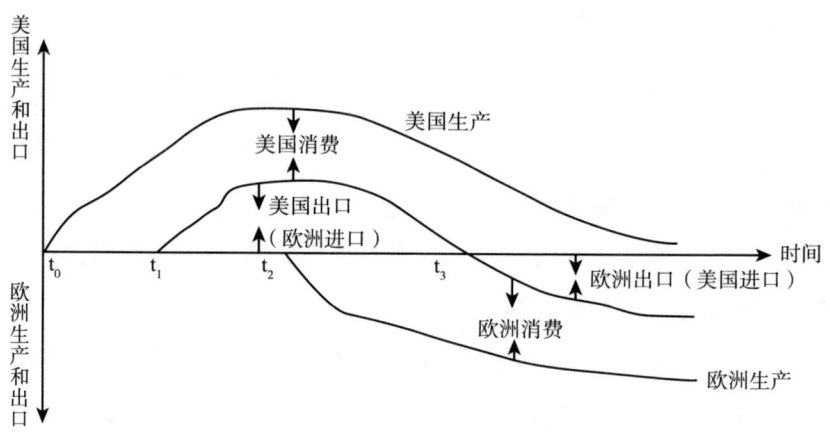

图8.2 弗农的产品生命周期

（1）从 t_0 到 t_1 为第一阶段。美国由于拥有雄厚的科技力量，因而新产品往往在美国得到开发和生产。从 t_1 开始，美国向欧洲出口该产品。

（2）从 t_1 到 t_2 为第二阶段。来自美国的新产品吸引了欧洲的大量消费者，因而开始时出口增长率迅速上升。但潜在的市场也驱使欧洲厂商模仿制造该产品。这样美国向欧洲的出口增长率降低，但在第三者市场上，美国的出口仍可继续增长。

（3）从 t_2 到 t_3 为第三阶段。到 t_2 时，美国出口达到最高额，但美国的出口由此开始下降。因为欧洲的厂商逐步达到经济规模，即使在第三者市场上，美国商品的竞争能力也减弱，逐渐为欧洲厂商排挤。

（4）从 t_3 往右为第四阶段。欧洲厂商在本国和第三者市场上已能获得足够的利润，这时他们向美国市场削价倾销，从而使美国需从欧洲进口。这样，美国从垄断新产品市场到欧洲占据美国市场为止，该新产品周期在美国结束了，然而在欧洲却还在继续着。同理，当该产品周期在欧洲结束了，但还会在发展中国家继续着。

（三）产品生命周期理论的意义

从贸易方面来讲，它指出，随着产品从"创新"到"标准化"，创新国会由出口国变为进口国，劳动力成本较低的国家则由进口国成为出口国。而且新产品的周期演进由创新国逐渐转移到发展中国家。

从投资方面来讲，它指出了对外直接投资的原因和作用。

首先，投资国具有生产和管理技术、信息等特定优势，而东道国拥有资源和廉价劳动力等的区位优势，如果把二者结合起来，投资者就可以克服到国外生产所引起的附加成本和风险。

其次，产品周期理论把周期中的几个阶段与区位选择联系起来，把它同企业的出口和国外生产间的抉择联系起来。由于美国等少数几个工业发达国家人均收入高，国内市场广阔，再加上企业拥有知识资产优势，因而，产品周期理论可以说明为什么世界上绝大部分的直接投资是由少数几个国家特别是美国发动和控制的。

最后，对于那些已经建立起全球子公司体系的跨国企业来说，它更会从全球性战略角度考虑而不会按产品周期模型来进行国际生产和直接投资。弗农本人后来也认识到了这些问题，在其《经济活动的区位》一文中，更强调了跨国企业的寡占行为，他把其产品周期相应分为发明创造寡占阶段、成熟寡占阶段和老化寡占阶段。

四、内部化理论

(一) 内部化理论的形成

科斯 (R. H. Coase) 于 1937 年提出了"科斯定理",认为:由于外部市场的不完全性,提高了产品的交易成本,迫使企业从事公司内部交易。这是国际生产内部化的理论雏形。1976 年,巴克利 (P. J. Buckley) 和卡森 (M. C. Casson) 首次系统地提出了跨国企业的内部化理论 (Theory of Internalization)。1981 年,拉格曼 (A. M. Rugman) 在内部化理论基础上,比较了对外直接投资、出口和许可证转让三种方式的选择。

内部化理论又称市场内部化理论,是当代西方较为流行的、较有影响的、关于对外直接投资的一般理论。内部化理论对跨国公司内部贸易目前增长的现象进行了深入细致的研究后,提出了一种解释国际直接投资的动机决定因素的理论。该理论认为,世界市场是不完全竞争的市场,跨国公司为了其自身的利益,为克服外部市场的失效以及某些产品(如知识产品)的特殊性质或垄断势力的存在,导致企业市场交易成本的增加,而通过国际直接投资,将本来应在外部市场交易的业务转变为在公司所属企业之间进行,并形成一个内部市场,同时通过外部市场内部化,降低交易成本和交易风险。

内部化理论的雏形最早是由美国学者科斯在 1937 年出版的《公司的性质》一书中提出的。他认为,市场对于某种类型的交易来说是需要支付一定成本的。也就是说,当市场失效时,通过市场进行的交易就必然导致企业交易成本的增加,使企业的市场交易失去效率。参与市场的交易成本有:寻找合适的价格的成本,在合同中规定双方权利和义务的成本,与接受合同有关的风险成本,对市场贸易所支付的交易成本等。科斯认为,贸易在公司内部组织和展开的成本比较低,而通过市场展开的成本比较高,因此贸易最好在公司内部进行。这就是科斯定理的基本内容。科斯定理与传统的厂商理论不同。传统的厂商理论仅仅分析公司在取得规模经济中的作用,公司的水平一体化或垂直一体化经营是为了获取资金、生产与销售、管理的规模经济收益。科斯定理主要从公司内部分工的性质以及相应的产品交换机制与生产组织形式来研究公司的性质。外部市场机制的不完全导致公司内部分工和生产组织形式的变革，公司的水平一体化或垂直一体化经营的目标是将各阶段分工生产置于统一的管理体制之下，通过公司内部产品流通和资金调拨，避免外部市场交易成本所产生的不利影响。

内部化理论是由英国的巴克莱、卡森和加拿大学者拉格曼完成的。1976 年巴克莱与卡森在合著的《跨国公司的未来》一书中对传统的国际直接投资理论提出了批评，并提出了新的对外直接投资理论，标志着内部化理论的形成。拉格曼在 1981 年出版的《跨国公司的内幕》中指出，市场内部化是指将市场建立在公司内部的过程，以内部市场取代原来固定的外部市场，公司内部的调拨价格起着润滑内部市场的作用，使它能像固定的外部市场一样有效地发挥作用。

（二）内部化理论的假定前提

垄断优势理论提出了市场不完全是跨国公司进行对外直接投资的前提条件。内部化理论也承认市场的不完全，但将其原因归结为市场机制的内在缺陷，从中间产品（特别是知识产品）的性质和市场机制的矛盾来论述内部化的必要性。内部化的目标就是要消除外部市场的不完全。巴克莱和卡森认为，不完全竞争并非由规模经济、寡占行为、贸易保护主义和政府干预所致，而是由于某些市场失效，企业市场交易成本增加所致。市场失效是指由于市场的不完全使企业在让渡自己的中间产品时无法保障自身的权益，不能通过市场来合理配置其资源以保证企业利润的最大化。所谓中间产品不仅包括半加工的原材料和零部件，更主要的是指专利、专有技术、商标、商誉、管理技能和市场信息等知识产品。这些中间产品在实现其专用权价值时，会因不完全竞争的市场而受阻。比如信息，在外部市场让渡时极易扩散，使所有者失去垄断优势，这就是市场失效的典型，也正是这种市场失效导致了跨国公司进行内部化。

（三）内部化的交易成本及其影响因素

内部化的交易成本是指企业为克服外部市场的交易障碍而付出的代价。其影响企业交易成本的主要因素有以下几个。

(1) 行业因素。主要包括产品的特性、产品外部市场的竞争结构、规模经济等。

(2) 国别因素。主要包括东道国政治制度、法律制度和经济制度等，特别是财政金融政策等对跨国公司经营的影响。

(3) 地区因素。主要包括由于地理位置、社会心理、文化环境等。

(4) 企业因素。主要包括企业的组织机构、管理经验、控制和协调能力等。

在以上四个因素中，行业因素和企业因素是主要因素，其中又以知识产品因素最为关键。随着科技的进步和能力的提高，企业生产经营活动的内容和范围均发生了极大的扩展，企业的生产经营活动需要有良好的外部环境，特别是发达的中间产品市场，但有些产品市场特别是知识产品市场是不完全的。这就导致了企业将不完全的外部市场内部化。

（四）市场内部化的动机

市场内部化理论与垄断优势理论不同，它不是强调跨国公司所特有的知识产权优势本身，而是强调企业通过内部组织体系以较低成本在内部转移该优势的能力，并把这种能力当作企业发生对外直接投资的真正动因。该理论认为，通过国际直接投资在国外建立自己能够控制的子公司，能以较低的成本将技术优势转移到国外，还能保证这些知识产权优势不被外人染指，使得企业在技术创新阶段所投下的巨额研发费用得到最大限度的回报。

在市场不完全条件下，跨国公司为了谋求企业整体利润的最大化，往往倾向于将中间产品特别是知识产品在企业内部转让，以内部市场来代替外部市场，以避免外部市场不完全造成的损失。因此，跨国公司实行市场内部化的动机是由知识产品的特殊性质和知识产品的市场结构以及知识产品在现代企业经营管理中的重要地位所决定的。知识产品以及市场结构特点如下。

(1) 知识产品的形成耗时长、费用大。跨国公司在进行知识产品的研发时投入了大量的人力和财力，并且从新产品的研发到实际应用再到产销所需时间较长，风险性较大。比如，一些大型跨国公司每年要投入大量的科技人员和数十亿美元的经费用于研发,而新产品的产生(即知识产品的生产成功)所需时间短则几年,长则十几年甚至几十年。企业付出如此巨大的代价,不一定就能保证生产出预期的知识产品,亦即企业投巨资进行的研发的结果具有不确定性,要承担很大的风险。即使研发的新产品问世了,也会因某一环节的不完美导致整个产品的质量和性能下降,从而导致市场份额的下降。比如计算机应用软件研发出的产品,往往有这样那样的缺陷而被别的产品所取代,或者需要投入更多的资本来研发换代产品。这样一次性的外部市场转让知识产品,不能全额补偿已经投下去的研发费用。

(2)知识产品可以给拥有者提供垄断优势。跨国公司如果将其拥有的知识产品在外部市场上转让,其结果是扶持了竞争对手,削弱了自身的优势和竞争能力。相反,如果将其拥有的知识产品在企业内部转让,可以有效地控制这些优势不被别人利用,长期保持对知识产品的独占优势,可以给研发这些知识产品的跨国公司带来更大的收益。

(3)知识产品的价格很难通过市场来确定。在市场不完全条件下,由于知识产品的特殊的"共享性"特点,企业基于保密的需要,在转让知识产品时不可能把所有的技术细节都提供给对方,这就使买方很难对知识产品有一个全面深入的了解,无法对知识产品进行合理定价。加上知识产品的经济效益只有在全部投入到生产过程之后,甚至在销售之后,其效益才能显现出来,所以在知识产品交易时,买卖双方就某项知识产品的经济效益无法达成一致,难以议定一个合理的价格。由于知识产品具有唯一性,缺乏可比性,卖者从稀缺、唯一的角度讨价还价,使买卖双方提出的价格差异太大,难以成交。所有这些因素都使知识产品在外部市场上无法按供求规律确定一个价格,符合这一知识产品的实际价值。这就必然导致用内部化的方式来交易知识产品。

(4)知识产品的外部市场可能导致额外的交易成本。由于知识产品具有"共享性"特点,在外部市场上进行转让,可能发生知识产品的外溢,产生一大批的仿效者,企业从而失去了研发知识产品的独占优势,使企业投下的巨额的研发费用无法收回。特别是仿效者往往以极为低廉的价格抢占市场,使知识产品拥有者的市场份额急剧下降,导致企业遭受巨大损失。

以上这四个方面的因素作用的结果，促使企业对其拥有的产品实行内部化，控制其在企业内部使用，达到长时期保持对知识产品的独占优势，最大限度地收回研究开发费用，并最大限度地实现价值的增值。

（五）市场内部化的实现条件

市场内部化的目标是获得更大的利润。只有当企业的内部交易成本低于外部交易成本时，外部市场的内部化才是有利的。外部交易成本是指通过公开市场进行交易的成本，包括发现相对价格的成本、确定契约双方责权的成本、交易和支付风险的成本以及缴付税款等。内部交易成本是指企业为克服外部市场交易障碍而必须额外增加的成本。它主要包括以下几个方面。

（1）资源成本。跨国公司实行内部化是将一个完整的市场分割为若干个独立的小市场，即内部市场。所以从全社会的角度来看，实行市场内部化并不能实现资源的最佳配置，只能在低于最优经济规模的水平上从事投资和生产经营活动，易造成资源的浪费。

（2）通信联络成本。跨国公司实行内部化的主要目标是保持对知识产品的长期独占权。为了避免技术泄密，跨国公司都要建立独立的通信系统，这就必然引起通信联络成本的增加。另外跨国公司的各个机构遍布世界各地，各机构之间距离遥远，通信基础设施差异较大，特别是东道国通信设施差的地方的子公司的通信联络成本会更高。

（3）国家风险成本。跨国公司实行内部化后，在东道国的投资和生产经营活动势必会形成对东道国市场一定程度的垄断和对当地企业的控制，这些都会对东道国经济产生不利影响，导致东道国政府的干预。东道国政府有可能采取歧视性政策，对外资股权份额加以限制、实行国有化等干预。这些又会使跨国公司在东道国的投资和生产经营活动面临风险，增加了一部分风险成本。

（4）管理成本。跨国公司在实行内部化后，对于遍布世界的子公司要进行严格的监督管理，要建立一整套的监督管理机制，需要投入更多的人力和财力，这也会加大跨国公司的管理成本。

跨国公司实行内部化，将中间产品特别是知识产品在公司内部转让，是通过内部转移价格来实现的。所谓内部转移价格是指母公司与子公司之间、子公司与子公司之间进行交易时所使用的价格。它包括两种类型：一是有形产品的转移价格，比如公司内部相互提供的设备、原材料和零部件等的价格；二是无形产品的转移价格，比如技术使用费，贷款利息商标使用费、佣金、管理费等。显然，内部化实现的条件是内部交易成本低于外部交易成本，内部转移价格低于外部市场价格。

（六）市场内部化的收益

跨国公司实行内部化虽然要付出更多的成本，但也可以获得更多的收益，只要收益大于成本，对于跨国公司来说就是有利可图的。市场内部化的收益主要来源于消除外部市场不完全所带来的经济效益。市场内部化的收益主要包括以下五个方面。

（1）统一协调相互依赖的各项业务带来的经济效益。跨国公司实行内部化，将相互联系的各项生产经营活动置于统一控制之下，协调不同生产阶段的长期供需关系，这就可避免外部市场不完全所造成的生产经营活动的"时滞"，也可避免外部市场价格信号的失真所带来的对短期生产经营活动与长期投资计划的负面影响，从而使公司的生产经营活动更加高效运作，提高经济效益。

（2）制定有效的、有差别的转移价格所带来的经济效益。跨国公司通过内部化建立内部市场，对内部市场上流转的中间产品特别是知识产品运用差别性的转移价格，使中间产品市场高效运转，加上跨国公司的一体化经营战略，使公司的整个生产经营活动高效有序地运行，提高了经济效益。

（3）消除买方不确定性所带来的经济效益。跨国公司通过市场的内部化，将中间产品市场搞活，使中间产品的买卖在所有权上合二为一，买卖双方统一于同一个跨国公司内部，买卖合同关系长期而稳定，消除了外部市场上买方不确定性给企业带来的风险，特别是市场内部化减轻或消除了国际市场的不完全，缓和了出口贸易的不稳定性，从而提高了企业的经济效益。

（4）长期保持公司在全世界范围内的技术优势所带来的经济效益。技术优势是跨国公司所拥有的最重要的优势。跨国公司通过市场内部化建立知识产品的内部市场，使知识产品限制在公司内部转移，避免了知识产品外溢，限制了外国竞争者的迅速仿制，消除了知识产品优势散失的风险，长期确保了跨国公司在技术上的优势地位，也确保了自身的市场份额，给公司带来了更高的经济效益。

（5）由于避免政府干预所带来的经济效益。跨国公司在外部市场上，由于价格的公开性很难逃脱各国政府的干预，通过实行市场的内部化，跨国公司可以运用内部转移价格即划拨价格避开政府的干预，还可以在符合市场规则的条件下逃避税收、转移资金等，避开外汇风险和政治风险，获得较多的经济效益。

（七）对内部化理论的评价

1. 内部化理论的意义

（1）内部化理论的出现标志着西方国际直接投资研究的重要转折。垄断优势理论从市场的不完全和寡占的市场结构论述了发达国家对外直接投资的动机和决定因素，内部化理论则从跨国公司所面临的内外部市场的差异、国际分工、国际生产组织的形式等来研究对外直接投资的行为和动机。与其他对外直接投资理论相比具有较大的适应性，较好地解释了跨国公司的性质、起源以及对外投资的形式等。它既可以解释发达国家的对外投资行为，又可以解释发展中国家的对外直接投资行为，因而被称作"一般理论"，即"通论"。该理论对国际经济学界产生了较大的影响。

（2）内部化理论较好地解释了跨国公司在对外直接投资、出口贸易和许可证安排这三种参与国际经济方式选择的依据。跨国公司通过对外直接投资市场内部化，保持其在世界范围内的垄断优势，从而实现公司利润的最大化，因此在这三种方式中居主导地位。出口贸易由于受到进口国贸易保护主义的限制，许可证安排由于局限于技术进入产品周期的最后阶段，因而均属于次要地位。

（3）内部化理论有助于解释战后跨国公司增长速度、发展阶段和盈利变动等事实。知识产品市场的内部化激励跨国公司在研发方面投入巨额资金，为保持和扩大拥有的技术优势而增加对外直接投资，推动了国际直接投资的高速增长。大型跨国公司的兼并和收购活动以及研发领域的扩展使其多样化经营程度进一步提高，也促进了国际直接投资的迅速增加。

2. 内部化理论的局限性

（1）跨国公司实行内部化主要是对高技术含量的知识产品实行内部化，这就势必阻碍了新技术、新产品在全世界范围的迅速普及，从而在一定程度上阻碍了生产的发展；（2）内部化理论未能科学地解释跨国公司对外直接投资的区域分布，因而常常受到区位优势经济学家的抨击；（3）内部化理论对西方大型跨国公司的垄断行为的某些特征未能做出具体的分析，这也是该理论的一大缺憾。

五、边际产业扩张理论

（一）边际产业扩张理论的形成

边际产业扩张理论又称边际比较优势理论，是由日本一桥大学教授小岛清在20世纪70年代中期根据国际贸易比较成本理论，在对日本厂商的对外直接投资实证研究的基础上提出的。小岛清认为，海默的垄断优势理论是从微观理论出发，强调厂商内部垄断优势对直接投资的影响，重视对海外投资企业进行微观经济分析和公司管理的研究，而完全忽视了宏观经济因素的分析，尤其是忽略了国际分工原则的作用。他认为，根据美国对外直接投资企业的实际情况得出的国际直接投资理论不能解释日本的对外直接投资现象，因为日本对外投资的企业与美国的企业不同。

垄断优势理论认为只有拥有雄厚的资本和高技术的大型企业才能拥有独占市场的优势，才能有能力从事对外直接投资。产品生命周期理论也得出了同样的结论。20世纪60年代以来，随着日本经济的崛起，日本跨国公司发展迅速，打破了美国跨国公司一统天下的局面，形成了美、日、欧"三足鼎立"的新格局。随着经济的迅速发展，日本开始了大规模的对外直接投资。与美国不同的是，日本对外直接投资的主体大多是中小企业，这些企业所拥有的是容易为发展中国家所接受的劳动密集型技术优势。因而，日本经济学家对垄断优势理论进行了反思，认为垄断优势理论所涉及的跨国公司是美国型的，不具备普遍意义。在此基础上，日本经济学家们开始了对本国对外直接投资的研究，逐渐形成了具有本国特色的对外直接投资理论，其中，最具代表性的就是小岛清的边际产业扩张理论。

小岛清是著名的国际经济学家，自20世纪70年代以来发表了大量关于国际直接投资的论著，其代表作是于1977年出版的《对外直接投资论》一书。在该书中，小岛清从国际分工原则出发，第一次系统地阐述了他的对外直接投资理论。在1981年《对外贸易论（第五版）》、1982年出版的《跨国公司的对外直接投资》等论著中，小岛清对自己的理论做了进一步补充。小岛清认为，垄断优势理论对跨国公司的分析忽略了对宏观因素的分析，尤其是忽略了国际分工原则的作用。实际上国际分工原则和比较成本原则是一致的，即国际分工不仅能解释对外贸易，也能解释对外直接投资。美国的对外直接投资企业主要分布在制造业部门，这种直接投资是建立在贸易替代结构基础上的。也就是说，美国从事直接投资的企业正是美国具有比较优势的产业部门。根据国际分工的原则，美国应该将这类企业留在国内，通过不断扩大出口来获得比较利益。但由于这些企业竞相到国外投资建厂，把产品的生产基地转移到国外，结果造成了美国的出口被直接投资所代替，致使美国的出口减少，国际收支逆差加大，贸易条件恶化。而日本的对外直接投资方式与美国不同，其资源开发型投资具有很大比重，即使是制造业方面的投资，也属于"贸易制造型"，而不是"贸易替代型"，也就是说，日本在制造业的投资不仅没有替代国内同类产品的出口，相反还带动了与之相关的产品的出口，从而使对外直接投资和出口贸易结合了起来。日本向国外投资的企业是在日本国内生产已处于比较劣势的部门，为了继续维持这些企业的生产规模，就需要到仍然处于比较优势的国家进行生产。在目标国内应集中发展比较优势更大的产业，这样一方面可以优化国内的产业结构，另一方面可以促进对外贸易的增加。可见，日本的对外直接投资可以将日本国内处于比较劣势的部门在国外转为比较优势的部门，从而形成了该产业比较优势的延伸。

1. 小岛清的三个基本命题

小岛清的对外直接投资理论包括三个基本命题，他的国际直接投资理论就是围绕这三个基本命题展开的。

（1）生产要素的差异导致比较成本的差异。小岛清认为 H－O 理论中的劳动和资本要素可以用劳动和经营资源来替代。经营资源是生产要素，包括实物资产、技术等。如果两国的劳动和经营资源的比率存在差异则将导致比较成本差异。

（2）比较利润率的差异与比较成本的差异有关。凡是具有比较成本优势的行业，其比较利润率也较高，比较成本与比较利润率是相对应的。因此，应该根据比较成本和比较利润率来分析一国的对外贸易和对外直接投资。

（3）美国和日本的对外直接投资方式不同。美国型的对外直接投资人为地将经营资源作为一种特殊的生产要素，并在此基础上产生了寡头垄断优势的对外直接投资；而日本型的对外直接投资是将经营资源作为一般的生产要素，并在此基础上产生了处于劣势的产业（即边际产业）的对外直接投资。

2. 小岛清国际直接投资的特点

小岛清认为，与国际货币资本流动相比较，国际直接投资具有两方面的特点：一是对外直接投资主要体现为机器设备、技术、知识的转移，再加上工人的培训、经营管理、市场销售等技能的转移，构成对外直接投资的基本内容。在国际直接投资中基本可以不考虑投资国和东道国之间为数不多的货币资本的转移，因为货币资本的大部分可以在东道国当地筹集。国际直接投资是以两国存在不同的生产函数为前提的，东道国因吸收国外直接投资而由投资国的生产函数所替代，并得以提高。二是国际直接投资是资本、技术和经营管理知识的综合体由投资国的特定产业部门的特定企业向东道国的同一产业部门的特定企业（如子公司、合资企业等）的转移行为。由直接投资所带来的先进的生产函数会在东道国逐渐普及和固定下来。在不同的产业部门中，由于新旧生产函数之间的差距、资本密集程度、劳动和经营培训的难易程度不同，其普及也将有所不同。基于此，小岛清认为，国际直接投资是以投资国的资本丰富、东道国的劳动力资源丰富为前提的，所以在东道国的生产越是劳动密集型就越具有比较优势。投资国与东道国在同一产业的技术差距越小，国际直接投资所引起的技术转移就越容易移植、普及和被吸收固定下来。

3. 小岛清国际直接投资的类型

小岛清根据不同企业的投资动机不同，将对外直接投资划分为四种类型。

（1）自然资源导向型。

投资国的跨国公司通过对外直接投资，在东道国建立资源开发型企业，开发油田、矿业、林业、水产等自然资源，其产品既可以向投资国出口，也可以在东道国当地市场销售或向其他国家出口。这种投资是增加国内已失去比较优势或国内不能生产的产品的进口，而向自然资源丰裕的国家进行直接投资，其结果是促进制造品与初级产品生产国之间的垂直专业化分工。

（2）市场导向型。

投资国的跨国公司为了绕过东道国设置的贸易壁垒，对东道国进行国际直接投资，在东道国生产并销售，从而实现了由向东道国出口最终产品改为向东道国出口中间产品和机器设备的转换。另外，当一国出口商品市场的开辟进行到一定程度时，出于规模经济效益的考虑在东道国建立企业，在当地进行生产和销售，这样对生产者更有利。这种投资的类型可分为两类：一类是由于进口国贸易障碍等因素的作用，使得继续扩大出口受到限制或成本增加，从而导致对外直接投资，这种投资称为贸易导向型；另一类是寡头垄断性质的对外直接投资，在美国的新兴制造业特别是知识产品产业中表现得尤为突出，这种投资称为反贸易导向型。

（3）生产要素导向型。

各国的生产要素如原材料零部件、机器设备、技术，特别是劳动力，在国际的流动要受到许多政治、经济和法律上的限制，土地更是完全没有流动性。利用东道国廉价的生产要素是跨国公司对外直接投资的重要目标。由于发达国家的劳动力成本不断提高，因此将劳动密集型产业，特别是已经标准化的、传统的劳动密集型产业，转移到劳动力成本比较低的国家，建立向本国或其他国家出口的生产基地，对生产者是极为有利的。美国跨国公司向欧洲和日本的直接投资既是为了占领市场，又是为了利用这些国家廉价的生产要素。发达国家向发展中国家的直接投资亦是如此。这种投资的结果是加速了国际的产业调整和资源配置，增加了投资国和东道国之间的贸易。

(4) 交叉投资导向型。

小岛清认为，在发达国家之间应停止对东道国不具备比较优势的行业进行直接投资，而应当采取在产业内部相互直接投资，也就是说要对东道国具有比较优势的产业进行投资。例如，日本对美国的大型轿车进行投资，而美国对日本的小型轿车进行投资，这样可以发挥各自的比较优势。

(二) 边际产业扩张论的核心

小岛清边际产业扩张论的基本核心是对外直接投资应该从投资国已经处于或即将处于比较劣势的产业（即边际产业）依次进行。这些边际产业是东道国具有比较优势或潜在比较优势的产业。从边际产业开始进行投资，可以使投资国丰富的资本、技术、经营技能与东道国廉价的劳动力资源相结合，发挥出该产业在东道国的比较优势。

小岛清边际产业扩张理论中的"边际产业"是指在投资国处于劣势的产业，包括的范围较广。例如，随着日本劳动力成本的提高，与发展中国家相比，日本的劳动密集型产业已经处于比较劣势，变成"边际性产业"；而在同一个劳动密集型产业中可能一些大企业还能保持较强的比较优势，而中小企业则已经处于比较劣势，成为"边际性企业"；在同一企业中，也可能有一些部门还保持较强的比较优势，而另一些部门则已经处于比较劣势，成为"边际性部门"。小岛清将这些"边际性产业""边际性企业""边际性部门"概括为"边际产业"。如果国际直接投资像日本这样是根据比较劣势的边际产业顺序投资的原理进行的，这种投资的结果就是投资国和东道国双方贸易量增加，双方福利增加，而且沿比较优势指示的方向形成更合理的国际分工和贸易发展格局。相反，国际直接投资像美国那样是从处于比较优势的汽车、电子计算机、化学产品、医药产品等垄断性的新产品开始的，这种逆向国际分工的投资对投资国和东道国都是不利的。一方面，这种对外直接投资将经济发展的推动力量——最先进的产业过早地推向国外，使美国经济趋于空心，容易丧失其在世界经济中的领先地位，同时也减少了出口贸易和国内就业机会；另一方面，这种对外直接投资也不符合东道国，特别是发展中国家的经济发展水平，难以被其吸收消化，对东道国也会造成资源的浪费。

(三) 边际产业扩张理论的推论

小岛清根据边际产业扩张理论的核心,提出了若干推论,主要有以下四个推论。

1. 推论一:国际贸易与国际直接投资可建立在同一理论基础上

小岛清将国际贸易和对外直接投资的综合理论建立在比较优势(成本)原理的基础之上。他认为,在进行国际贸易时根据既定的比较成本,一国应大力发展拥有比较优势的产业,并出口该产业生产的产品。同时,缩小比较劣势产业,并进口该产业生产的产品,从而获得贸易利益。在进行对外直接投资时,根据可变的比较成本,投资国应该从处于或即将处于比较劣势的边际产业依次进行,这样就可以将东道国因缺乏资本、技术和管理经验而没有发挥出来的潜在比较优势挖掘出来,还可以扩大投资国和东道国之间的比较成本差距,为双方进行更大规模的贸易创造条件。小岛清认为,国际贸易是按既定的比较成本进行的,而国际直接投资则是按照可以创造新的比较成本来进行的,两者之间虽然有差别,但都是以比较成本原则为基础的。所以可以将国际贸易与国际直接投资建立在一个综合理论基础之上。

2. 推论二:日本式的对外直接投资和对外贸易的关系是互补的

小岛清认为,日本式的对外直接投资和对外贸易的关系不是替代关系而是互补关系,也就是说日本的对外直接投资可以制造和扩大对外贸易。如图 8.3 所示,Ⅰ-Ⅰ线是本国(日本)商品由低到高的成本顺序线(假定其中由 A 至 Z 都可以用 100 日元生产出来);Ⅱ-Ⅱ线是对方国家商品成本由低到高的顺序线(如 a^1 为 0.8 美元,z^1 为 5 美元)。两线相交于 m 点,该点表示按外汇汇率计算的两国 m 商品的成本相等。由此可以判断,右边的 X、Y、Z 的成本低于对方国家,依然是优势产业;而左边的 A、B、C 产业由于成本高于对方国家的 a^1、b^1、c^1。因此已经是本国(日本)的边际产业。如果从这些产业进行对外直接投资,其投资的结果是在对方国家投资的成本可降至 a^*、b^*、c^*。这样一来,双方就能实现利益更大、数量更多的交易(Ⅰ国的进口)。这是因为从本国趋于比较劣势的边际产业进行对外直接投资,在东道国廉价生产过程中,可以带动投资国机器设备出口;在东道国廉价生产后,可以促进产品返销投资国及销往其他国家。另外,东道国引进外资提高国民收入后,也会从日本进口更多的产品。从创造和扩大投资国的对外贸易角度来看,日本式的对外直接投资是属于贸易导向型的。

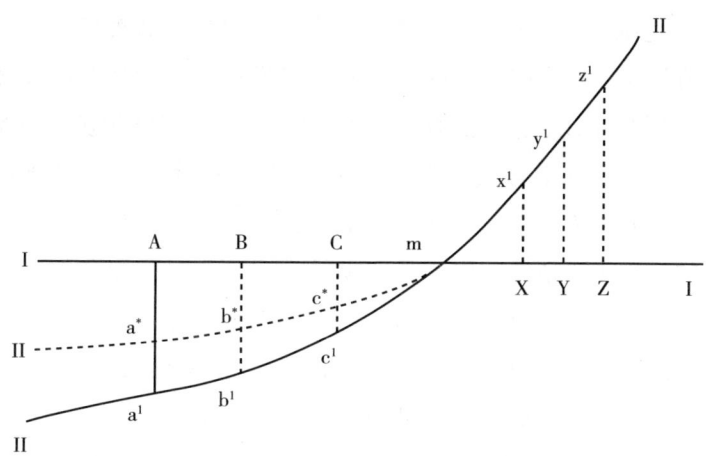

图 8.3　小岛清的边际产业扩张论

3. 推论三:应该立足于"比较成本原理"进行判断

小岛清认为,传统的企业发展论、产业组织论等企业经营学是建立在对一种商品、一种产业或一家企业的分析之上,这是不科学的。他认为应采用先找出投资国两种或两种以上产品的成本比率,然后与东道国的该种比率进行比较,亦即运用"比较之比较公式",才能做出是否进行对外直接投资的正确结论。小岛清认为,在东道国的比率小于投资国的比率时,这些产业在投资国就是边际产业,应该进行对外直接投资,转移到东道国去进行生产。

4. 推论四:投资国与东道国在同一产业的技术差异越小越容易移植

小岛清认为,在国际直接投资中,应该从投资国与东道国同一产业的技术差距最小的产业依次进行移植,因为这样的移植交给东道国的生产条件更容易被东道国吸收和利用并固定下来。由投资国的中小企业作为这种移植的承担者最合适,因为这类企业往往与东道国的技术差距较小,这种类型的国际直接投资可以为投资国和东道国双方都产生比较优势,可以创造更高的利润。

(四) 边际产业扩张理论的政策主张

小岛清根据边际产业扩张理论的核心和推论，提出了若干政策主张，主要有以下四个方面。

1. 政策主张一：关于日本式资源开发型直接投资的政策

小岛清认为，日本很大一部分对外直接投资的目标是在境外开发自然资源，以供日本进口。企业没有必要取得上游企业即开发创新企业的所有权，而是采取产品分享方式或贷款买矿的"开发进口、长期合同方式"，即非股权安排方式来实现对外直接投资的目标。由于这种方式考虑了高涨的东道国的民族主义情绪，因此最容易被东道国接受。而美国或欧洲跨国公司的对外直接投资采取拥有国外全部股权的自然资源，比如矿山的开采，并将产品的运输、分配、冶炼和销售统一在一家跨国公司之内，形成"自有矿山垂直统一方式"，极易引起东道国政府的干预。

2. 政策主张二：关于日本向发展中国家工业进行直接投资的政策

小岛清认为，日本向发展中国家工业直接投资政策的要点：第一，对外直接投资要根据比较成本及其变化，从差距小、容易转移的技术开始，按次序地进行；第二，要根据发展中国家的需要及吸引程度依次移植、转移新技术，起到所谓"教师的作用"；第三，日本对外直接投资应当对东道国的经济发展起到正效应，即提高当地企业的劳动生产率，传播先进技术和管理经验，使当地企业能够独立地进行新的生产以避免被东道国指责为"过分扩张"；第四，在成功地完成"教师的作用"之后，应该分阶段地转让日本国外企业的所有权。

3. 政策主张三：关于日本向发达国家进行直接投资的政策

小岛清认为，发达国家之间的相互直接投资，如日本跨国公司对美国大型汽车生产的直接投资、美国跨国公司对日本小型汽车的直接投资，是在双方比较成本差距很小的基础上进行的。小岛清把这类直接投资称为"协议性的产业内部交互投资"。这类投资是在日美贸易摩擦的背景下形成的。

4. 政策主张四：关于跨国公司的功过

小岛清认为，对外直接投资与跨国公司是两个性质完全不同的问题。欧美跨国公司获得的利润来源于"生产方面的规模经济"和"商业性的规模经济"。前者是指跨国公司由于实行垂直一体化和水平一体化经营而形成的，有利于节约资源、降低生产成本和销售费用，是能实现利润最大化的经济规模。这种形式的规模经济对投资者、投资国、东道国和世界经济发展都是有利的。后者大多数是"虚假的规模经济"，是指由于跨国公司通过内部灵活调度，分割市场，以损害社会的利益、实现非最优化资源配置而形成的经济规模。最典型的例子就是跨国公司滥用内部调拨价牟取暴利。这类规模经济虽然给跨国公司增加了利润，但对社会利益有害。

（五）边际产业扩张理论的评价

边际产业扩张理论所研究的对象是日本跨国公司，反映了日本这个后起的经济大国在国际生产领域寻求最佳发展途径的愿望，比较符合20世纪六七十年代日本对外直接投资的实际，因而有其科学性的方面：第一，边际产业扩张理论与前述的垄断优势理论、内部化理论以及产品生命周期理论不同，它从宏观的角度，利用比较优势理论采用两个国家、两种产品或多种产品的分析模式提出了从边际产业开始依次对外进行直接投资的结论。第二，边际产业扩张理论分析的直接投资是随着利用东道国劳动力资源的比较优势变化的，国际直接投资从高工资国转移到低工资国，经济发达国家的要素禀赋比率的变化速度快于发展中国家，发达国家对发展中国家的投资是按照本国产业比较劣势的顺序进行的。这种依据比较成本动态变化所做出的解释，比较符合发达国家如日本和新兴工业化国家对发展中国家的直接投资状况。第三，边际产业扩张理论认为对外直接投资的主体是中小企业，因为中小企业拥有的技术更适合东道国当地的生产要素结构，这就很好地解释了中小企业对外直接投资的原因和动机。第四，边际产业扩张理论强调无论是投资国还是东道国都不需要有垄断市场，从国际分工的角度来解释日本式的对外直接投资，这一分析方法与其他国际直接投资理论相比有独到之处。随着20世纪80年代日本经济实力的增强和产业结构的变化，日本对外直接投资也偏向于对发达国家的制造业进行投资，向贸易替代型转化，特别是大型跨国公司的对外直接投资比重迅速上升。该理论显然无法解释日本对外直接投资的这些新变化。另外，20世纪80年代以后，发展中国家对外直接投资增长迅速，边际产业扩张理论显然也无法解释这种逆向比较优势的对外直接投资。

六、国际生产折衷理论

（一）国际生产折衷理论的形成

国际生产折衷理论又称国际生产综合理论，是由英国经济学家邓宁于20世纪90年代提出来的。20世纪80年代初他又对自己的理论进行了系统的整理和补充，形成了在国际直接投资理论中影响最大的理论框架。

海默、巴克莱和卡森、维农、小岛清等对外直接投资理论都是从某一特定国家的国情出发进行实证研究后得出的结论，均不具有普遍的意义。20世纪70年代初，许多学者对国际直接投资理论进行了卓有成效的研究。比如，戈登在1972年出版的《生产理论》一书中根据新要素论以及与厂商拥有特定资产有关的新技术要素论解释厂商进行国际直接投资的区位决定因素；霍斯特在1972年出版了《对外投资决策的企业和产业决定因素》一书，他选择了厂商经济活动规模作为关键交易，既解释国际贸易又解释直接投资；马吉在1977年出版了《信息和跨国公司——对外直接投资的报偿理论》一书，他用厂商追求非生产性利润（租金）的动机来解释国际贸易和直接投资。巴克莱和卡森把国际直接投资动因一方面归结为区位优势的吸引，另一方面归结为知识产品市场的失灵，主张把国际贸易论和产业组织理论结合起来解释国际直接投资。在所有进行综合性理论研究的学者中，邓宁是最早开始并致力于这方面研究的学者，他在1977年发表了一篇题为《贸易、经济活动的区位与多国企业：折衷理论探索》的论文。在这篇论文中提出了国际生产折衷理论，他把厂商特定的资产所有权、内部化、国家区位三方面综合起来解释国际直接投资。此后，在1981年出版的《国际产业和跨国企业》一书中，邓宁全面、系统地阐述了国际生产折衷理论。20世纪80年代以后，邓宁继续发表了大量的论著，进一步补充和完善了他的折衷理论。邓宁在他的理论中集百家之长，融众说之精髓，包容了自海默以来的各种重要的国际直接投资理论流派，同时又吸收了西方经济学中的产业组织理论、新厂商理论、区位论和H-O的要素禀赋理论等，增加整个体系的理论色彩，并使之具有较高的综合性和概括性。

(二) 国际生产折衷理论产生的原因

国际生产折衷理论形成的原因主要有两个方面：一是二战后国际直接投资格局发生了重大变化；二是国际直接投资缺乏一套具有普遍意义的、全面系统的理论。

二战后很长一段时期，美国跨国公司在国际直接投资领域中居主导地位，投资主要集中于制造业，资本主要流向加拿大和拉美各国，国外子公司以独资形式为主。20世纪60年代后，国际直接投资在国际经济中的作用越来越重要，并且国际投资的格局发生了重大的变化。第一，国际直接投资主体呈现出多元化的发展趋势，西欧各国成为国际直接投资领域的重要力量，日本作为一个经济的后起之秀，对外直接投资也迅猛发展，形成了美国、日本、欧洲"大三角"的国际投资新格局。特别引人注目的是20世纪80年代以来发展中国家纷纷加入国际直接投资的行列，其对外直接投资也迅速增加，成为国际直接投资领域中的一支新生力量。第二，对外直接投资的部门开始分散，除制造业外还有资源开发业、服务业以及其他行业等，并且发展速度很快。第三，国际直接投资的流向呈现出多样化的趋势。既有传统的发达国家向发展中国家垂直投资，也有发达国家之间的水平投资，还有发展中国家向发达国家的逆向投资。第四，国际直接投资的形式也呈现出多样化，除了独资形式外，合资、合作企业也得到迅速的发展。对于国际直接投资的这些新发展，原来的理论已经无法给予科学的解释。所以，国际直接投资发展中出现的这些新情况，客观上需要建立一套新的具有普遍意义的国际直接投资理论。

邓宁认为，20世纪60年代之后国际直接投资理论主要向四个方向发展：一是根据工业组织理论，研究跨国公司发展对外直接投资所拥有的优势，集中表现为海默的垄断优势理论；二是采用动态分析方法，将对外直接投资与对外贸易结合起来研究，集中表现为维农的产品生产周期理论；三是根据生产区位理论研究跨国公司为什么在某国进行直接投资，而不是在其他国家进行直接投资；四是厂商理论，强调市场不完全对跨国公司对外直接投资行为的影响，集中表现为内部化理论。邓宁认为这些理论各有所长，但都是对国际直接投资所做的部分解释，缺乏将国际直接投资、对外贸和对外技术转让结合起来的一般理论。邓宁就是在综合以上理论的基础上提出了国际生产折衷理论,并作为一种普遍适用的理论来解释多彩多姿的国际直接投资现象。

(三) 国际生产折衷理论的核心

国际生产折衷理论认为,对外直接投资主要是由所有权优势、内部化优势和区位优势这三个基本因素决定的。

1. 所有权优势

所有权优势又称厂商优势,是指一国企业拥有或能够获得的,其他企业所没有或无法获得的资产及其所有权。邓宁认为,跨国公司所拥有的所有权优势主要包括两类:第一类是通过出口贸易、技术转让和对外直接投资等方式均能给企业带来收益的所有权优势。这类优势几乎包括企业拥有的各种优势,如产品、技术、商标、组织管理技能等。第二类是只有通过对外直接投资才能获得的所有权优势。这种所有权优势无法通过出口贸易、技术转让的方式给企业带来收益,只有将其在企业内部使用,才能给企业带来收益,如交易和运输成本的降低、产品和市场的多样化、产品生产加工的统一调配、对销售市场和原料来源的垄断等。具体来讲,所有权优势应该包括四个方面:第一,技术优势。它主要包括专利、专用技术、管理经验、销售技巧、研究与开发能力等。第二,企业规模优势。它有两方面的含义:一是公司规模越大,研究和开发能力也越大,就越有利于技术创新;二是公司规模越大,越能在国内外市场上获得规模经济优势。第三,组织管理优势。公司规模越大,越有利于高度专业化管理人才得到充分利用,形成组织管理优势。第四,金融和货币优势。公司越大,越能在国际金融市场上多渠道、低成本获得资金。邓宁认为,跨国公司在参与国际市场时,拥有超过其他国家企业的所有权优势,才具有对外直接投资的能力。不过,邓宁认为,企业具有"所有权优势",只具备了进行对外直接投资的必要条件,要很好地解释对外直接投资活动,还必须具备内部化优势。

2. 内部化优势

内部化优势是为了避免不完全市场给企业带来的影响,将其所拥有的资产加以内部化,从而保持企业所拥有的优势。邓宁认为,一个企业如果有在产品各阶段生产的特点,就很容易产生"跨地区化"以至"跨国化"。因为在产品各阶段生产过程中,必然存在中间产品,如果将这些中间产品的供求过程在外部市场进行,则会由于外部市场的不完全性,造成生产成本的提高。而把中间产品的外部市场交易变成企业内部的关系,在企业内部统一调拨合理配置,使产品生产的全部过程都在企业内部完成,能使企业的垄断优势发挥最大的效用。所以,跨国公司将其所拥有的各种所有权优势加以内部化的动机在于避免外部市场的不完全对企业产生的不利影响,实现资源的最优配置,并且继续保持和充分利用其所有权优势的垄断地位。邓宁认为,市场的不完全不仅存在于中间产品中也存在于最终产品中。邓宁将市场不完全划分为两种,即结构性市场不完全和知识性市场不完全。前者是指由于竞争壁垒、交易成本高而导致的市场不完全;后者是指由于不容易获得或需要支付较高代价才能获得生产与销售的有关信息所导致的市场不完全。跨国公司对其拥有的所有权优势可以采取转让的方式,即将其拥有的资产或资产的使用权出售给外国的企业,也就是将资产的使用外部化;也可以采取内部化的方式,即将其拥有的资产所有权留在企业内部进行使用。在国际直接投资中,资产使用的内部化意味着跨国公司利用其所拥有的资产发展对外直接投资。邓宁认为,一个企业具备了所有权优势,并且使这些优势内部化,还不能完全解释国际直接投资活动。因此,还必须考虑导致国际直接投资的充分条件——区位优势。

3. 区位优势

区位优势是指跨国公司在投资区位上具有的选择优势。区位优势也是跨国公司发展对外直接投资时必须要考虑的一个重要因素。跨国公司在拥有了所有权优势和内部化优势后,还要进行区位选择。如果在国外生产比在国内生产能使企业获得更大的利润,那么就会产生对外直接投资;如果在国外的甲地投资比乙地投资能使跨国公司获得更大的利润,则选择甲地进行直接投资。所以,对外直接投资的流向取决于区位禀赋的吸引力。

区位优势包括直接区位优势和间接区位优势。前者是指东道国的某些有利因素所形成的区位优势,比如广阔的产品销售市场、政府的各种优惠投资政策、低廉的生产要素成本、当地原材料的可供性等。后者是指由于投资国某些不利因素所形成的区位优势,如商品出口运输费用过高、商品出口受到东道国贸易保护主义的限制、生产要素成本较高等。这两种区位优势从不同的方面形成跨国公司对外直接投资的区位优势。

区位优势是由投资国和东道国的多种因素决定的。这些因素主要包括：生产要素投入和市场的地理分布状况，生产要素成本、运输成本和通信成本，基础设施状况，政府干预经济的程度和范围，金融市场状况和金融制度，国内市场与国际市场的差异程度，文化环境的差异程度，贸易障碍等。

邓宁认为，区位优势不仅决定了一国企业是否进行对外直接投资，还决定了其对外直接投资的类型和部门结构。邓宁把对外直接投资划分为五种类型：资源开发型、生产或加工专业化型、贸易和销售型、服务型、其他。每一种类型的对外直接投资又是由不同的所有权优势、内部化优势和区位优势组合所决定的。

邓宁认为，决定对外直接投资的三项因素之间是相互关联、紧密联系的，可以用公式表示为：

$$国际直接投资 = 所有权优势 + 内部化优势 + 区位优势$$

一个企业所拥有的所有权优势越大，将其资产内部化使用的可能性也越大，从而在国外利用其资产比在国内可能更为有利，就越有可能发展对外直接投资。如果本国企业在这三个方面都处于劣势，则最好吸引外国直接投资。上述公式还可以说明一国企业对参与国际经济方式的选择，即将对外贸易、技术转让、对外直接投资三者有机地结合起来。企业对外直接投资必须具备所有权、内部化和区位三种优势；而出口只需要具备所有权和内部化优势，不一定需要区位优势；如果企业只具备所有权优势，既没有能力使之内部化，也不能利用国外的区位优势，最好采用许可证贸易方式进行技术转让（见表8.1）。

表8.1 一国企业国际化方式选择

方式选择	选择方式应具备优势		
对外直接投资	所有权优势	内部化优势	区位优势
对外贸易	所有权优势	内部化优势	×
对外技术转让	所有权优势	×	×

(四) 国际生产折衷理论的发展

20世纪80年代以来,邓宁一直致力于进一步完善其国际生产折衷理论。他研究的重点是跨国公司所拥有的所有权优势、内部化优势和区位优势的根源以及各国政府的管理对跨国公司的影响。

邓宁认为,跨国公司之所以会拥有所有权优势、内部化优势和区位优势,根本的原因是不流动的国际资源在各国间的分布不均衡。因为用来解释国际贸易的要素禀赋理论同样也能解释国际直接投资。跨国公司进行国际直接投资的目的在于将出口本国拥有相对禀赋优势的产品与使用东道国拥有相对禀赋优势的资源相结合,以实现其利润最大化。大多数以开发资源为直接目标的对外直接投资可以用要素禀赋不均加以解释。当然,邓宁还强调,要素禀赋理论并不能完全解释跨国公司拥有所有权优势、内部化优势和区位优势的根源。

邓宁认为,跨国公司之所以会拥有所有权优势、内部化优势和区位优势的另一个重要根源是国际市场存在的"缺陷",即不完全竞争。如果国际市场不存在"缺陷",那么拥有要素优势的企业只要参与市场交易,就可以实现比较利益,因而无须发展对外投资。然而,现实的国际市场是不完全竞争的市场。跨国公司只有通过对外直接投资,运用内部交换机制来替代外部市场,避开国际市场的不完全性。邓宁把这种市场缺陷分为两类:一类是结构性市场缺陷,即海默论述的市场不完全;另一类是交易实施性市场缺陷,即在公开交易中不能有效运转的缺陷。这样,通过市场交易会给企业带来附加的风险,比如,通过市场获得的原材料可能有中断供应的危险,出让技术专利可能有被接受者外泄和滥用的危险。企业通过在国外建立子公司,通过国际直接投资进行生产,就可实现企业内部转让产品和生产要素,来避免外部市场交易而带来的风险。

邓宁认为,要素禀赋理论和市场缺陷理论构成了国际生产折衷理论的基础。另外,东道国政府的管理政策也会对跨国公司的对外直接投资行为产生影响。

(五) 对国际生产折衷理论的评价

邓宁的国际生产折衷理论在企业优势的微观基础上,对国际直接投资的动因从宏观的角度做出了新的解释,具有较强的实用性和科学性。第一,国际生产折衷理论将所有权优势、内部化优势和区位优势结合为一个有机整体进行研究,更全面地解释了对外直接投资的决定因素。第二,对国际直接投资从动态角度进行分析,说明了随着时间的推移,经济发展水平的变化,一国不可能永远拥有某种比较优势。第三,一国对外直接投资的规模效益主要取决于其所拥有的比较优势,一国可以依据比较优势发展对外直接投资,也可以依据其比较劣势吸引外国直接投资。

国际生产折衷理论也存在着很多局限性:第一,该理论是在对西方私人跨国公司对外直接投资实证研究基础上提出来的,对国有跨国公司或国营企业的对外直接投资活动无法做出科学的解释。因为这些企业的对外直接投资并不是由三种优势决定的,而往往是由国际经济合作协议和本国经济发展总体规划决定的。第二,该理论将利润最大化作为跨国公司对外直接投资的主要目标,与20世纪60年代以来跨国公司对外直接投资目标的多元化现实不相符。

七、投资发展周期论

投资发展周期论是邓宁于20世纪80年代初提出来的,其目的是从动态分析的角度解释各国在国际直接投资中的地位,进一步发展和完善国际投资折衷理论。邓宁提出了"净国际直接投资地位"的概念。一国的净国际直接投资地位是指该国企业的对外直接投资总额减去引进国外直接投资总额。邓宁认为,一国的净国际直接投资地位与其经济发展水平存在着密切的正相关关系。邓宁通过对67个国家在1967~1978年直接投资和经济发展阶段的研究,得出了投资发展周期论。邓宁根据人均国民生产总值(GNP),把这些国家分为四组,相应地将投资发展周期划分为四个阶段。

(一)第一阶段

处于第一阶段的是人均国民生产总值在400美元以下的国家。这些国家是最贫穷的发展中国家,这些国家只有极小规模的外资进入,对外直接投资流出几乎没有。其净对外直接投资为负值。一方面,因为国内市场狭小，工业、商业、法律、运输和通信等基础设施也很薄弱，尚未形成足够的区位优势来大量吸引外国直接投资；另一方面，由于本国经济落后，技术力量薄弱，也尚未形成足够的所有权优势和内部化优势，即使有一些，也只能通过出口贸易的方式加以利用，没有足够的能力从事对外直接投资。

（二）第二阶段

处于第二阶段的是人均国民生产总值在 400～2499 美元的大多数发展中国家。这些国家引进外资的规模不断扩大，但对外直接投资额仍较小，净对外直接投资仍为负值。在这一阶段由于实施进口替代的政策，基础设施有所改善，国内市场得到了一定的扩大，投资环境得到了一定的改善，形成了较强的区位优势，对外资的吸引力增大，外国直接投资大量流入。这一阶段的外资主要集中于替代行业、资源开发行业和劳动密集型行业。由于其生产要素市场不完善，极大地影响了外国直接投资的流入。这一阶段的经济实力和技术水平仍然有限，仍未具备较强的所有权优势，不足以克服在国外生产的障碍，对外直接投资额仍保持在一个较低的水平。

（三）第三阶段

处于第三阶段的是人均国民生产总值在 2500～4000 美元的新兴工业化国家。这些国家已形成了较强的所有权优势和内部化能力，对外直接投资大幅度上升，其发展速度可能超过引进国外直接投资的发展速度，但净对外直接投资仍为负值。进入这一阶段，标志着一国已经走上了国际生产专业化的道路。所有权优势最强、区位优势最弱的部门进行对外直接投资；所有权优势最弱、区位优势最强的部门引进国外直接投资。在国内企业竞争力增强的同时，使外国直接投资者的所有权优势和区位优势相对下降，外国企业必须更多地利用和增强自身的内部化优势。

（四）第四阶段

处于第四阶段的是人均国民生产总值在 4000 美元以上的发达国家。这些国家拥有强大的所有权优势和内部化能力，也善于发现和利用国外的区位优势。所以这些国家的对外直接投资的增长速度高于引进国外直接投资的增长速度，净对外直接投资为正值。

以上四个阶段的划分和对直接投资的流入和流出状况如表 8.2 所示。

表 8.2　　　　　　　直接投资流出流入与经济发展阶段

阶段	投资流入	投资流出
第一阶段	外国所有权优势丰富	本国所有权优势缺乏
	外国内部化优势丰富	本国内部化优势不适应
	本国区位优势较小	外国区位优势不适应
第二阶段	外国所有权优势丰富	本国所有权优势较小
	外国内部化优势可能下降	本国内部化优势很小和专业化
	本国区位优势上升	外国区位优势开始出现
第三阶段	外国所有权优势下降和更专业化	本国所有权优势上升
	外国内部化优势可能上升	本国内部化优势仍受限制
	本国区位优势下降	外国区位优势上升
第四阶段	外国所有权优势下降和更专业化	本国所有权优势上升
	外国内部化优势丰富	本国内部化优势上升
	本国区位优势下降	外国区位优势上升

资料来源：J. H. Dunning. International Production and the Multinational Enterprise [M]. London：George Allen and Unwin Ltd.，1981：117.

邓宁认为，对外直接投资的发展阶段也可以用国际生产折衷理论来解释。在第一阶段，国家所有权优势、内部化优势和区位优势三种优势均缺乏，而本国的区位优势对外国投资者的吸引力也较小，因而没有资本流出，资本流入也很少。在第二阶段，随着国内市场的不断扩大，购买力不断提高，直接投资流入开始增大。在第三阶段，国内经济发展水平显著提高，对外直接投资开始迅速增加，相对的直接投资流入开始放慢。在第四阶段，经济发展水平已经很高，对外投资净额成为正数，这说明本国的垄断优势很强，并且具备了所有权优势、内部化优势和利用外国区位优势的能力。

通过实证分析，邓宁得出如下一般结论：一国的所有权优势和区位优势与引进国外直接投资呈正相关关系，与对外直接投资呈负相关关系；内部化优势既可以促进对外直接投资，也可以促进引进外国直接投资，取决于投资国和东道国市场不完全的程度。一国的经济发展水平决定了"三优势"，即所有权优势、内部化优势和区位优势的强弱，而"三优势"的均衡决定了一国的净国际直接投资地位。邓宁的投资发展阶段理论从企业优势的微观基础出发进行宏观分析，对国际直接投资动因做了新的解释。

第二节 发展中国家的直接投资理论

一、资本相对过度积累理论

西方发达国家的对外直接投资是资本过剩的产物，由于过剩的资本在国内无法实现高投资回报，只好通过对其他国家直接投资来实现东道国潜在的比较优势，可称之为"资本过剩型跨国投资"。而发展中国家的对外直接投资是在普遍存在资本缺口的情况下发生的，国内建设资金短缺，劳动力大量流失，资金短缺现象普遍，大规模地吸引外资仍是发展中国家经济发展的一项艰巨任务。在对这一问题的研究中，苏联学者阿·勃利兹若伊利将美国经济学家刘易斯（William Arthur Lewis）在《劳动无限供给条件下的经济发展》一文中提出的"二元经济结构"运用到国际直接投资领域中，提出发展中国家往往存在传统落后的农业部门与采用较新技术的现代工业部门同时存在的"二元经济结构"现象，试图用二元经济结构来解释发展中国家的国家直接投资现象。"二元经济结构"理论认为技术水平、劳动生产率、经济组织形式上的差距造成传统农业部门远远落后于现代工业部门，使产业间联系减弱。一方面由于传统农业部门在供给和需求上的低弹性使其无法对现代工业部门提供的经济发展机会做出及时有效的反应使产业间的差距进一步扩大，另一方面现代工业劳动力严重短缺和传统农业劳动力供应过剩现象并存以及工人和农民的收入不平衡。这样，发展中国家的现代工业部门在未达到规模效益要求的情况下，出现了结构性供给过剩乃至个别行业或企业的"相对过度资本积累"或"相对资金富余"，使得工业部门向海外市场的扩张产生了可能性。

阿·勃利兹若伊利的"资本相对过度积累理论"运用产业经济学与发展经济学理论，辩证揭示了发展中国家资本绝对短缺与相对过度积累的二元格局，论证了发展中国家对外直接投资的可能性。尽管存在一些缺陷，如仅仅从"二元经济结构"阐述了发展中国家在国内资本没有遇到发展瓶颈的情况下对外直接投资的可能性，并没有分析发展中国家企业对外直接投资的动机与具体投资方式等，但其符合大多数发展中国家特别是一些大国的实际，为进一步建立完善的理论体系打下了基础。

二、小规模技术理论

（一）小规模技术理论的产生背景

二战后针对发达国家国际直接投资的理论研究大都认为一国的垄断技术优势及规模经济是导致一国对外投资的根本原因。但是，这一观点却无法从根本上合理解释为何发展中国家在与发达国家相比在技术以及生产规模均处于劣势的情况下仍然能够实现对外投资这一现象。为此，美国经济学家刘易斯·威尔斯（Louis T. Wells）在 1977 年发表的《发展中国家企业》的一文中提出小规模技术理论作以解释。威尔斯与助手建立了发展中国家跨国公司数据库，深入分析了发展中国家的企业如何获得竞争优势的问题，并于 1983 年的专著《第三世界跨国公司》中进一步详细地论述了小规模技术理论，被理论界公认为研究发展中国家对外直接投资的开创性成果。

（二）小规模技术理论的主要内容

威尔斯主要从三个方面分析了发展中国家跨国企业的比较优势：

（1）拥有为小市场需要提供服务的小规模生产技术。低收入国家制成品市场的一个普遍特征是需求量有限，大规模生产技术无法从这种小市场需求中获得规模效益，而这个市场空档正好被发展中国家的跨国企业所利用，它们以此开发了满足小市场需求的生产技术而获得竞争优势。

（2）发展中国家在民族产品的海外生产上颇具优势。发展中国家对外投资的另一特征表现在鲜明的民族文化特点上，这些海外投资主要是为服务于海外同一种族团体的需要而建立的。一个突出的例子是华人社团在食品加工、餐饮、新闻出版等方面的需求带动了一部分东亚、东南亚国家和地区的海外投资，而这些民族产品的生产往往利用母国的当地资源，在生产成本上占有优势。

（3）低价产品营销战略。与发达国家跨国公司的产品相比，物美价廉是发展中国家产品最大的特点。当然，这一特点也自然成为发展中国家跨国企业提高市场占有率的有力武器。而发达国家跨国公司产品的营销策略往往是投入大量的广告费、树立产品形象，以创造名牌产品效应。

（三）小规模技术理论的评价

该理论推翻了只能依赖垄断技术和规模经济优势进行国际直接投资的传统观点，将发展中国家的生产技术与自身的市场特征结合起来形成竞争优势，以满足小规模、多样化的市场需求，当然，该理论也有某些局限性和片面性。它将发展中国家跨国公司的竞争优势仅仅局限于小规模生产技术的使用，可能会导致这些国家在国际生产体系中的位置永远处于边缘地带和产品生命周期的最后阶段。同时该理论很难解释发展中国家高新技术企业的对外直接投资行为，以及发展中国家对发达国家直接投资日益增长的现象。

三、技术地方化理论

（一）技术地方化理论主要内容

在1983年出版的《新跨国公司：第三世界企业的发展》一书中，英国经济学家沙加亚·劳尔（Sanjaya Lall）通过对印度、中国、巴西等跨国公司的竞争优势和投资动机进行了深入研究，指出即使发展中国家跨国企业生产规模小、机器设备不够先进、采用劳动密集型技术，但这种落后的技术中包含着企业内在的创新活动。劳尔从技术变动的角度首次提出了发展中国家国际直接投资的技术地方化理论，以解释发展中国家通过对技术的引进、创新来进行国际直接投资的行为。所谓技术地方化，是特指一部分技术相对落后的发展中国家的跨国企业通过对国外的先进技术进行部分消化、改造、发展、创新之后，使这项技术以及通过这项技术所生产的产品与本国的具体国情更具有契合度。

劳尔认为是以下几个条件使发展中国家企业能够形成和发展自己的"特有优势"：（1）在发展中国家中，技术知识的当地化是在不同于发达国家的环境下进行的，这种具有显著的"本土化"特征的技术通常能够与国内的市场需求紧密相关。(2)发展中国家生产的产品适合于他们自身的经济和需求,只要这些企业对进口的技术和产品进行一定改造,使他们的产品能够更好地满足当地或邻国市场需要的话,这种创新活动就会形成竞争优势。(3)发展中国家企业竞争优势不仅来自其生产过程和产品与当地的供给条件和需求条件紧密结合,而且来自创新活动所产生的技术在规模生产条件下具有更高的经济效益。(4)在产品特征上,发展中国家企业仍然能够开发出与名牌产品不同的产品,特别是国内市场较大、消费者的偏好和购买力有很大差别时,来自发展中国家的产品仍有一定的竞争力。

(二)技术地方化理论的评价

不同于小规模技术理论暗含的技术被动思想,劳尔强调企业对引进技术的创新过程,即发展中国家的企业对外国技术的引进并不仅仅是简单地照搬、模仿,更是"因地制宜"地对技术的消化和创新,这才是其获得国际竞争优势的根本原因所在,弥补了小规模技术理论的不足之处。他将发展中国家的国际直接投资理论引向微观层面,阐述了发展中国家通过比较优势参与国际直接投资的可能性,与实际情况有着很好的契合度,使国际投资的理论研究达到了一个全新的高度。

该理论的局限性在于劳尔对发展中国家的技术创新活动的描述太过粗略,仅提供了一个简单的理论框架。事实上,企业的技术吸收、融合再创新是一个非常复杂的过程,在这个复杂的过程中,找出究竟什么因素是导致不同企业国际竞争成功的关键、企业应如何有效地进行技术地方化,这些关键问题理论却并未提及。

四、技术创新与产业升级理论

20世纪80年代中期以后,发展中国家对外直接投资出现了加速增长的趋势,特别是一些新型工业化国家和地区的对外直接投资把触角直接伸向了发达国家,并成为东道国当地企业有力的竞争对手。在此背景下,英国里丁大学研究技术创新与经济发展问题的著名专家坎特威尔教授与他的弟子托兰惕诺共同对发展中国家对外直接投资问题进行了系统的考察,提出了发展中国家对外直接投资技术创新升级理论。

技术创新产业升级理论认为，一国企业的核心竞争力是它的技术水平，对技术实现的创新不仅仅能够从根本上促使企业发展进步，更是一股可以促进国家经济发展的助推力。与发达国家不同，发展中国家企业在技术创新中并没有很强的研发能力，主要是利用特有的学习经验和组织能力，掌握和开发现有的技术。并得出结论：发展中国家对外直接投资的产业分布和地理分布是随着时间的推移而变化的且可以预测。在产业分布上，首先是以自然资源开发为主的纵向一体化生产活动，然后是以进口替代和出口导向为主的一体化生产活动，最后是涉及高新技术领域的全方位对外直接投资；在地理分布上，发展中国家企业在很大程度上受"心理距离"的影响，其投资方向遵循周边国家—其他发展中国家—发达国家的渐进发展轨道。在对外投资对象上，它们已经不再局限于传统产业的传统产品，开始从事高科技领域的生产和开发活动。以亚非拉地区的跨国公司为例，其国际直接投资一方面主要集中在制造业和自然资源部门，随着国内产业结构的升级，其对外直接投资将逐步向高新技术产业部门转移；另一方面主要以区域内投资为主，即平行投资（发展中国家对发展中国家的投资），但随着技术累积和产业升级决定了其国际直接投资的范围将不断扩展，一些实力比较雄厚的发展中国家跨国公司正逐步发展逆向投资（发展中国家对发达国家的投资）。

坎特威尔和托兰惕诺的技术创新产业升级理论对于发展中国家通过对外投资来加强技术创新与积累，进而为如何提升一国产业结构并加强其国际竞争力的实现提出了指导意见，该理论也因此受到了西方经济理论界的一致好评。

第三节 国际直接投资理论的最新发展

一、投资诱发要素组合理论

20 世纪 80 年代以来，经济全球化成为时代的基本特征，国际直接投资起到了推波助澜的作用。国际直接投资在全球化下不仅实现总量的迅速增长，而且实现了结构的重组和优化，同时跨国公司在全球经济联系中的作用日益增强。这促使许多经济学家试图从不同角度来解释世界各国的对外投资行为，其中有不少学者在20世纪80年代后期对国际直接投资的分析从内部因素转向外部因素，提出了投资诱发要素组合理论，也称为综合动因理论。该理论认为，任何类型的对外直接投资活动的产生，都是由投资的直接诱发要素和间接诱发要素的组合而诱发产生的。该理论对以往的国际直接投资理论进行补充，弥补了单纯从内部因素分析的片面性和局限性。

直接诱发要素是指投资国和东道国拥有的各类生产要素，包括劳动力、资本、技术、管理及其信息等，它们是对外直接投资产生的主要因素。直接诱发要素既可以存在于投资母国，也可以存在于东道国。如果投资国拥有某种诱发要素的优势，它将通过对外直接投资把该要素转移出去；如果投资国没有某种直接诱发要素的优势，而东道国拥有该优势，也同样能诱发和刺激投资国对外投资。发达国家在资本、生产技术、管理技能等方面具有要素优势，因此其对外直接投资主要是投资国直接诱发要素起作用，同时还可以利用东道国的自然资源、劳动力、知识信息等东道国直接诱发要素为其服务。发展中国家受发达国家的直接诱发要素的诱使对其进行直接投资，发展中国家到发达国家建立生产和研发基地，将发达国家作为其引进新技术、新工艺和进行研发的基地，从而获得在投资母国所不具备的要素优势。间接诱发要素则是指除直接诱发要素以外的其他要素，主要包括投资国的鼓励性投资政策及其法规、政治稳定性，东道国的投资环境（包括硬环境和软环境），全球经济一体化。发展中国家的对外直接投资，在很大程度上是间接诱发要素在起作用，而且间接诱发要素在当今国际直接投资中起着越来越重要的作用。

投资诱发要素组合理论主要是从外部因素（即投资国与东道国各自的需求和所具备的条件）的角度出发分析国际直接投资的决定因素，并强调了间接诱发要素在现代国际直接投资中的重要作用，克服了先前理论中只重视投资目的、动机和条件因素，而忽视东道国和国际环境因素对投资决策影响作用的片面性。

二、国家竞争优势理论

国家竞争优势理论曾在第三章第三节新贸易理论中提及，它除了是国际贸易理论外，也是国际投资的理论之一。这里将从投资理论的视角进行阐释。该理论指出，以往的国际直接投资理论只注重对外投资成因的研究，解决的只是跨国公司存在机制问题，而对跨国公司的发展机制，特别是国际竞争对跨国公司的战略影响及对现有跨国公司的管理等非常重要的问题缺乏研究。

（一）阶段划分

波特的理论对企业如何形成并保持可持续的竞争优势进行了分析，将国家经济发展划分为四个阶段：要素驱动阶段、投资驱动阶段、创新驱动阶段和财富驱动阶段。

（1）要素驱动阶段。处于这一阶段的国家，企业对外直接投资依靠的是生产要素，并且只能从生产要素中获得竞争优势，整个国家对世界经济周期和汇率的变动很敏感，生产率可持续性增长的基础较为薄弱。

（2）投资驱动阶段。国家的竞争优势取决于一国及其企业主动投资的意愿和能力，通过大量投资，把促进经济增长的主要要素从初级阶段推向更高阶段，这一阶段国家的经济基础依然薄弱。

（3）创新驱动阶段。企业开始具备独立的技术研发能力，技术创新成为国家竞争力的主要因素。在有利的需求、供给条件和本国经济的迅猛发展下，企业不断实现技术的创新，由此获得竞争优势。随着全球经济一体化，外部环境逐步改善，这些企业从一开始只服务于国内，开始面向全球范围对外直接投资。处于该阶段的企业拥有产品的生产技术优势并且产品具有异质性，因此在国际竞争中处于优势地位，抵抗经济波动的能力较强。

（4）财富驱动阶段的国家。财富成为国家竞争力的主要因素，投资和创新动机削弱，金融投资的比重上升推动经济发展是为了保持财富。这一阶段的一个明显特征是企业寻求在低风险的情况下扩张企业，导致并购的大量增加。波特认为,一国的竞争优势是动态发展的,随着国内产业结构的升级和竞争水平的提高使其有能力走向国外。

(二) 影响国家竞争力的因素

波特在国家竞争优势理论中将影响一国的国际竞争力的主要因素分为以下四点:

(1) 生产要素,包括自然资源、资本资源、知识资源、人力资源、基础设施等。

(2) 国内需求,是指国内的需求状况对国际竞争力的影响。主要体现在三方面:一是本国市场上对相关产业的产品需求大于海外市场,则易于产生规模经济;二是本国消费者对某种商品的需求层次更高,促使企业加速该产品的升级和优化;三是国内的需求具有超前性,会使企业加强自我创新能力,从而比国外企业更具有竞争优势。

(3) 相关和支持产业因素,是指与企业生产、销售相关联并起到支持作用的产业和企业因素。相关行业和企业的支持,是能否取得长久竞争优势的主要因素。

(4) 企业组织、战略和竞争状态因素,是指一国国内支配企业创建、组织和管理的条件,企业的组织形式、战略规划、管理模式等决定了企业的国际竞争优势。

国家竞争优势理论是国际直接投资理论的最新发展,对产生国家竞争优势的要素做出了全新解释,开拓了如何具备国际竞争优势的全新思维。波特指出,国际直接投资竞争优势的产生不是依赖于传统的自然资源、劳动力等要素,而是来自于企业不断地创新能力。他提出的国家竞争优势的菱形动态模式阐明了国际直接投资应采取先内后外的顺序,因此具有理论创新意义。

三、跨国公司全球化战略

(一) 理论背景

进入 21 世纪的第二个十年后,跨国公司的发展及其对全球价值链的战略控制受到了意料之外的因素冲击，呈现出了新的变化态势。首先，新跨国公司的形成速度在大大加快。自20世纪90年代以来，一大批企业作为天生的全球化企业，受益于发达的国际生产体系和经济无形化趋势所带来的前所未有的全球化运营活动的便利性与低成本。这些企业规模不一定大，但在特定的细分产业领域，依托全球价值链形成了全球性的竞争优势。为数众多的新跨国公司的不断涌现，成为了改变全球价值链的新的能动因素，使它们能够获取超出在位跨国公司预期的更多的增长收益，也使全球价值链有了向脱离在位跨国公司控制的方面演化的可能性。其次，不同代际和不同成熟度的跨国公司，同时面对着来自于数字经济的竞争变革的挑战。到目前为止，数字经济对不同的跨国公司发展前景的影响尚不明朗，数字经济领域后起的跨国公司仍在以前所未有的加速度成长与扩张，原本在位的跨国公司也在努力克服自身的组织惰性，大力推进数字化转型与相应的组织变革，积极探索和融入属于未来的竞争浪潮。从全球价值链治理角度来看，核心问题是后起的数字经济跨国公司是否会取代那些在位的主导全球价值链的跨国公司，或者是对它们起到补充作用，引导全球价值链转向一个数字化的全新轨道。最后，全球化转向，正使信奉向全球一体化战略方向发展的跨国公司渐渐处于失势的状态，它们的既定战略，既不兼容于冲突加剧的国际政治关系，也越来越难以容身于全球市场规则差异化特征日益突显的新形势。

（二）全球化战略选择

在面对全球化转向和全球价值链重构的新局势时，越来越多的跨国公司日益清醒地认识到这样的现实：尽管许多跨国企业声称推行全球战略，但事实上，大多数跨国企业不是全球性的。能够持久地将其在母国的成功经验复制到世界各地的跨国公司少之又少。在全球化转向给全球市场体系运行带来巨大不确定性的形势下，全球战略失败的风险更是趋于上升。面对新形势，跨国公司有三种战略选择。

1. 收缩战略

适应全球化的收缩态势，实施聚焦收缩战略，将资源向相对安全可靠区域集中，实施布局调整。实施聚焦收缩战略的跨国公司，其动机有两种理论解释：一是出于组织惯性和路径依赖，将资源配置向自己最熟悉的区域集中和聚焦，实现自我强化；二是出于对全球化进程中最新的制度环境因素变化的敏感反应，对新的价值观念的兴起、分裂的政策与制度环境中持续上升的风险因素，及时做出回避和收缩的应对之策。聚焦收缩战略强调的是跨国公司对全球化转向进程中制度因素的变化的接受与适应，在全球价值链重构的背景之下，跨国公司的主导战略逻辑会发生改变，其相对稳定的业务结构和组织被迫做出调整，从不确定性高的区域退出。例如，欧洲国家增收数字税，会影响到美国数字技术领域跨国公司的利益，作为报复美国对欧洲国家增收关税。身处这种对抗性的制度环境里，欧美跨国公司的战略活动难免受到影响。聚焦收缩战略的不利方面是，如果全球市场在未来的高增长机会主要在那些不确定性高的区域产生，那么，奉行聚焦收缩战略的跨国公司可能错失这些机会。反之，如果未来的持续增长的市场机会主要出现在安全可靠区域，则企业的聚焦收缩战略将有可能是成功的。

2. 组合迁移战略

适应全球化的转向态势，实施组合迁移战略，将资源配置重心有计划地从存在一种或一组相对较高的不确定性的区域或领域，转向存在另一种或另一组相对较低的不确定性的区域或领域。实施组合迁移战略，可以沿着全球化转向的两个不同方向来推进。第一种情况发生在区域层面。在中美冲突的背景下，典型的做法是将中国的业务布局加快向东南亚地区的其他国家转移。移出中国，可以降低受美国对中国的关税制裁与高科技交易限制的不确定性影响；移向东南亚国家，则又难免遭遇在要素资源配套成本与供应短板上的其他方面的不确定性。例如，苹果的代工厂纬创（Wistron）将其苹果中国组装厂出售给了立讯精密，剩下在印度班加罗尔的两座组装厂，但在2020年12月14日，纬创印度工厂发生了暴力打砸事件。这一案例表明，跨国公司在实施组合迁移战略时，往往不得不面对不同风险组合之间的权衡与取舍。第二种情况发生在业务领域层面。例如，顺应数字经济发展趋势，通过加快数字化和智慧化技术的普及应用，调整资源在不同业务领域和不同区域之间的配置结构。第三种情况是结合全球价值链上各种与不确定性和风险相关的因素，做出组合式的迁移战略安排。在同一区域，不同的业务，可以有进有退——在某一些方面，资源配置会更加符合全球价值链的内在经济性要求；而在另一些方面，资源配置会对那些更加紧迫的非经济性的干扰因素，做出必要的响应。与聚焦收缩战略相比较，组合迁移战略的特点是坚持主导战略逻辑不变，但会顺应全球市场环境的动态变化，相机做出布局结构调整的策略性安排。

（三）集成编排战略

与全球化的转向同步，实施集成编排（orchestration）战略，在全球化转向中，主动寻找各种不同方向和不同性质的有价值的资源进行集成式编排和重组，着力塑造新的竞争优势，进而主导全球价值链的未来变化。巴克利（Buckley，2011）指出，世界工厂的形成，需要有编排者对分散在世界各地的企业之间的联系进行协调。与聚焦收缩战略和组合迁移战略不同，实施集成编排战略的跨国公司不会有明显地对全球化转向的被动响应的安排，其战略突出强调对新出现的市场机会与未来竞争中有价值的资源的捕捉，而不会将资源过多地耗费于对风险因素的消极避让。以集成编排战略来应对全球价值链重构，这意味着，理解眼前的全球价值链正在经受的断链、松解和重新布局等种种不可确知的冲击与变化，要超越其表面显露出来的增长放缓和存量收益递减的重重压力，去发掘其深层次的正在酝酿的许多全新的增长与扩张的机会。那些实施集成编排战略的跨国公司，最有可能抓住这些面向未来的发展机会，最大可能地激发自身的创造创新潜力，从而成为牵引和推动全球化转向的决定性力量。

四、关于跨国公司研究的最新进展

面对激烈的国际市场竞争，跨国公司也不断调整海外经营管理策略，出现了许多新特点，如将研发基地建在发展中国家、大举并购等。因此，许多学者对这些新现象进行研究，取得一些新进展。

（一）关于跨国战略联盟的研究

理查森（G. B. Richardson）从技术协调角度解释跨国公司的战略联盟现象。他认为，在从事多项活动而无法获得规模经济时，在需要从事研发而市场又动荡不安时，合作性协调是不可或缺的。威廉姆森（O. E. Williamson）从交易成本角度出发，认为战略联盟也是由一系列技术、组织机构及区位特定因素决定的有效交易方式之一。还有学者从技术创新的特性角度来分析跨国公司间联盟现象。他们认为，由于技术市场的不完全特点，企业往往倾向于将创新过程内部化，因此其他公司只有通过战略联盟才能接触到这些技术。蒂斯（D. Teece）和安东内利（C. Antonelli）等也从此角度分析跨国公司战略联盟。

（二）关于跨国公司特征的研究

近些年跨国公司出现了柔性化管理、注重研发以及政府公关等新特征，对此方面的研究也成为跨国公司研究领域的重点之一。

首先，巴克利和卡森（Buckley & Casson，1998）对跨国公司柔性化管理特征进行了深入研究。他们认为，面对国际市场环境的不确定性和市场并购，企业需要依靠柔性化战略来加强管理。在他们的动态模型中，他们系统分析了导致柔性化管理的因素，如不确定性、市场波动、组织变化、管理和企业文化等。

其次，跨国公司研发全球化也是跨国公司的另一重要特征。近些年来，跨国公司将研发中心散布全球，并在发展中国家设立研发中心，甚至设立研发总部。至此，跨国公司研发行为全球化成为一个新的研究热点。柯莫尔（Kuemmerle，1999）研究了研发国际化的驱动机制。他认为，增加公司现有知识存量或利用知识存量是跨国企业研发国际化的驱动力。柯莫尔还从区位角度分析得出，跨国公司研发中心的集聚与国家竞争优势有关。国家间研发环境的不同，其对跨国公司研发行为的吸引力也不同。也就是说，跨国公司对研发进行投资，选择研发设立地点也将受到区位因素的影响。另外还有学者分析了影响跨国公司海外研发决策的其他因素。总体来看，促使跨国公司将研发活动全球化和分散化的主要因素有：国外资源环境方面，如国外人才优势、研发优势等；外国政府政策方面，如知识产权保护比较完善、提供金融和财政上的激励、管制比较少等；管理能力方面，具有管理复杂研究网络的能力。可见，跨国公司研发全球化，强调通过全球资源整合，来增加和利用知识存量。

最后，跨国公司与政府关系也发生较大变化。在早期的垄断优势论、内部化理论和产品生命周期论中，政府的作用并不受重视，甚至常常被忽略。但是，随着跨国公司的发展，政府作用日益凸显。在邓宁的生产折衷理论中，政府作用有所体现。在分析区位优势中的制度环境因素时，邓宁阐释了政府因素在改变区位资源中的作用。近些年来，随着研究重点向外部因素的转移，投资国政府因素和东道国政府因素成为影响国际投资的重要因素。投资诱发要素组合理论就对此进行了深入分析，强调了政府政策、政府效率等间接诱发要素对国际直接投资的影响。另外，国外学者提出的跨国公司谈判能力理论（Bargaining Theory）则强调在谈判中，跨国公司与东道国关系是相互对立的。与此不同，谢康（1999）等指出，20 世纪 90 年代跨国公司议价筹码实力增强，母国经济和东道国经济都更多地受到跨国公司战略的影响，政府作用也逐步减弱。

（三）跨国公司战略管理理论

长期以来，学者忽视了跨国公司的发展机制，以及跨国公司应对国际竞争的管理方面的变化。美国学者波特引入价值链概念对此问题进行分析，并得出结论：企业的跨国经营行为表现为合理分配母公司与子公司的职能以及子公司间的职能，从而将整个公司的增值活动协调起来，实现采购一体化、生产一体化、研发一体化、营销一体化、财务一体化等，以实现企业在全球范围内的利润最大化。由此可见，跨国公司全球战略管理理论是对传统的大而全、小而全的生产、管理模式的突破，转而从企业微观角度分析其生产、管理活动的协调性、整体性，使得理论分析更贴近现实中跨国公司投资、管理行为。

（四）跨国公司企业资源观理论

企业资源观理论是一种新兴的企业理论，与以往分析不同，该理论从资源出发，分析企业的资源定位、资源与业绩、战略选择及竞争优势。

企业资源观理论认为，企业之间的竞争实际上是资源的竞争。巴尼（Jay Barney）将资源分为物质资源、人力资源和组织资源。但是，具有价值性、稀缺性、不完全模仿性和不可替代性特性的企业资源，才能够生成企业竞争优势。在企业资源观基础上，费海（John Fahy）提出跨国公司全球持续竞争优势理论。费海指出，企业资源之外的国别资源对国际直接投资具有重要作用。国别资源不仅包括如地理、自然资源、劳动力等基础资源；还包括长期投资产生的自然资源，国家的教育体系、技术与组织能力、通信和基础设施以及劳动生产率等高级资源。费海进一步指出，高级国别资源比基础国别资源更重要，它们根植于经济、文化和制度环境中，不易扩散。因此，在引资竞争中，提高国家的技术、改善国家基础设施和教育体系往往能够获取更大的外国直接投资份额。另外帕戈等（Peng et al., 2001）还研究指出，有效迁移和发掘知识资产的能力在母国与国外分支机构之间是双向流动的。母公司可以向分支机构提供能力，分支机构也能够向母公司提供能力，从而弥补了传统分析中自上而下分析的片面性。

 案例分享

中国企业"蛇吞象"故事

21世纪以来，从"走出去"到"一带一路"，我国一直强调对外开放与合作，鼓励企业进行海外投资，跨国并购一时之间成为我国各大企业争相采取的战略规划。而且随着跨国并购逐渐规范化后，并购形式也日益呈现多样化，甚至奇迹般地出现了"蛇吞象"式跨国并购。"蛇吞象"式跨国并购是指弱势企业并购强势企业，大部分被并购企业都在国外较出名，和我国的并购企业相比，经济实力比较雄厚，品牌认可度比较高，且公司规模更大。成功的"蛇吞象"式跨国并购，可以通过并购发达国家目标企业提高品牌知名度、获取技术、资源，完成企业战略转变，在国际市场上的认可度提高，然而"蛇吞象"式跨国并购也存在着巨大的风险。

近年来，我国"蛇吞象"式跨国并购的典型案例中就包括半导体行业最大的跨国并购案——闻泰科技并购安世半导体。并购方闻泰科技仅用17.05亿元的自有资金，便逐步将估值近338亿元的安世半导体"吞下"，巨额跨国并购交易顺利落地背后隐藏着闻泰科技高超的融资策略设计与实施。闻泰科技自有资金有限，远不能满足"蛇吞象"跨国并购的资金需求。而近年来国家政策利好半导体行业，闻泰科技在完成并购后很可能实现股价大幅上涨，易于吸引外部投资者进行投资，并且并购双方的财务状况以及企业信誉表现良好，具备债务融资的条件。总的来看，闻泰科技可以运用多元化的融资方式筹集充足的资金，确保并购顺利完成。在实际并购过程中，闻泰科技基于融资结构合理、融资风险可控以及降低融资成本的原则，综合考虑了企业自身的财务状况以及股权结构，采用分步并购的战略多次实施融资，综合运用了内源融资、"债务+股权"融资、公开增发新股、非公开募集配套资金、申请境外银团贷款、发行可转债的融资方式，扩大了企业的融资规模，降低了融资成本。同时，企业在并购后期利用股权及时置换债务，采取多种措施套期保值，有效控制了融资风险。最终闻泰科技实现了对安世半导体100%股权的控制。

随着我国高端装备制造、储能与分布式电源以及新能源汽车等产业发展迅速，未来对锂资源的需求也将持续快速上升，但是我国的锂资源产能相对国内需求而言不足，锂资源交易市场锂供应水平不足的情况将持续很长时间。天齐锂业在2018年以通过"蛇吞象"的并购方式，借入大量并购贷款，收购了全球锂资源巨头智利化工矿业公司（以下简称"SQM"）23.77%的股权，然而此次高杠杆收购却给天齐锂业带来了债务危机。通过对天齐锂业并购SQM的财务绩效的影响进行分析，得出以下结论：存在对目标企业的估值风险，并购产生的交易对价过高；杠杆并购的融资渠道单一，巨额并购贷款加大企业偿债压力；高额且融资工具单一的并购贷款削弱公司融资能力，加剧企业的流动性压力。

资料来源：许龙芳. "蛇吞象"跨国并购融资策略研究［D］. 南昌：江西财经大学，2023.

课后思考题

1. 简述垄断优势理论的主要内容。
2. 产品生命周期理论的主要内容包括哪些？试对该理论进行评价。
3. 边际产业扩张理论的核心思想是什么？它所蕴含的政策主张包括哪些？
4. 国际生产折衷理论的主要内容包括哪些？
5. 目前跨国公司内部贸易增长较快，试以内部化理论解释该现象。

第九章
跨国公司与国际直接投资

改革开放 40 多年来，中国对外直接投资经历了从无到有、从小到大的过程，尤其是近几年，随着加入 WTO 的激励和国家经济实力的增强，中国对外直接投资迅猛发展，中国作为对外投资流出国的地位日益增强，也涌现了一批包括中国石油、中国银行、海尔、华为等在内的国际知名公司。

引导案例

美的国际化

成立于 1968 年的美的集团，经过 50 多年的发展，已经发展成为业务涵盖智能家居、各类家电、工业技术、楼宇科技、机器人与自动化等多种业务的世界 500 强企业。

20 世纪 80 年代美的就已经开始开拓国际化业务。早期美的海外业务主要是通过与国外企业合作并获取 OEM 订单的方式来实现，这种以出口为主的模式一直延续到 2012 年之前。

美的 2011 年确定将"全球经营"作为三大战略主轴之一之后，开始在研发、制造、品牌、运营等全链条上布局海外。随后逐渐开始参股国际二线品牌，并在海外成立合资公司，最后过渡到建立海外生产基地、投资收购海外家电企业、推进自建品牌发展的 OBM 阶段。

2016 年，美的并购日本东芝家电、意大利中央空调企业 CLIVET、美国吸尘器企业 EUREKA。2017 年，美的收购德国库卡机器人及以色列高创公司，进入机器人与自动化行业。通过一系列收购，企业国际化实力进一步增强，海外业务实现新跨越。

美的如今已在美国、德国、意大利、巴西、印度、新加坡、日本等地设立了 18 个海外研究中心、17 个海外生产基地和 24 个海外销售运营机构，销售网络遍及 200 多个国家和地区，产品及服务惠及全球约 5 亿用户，并在多个家电品类上成为全球规模最大的制造商和品牌商之一；美的的海外业务占整个集团业务已经连续多年超过 40%。

资料来源：杨望成，付修刚. 缔造科技领先的全球化新美的［N］. 佛山日报，2022-10-14.

第一节　跨国公司概述

跨国公司出现在 19 世纪 60 年代中期。第二次世界大战以后，随着国际分工和世界经济一体化的加强，企业已经不满足局限在单一的国家开展经营活动，他们开始将经营活动拓展到其他国家，进行国际直接投资，跨国公司获得了快速的发展，成为今天影响世界经济的一个重要的力量。

一、跨国公司的概念

跨国公司（Transnational Corporation），又称多国公司（Multinational Corporation）。1984 年联合国在《跨国公司行为守则草案》（United Nations Code of Conduct on Transnational Corporations）中对跨国公司进行了定义：

Transnational corporation means an enterprise, comprising entities in two or more countries, regardless of the legal form and fields of activity of these entities, which operates under a system of decision-making, permitting coherent policies and a common strategy through one or more decision-making centers, in which the entities are so linked, by ownership or otherwise, that one or more of them may be able to exercise a significant influence over the activities of others, and, in particular, to share knowledge, resources and responsibilities with the others.

跨国公司是指由在两个或多个国家的实体所组成的企业，不论这些实体的法律形式和经营领域如何，它们在同一个决策体系下运行，通过一个或一个以上的决策中心得以具有一致的政策和共同的战略。这些实体通过所有权或其他方式联系在一起,从而其中一个或更多的实体得以对其他实体的活动实行有效的影响,特别是与别的实体共享知识、资源和责任。

由此我们看出,按照联合国的标准,并不是一个公司在海外有投资就可以认为是跨国公司,跨国公司应满足三个基本条件:一是在两个以上的国家进行了实体投资;二是它们有统一的决策体系,实行共同的政策和战略;三是各实体间相互联系,资源共享。

当然,跨国公司的定义可以有广义和狭义之分。从广义的角度来讲,所有的超出本国界限从事商业活动的公司都可以称为跨国公司。联合国的定义其实是狭义的跨国公司的概念,本书采用的是狭义的跨国公司的概念:跨国公司是指在共同的决策体系下,采用共同战略,各子公司之间相互关联,在全球范围内多个国家进行经营活动的公司。

二、企业国际化经营程度的衡量

(一) 外向程度比率 (Outward Significance Ratio,OSR)

用企业某一个指标的海外与母国的比例衡量该企业的外向经营的程度,这个指标通常有产量、资产、销售额、员工数等。

$$OSR = \frac{企业的海外产量(或资产、销售额、员工数)}{企业的母国产量(或资产、销售额、员工数)} \times 100\%$$

(二) 跨国化指数 (Transnationality Index,TNI)

外向程度比例是以单项指标来衡量企业的跨国程度,难以全面反映企业跨国经营程度。更常使用的指标是跨国化指数,它是国外资产比重、海外销售额比重和国外雇员比重三项指标的平均数。

$$TNI = \left(\frac{国外资产额}{资产总额} + \frac{国外销售额}{销售总额} + \frac{国外雇员数}{雇员总额}\right) \div 3 \times 100\%$$

联合国贸易与发展委员会 (UNCTAD) 每年发布的世界投资报告要对全球 100 家最大跨国公司的跨国化指数进行排序,2023 年度共有 11 家中国企业上榜全球跨国公司 100 强。其中,大陆上榜 9 家企业。它们在 100

强中的位次排名情况如表 9.1 所示。

表 9.1　　2023 年全球跨国公司 100 强中的中国企业　　单位：亿美元

| 排名 | | 企业 | 境外资产 | 总资产 | 境外收入 | 总收入 | 境外员工（万人） | 员工总数（万人） | 跨国化指数（%） |
按海外资产	按跨国指数								
18	93	中国石油天然气集团	1406	6703	1849	4119	11.4	109	25.4
19	6	香港长江和记实业	1369	1473	291	335	28.4	30	91.4
23	90	中国中化控股公司	1278	2455	161	1723	5.7	22.1	29
27	10	台湾鸿海精密工业	1151	1345	2219	2223	70.7	82.7	90.3
31	79	华为公司	1034	1542	332	954	4.5	20.7	41.2
35	99	中国石油化工集团	960	3866	1066	4015	327	5423	19.1
48	81	中国远洋海运集团	837	1561	453	842	1.6	10.8	40.8
60	89	中国海洋石油集团	757	2126	742	1270	0.4	8.1	33
65	92	腾讯公司	686	2024	66	708	3.7	10.8	25.7
86	100	中国国家电网公司	545	7469	144	4608	1.8	87.1	4.2
94	73	联想公司	488	989	519	723	2.8	10.2	49.6

资料来源：2023 年世界投资报告［R］. 联合国贸易和发展会议，2023.

（三）网络分布指数（Outward Significance Ratio，OSR）

网络分布指数是指公司国外分支机构所在的国家数与公司有可能建立国外分支机构的国家数之比，反映了公司对海外业务开拓的国家的范围的广度。

$$OSR = \frac{N}{N^*} \times 100\%$$

N 为公司国外分支机构所在的国家数，N^* 为公司有可能建立国外分支机构的国家数。

三、跨国公司的特点

（一）经营业务的国际化

全球化的市场为跨国公司提供了更大的市场机会，跨国公司的经营不再仅仅局限于国内市场,而是在全球范围内开展其经营活动。跨国公司通常的国际化路径为:企业初期在母国市场开展经营活动,在积累了一定的资源、市场、信息之后,逐渐将其经营的业务拓展到国际市场。从区位的选择来说,企业首先选择地理上临近,文化上接近的国家,等积累了足够的经验之后,再开始向更远的地区扩张。从国际化的形式上来看,企业首先通过产品出口的方式占领海外市场,随着海外经验的增加,企业开始到海外开展投资活动,经营业务的国际化程度进一步提高。所以,跨国公司的经营业务会比一般的国内公司的国际化程度高得多。

随着世界经济一体化程度的提高,特别是信息技术的发展,企业开展国际化经营的难度越来越小。近些年来,产生了一种天生国际化的企业,它们并不是按照传统跨国公司的传统的国内经营—出口—海外投资的路径来进行国际化,而是从创立开始就以国际市场为目标市场,开展国际化经营活动。如深圳大疆创新科技有限公司,是一家成立于 2006 年的年轻公司。在创立之初,大疆就瞄准了全球市场,将大部分产品销往海外。大疆在经营上也积极寻求国际化,其在美国加州设有研发中心,与当地的高校和科研机构合作,开展无人机技术研究和应用;在欧洲设有研发中心和工厂,以满足当地市场的需求。大疆在全球多地设有办公室,业务遍及 100 多个国家与地区。2024 年,大疆在全球消费级无人机领域保持超 80% 的市场占有率,海外销售占比 80% 以上,成为无人机、手持影像系统等领域全球领先的品牌[1]。我们可以看到,大疆公司与传统的跨国公司走的是不一样的国际化方式。而且,未来这样的天生国际化企业也会越来越多。对于中国这样的后发国家,也提供了更多的跨国公司成长的可能性。

(二) 战略目标全球化

跨国公司在全球设有不同的子公司和分公司,他们并非独立地开展经营活动。跨国公司为了追求更大的竞争优势,需要在全球范围内统筹配置资源。跨国公司将所有分公司、子公司作为一个整体考虑,全球范围内整体长远利益最大化是其制定政策的出发点和归宿。跨国公司充分利用各国

---

[1] 吴清. "无人机之王" 大疆的另类崛起 [N]. 中国经营报,2024-08-03.

的差异，针对于全球市场从产品研发、生产、销售各环节进行全球布局，各分公司、子公司在全球范围内进行分工合作，充分发挥作为一个大的跨国公司在市场中所具备的优势。

（三）风险承受能力强

相比于国内的公司，跨国公司到不同的国家开展经营活动，会面临不同的经济环境、政治环境和法律环境。由于这些环境的不确定程度很高，导致跨国公司面临着比国内公司更大的风险。比如国家政权的更迭，对外资的政策的变化带来的政治风险；国家经济波动、汇率变化、通货膨胀带来的经济风险；不同国家法律制度差异、法律的变动带来的法律风险都有可能给跨国公司的经营带来困难和损失。为了应对这些风险，跨国公司有更加复杂的风险控制策略和方法。

跨国公司的风险控制主要在如下两个方面：第一，跨国公司会在不同国家分散投资，即使在某个国家的投资因风险遭受到损失，也在其承受范围之内，不至于给公司带来致命性危机。第二，跨国公司在特定的目标投资国采用风险规避措施来降低投资风险。在投资之前，跨国公司会对投资目标国进行调研，进行严格的风险评估，规避一些高风险国家。在投资后，也会在经营过程中采用一些策略来降低风险，如积极地本土化，淡化投资目标国对公司的排斥和针对；合理的公关策略，搞好跟政府和民众的关系，维护企业的正面形象等措施。

所以，跨国公司相比于国内公司有更强的风险承受能力，能够应对更复杂的国际环境，从而也获得了更多的投资机会。

（四）组织管理、协调能力强

跨国公司的规模庞大，分支机构分散在世界不同地点，由此，跨国公司在管理上要克服地理分布的不同带来的时间和距离上的障碍。跨国公司既要协调不同的子公司、分公司的经营管理，获取全球的利益最大化，也要考虑由于各国环境的不同，及在经营管理上的适应性。这要求跨国公司有更强的组织管理和协调能力，既能实现公司的全球化统一布局，同时也能够体现在经营管理上的个性化需求。为实现这样的要求，跨国公司需要针对公司的实际情况和业务的要求来设计组织结构,合理在公司内部进行集权和分权,加强公司的内部的协调和控制。

(五) 经营活动多样化程度高

跨国公司的全球性生产经营方式较多,包括进出口、许可证、技术转让、合作经营、管理合同和在海外建立子公司等。其中,尤以在海外建立子公司开展和扩大其全球性业务为主要的进入方式。在经营管理上,由于各国的市场环境不同,跨国公司对于不同市场调整经营策略来适应不同的市场环境,有更强的经营灵活性。

 案例分享

非洲之王——传音

2013年,传音控股成立于深圳,主营业务是手机的研发和销售。成立第二年,传音就开始布局非洲市场。

为了吸引非洲消费者,传音依据当地人的使用习惯,对手机进行了许多本土化改进。针对非洲人黑皮肤自拍难这一问题,传音专门研发了新的拍照算法,即使在晚上自拍,也不会出现看不清自己的情况,让手机更适合非洲人自拍。此外,由于非洲的电力设施较差,经常出现停电的情况,因此传音的手机不仅加入了大容量电池以提升手机续航,还特意在手机上加上一个手电筒,方便人们在夜晚停电时照明用。考虑到非洲人的体汗非常多,传音还贴心地给手机加上了防滑功能,防止出现因手上汗多而导致手机容易滑落的情况出现。由于非洲不同网络和地区的资费差别很大,因此很多非洲用户都喜欢随身携带多张手机卡,传音也为此推出了双卡双待手机,甚至还曾推出过四卡手机。

传音种种本地化的贴心服务,也让旗下手机在非洲市场更加受欢迎。2022年,传音手机在非洲地区营收206.33亿元,非洲市场占有率高达48.7%,成为了无可争议的非洲王者。

资料来源:传音"非洲一哥"光鲜头衔的背后,其实也有本难念的经 [N]. 新浪科技, 2022-08-27.

第二节　跨国公司类型

一、按跨国公司法律形式分类

（一）母公司

母公司是指跨国公司设在母国，通过拥有其他公司的一定股权，或者是协议的方式控制其他公司的管理权，负责组织和管理全球范围内的生产经营活动的公司。

（二）国外分公司

分公司是跨国公司在海外设立的分支机构，在法律上和经济上不具有独立性。它不是独立法人，也没有自己公司名称和章程，所有权全部属于母公司，它的资产和负债列入母公司的资产负债表，母公司对其债务负有无限责任。分公司生产经营活动直接受控于母公司，实际上是母公司在东道国从事经营活动的非独立经济实体。

（三）国外子公司

子公司是跨国公司通过股权或协议控制的在东道国从事经营活动的公司。它在法律形式上与母公司独立，是独立法人，母公司通过股权或协议的形式对其进行控制。作为独立经济实体，国外子公司拥有自己的公司名称、章程和资产，它可以以自己的名义从事经营活动，独立核算，自负盈亏，独立地承担其债务责任。

（四）避税地公司

避税港（避税地）是指对跨国纳税人提供低税、免税或给予大量税收优惠的国家和地区。避税地公司指的是跨国公司为了取得税收上和财务上的便利而在避税地设立的子公司。

国际财政文献局所编《国际税收辞汇》认为避税港具有以下特征：

(1) 不征税或税率很低，特别是所得税和资本利得税；
(2) 实行僵硬的银行或商务保密法，为当事人保密；
(3) 外汇开放，资金来去自由；
(4) 拒绝与外国税务当局进行任何合作；
(5) 一般不订立税收协定或只有很少的税收协定；
(6) 是非常便利的金融、交通和信息中心。

国际著名的避税地的国家和地区主要有：英属维尔京群岛（BVI）、巴哈马、百慕大、开曼群岛、瑙鲁、巴拿马、哥斯达黎加、牙买加、中国香港等。跨国公司可以利用避税地的政策，通过内部贸易、转移定价等方式来实现降低公司整体税负，逃避东道国外汇管制等目的。

【延伸阅读】

国际避税地——开曼群岛

开曼群岛是英国的海外属地，位于加勒比海北部，面积259平方公里，人口不足6万人，经济以金融和旅游业为主，是全球第五大金融中心和第四大离岸金融中心，与英属维尔京群岛、百慕大并列为全球三大离岸公司注册地。

开曼群岛是驰名国际的离岸公司主要注册地，深受中国企业欢迎。据不完全统计，国内知名的互联网公司和一些行业龙头企业，如百度、阿里巴巴、京东、安踏、碧桂园和前程无忧等，均在开曼群岛注册公司或子公司。国际知名公司，如苹果、英特尔和可口可乐等，也均在开曼注册有子公司。据报道，每年约有4000余家公司前往开曼注册并获准成立，全世界有700余家银行在开曼设有分支机构。

在开曼群岛注册离岸公司有如下优势：

首先，公司注册门槛低，监管宽松。注册只需1个股东、最低股本5万美元、无需实际办公场所，对公司的组织形式、运作方式的规定十分宽松，年度申报要求也很低。此外，还有诸如允许发行不记名股票、无需在开曼群岛召开年度股东大会、随时暂停公司、没有外汇管制等便利。

其次，法律体系、管理体制完善健全，宽严有度。一是开曼群岛适用英美普通法。与主要发达经济体的法律体系接轨,并与美国签订有双边法律互助协定。二是货币当局在《货币当局法》框架内依法履行职能。负责发放金融机构经营执照,对金融机构进行现场和离场监管以及年度审计。三是相关法律和机制宽严有度。既有全球最严厉的反洗钱制度,也专门为促进基金业发展而制订全球唯一的《共同基金法》,吸引全球银行、信托投资公司、基金纷至沓来,美林、摩根士丹利等均在此发起设立基金上市。

最后,营造友商、护商的营商环境,更增加了其吸引力。一是低成本。只设进口税、工商登记税、旅游者税等几个简单税种,收取有限的公司注册手续费、公司维持年费、金融管理费用,没有开征公司和个人所得税、资本利得税、不动产税、遗产税等。二是简化离岸企业主的合规要求。在公司注册、年度申报、监管等各方面,对公司只提出最简单、最基本的要求。三是从严保护商业机密。除公司名称、成立时间、是否处于运营状态等基本情况外,其余信息未经公司所有人同意,一律不对外披露。

资料来源:陈霖. 为何大批中国企业在开曼群岛注册 [J]. 国际商务财会,2015 (4): 5-6, 12.

二、按跨国经营项目分类

(一) 资源型跨国公司

跨国公司通过投资资源丰富的东道国,对该国的资源进行勘探和开发利用,以获得母国短缺的资源。这类型跨国公司的生产经营活动主要涉及种植业和矿产、石油采掘业等自然资源型的行业,如埃克森—美孚公司(Exxon-Mobil)、英荷壳牌公司(Royal Dutch Shell)及我国的中石油、中石化等。

(二) 加工制造型跨国公司

加工制造型跨国公司主要从事机器设备制造和零配件中间产品的加工业务,以巩固和扩大市场份额为主要目的。这类公司以生产加工为主,进口大量投入品生产各种消费品供应东道国或附近市场或者对原材料进行加工后再出口。这类公司主要生产和经营诸如金属制品、钢材、机械及运输设备等产品,随着当地工业化程度的提高,公司经营逐步进入资本货物部门和中间产品部门。加工制造型跨国公司是当代一种重要的公司形式,为大多数东道国所欢迎。

(三) 服务型跨国公司

服务型跨国公司主要是指向国际市场提供金融、商业、技术、管理、信息、咨询、法律等服务的公司。这类公司包括跨国银行、保险公司、咨询公司、律师事务所以及会计师事务所等。20世纪80年代以来,服务业的发展以及全球服务贸易自由化进程的加快,促使服务业的国际投资得到快速发展,全球服务业直接投资的比重占直接投资总额的比重不断增加。

三、按跨国经营结构分类

(一) 横向型跨国公司

横向型跨国公司是指母公司和各分支机构从事同一种产品的生产和经营活动的公司。在公司内部,母公司和各分支机构之间在生产经营上专业化分工程度很低,生产制造工艺、过程和产品基本相同。这类跨国公司的特点是母子公司之间在公司内部相互转移生产技术、营销诀窍和商标专利等无形资产,有利于增强各自的竞争优势与公司的整体优势、减少交易成本,从而形成强大的规模经济。横向型跨国公司的特点是地理分布区域广泛,通过在不同的国家和地区设立子公司与分支机构就地生产与销售,以克服东道国的贸易壁垒,巩固和拓展市场。这类跨国公司的母公司和子公司所从事的生产经营活动属于同一行业领域,内部很少有专业分工,但在公司内部转移技术、销售技能和商标专利等。

(二) 垂直型跨国公司

垂直型跨国公司是指母公司和各分支机构之间实行纵向一体化专业分工的公司。纵向一体化专业分工又有两种具体形式:一是指母子公司生产和经营不同行业的相互关联产品,如自然资源的勘探、开发、提炼、加工制造与市场销售等;二是指母子公司生产和经营同行业不同加工程序和工艺阶段的产品,如专业化分工程度较高的汽车行业与电子行业等的关联产品。垂直型跨国公司把具有前后衔接关系的生产活动国际化,母子公司之间的生产经营活动具有显著的投入产出关系。这类公司的特点是全球生产的专业化分工与协作程度高,各个生产经营环节紧密相扣,便于公司按照全球战略发挥各子公司的优势;而且由于专业化分工,每个子公司只负责生产一种或少数几种零部件,有利于实现标准化、大规模生产,获得规模经济效益。

(三)混合型跨国公司

混合型跨国公司是指母公司和各分支机构生产和经营互不关联产品的公司。混合型跨国公司是企业在世界范围内实行多样化经营的结果,它将没有联系的各种产品及其相关行业组合起来,加强了生产与资本的集中,取得范围经济;同时,跨行业非相关产品的多样化经营能有效地分散经营风险。但是由于经营多种业务,业务的复杂性会给企业管理带来不利影响,因此具有竞争优势的跨国公司并不是向不同行业盲目扩展业务,而是倾向于围绕加强核心业务或产品的竞争优势开展国际多样化经营活动。这类跨国公司的母公司和子公司所生产或经营的产品和业务并无关联。混合型跨国公司是企业在世界范围内实行多样化经营的结果。

四、按决策风格分类

(一)民族中心型跨国公司

民族中心型公司的决策哲学是以本民族(母国)为中心,其决策行为主要体现母国与母公司的利益。公司的管理决策高度集中于母公司,对海外子公司采取集权式管理体制。这种管理体制强调公司整体目标的一致性,优点是能充分发挥母公司的中心调整功能,更优化地使用资源,但缺点是不利于发挥子公司的自主性与积极性,且东道国往往不太欢迎此模式。跨国公司发展初期,一般采用这种传统的管理体制。公司业务活动以母国为中心进行决策,优先考虑母国企业的利益,按母国的管理模式开展经营，他们执行的战略叫母国战略。

（二）多元中心型跨国公司

多元中心型公司的决策哲学是多元与多中心，其决策行为倾向于体现众多东道国与海外子公司的利益，母公司允许子公司根据自己所在国的具体情况独立地确定经营目标与长期发展战略。公司的管理权力较为分散，母公司对子公司采取分权式管理体制。这种管理体制强调的是管理的灵活性与适应性，有利于充分发挥各子公司的积极性和责任感，且受到东道国的欢迎。但这种管理体制的不足在于母公司难以统一调配资源，而且各子公司除了自谋发展外，完全失去了利用公司内部网络发展的机会，局限性很大。在跨国公司迅速发展的过程中，东道国在接受外来投资的同时逐渐培养起民族意识，经过多年的积累和发展，大多数跨国公司的管理体制从集权和以本民族为中心转变为多元中心型。

（三）全球中心型跨国公司

全球中心型公司既不以母公司也不以分公司为中心，其决策哲学是公司的全球利益最大化。相应地，公司采取集权与分权相结合的管理体制，这种管理体制吸取了集权与分权两种管理体制的优点，事关全局的重大决策权和管理权集中在母公司的管理机构，但海外子公司可以在母公司的总体经营战略范围内自行制定具体的实施计划、调配和使用资源，有较大的经营自主权。这种管理体制的优点是在维护公司全球经营目标的前提下，各子公司在限定范围内有一定的自主权，有利于调动子公司的经营主动性和积极性。公司实行全球思维，以跨国公司全球利益最大化为原则展开经营。

第三节 企业对外直接投资的动因

一、市场导向动机

企业必须不断地寻找扩大市场的机会，当国内的市场容量有限，不足以支撑企业的发展的时候，获得更大的国际市场份额成为企业经营的重要目标之一。开拓市场除了是企业发展的需要外，也是企业获得竞争优势的手段。对于很多行业，存在着规模经济，更大的市场可以获得规模经济和成本优势。而且，由于技术的进步，技术的更新换代速度更快，产品的生命周期变得更短，企业需要在产品上投入更多的研发成本。对于一个新产品来说，技术研发投入是一项固定的成本，只有通过更多地向国际市场销售产品才能分摊研发成本，以进行新一轮的研发投入。以苹果公司为例，其投入了巨大的研发成本来获得极致的产品设计和性能，同时向全球市场销售来扩大销售以分摊研发成本。苹果公司通过这种方式不断地进行新产品的研发，为消费者带来最好的设计，获得企业的竞争优势。在今天的手机行业，定位于区域市场的手机企业很难获得生存。中国的手机企业如华为、小米、OPPO、VIVO等企业在中国市场取得成功后，不断地开拓国际市场也是这样的原因。

虽然企业可以通过出口的方式将产品销售到海外，但是由于如下的一些原因，企业选择通过到海外直接投资，直接在当地生产、当地销售的方式来占领市场。

第一，有些服务业的跨国公司，其服务必须要到市场所在地对当地消费者提供，所以对外直接投资是其进入海外市场的必需方式，如餐饮、零售、银行等行业。

第二，由于东道国对进口产品设立了较高的关税壁垒和非关税壁垒，直接出口会导致出口成本较高，产品失去竞争优势。而通过到海外直接投资建立生产基地，通过当地生产当地销售的方式绕开贸易壁垒，占领东道国市场。

第三，由于有些产品有比较高的运输成本，在当地生产当地销售可以节省运输成本。比如可口可乐公司在全球各市场所在地开设装瓶厂，将浓缩液运至各装瓶厂装瓶，在当地市场销售，可以节约大量的运输费用。

第四，有些企业是另外一些企业的供应商，当客户到海外投资，这些企业也会跟随客户一起到海外投资。

到海外市场投资有利于企业更好地占领海外市场，企业可以更好地了解当地市场的特点，针对于消费者的需求设计和改进产品。能针对于当地市场制定营销策略，与经销商保持更紧密的联系，更有效地销售自己的产品。能够更方便地获得市场的信息，更快地针对于市场的变化进行调整，发现市场机会。

二、获取自然资源动机

跨国公司在生产过程当中，需要使用自然资源作为原材料。自然资源在不同国家的分布不均，跨国公司通过在自然资源所在国投资，来获取本国缺乏的自然资源。如铁矿石主要储存在澳大利亚、巴西等国家，石油天然气主要的储量在中东、中亚、俄罗斯、北非等地区。通过到海外的资源投资，跨国公司可以获得供应更加充足、质量更好、价格更低廉的资源，有利于企业进行有效的生产经营。

虽然跨国公司可以通过进口的方式来获得自然资源，但是到海外进行资源类投资、参与资源的勘探开采可以维护跨国公司的原料来源的稳定性，保证其供应链的安全。另外，到资源所在地进行投资，就地利用当地的资源，也可以节约原料运输成本和产品运输成本。

我国自然资源相对贫乏，而中国未来的经济增长需要大量的能源和资源支撑，自身的资源无法满足经济增长的需求，就得把目光投向海外。近年来，中国企业海外投资总量的很大一部分源于对海外稀缺资源的收购，这也是国家战略资源储备的延伸与体现。中石化、中石油、中海油大力收购国际能源资源，全面进军非洲、中东、中亚、俄罗斯等石油储备丰富的地区，体现了中国走出去、多途径、多元化的国家能源安全战略。

三、降低成本动机

跨国公司利用世界各国要素禀赋的不同，在全球范围内配置资源，将价值链的各个环节分布到世界不同的国家，提高企业的经营效率，最大化地降低产品的成本，从而提高企业的利润水平。

发达国家拥有比较高的教育水平，拥有较高的技术研发水平，能够提供较多的高技能人才，而发展中国家人均 GDP 比较低，工资水平低，能够提供大量的廉价劳动力。在价值链分工的时候，跨国公司会选择到发达国家投资技术密集、资金密集的环节，而将劳动密集的环节向发展中国家进行投资，从整体上能够降低企业的成本。如美国耐克公司于20世纪60年代到日本投资生产运动鞋，到20世纪70年代，日本搞了收入倍增计划，工人工资大幅度提高后，耐克把生产设施转移到属于亚洲四小龙的韩国和中国台湾地区。到了20世纪80年代以后，韩国和中国台湾地区的工资也大幅度上涨，耐克又把生产基地转移到中国大陆。近些年，中国的劳动力成本也开始上升，耐克又将生产转向越南等东南亚国家。

中国近些年劳动力成本上升，一些中国企业也开始选择到东南亚、南亚、非洲等国家进行投资，能够有效地降低企业的生产成本，同时也促进了这些国家的经济增长和工业化水平。

四、技术和管理导向动机

企业可以通过技术转让等方式购买一般的技术，但是却无法通过市场购买的方式获得先进技术和管理经验。自行研发和探索要耗费巨大的成本和时间，同时也不一定成功。对于这些企业迫切需要的技术和管理经验，企业可以通过到其他国家投资来获取。这种投资的目的就是技术和管理导向动机，投资的东道国通常是在技术和管理上领先的发达国家。

在以技术获取为目的的投资中，跨国并购是一种常见的手段。在对外国企业的收购过程中，技术和管理是其收购的主要目标。也有一些企业在一些高科技企业聚集地进行投资，设立研发中心或生产企业，能够更好地了解产业动态和技术进展等信息，招募高层次人才，为企业的自研技术提供基础，帮助企业取得技术上的突破。例如，中国汽车企业吉利于2010年从美国通用汽车手中收购了沃尔沃的乘用车业务，包括沃尔沃的品牌、专利、生产设施和沃尔沃在全球的销售渠道。吉利的收购目的是通过沃尔沃的技术提高吉利的整体技术水平，进军豪华车市场。一般来讲，国际汽车巨头不会出售自己的核心技术，对外进行技术转让的都是淘汰技术，吉利无法通过技术引进的方式得到先进技术。但是在2008年通用汽车受次贷危机冲击碰到了资金困难，吉利利用这个机会收购了沃尔沃，实现了技术的突破,提高自己的汽车制造水平,进入国际豪华车市场,提升了品牌形象。

五、分散风险导向动机

跨国公司在经营上要考虑到经营风险对企业的影响,如果投资过于集中到一个国家,相当于将鸡蛋放到了同一个篮子里。一旦这个国家出现了一些企业无法控制的外部市场条件的变化,有可能对企业造成重大危机,甚至造成企业的破产。所以,从分散风险的角度考虑,跨国公司也有意识地将投资分散到不同的国家,避免单一市场风险。

六、优惠政策导向动机

世界各国为吸引直接投资,纷纷出台各种优惠措施。常见的优惠措施包括:企业所得税等税收减免优惠;提供投资补助、资金补贴等财政扶持;廉价提供土地;简化行政审批程序;完善基础设施配套等措施。由于这些优惠措施,一些国家产生了吸引跨国公司进行直接投资的区位优势。通过对这些国家的投资,跨国公司可以降低投资成本和经营风险,获取更高的利润。

 案例分享

三一重工的全球布局

三一重工是中国的工程机械龙头企业。工程机械是与一个国家基础建设和房地产投资紧密相关的行业,极大地受到一个国家的经济周期的影响。2008年世界金融危机爆发后,国家颁布了主要投向基础设施建设的"4万亿"经济刺激计划,三一重工也坐上了基建行业快速发展的"顺风车",销售额屡创新高。2011年,三一重工的营收达到508亿元的高点,净利润高达94亿元。

近几年,随着中国基建投资增速的减缓,特别是房地产投资的紧缩,三一重工的销售额和利润出现了大幅度下滑。

为应对工程机械市场的周期性波动，三一重工积极推进全球化布局。2001年，三一集团首次将产品销往非洲，开启国际化进程；2002~2005年，主要以销售渠道建设以及产品出口销售为主；2006~2009年，为海外投资扩张阶段，陆续在印度、美国、德国、巴西建立了研发制造基地；2009~2012年，为本土化阶段，三一集团致力实现研发、生产、销售、服务全价值链的本土化；2012年，成功收购德国普茨迈斯特公司，是公司历史上首个跨国并购，实现混凝土业务的强强联合。同年，公司与奥地利帕尔菲格成立合资公司，实现交叉持股，进入随车起重机领域；2012年至今，进入大区制阶段，全球布局基本完成，渠道不断深化，凭借高质量产品在海外知名度逐步提升。至2022年，三一重工已建立覆盖400多家海外子公司、合资公司及优秀代理商的海外市场渠道体系，公司国际服务网点突破1200个。

2022年，公司实现国际销售收入366亿元，同比增长47%，其中亚澳区域149亿元，增长41%；欧洲区域118亿元，增长44%；北美洲区域40亿元，增长86%；南美洲区域31亿元，增长64%；非洲区域29亿元，增长35%。国际收入占总营收比重达到46%。随着公司将更多资源投放海外，欧洲和美国的主流市场将成为公司的增长驱动力。

资料来源：范益民. 三一重工研究报告：放眼全球视角强化战略布局，紧抓行业发展机遇向世界龙头进军［R］. 东方财富网，2023-09-22.

第四节 中国企业对"一带一路"沿线国家的直接投资

一、中国对外直接投资发展阶段

在改革开放战略和对外直接投资政策（内容见表9.2）的推动下，我国对外直接投资和跨国公司的发展大致可划分为三个阶段。

（一）1979~2000年早期发展阶段

1979年国务院颁发《关于经济改革的15项措施》，"允许出国办企业"，掀开了我国企业对外直接投资的序幕。

表 9.2　改革开放以来有关中国企业跨国经营的主要政策

类别	时间	相关政策及规定
对外开放战略	1979 年 8 月	提出"允许出国办企业"拉开中国对外投资序幕
	2002 年 11 月	坚持"引进来"和"走出去"相结合，全面提高我国对外开放水平
	2013 年 11 月	明确"一带一路"倡议
境外投资政策	1999 年 2 月	提出支持我国企业以境外加工贸易方式"走出去"的政策措施
	2014 年 9 月	明确企业对外投资主体地位，发挥自身优势到境外开展投资合作
	2015 年 5 月	通过境外投资设厂推动先进产能"走出去"
	2017 年 6 月	《关于改进境外企业和对外投资安全工作的若干意见》，将对外投资安全上升到国家安全层面
	2017 年 8 月	推行"鼓励发展+负面清单"管理办法，明确鼓励、限制、禁止三类境外投资活动
	2017 年 10 月	明确对外投资合作监管工作细则，加强对外投资信用体系建设
	2018 年 5 月	支持中央企业进行国际科技合作，推动优势产业、产品"走出去"
	2019 年 9 月	促进对外承包工程高质量发展的指导意见
审批程序	2004 年 10 月	规定将境外投资由审批制改为核准制
	2009 年 3 月	下放核准权限，简化境外投资核准程序
	2014 年 5 月	对境外投资项目实行备案为主、核准为辅，简化审核手续
	2018 年 8 月	取消国内企业在境外投资开办企业核准初审
外汇管制	2002 年 10 月	国家外汇管理局启动外汇管理改革试点
	2006 年 6 月	取消购汇额度限制，下放外汇资金来源审查权
	2009 年	放宽外汇资金来源限制，资金汇入与结汇更加灵活化
	2015 年 6 月	取消企业境外投资的外汇登记核准，改为"银行办理，外管监督"的模式
财政扶持机制	2004 年 10 月	建立境外投资信贷支持机制
	2008 年 1 月	境外所得税抵免等税收支持
	2015 年 4 月	提出税收服务"一带一路"为跨国企业提供便利化服务
	2016 年 8 月	鼓励地方设立专项基金，对中小企业跨境投资项目提供贷款贴息

资料来源：万志宏，王晨. 中国对外直接投资与跨国公司国际化[J]. 南开学报（哲学社会科学版），2020（3）：67-77.

然而，受制于企业自身技术、管理和发展战略方面的局限以及国家在外资外贸管理、外汇管理政策等的限制，我国对外直接投资总体规模较小，1991年以前不足10亿美元，1992年出现井喷式增长，达40亿美元，随后至2000年每年的投资规模维持在20亿美元左右，占全球对外直接投资的比重不到1%①。该阶段，对外投资主体以国有大型集团为主，投资领域相对狭窄，主要在承包建筑工程、咨询和服务业、加工生产、资源开发等。

(二) 2001～2016年快速发展时期

以2001年中国加入世界贸易组织为标志，中国与世界经济融合的进程加速，中国对外直接投资进入高速发展阶段。2001年，推动企业"走出去"上升到国家战略层面，一系列鼓励企业对外投资的政策相继出台，2013年"一带一路"倡议的提出，更助推了中国企业海外扩张的步伐，中国的跨国公司在这一阶段迅速成长。我国对外直接投资从2002年的25.18亿美元迅速增长至2016年的1961.49亿美元，增长近80倍，中国成为全球第二大对外投资来源国②。这期间中国企业对外投资经历两次小的高潮：一是2008年金融危机后低价收购海外资产；二是2013年"一带一路"倡议后开展的对外投资。

在该阶段上，中国跨国公司在传统的制造业、能源和金属开采、国际承包等领域外，进军服务经济、数字经济等领域；对外投资主体日益多元化，除中央企业外，地方国资企业、大型民营企业逐步成为对外投资的重要力量。然而，该阶段对外投资热潮也存在一些隐患，例如，在主要是房地产、酒店、文化娱乐等领域出现一些非理性对外投资，以及大额的非主业投资倾向等。

(三) 2017年至今的平稳回落期

2017年开始，全球化时局波动，逆全球化潮流频繁出现；中央全面深化改革领导小组发布了《关于改进境外企业和对外投资安全工作的若干意

---

① ② 数据来源于历年《中国对外直接投资统计公报》。

见》，加强了对外投资的政策指导、投资真实性和合规性的审查，项目审批和外汇管理政策相对收紧。此后，我国对外直接投资出现了连续下滑，2017 年下降 19.3%，2018 年下降 9.6%[①]。该阶段，中国企业对外投资行业集中于租赁和商务服务业、制造业及批发和零售业，信息传输、软件和信息技术服务业的投资也有所增加。值得注意的是，在通信、高端装备制造、能源等领域，中国跨国公司的扩张步伐受阻，国外频频发起针对中国公司的诉讼，一些企业的海外收购也被东道国政府以国家安全、环保等理由叫停，中国跨国公司面临前所未有的严峻挑战。

二、中国对"一带一路"沿线国家对外直接投资情况

（一）对外直接投资总量

"一带一路"倡议提出后，中国积极参与"一带一路"沿线国家的直接投资活动，投资金额除少数年份出现波动外，呈现出快速上升的趋势。对"一带一路"沿线国家的直接投资从 2013 年的 126.3 亿美元上升到 2021 年的 241.5 亿美元，占中国对外直接投资的比重从 2013 年的 11.7% 上升到 2021 年的 13.5%。2013~2021 年，中国企业对"一带一路"沿线国家直接投资累计达 1640 亿美元（见图 9.1）。截至 2021 年底，中国在"一带一路"沿线国家设立企业超过 1.1 万家，约占中国境外企业总量的 1/4。虽然受到了新冠疫情、世界经济动荡的影响，中国对"一带一路"沿线国家的对外投资仍然出现了逆势上扬，"一带一路"沿线国家成为中国企业对外直接的热点国家，促进了相关国家的经济增长。

（二）对外直接投资的产业结构

如图 9.2 所示，2021 年中国"一带一路"沿线国家直接投资占比最高的是制造业，投资金额达 94.3 亿美元，同比增长 22.8%，占比 39%；其次是批发和零售业，投资流量达 33.3 亿美元，占比 13.8%；制造业及批发和零售业所占份额达到一半以上。再次是建筑业达到 24.1 亿美元，占

[①] 数据来源于历年《中国对外直接投资统计公报》。

10%。此外，由于沿线国家基础设施并不完善，我国对沿线各国的投资侧重于制造业、建筑业及交通运输行业等领域。同时，我国重视对沿线国家能源生产及供应业的投资，以解决我国发展中能源紧张的问题，充分利用沿线各国资源禀赋。

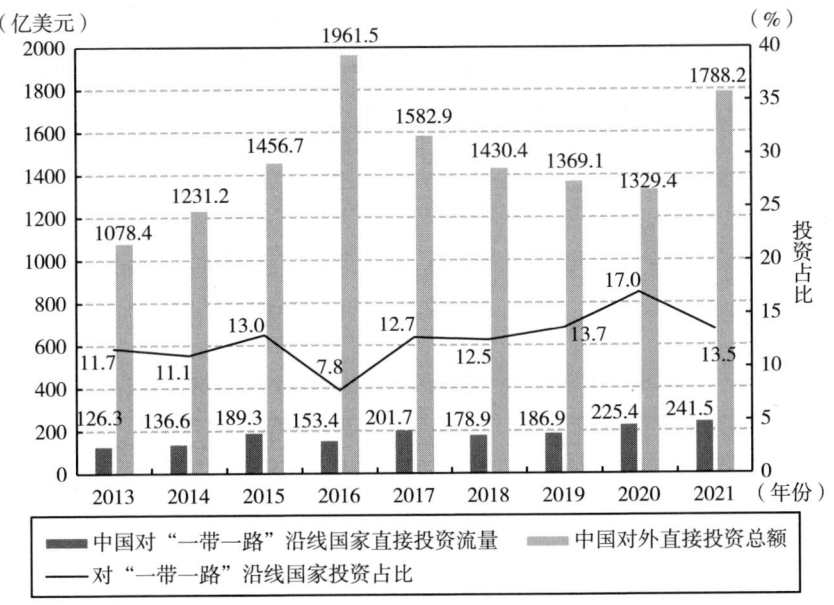

图 9.1　2013～2021 年中国对"一带一路"沿线国家对外直接投资流量

资料来源：各年的《中国对外直接投资统计公报》。

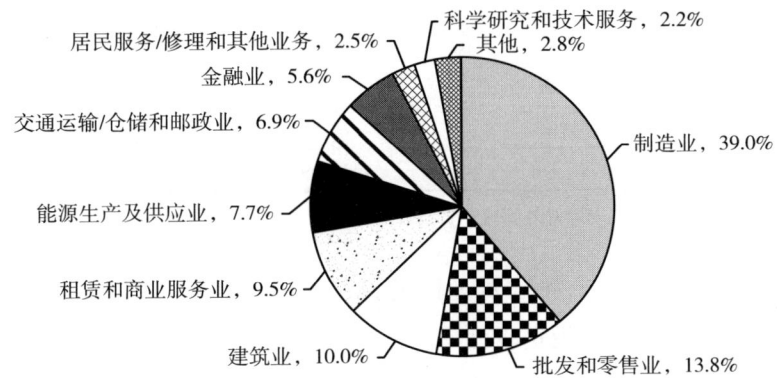

图 9.2　2021 年中国对"一带一路"沿线国家直接投资流量主要行业的占比

资料来源：2021 年《中国对外直接投资统计公报》。

（三）对外直接投资的区域分布

从国家尺度来看，截至 2021 年，我国对"一带一路"沿线国家直接投资存量前十的国家的投资存量总计达 1638.09 亿美元。各国家情况如表 9.3 所示。投资存量前十名的国家的投资存量占比高达 76.60%，投资的国家集中度比较高，且大部分为亚洲国家，因为是这些国家在地理位置上与我国相近，经济联系紧密，文化距离较小，相互了解程度高，交通运输成本低。其中，投资存量占我国对沿线各国投资总量比重最大的是新加坡，达到 31.43%，主要投资领域包括批发和零售贸易、运输和物流、金融保险和酒店餐饮等。这与新加坡工业、金融中心和转口贸易发达，且政治稳定、投资环境透明，又与中国文化相近密切相关。

表 9.3　2021 年中国对"一带一路"沿线国家直接投资存量前十国家

国家	区域	FDI 存量（亿美元）	占沿线投资比重（%）
新加坡	东南亚	672.02	31.43
印度尼西亚	东南亚	200.80	9.39
越南	东南亚	108.52	5.07
俄罗斯	欧亚大陆	106.44	4.98
马来西亚	东南亚	103.55	4.84
老挝	东南亚	99.40	4.65
泰国	东南亚	99.17	4.64
阿联酋	西亚	98.45	4.60
哈萨克斯坦	中亚	74.87	3.50
巴基斯坦	南亚	74.85	3.50
总计		1638.09	76.60

资料来源：2021 年《中国对外直接投资统计公报》。

从区域尺度上看，我国对地区的投资如图 9.3 所示。2021 年我国对"一带一路"沿线国家投资较为集中，并呈现出分布不均衡的特点。

一是投资主要集中在东亚、东南亚的一些东盟国家，占投资总量 66.38%。其原因是这些国家有着明显的区位优势，相对较低的交通运输成本，优良的投资环境，与我国较小的文化距离等。中国的投资主要集中在电力、矿业资源开发领域。东南亚国家有超过 1/5 的人口仍缺乏电力供应，而中国在水电、火电等领域有较强的实力，因此，不少中国企业在东南亚地区投资该行业，如华电集团在柬埔寨、印度尼西亚等的水电建设项目。同时，东南亚地区石油储产量丰富，印度尼西亚和马来西亚天然气的储量较大，有助于保障中国的能源安全，成为中国能源企业对外直接投资的重要地区。

二是西亚，占比达 13.17%。中国对西亚的直接投资主要集中在伊朗、沙特阿拉伯和阿联酋，直接投资领域主要集中在能源、基础设施和制造业等。其中，2008 年金融危机后，随着欧洲、俄罗斯和韩国企业从伊朗撤资，中国对伊朗的投资迅速增长；中国对沙特阿拉伯的直接投资主要为基础设施、城市建设、能源和制造业等领域；阿联酋是西亚中东地区重要的金融中心和转口贸易中心，且拥有丰富的石油、天然气资源，中国在阿联酋投资企业多从事建筑工程、贸易服务等领域。

三是南亚，占比 6.93%。南亚与中国地理相邻，人口众多，市场容量大。虽然中国在印度、斯里兰卡和孟加拉国等国的直接投资迅速增长，但由于国际地缘政治环境的影响，中国对南亚地区直接投资步伐相对滞后于贸易增长。中国对南亚地区的直接投资主要集中在机械设备制造、纺织、能源开采、基础设施建设等领域。

四是中亚，占比 6.43%。中亚五国作为连接欧洲各国的中转地，是"一带一路"的重要枢纽。这个地区油气资源丰富，而轻工业相对落后，因此中国对中亚投资集中在石油勘探与开采、交通及通信建设、化工、农副产品加工等领域。其中，对哈萨克斯坦的直接投资占对整个中亚地区直接投资的一半以上，大型投资项目集中在石油开发、汽车组装、农产品加工等。

五是独联体，占比 5.74%，其中俄罗斯是我国投资额前十的国家。中国对俄罗斯投资主要集中在森林、能源开采和加工制造业，其中，制造业的直接投资增长最快，资源领域直接投资增长放缓，这主要与 2008 年俄罗斯开始对资源开发的国外股权进行控制，限制了中国在俄罗斯森林、能源领域的直接投资有关。

六是中东欧，占比 1.35%，原因是中东欧各国与我国地理位置较远，且有着较大的文化环境差异。近年来，中国除加大对中东欧交通基础设施（在塞尔维亚投资修建贝尔格莱德跨多瑙河大桥和贝尔格莱德至布达佩斯铁路）和市政建设投资外，还在匈牙利、波兰、保加利亚、塞尔维亚等国家的电器、汽车、重型机械和信息通信领域投资，并在白俄罗斯、波兰等地新建了工业园和商贸物流园区，成为中国企业在中东欧投资的重要平台。

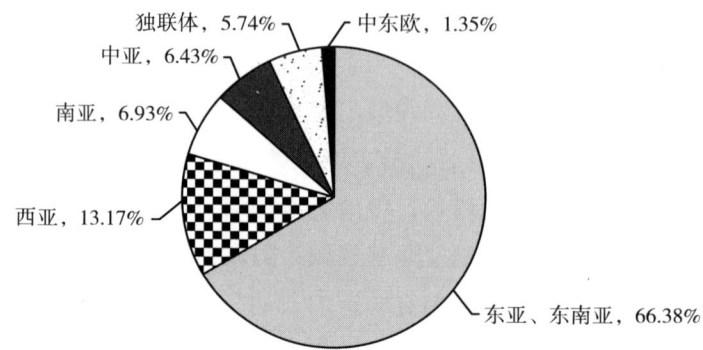

图9.3　2021年中国对"一带一路"沿线各地区投资存量占比
资料来源：2021年《中国对外直接投资统计公报》。

三、"一带一路"给中国企业对外直接投资带来的机遇

（一）"一带一路"为中国企业对外投资搭建了重要平台

自2013年提出"一带一路"倡议以来，中国与有关国家和国际组织充分沟通协调，形成了共建"一带一路"的广泛国际合作共识。截至2023年，中国已与150多个国家和30多个国际组织签署了200余份共建"一带一路"合作文件，内容涵盖投资、贸易、金融、科技等各个领域。中国还充分利用上海合作组织、亚欧会议、中国—东盟、中非合作论坛、中阿合作论坛、中拉论坛、博鳌亚洲论坛等多边合作机制，在相互尊重、相互信任的基础上，积极同各国开展共建"一带一路"实质性对接与合作。

"一带一路"倡议强调共商、共建、共享的原则，强调开放原则，和新兴市场国家的内部发展战略，例如，哈萨克斯坦提出的光明之路、土耳其提出的中间走廊等战略，都无缝对接与有机协同。尤其中国在"一带一

路"倡议里提出的政策沟通、设施联通、贸易畅通、资金融通、民心相通等"五通"有效打通了中国与"一带一路"沿线国家的障碍，形成良好的投资环境。

这些措施都为中国企业对外投资搭建了重要平台和铺平了道路，推动了中国企业对"一带一路"国家的投资。

（二）"一带一路"建设带来大量的基础设施投资需求

基础设施互联互通是"一带一路"中"五通"建设的优先领域。大部分"一带一路"国家尚未完成工业化，落后的基础设施严重地阻碍了这些国家的经济发展，存在着巨大的基础设施建设的需求。但是，基础设施建设的投资规模非常大，技术含量高，供应链长，建设周期长，施工难度大。因而很多"一带一路"国家虽然面临巨大的基建缺口，但开展基建有心无力。

对此，中国规划了"六廊六路多国多港"的互联互通架构，一大批合作项目如中老铁路、匈塞铁路、雅万高铁、瓜达尔港等合作项目成功落地和运行。根据"一带一路"的目标，中国通过与沿线国家合作，在交通、能源、通信等领域进行基础设施建设，提高沿线国家的互联互通和经济发展能力。

中国在基建领域有比较明显的比较优势。中国产业门类齐全，工程设计和施工能力强，设备和原材料的生产能力强，融资能力强，建设经验丰富。美国杂志《工程新闻记录》（Engineering News Record，ENR）每年都要评选全球前250名国际承包商，在2022年的榜单中，中国占79家，且排名较靠前。与发达国家相比，我们还有建设运营成本低、融资成本低、建设效率高、工程技术人才和产业工人丰富等比较优势。

近年来，商务部提出了基础设施项目投资、融资、建设、运营一体化的发展方向，对"一带一路"共建国家的政府援助逐步转为国家区域间的投融资合作，鼓励企业以建设—经营—转让（BOT）、建设—拥有—经营（BOO）、公共私营合作（PPP）等模式承揽特许经营类工程项目。中国企业与共建国家的合作模式由单纯的企业设计、采购、施工一体化模式（EPC）转向投资运营。

"一带一路"建设给我国基建企业"走出去"带来了众多的投资机会，

我们可以充分发挥我国基建企业的优势,开拓海外市场,实现合作共赢的发展。

(三)"一带一路"建设促进产能和装备制造合作

目前,中国在不少装备制造领域已具备国际竞争力,如高铁、工程机械等领域都处于国际领先水平。另外,钢铁、水泥等传统行业方面的产能优势显著,竞争力较高,形成所谓的优势富余产能。但近年来,随着人口老龄化和"刘易斯拐点"的出现,中国制造业成本日益攀升,据统计,中国制造业的总体成本和美国已经不相上下,劳动力成本、环保成本等因素是成本上升的主要因素。不少"一带一路"沿线国家的市场潜力大,成本和资源的优势也很明显。"一带一路"沿线国家大多经济体量较小,经济发展水平参差不齐。由于工业基础薄弱,短期内难以仅凭自身的力量建立起现代化的工业体系,通过参与国际产能合作,充分发挥自己的比较优势,进而推动本国的经济发展。

中国企业可以利用"一带一路"的发展契机,通过直接投资方式将国内的过剩产能向"一带一路"国家转移。这些在中国失去比较优势的产能在这些国家却是符合他们要素禀赋和市场需求的适用产业。

国际产能合作有助于发挥各自比较优势,推动合作伙伴国加快工业化和经济发展,增加就业机会,同时也有利于加快我国经济结构调整和产业转型升级。

四、中国企业对"一带一路"沿线直接投资面临的困境与挑战

(一)周边国家对"一带一路"倡议认同存在差异

"一带一路"沿线周边国家的经济发展水平、政治体制、地缘政治和资源禀赋差异较大,对中国"一带一路"倡议的回应并不一致。中国"一带一路"倡议得到了新加坡、蒙古国、俄罗斯、巴基斯坦、孟加拉国、斯里兰卡、马尔代夫、哈萨克斯坦、塔吉克斯坦、乌兹别克斯坦、阿富汗等国的积极回应和支持,比如,中巴经济走廊(CPEC)、孟中印缅经济走廊(BCIM)、中蒙俄经济走廊构想、蒙古国的"草原之路"战略等构成对中

国"一带一路"倡议的积极对接。但是，受社会认知的偏见、大国之间的战略博弈等因素的影响，一些周边国家对中国"一带一路"的倡议意图存有疑虑或持观望态度，甚至对中国在沿线互联互通和基础设施建设等方面的努力赋予了负面的政治含义或军事色彩，战略互信不足会增加中国企业走出去的政治风险，尤其不利于中国发展对那些战略认同不明确的周边国家的直接投资。

（二）投资发展不均衡

投资领域单一，投资产业链短，且投资摩擦大。从投资目的地看，中国对东南亚地区的投资最多，而对中东欧、南亚等地区投资较少。投资过度集中在资源开发和初级加工领域，而资源深加工、高端制造业、商贸物流、科技研发等领域少。由于中国对外投资多为满足了自身战略资源需求，而未充分考虑相关地区的利益，对当地迫切需要实现多元化经济发展道路的愿望重视不够，加上一些国外媒体的渲染，出现了不少负面影响。为此需要转变思路，以"共享"为原则，在保障中国战略资源和粮食安全、提升中国产业竞争能力的同时，与相关国家发展规划紧密衔接，为促进当地经济社会发展做出贡献。

（三）投资风险高

沿线地区地缘关系复杂，部分国家政局不稳，宗教文化差异大，投资风险高。"一带一路"涉及范围广，国家多，多为地缘政治"破碎地带"。中亚地区的"三股势力"（暴力恐怖势力、民族分裂势力和宗教极端势力）、阿富汗局势不稳，加之日本及西方国家在周边国家的渗透、美国的"亚太再平衡战略"，以及部分地区反华排华事件频发，严重制约了中国对沿线地区的投资。同时，沿线部分国家国内环境复杂，宗教民族冲突严重，政局不稳定，政府透明程度不高、官员腐败严重、办事效率较低，加大了对这些地区的投资成本和风险。这无疑需要中国在不同领域与不同力量进行联合，并综合运用政治、经济和军事等手段维护中国企业的海外权益。

（四）跨国经验不足

国家宏观指导不够、准备不足，企业跨国经营行为不规范，经营能力有待提高。企业对外投资涉及问题多、领域广，既需要国家引导，也需要各级政府和多部门协调。总体而言，中国企业"走出去"仍处于初级阶段，既缺乏对沿线国家的系统深入研究，也缺乏战略性和系统性指导和规划。政府部门之间和各级政府之间对各自职责认识不到位，对外援助、工程建设、产业投资配合不力，支持、促进企业走出去的政策系统性不强。同时，中国企业普遍跨国经营水平不高，国际化经验不足，个别企业经营行为不规范，社会责任意识淡薄。为此，需要全面学习他国经验，系统总结中国对外投资的经验和教训，加快顶层设计和战略引导。

（五）全球战略性资源的投资壁垒较大

中国对粮食、油气和矿产品等重要战略性资源的需求量大，但由于中国开发投资技术不够先进、与东道国的开发条件不完全匹配，更重要的是，战略性资源的开发较为敏感，东道国一般会对这类投资有诸多限制，而早已占据当地市场的欧美和日韩等国的跨国企业常对中国的投资百般阻挠破坏。政府应在金融、税收等方面大力鼓励企业创新战略性资源开发的技术转换，并引导企业加强对供应链、销售渠道、金融资本控制，以增强企业海外投资的竞争力。

课后思考题

1. 阅读2023年8月13日下发的《国务院关于进一步优化外商投资环境，加大吸引外商投资力度的意见》（https://www.gov.cn/zhengce/zhengceku/202308/content_6898049.htm），思考我国在吸引外资措施方面的变化及原因。

2. 从对外直接投资的动因的角度分析我国对"一带一路"国家进行直接投资的必要性。

3. 结合经济全球化的现实趋势讨论跨国公司对世界资源配置效率的影响。

第十章
跨国企业经营管理

在全球化的进程中，跨国公司一直都是全球政治、经济举足轻重的参与者。从现实状况来看，美国和日本是世界上两个强大的经济体，拥有很多跨国公司，并且这些跨国公司在全球市场占据重要的地位，其中许多跨国公司都位于世界500强公司的榜单之列。中国在1978年还被看作是世界上最贫穷的国家之一，但是在2010年成为世界第二大经济体，并且一直保持到现在。中国企业通过新建和并购等方式，积极布局全球，在传统的制造业和工程承包领域、新兴的通信和互联网服务等领域，涌现出海尔、中国建筑、比亚迪、华为、腾讯、阿里巴巴等一批大型跨国公司。在2023年的全球500强企业中，中国企业入选142家，上榜公司数量排名第一，中国上榜公司总数已经连续第五年超过美国[①]。

引导案例

特斯拉的上海超级工厂

特斯拉于2018年与上海市政府和上海自由贸易区临港管理委员会签订了一份合作协议，特斯拉在上海的超级工厂项目也由此正式启动。

特斯拉获得了上海市提供的以下优惠政策：用9.8亿元人民币的价格，拿下了86万平方米的土地，这个价格只是市场价格的1/10，并以3.9%的超低利率拿到了40亿元的贷款，用于特斯拉超级工厂的建设。

特斯拉作出如下承诺：从2023年开始，特斯拉要向上海每年纳税22.3亿元，如果完不成，必须归还土地。而且特斯拉未来五年还要对上海工厂投入140.8亿元，同时特斯拉的国产车型必须实现零部件100%的国产化。

---

① 廖睿灵. 2023年世界500强出炉，中企上榜数量位居全球之首[N]. 北京日报，2023-08-04.

> 2019年1月7日,特斯拉上海超级工厂开始破土动工,9月26日,特斯拉上海工厂的主体已经建设完成,12月30日,国产Model 3正式在上海工厂向车主交付,实现了"当年开工、当年竣工、当年投产、当年上市"的中国速度。
>
> 2022年8月,投产不到三年的时间,上海超级工厂宣布下线第100万辆整车,同样创下特斯拉在全球范围内的产量纪录。
>
> 2023年4月9日,特斯拉与上海自由贸易区临港新片区管委会举行签约仪式,双方就投资设立特斯拉在华的第二座超级工厂——储能电池超级工厂一事正式达成协议。新的工厂在2023年三季度正式开工,2024年将实现投产运营。
>
> 资料来源:特斯拉:4年后实现年纳税22.3亿的目标不难 [EB/OL]. 观察者网, 2019-07-30.

第一节 跨国进入方式

一、参股形式

(一) 独资经营

跨国公司在海外投资的全资子公司,企业拥有100%的股权,经营零利润全部归母公司所有,也要承担所有的投资风险和损失。母公司对独资子公司具有绝对控制权和经营决策权,有利于跨国公司协调全球战略,实现公司的整体战略目标。对于一些要求技术保密的企业,独资经营还有利于其保守技术秘密。

独资经营最大的缺点是由于缺少东道国的合资伙伴,公司对当地市场缺乏了解,不能够及时地根据本地的特点调整经营策略,对东道国环境的适应能力较差。这对于初次到一国投资,缺乏海外市场经营经验的公司是不利的。

（二）合资经营

跨国企业与东道国的企业在东道国法律管辖范围内共同投资组建企业，共同管理，共享利润，共负亏损及经营风险的一种经营方式。

由于是在东道国法律下成立，合资企业具有东道国法人身份，是一家独立的经济实体。其股权由两个以上的公司所拥有，但是至少有一家是东道国当地企业。在合资过程中，各方可以以现金、厂房、设备或无形资产等入股，将其折算成股权，分享利润，分担亏损。投资各方按照协议、合同、章程，组建管理组织机构，派任公司管理人员，共同参与企业的管理。

对于东道国来说，合资企业可以弥补东道国资金的不足，促进东道国经济发展，扩大劳动就业，提高东道国劳动者的技能。很多合资企业生产的产品会利用母公司的销售渠道返销国际市场，可以增加东道国的出口创汇能力，这对于一些外汇缺乏的发展中国家特别有吸引力。东道国当地的企业在合资过程中，可以参与企业的经营管理，学习国外的先进的技术、管理方法、技能和经验，对于东道国发展自己的产业，增加企业的竞争水平有非常重要的意义。所以，很多国家有意识地将合资作为一个重要的产业政策加以使用。

对于跨国公司来说，采用合资形式投资所需的资金相对较少，还可以用技术和其他工业产权折股投资，减轻了企业投资的资金压力。相对来说，东道国对合资企业更加欢迎，其进入海外市场投资的阻碍较少，东道国政府在政策上也能给予更多的优惠。同时，由于合资企业涉及东道国当地企业的利益，能减少或避免政治风险对企业经营的影响。一旦出现政策性问题，当地合资伙伴也更容易跟政府沟通。跨国公司还可以利用东道国当地伙伴对当地市场经验，取得企业生产经营所需的各种资源，进行本土化管理，提高企业对本地区的适应能力。合资企业虽然有外资身份，但是通过本土化经营，利用东道国合作企业身份进行形象公关，可以淡化其外资身份，这对于在一些民族主义情绪比较强烈的国家开展经营活动是有利的。

合资经营不足之处也非常明显，由于跨国公司与东道国当地的企业有不同的利益诉求，在经营过程中很容易产生利益的冲突，最终可能导致合资失败。此外，在合资过程中，企业的商业和技术秘密也由于合资伙伴的参与容易导致泄露，这对于以技术为核心竞争力，要求技术保密的企业是非常致命的。由于这些原因，所以跨国公司在投资过程中有独资化倾向。

【延伸阅读】

中国汽车产业吸引外资的政策

1994年，我国汽车工业尚处于起步阶段，当年我国出台了《中国汽车产业政策》，规定外资车企最多只能与两家国内车企合资，且在合资企业中的股比不得超过50%。跨国车企的到来，对于资金、技术和人才的引进，以及成熟的供应链和现代化整车制造体系的培育起到了至关重要的作用，同时，成立合资企业带来的利润也在一定程度上负担了自主业务的亏损，起到"反哺"作用。

不过，随着中国汽车品牌的逐渐壮大，我国不再依赖"以市场换技术"这种被动的发展策略，于是近年来对外资股比限制措施悉数放开。2017年6月，国家发展改革委联合工业和信息化部发布《关于完善汽车投资项目管理的意见》，其中规定，新建中外合资纯电动乘用车企业不再受"两个名额"限制。2018年，我国宣布继续放宽外资股比限制。国家发改委、商务部正式对外发布《外商投资准入特别管理措施（负面清单）（2018年版）》，提出汽车行业分类型实行过渡期开放，2018年取消专用车、新能源汽车外资股比限制；2020年取消商用车外资股比限制；2022年取消乘用车外资股比限制，同时取消合资企业不超过两家的限制。至今，汽车行业对于外资股比的限制措施已全面放开。

资料来源：肖逸思. 制造业领域外资准入将全面取消，汽车股比限制已悉数放开[N]. 第一财经，2023-10-18.

（三）非股权安排

跨国公司在东道国所设企业中没有股份，而是通过与东道国企业签订有关技术、管理、销售、工程承包等方面的合约，获得提成费、技术转让费或特许权使用费等收益，取得对该东道国企业的某种管理控制权的经营方式。由于这种经营方式不涉及股权或企业制度安排,故称为"非股权安排"或"契约安排",它包括如下两种形式。

1. 许可证协议

许可证协议指跨国公司通过与外国企业签订授权协议,转让无形资产的使用权,收取无形资产使用费。在许可证协议中转让的不是无形资产所有权,而是使用权,故协议中应规定使用的期限、使用费的支付、使用范围或地域的限制条件等。转让使用权的无形资产包括专利技术(patent)、专有技术(know – how)、版权(copyright)和商标(trademark)等。

跨国公司对于一些市场,放弃直接使用某项无形资产,而是通过许可证协议的方式来收取无形资产的使用费,获取无形资产的最大收益。这种进入方式不需要投入资金,风险小。但是许可证协议仅仅通过契约来约束本企业和被授权企业的权利义务关系,控制力量弱,特别是对于一些法制不完善的国家,容易遭受机会主义行为,损害公司利益。同时,如果采用许可证协议授权,意味着企业放弃了使用该项无形资产到东道国进行直接经营的收益,这是一项机会成本。而且,被授权企业有可能通过该项授权取得发展,未来在国际市场成为本公司的竞争对手。所以,在选择可以转让的无形资产时,跨国公司通常是非常谨慎的,选择的技术通常是非核心的、落后的、淘汰的技术。

2. 特许经营

特许经营是许可证协议中的一种特殊形式,跨国公司与东道国企业签订特许经营合同,东道国企业按照合同的规定,在跨国公司统一的业务模式下从事经营活动,同时被授权使用其拥有的商标、产品、技术、管理模式等,并向跨国公司支付相应的费用。

在特许经营过程中,跨国公司不仅转让技术和商标的使用权,而且也传授统一的经营方法和管理模式,还为加盟企业培训相关人员等,加盟企业支付加盟费作为回报。这种模式在餐饮业、零售业、商业服务业等采用得比较多,出现了连锁化的趋势。比如全球最大的餐饮企业麦当劳在全球拥有3.8万家门店,其中90%的门店是加盟,只有10%是自营门店[①]。麦

---

① 30000家加盟店,一年赚74亿美金,麦当劳体系究竟强在哪? [N]. 中国新闻网,2021 – 04 – 25.

当劳将操作流程标准化，比如，工作间设备的长度、宽度、体积、操作时间、温度等各种影响食品口味和质量的要求，麦当劳都用数字加以规定；甚至关于汉堡包厚度、如何撒芝麻、柜台多高、肉类的肥瘦度，也都有严格的限制，使所有的加盟企业能够复制操作流程，保证消费者在所有的门店得到相同的产品和服务。

在特许经营模式下，投资来自于加盟商，跨国企业不受资金的限制，可以迅速扩张规模，扩大品牌的影响力。跨国公司不需要负责具体的经营事务，只需要将精力集中于产品和服务的创新、管理方法的优化，提高了企业的管理效率和产品竞争力。同时，由于连锁门店的经营利润归加盟商所有，加盟商积极肯干，主动提高管理水平。

对于东道国企业，也愿意加入到跨国公司的特许经营体系连锁经营。因为在特许模式下，加盟商可以得到系统的指导，减少学习时间，提高成功的概率；可以使用跨国公司著名的商标或服务，减少广告宣传费用；总部集中采购统一提供原料提供加盟商，可以保证原料的质量，降低采购成本；同时特许总部还可以提供更全面的市场调研信息和分析，提供金融和会计的服务。这些都是加盟商自己无法做到的，整体提高了加盟商的利润水平和降低了经营风险。

特许经营模式也存在一定的缺点，第一，特许模式多数的利润被加盟商赚取，自己只赚取少数的加盟费和提成，利润水平低于自营。第二，特许经营模式的核心是完全复制总部制定的标准化的经营模式，不允许加盟商根据当地的情况进行调整，也不允许单独地开展促销活动，加盟商的自主性受到了限制，经营上有一定的僵化。第三，特许经营模式需将全部的经营诀窍完完全全地传授给加盟商，加盟商获取这些商业秘密后，有可能在未来另起炉灶，创立竞争性品牌与跨国公司竞争，这等于是培养了潜在的竞争者。

（四）管理合同

管理合同（management contracting），是指跨国公司与东道国企业签订协议，向东道国企业派出专业管理人员，从事日常管理工作，由此取得东道国企业一定管理与控制权。根据这种合同，公司全权负责管理外国企业或合营企业的全部业务，合同规定管理期限和付酬办法。管理合同都明确企业的基本方针和重大决策仍由委托人自行掌握。管理合同在酒店、机场、医院等行业使用比较多。

希尔顿酒店集团在 20 世纪 60 年代开始了管理合同的经营方式，向加盟商授权使用公司 IP，包括公司品牌、商标和服务标志以及公司的软件系统。同时根据管理合同派出管理人员经营酒店，承担雇佣员工、维持酒店运营的责任。希尔顿酒店集团主要向加盟商收取基本管理费（以酒店每月总营收的一定比例为基准）、激励管理费（以酒店年度营业利润的一定比例为基准）、渠道费以及其他费用。从合作期限来看，管理合同最初的期限通常为 20～30 年，合同通常包含延期选项，期限为 5 年或 10 年。希尔顿酒店集团通过管理输出迅速拓展了集团的市场网络，品牌国际影响力迅速提高。

案例分享

"雪王"的海外特许经营

凭借低价定位在新茶饮市场成为中国行业第一的蜜雪冰城，悄然出海。继在东南亚多国开店后，"雪王"也走向韩国、日本，近来更是迈进大洋洲。针对于企业的全球化，蜜雪冰城的企业愿景也因此修改为"让品牌更强大，让伙伴更富有，让全球每个人享受高质平价的美味。"

"特许经营"是蜜雪冰城的核心经营方式。但蜜雪冰城的商业模式也与传统加盟连锁品牌有所区别，蜜雪冰城对加盟商收取较低的加盟费，通过向加盟商供应原料获取收入。蜜雪冰城向加盟商出售食材获取的收入占公司营收 70% 左右；而加盟管理费的营收占比仅在 2% 左右。

蜜雪冰城在海外也延续了其特许经营模式，向海外经营者提供加盟机会，试图通过复制国内的业务模式取得成功。参照蜜雪冰城已经布局了 4 年有余的东南亚市场，截至 2022 年 3 月，越南已经累计有 249 家蜜雪冰城，印度尼西亚有 317 门店。2021 年 6 月，蜜雪冰城宣布为越南提供免加盟费用、设计和管理费的优惠策略，以吸引更多加盟商。截至 2023 年底，蜜雪冰城在海外的门店已经接近 4000 家。

对蜜雪冰城而言，出海更是其对商业体系中各方面能力的考验。在其商业模式中，供应链是一切的核心。这一套商业模式用在出海上，首先面临的考验便是供应链如何延伸到海外各大市场。在国内，蜜雪冰城的原材料运输能够做到24小时内送达门店。但在海外，由于物流的不便，从国内出口的原材料可能存在无法及时送到。其次是成本。蜜雪冰城在海外依然坚持平价的打法，但其门店运营成本并不低，如何在现有的商业模式下保持盈利也是需要思考的问题。再者是对海外加盟商的管理。在国内，蜜雪冰城对加盟商门店有着严格的管理，饮品制作间的监控直连蜜雪冰城总部，也有市场人员抽查门店。但在离开了本土后，蜜雪冰城如何有效地进行品控，也成为了一个问题。此外，由供应链决定的蜜雪冰城产品的高度标准化，与海外市场所需要的"本土化"也有些许冲突。要如何根据某个市场的消费者需求在产品上做调整，对蜜雪冰城来说还是一个需要去探索的领域。

为了解决这些问题，蜜雪冰城在供应链上下了不小的功夫。在成都，蜜雪冰城启动了智能生产加工和出口基地以及亚洲总部项目，该项目于2023年1月投产。在2022年12月，蜜雪冰城旗下的全资子公司"大咖创投"又与福建省泉州喜多多食品合作，合营企业将在菲律宾投资椰果、椰浆加工生产基地。在海外，蜜雪冰城还设立了四家经营公司，分别位于中国香港、印度尼西亚、越南，主要从事采购食材、包装材料、设备设施、营运物资等内容的出口，同时也负责部分进口水果和当地加盟经营业务。

目前来看，蜜雪冰城在东南亚市场已经度过了从0到1的阶段，为未来走向从1到10，从10到100奠定了基础。

资料来源：平价蜜雪冰城，狂卷海外CBD [EB/OL]. 华尔街见闻，2023-02-16.

二、跨国并购

(一) 跨国并购的定义

1. 基本定义

跨国并购是指一国企业为了达到某种目标，对另一国企业进行兼并或收购，从而对另一国企业的经营管理实施实际的或完全的控制行为。

兼并是指两家或以上的企业合并成一家企业，而收购是指一家企业购买另一家企业的股权或资产。兼并和收购主要的区别：兼并改变了法人企业的数量,由两个或几个法人企业变为一个;收购改变了企业的所有权,但没有改变法人企业的数量,被收购的企业仍然是一个独立的法人企业。

2. 全球跨国并购的发展历程

全球共经历了五次企业并购重组的浪潮。第一次并购浪潮发生在19世纪末,蒸汽机的发明带来的第一次工业革命大幅度提高了人类的生产力水平,此时以美国为中心发生了大量的并购,最主要的特征是同行业之间的并购,即横向并购,涉及包括金属、食品、化工、机械、煤炭等多个行业。第二次并购浪潮发生在第一次世界大战的战后重建时期,资本市场逐渐恢复,促进企业并购。此次并购以纵向并购为主,将生产环节上下游的企业并购,降低企业的生产运营成本和交易成本,提高企业经营效率。20世纪60年代,随着计算机、核能、材料等科学技术进步,第三次科技革命的兴起,一系列新的科技成就得到广泛应用,社会生产力实现迅猛发展。在这一时期,以混合并购为特征的第三次并购浪潮来临,其规模、速度均超过了前两次并购浪潮。这一时期内的并购以混合并购为主,目的是实现多元化经营,分散风险。第四次并购浪潮集中在20世纪80年代,最重要的一个特征是杠杆收购急速兴起。杠杆收购的收购方往往是一些金融机构,借助债券等财务杠杆,其收购目的就是为了将来以更高的价格出售来赚取差价。这一阶段发生的并购大多属于石油、航空、医药、金融等行业。20世纪90年代以来,经济全球化发展,催生了第五次并购浪潮。电讯、汽车、医药、化工、石油天然气、银行等进入壁垒高、资产专用性强、竞争激烈、管制放松的行业成为并购最集中的行业,企业多以同行业内部横向并购来实现产业内整合。跨国并购的迅速发展,使得跨国创建不再是企业对外直接投资的首选方式,而是由并购取而代之。在这期间全球并购活动增多。

随着21世纪经济的复苏,经过几年沉寂后,又兴起了第六轮并购的浪潮。这次并购浪潮中,并购企业更注重自身长期的发展战略,并购企业在追求规模效应的同时,还从全球角度寻求产业的全球整合。

这样的全球背景下,各国企业在国内市场和国际市场都面临激烈竞争,要想占得一席之地,取得更好发展,就需要与不同国家和地区的企业交流合作。跨国并购就是企业有效提升核心竞争力、拓展业务市场、实现多元化发展的有力手段之一。

3. 跨国并购与绿地投资的区别

绿地投资也叫新建投资，指跨国企业到海外建立新企业或新工厂，形成新的经营单位或新的生产能力的投资。

绿地投资和跨国并购主要区别在于，绿地投资是从无到有建立新的企业，而跨国并购是通过兼并和收购的方式获得已有的企业。

企业选择在考虑采用哪一种进入方式时，应综合考虑企业自身的情况、行业的特点和东道国的环境，如下一些因素会影响企业的选择。

（1）企业的研发能力。如果企业的研发能力较弱，企业就更倾向通过并购的方式获取被并购企业的技术。而那些研发能力强的公司更希望通过自己的技术来进行绿地投资，防止技术的外溢。

（2）实行多样化战略的企业可能通过收购的方式进入新的市场，因为这样企业面临的风险更小。

（3）经济实力大的企业更愿意采取收购的方式，因为大企业更加具有整合被并购企业的能力，而且能够更快地将其协调一致发挥规模效应。但是，近年来在并购风潮的影响下，小企业的并购现象也在逐渐增多。

（4）高的广告宣传密度也会引起更多收购的发生，因为这意味着更多机会进入当地市场和分销网络。

（5）如果在文化冲突很大的条件下，并购的风险就会很高。大多数的并购发生在具有相似文化与商业环境的发达国家。

（6）由于资本市场不完善和相关中介机构的缺乏导致的资产被低估也促进并购的发生。而且由于类似原因，经济危机引发的资产价格急剧下降也会刺激并购活动。

（7）如果跨国公司在东道国已经建立了子公司，那么该企业在继续向该国扩张的时候就更加倾向于采取并购方式，因为这样比新建投资可以更少地减少新生产能力带来的竞争加剧和利润的下降。

（8）对目标企业的满意度也是跨国公司选择并购的一个重要考虑因素。这也解释了为什么并购多发生在发达国家之间的原因。

（9）当跨国公司所处行业增长缓慢时，企业则更倾向于采取并购的方式，因为再使用新建的方式显然不是明智之举。例如20世纪90年代的并购浪潮兴起的原因就是在于生产能力过剩、价格下降与增长的缓慢。

（二）跨国并购的基本分类

1. 按并购双方的行业关系划分

（1）横向并购：也称为水平并购，指并购双方处于相同或横向相关行业，生产经营相同或相关的产品的企业之间的并购。企业通过横向并购可以扩大企业的规模，减少市场的竞争，获得协同效应。

（2）纵向并购：也称为垂直并购，指生产和销售过程处于产业链的上下游、相互衔接、紧密联系的企业之间的并购。通过纵向并购，企业可以整合上下游的资源，加强产业链的控制能力。

（3）混合并购：指既非竞争对手又非现实的或潜在的客户或供应商的企业之间的并购。企业进行混合并购的主要目标是实现多元化的经营，以分散企业经营的风险，寻找企业发展的新的方向。

2. 按并购是否取得目标企业的同意与合作分类划分

（1）善意并购：指并购企业事先与目标企业进行协商，征得其同意并谈判达成并购条件的一致意见而完成并购活动的并购方式。进行善意收购的收购公司一般被称作"白衣骑士"。

（2）恶意并购：也称敌意并购。指并购方不管目标企业的反抗进行的并购；或者事先不与目标公司协商，而直接突然提出公开出价并购要约的并购行为。进行恶意收购的收购公司一般被称作"黑衣骑士"。

3. 按照是否通过证券交易所划分

（1）要约并购：是指以争取公司控股权为目的，通过证券交易所向目标公司所有股东发出公开要约以收购股权的行为。

（2）协议并购：为了达到争取目标公司控股权的目标，在证券交易所外与目标公司股东协商，以协议方式进行的收购股权的行为。

4. 按并购双方是否直接进行并购活动划分

（1）直接并购：由收购方直接向目标公司提出所有权要求，双方通过一定的程序进行磋商，达成协议的并购方式。

（2）间接并购：指并购企业首先成立一个子企业或控股企业，然后再以子企业或控股公司的名义并购其他企业的行为。其又可以分为前向三角并购和反向三角并购两种方式。

5. 按并购方的出资方式划分

（1）现金购买资产式并购：指并购企业用现金购买目标企业资产所进行的并购。

（2）现金购买股票式并购：指并购企业用现金购买目标企业的股票所进行的并购。

（3）股票换取资产式并购：指并购企业向目标企业发行股票，以换取目标企业的资产而进行的并购。

（4）股票互换式并购：指并购企业直接向目标企业的股东发行股票，以换取目标企业的股票而进行的并购。

6. 按并购企业是否利用自己的资金划分

（1）杠杆收购：指并购企业通过信贷所融资本获得目标企业的产权，并以目标企业未来的利润和现金流偿还负债的并购方式。由于企业可以通过融资行为来进行并购，会发生具有发展前景的小企业并购经营不善的大企业的"蛇吞象"的现象。

（2）非杠杆收购：指并购企业使用自有资金及营运所得来支付并购资金的并购方式。

（三）跨国并购式进入的优势

1. 较快的进入速度

相比于新建投资，并购可以快速获得目标企业的经营资源，马上可以进行经营活动。对于那些需要抓住市场时机的企业来说，并购方式能够满足这一需求。

2. 获得战略性资源

并购可以获得目标企业的包括核心技术、渠道、品牌、人才等战略性资源。这些资源是稀缺的，无法通过市场途径获得。企业自己培育这些资源，也需要时间和大量的投入。

3. 获得协同效应

并购扩大了企业的规模，可以提高企业的竞争力和盈利能力，产生了1+1>2的效果，我们把这种效果叫作协同效应。协同效应是跨国公司并购的主要原因，对整体的市场资源的配置也产生了优化。

（四）跨国并购式进入存在的问题

1. 信息不对称带来的风险

在并购前，由于并购方无法全面了解目标企业的所有信息，导致并购价格高于目标企业的实际价值，从而使并购方承受损失。这些风险包括目标企业美化报表带来的财务风险、隐藏债务带来的债务风险、对于当地法律规定不了解带来的法律风险等。

2. 企业的整合困难

在并购发生后，就要对目标企业进行资源整合，将其纳入到跨国公司的经营体系。但是并购企业和目标企业来自不同的国家，其公司文化和管理风格完全不同，如何将他们进行融合，将是一项复杂的工作。很多企业因为无法有效地进行整合，最终宣告并购失败，这是并购失败的最重要的原因。

（五）近年来跨国并购的特点

1. 跨国并购高度集中在发达国家

跨国并购已经成为以美、英、欧盟、日本为首的发达国家对外投资的主要方式，这些国家凭借着技术、资本、市场等优势，在跨国并购中占据优势。2021年，对发达国家并购的金额为6150亿美元，并购项目为7838个。而对发展中国家并购的金额为1130亿美元，并购项目为1008个[①]。发达国家的相互并购是市场的主流，但是以中国为代表的发展中国家也成为跨国并购市场上不可忽视的力量。

2. 跨国并购的个案金额屡创新高

这些大型跨国购并多属横向并购，并且主要发生在一些市场集中度本来就较高的行业，产生了一些巨无霸企业。如1999年，英国电信公司沃达丰集团并购德国移动供应商曼内斯曼，并购金额高达1150亿英镑，约合1850亿美元，成为史上最大的跨国并购案。虽然2023年成为并购交易十年来最低迷的一年，但是第四季度在美国石油领域还是出现了两起总金额

---

① 2022年《世界投资报告》。

达到 600 亿美元的超级并购，例如埃克森美孚公司（Exxon Mobil）宣布，将以 595 亿美元的全股票交易收购先锋自然资源公司（Pioneer Natural Resources），包括净债务在内，这笔交易隐含的企业总价值约为 645 亿美元[①]。

3. 跨国收购在跨国并购中占绝大部分比重

根据有关并购的数据显示，收购占其中绝大部分比重。即使是被认为相对平等的合作者之间的合并，其中绝大多数实际上也涉及由一家公司控制另一家公司的收购。"真正"的合并数量很少，所以在实际意义上，"并购"基本上就意味着收购。

4. 股票互换在跨国并购的融资方式中所占比重越来越大

股票互换已成为并购，特别是大型并购普遍采用的融资方式，因为在交易规模巨大的并购中使用现金支付是不可能的。发达国家以换股方式进行并购交易越来越多，其占总额的比重显著提高。而在中国，由于资本市场并未完全开放，A 股上市公司收购海外资产，最早由资产及交易对方"两头在外"，演化到"一头在外"。直到 2016 年，首旅酒店跨境换股收购如家酒店成功获得商务部审批，开启了中国真正意义上跨境换股的零的突破。

5. 跨国并购的战略性动机日益明显，善意收购成为主流

早期的跨国并购可能是寻求短期的金融收益，而非寻求效率等战略和经济效应。但随着时间的推移，由短期金融收益推动的交易在跨国并购中的重要性正在下降。在此背景下，多数的并购是通过企业间的友好协商进行的善意并购。

（六）中国企业海外并购的阶段性特征

改革开放之后，中国企业也逐步进入到国际市场进行跨国并购，按时间来说，大致可以分为如下几个阶段。

1984～1991 年：起步与探索。1984 年，中国国际信托投资公司在美国投资 4000 万元合资组建西林公司，被认定为我国第一个海外直接投资案；同年，中银集团与华润集团共同出资以 4.37 亿港元收购香港康力投资有限

[①] 李哲. 海外石油巨头转型"虚实"：为何大举竞购油气资产［N］. 中国经营报，2024-04-13.

公司，开启我国海外并购的先河①。1985 年以后，中国在引进外资的背景下，把鼓励大型国企"走出去"作为工作重点。

1992～2000 年：大起大落。1992 年的南方谈话成为推动对外投资的重要转折点。然而 1998 年的亚洲金融危机让中国对外投资与并购的热情大幅下降。

2001～2006 年：稳定发展。随着"走出去"战略的推进以及中国加入世贸组织，中资企业海外并购步入快速发展阶段。这个阶段，中资企业海外并购的目的主要是获取资源，参与并购的主体多为大型央企、国企，其中中石油、中海油和中石化等大型国企的海外收购取得了显著收获，例如，2002 年中海油通过收购西班牙瑞普索公司，一举成为印度尼西亚最大的海上石油生产商。

2007～2012 年：高速扩张。2007 年全球金融危机给中资企业海外并购带来新的机遇，大量低估值的国际资产成为我国企业出海"抄底"的首选对象，中资企业海外并购逆势增长。这一阶段的海外并购大额交易频发，例如，三一重工并购德国普茨迈斯特；吉利收购沃尔沃等。并购标的行业从能源、矿产到酒店、地产等众多领域；并购目的地遍布欧美发达国家。

2013～2017 年上半年：激进前行。2014 年起，以万达、海航、复星、安邦为主的国内大型民企开启疯狂"买买买"的模式，收购的资产多以酒店、地产、影院、俱乐部，以及度假村为主。其中安邦斥资 20 亿美元收购纽约地标华尔道夫酒店②、万达以 35 亿美元收购好莱坞传奇影业③，以及海航豪掷 400 亿美元收购了德意志银行和希尔顿等公司的股份④。汤森路透数据显示，中资海外并购的交易规模从 2013 年的 633 亿美元暴涨至 2016 年的 2210 亿美元，达到顶峰。

2017 下半年至今：趋于理性。随着国家外汇管制的收紧和对境外投资行业的限制，中资海外并购交易规模明显回落。中资主导的海外并购更趋

---

① 蔡政元，巴曙松. 中资企业海外并购的问题及对策建议 [J]. 金融发展研究，2019（2）.
② 中国公司斥资约 20 亿美元收购纽约地标酒店 [EB/OL]. 人民网，2014-10-14.
③ 全球最大影企诞生 万达 35 亿美元收购好莱坞传奇影业多数股权 [EB/OL]. 观察者网，2016-01-12.
④ 海航海外并购总额突破 400 亿美元 [N/OL]. 上海证券报·中国证券网，2017-04-10.

于理性化，越来越多的企业为获取高端技术而开展海外并购，助力产业协同发展；此外，并购的主体更加多样化，国企、民企、以财团为主的并购联合体、并购基金等齐头并进。

【延伸阅读】

我国企业十大跨国并购

随着经济的发展，我国企业也顺应潮流，不断地走出去，其中有不少国内企业的跨国并购对今天的我国经济都产生了许多积极正面的影响。以下是十个最大的中国企业的跨国并购。

中国化工收购先正达（Syngenta）。2016年2月，中国化工提出以430亿美元价格收购瑞士农业化学企业先正达，创下中资企业在海外的最大一笔收购，也在全球农业领域占到历史第二位。总部位于瑞士的先正达是全球农化业务的前四强，也是种业领域"六巨头"之一。2020年，先正达集团全年取得销售220亿美元，已成为全球行业执牛耳者。

中海油收购加拿大石油公司尼克森（Nexen）。2013年2月26日，中海油以溢价61%，折合约151亿美元的价格收购尼克森。因中海油还需承担尼克森43亿美元债务，所以这笔收购的总价实际上高达194亿美元。该数字也刷新了中国能源企业海外收购的纪录。尼克森是一家独立的全球性能源公司，原油日产量约为21.3万桶，是加拿大第十四大石油公司，拥有加拿大西部的油砂和页岩气、北海以及墨西哥湾深水海域的油气勘探开发等核心业务。

万科领衔中国财团收购亚洲最大物流地产巨头普洛斯（GLP）。2017年7月14日，新加坡上市公司普洛斯（GLP）宣布，由万科集团、厚朴、高瓴资本、中银集团和普洛斯管理层组成的中国财团以3.38新加坡元/股的价格对其完成收购，估值160亿新元（约116亿美元）。普洛斯是中国、日本、美国及巴西市场领先的现代物流设施提供商。

腾讯收购手游开发商Supercell控股权。2016年6月21日，国内科技巨头腾讯宣布，将以86亿美元的价格收购软银麾下创作热门游戏《部落冲突》（Clash of Clans）的芬兰手机游戏商Supercell公司84.3%的股权。

除《部落冲突》之外，Supercell 的热门游戏还包括《卡通农场》《部落冲突：皇室战争》及《海岛奇兵》等。

中国化工收购倍耐力（Pirelli）。2015 年，中国化工集团公司以 71 亿欧元购入轮胎公司百年老字号倍耐力股份，成为控股股东。成立于 1872 年的倍耐力是轮胎界的传奇，在意大利米兰上市，是全球第五大轮胎制造商，在全球设有 24 家工厂，拥有两万多名员工。其生产的倍耐力轮胎一直都是奥迪、宾利、法拉利等著名汽车品牌的原厂配套胎。

安踏收购芬兰体育用品巨头 Amer Sports。2018 年 9 月，安踏体育公布公告，宣布联合私募基金方源资本组成财团收购 Amer Sports，交易价格 40 欧元每股，交易总价 46.6 亿欧元（约合 64 亿美元）。Amer Sports 旗下拥有包括加拿大户外装备品牌 Arc'teryx（始祖鸟）、法国山地户外越野品牌 Salomon（萨洛蒙）、美国网球装备品牌 Wilson（威尔逊）等 13 个品牌，同时拥有 Sports Tracker 这一运动追踪科技公司。

海航收购全球最大的 IT 分销商英迈（Ingram Micro Inc.）。2016 年 2 月 19 日，海航集团子公司天海投资发布公告称，以 60 亿美元全现金收购美国英迈 100% 的股权。英迈是全球最大的 IT 产品分销商和供应链服务商，位列 2016 年《财富》世界 500 强第 218 位。

五矿集团收购全球最大在建铜矿项目 Las Bambas。2014 年 4 月 13 日，五矿集团宣布，该公司旗下的五矿资源有限公司（MMG）与国新国际投资有限公司和中信金属有限公司组成的联合体与嘉能可（Glencore Xstrata plc）达成邦巴斯铜矿项目（Las Bambas）股权收购协议，交易对价为 58.5 亿美元。收购邦巴斯铜矿项目是中国金属矿业史上最大海外收购，也是目前全球最大的在建铜矿项目，预计达产后前 5 年每年可生产铜精矿含铜量约 45 万吨。

青岛海尔收购通用电气（GE）家电业务资产。2016 年 1 月 15 日，青岛海尔发布公告称，拟通过现金方式向通用电气购买其家电业务相关资产，交易金额为 54 亿美元。通用电气家电业务在美国发展有百年历史，备受美国当地用户的认可。在欧美市场，通用电气、惠而浦、博世等家电品牌长期霸占中高端市场，这恰是中国企业最难攻下的领地。通用电气家电业务在美国 5 个州拥有 9 家工厂，并拥有物流和分销能力，以及美国市场强大的零售网络关系。

工商银行收购南非标准银行集团20%股权。2007年10月25日,工商银行与南非标准银行联合宣布,工商银行将支付约366.7亿南非兰特(约54.6亿美元)的对价,收购标准银行20%的股权,成为该行第一大股东。南非是非洲规模最大、实力最强的经济体。标准银行历史悠久,是南非乃至非洲规模最大的商业银行。该交易于2008年3月3日顺利完成。

资料来源:晨哨并购微信公众号,石化行业走出去联盟微信公众号。

三、跨国战略联盟

(一) 跨国战略联盟的概念

随着世界经济的一体化、科学技术的飞速发展,国际分工有了很大的发展。为了应对激烈的市场竞争,跨国公司选择建立战略联盟的方式来寻求资源共享、优势互补,提高自己的竞争地位。特别是20世纪80年代以后,建立跨国战略联盟成为跨国公司的一种常见的竞争策略。

跨国战略联盟指两个或两个以上跨国公司为了达到共同的战略目标而达成的长期合作安排。这种合作是公司出于战略考虑,为了长远的生存或发展而采取的重大步骤。所以,战略联盟应是指由两个或两个以上有着对等经营实力的跨国企业之间,出于对整个市场的预期和企业总体经营目标、经营风险的考虑,为达到共同拥有市场、共同使用资源和增强竞争优势等目的,通过各种协议而结成的优势相长、风险共担的松散型组织。

(二) 跨国战略联盟的类型

1. 依据联盟企业之间的产业合作方向不同划分

(1) 横向战略联盟指的是属于同一个产业或行业部门,生产、销售同类产品的企业之间结成的联盟;或者在同一市场上产品或服务互相竞争的企业之间结成的联盟。

石油危机后,丰田汽车凭借省油、质量可靠的优势占领了美国市场。在此背景下,美国在80年代出台了对日本汽车的进口限制。1983年,丰田与通用签订战略联盟协议,建立合资企业——新联合汽车制造公司。通过股权合资，通用公司成功地引入了丰田高新技术，提高了自己在中小型汽车领域的竞争实力，而丰田公司则通过合资成功地打入了美国市场。

（2）纵向战略联盟指的是属于两个不同产业或行业部门，但存在上下游关系的企业之间结成的联盟。这种联盟在制造业企业非常常见，成品企业和原料企业通过建立这种联盟来形成稳定的合作关系，可以保证供应链的稳定。

（3）混合战略联盟指的是两个或两个以上相互间没有直接投入产出关系和技术经济联系的企业之间结成的联盟，或者是两个或两个以上产品与市场都没有任何关系的企业之间结成的联盟。

2. 依据联盟企业主体地位不同划分

（1）互补型战略联盟指的是在跨国公司双方存在互补性优势的基础上形成的战略联盟。这种战略联盟主要出现于欧美以及日本等发达经济体的跨国公司之间，属于战略联盟的高级阶段。例如，美国微软公司和英特尔公司组建的"Wintel"技术开发战略联盟，研发与Windows操作系统配合的芯片，使个人电脑的性能发挥达到了极限。"Wintel"联盟还决定了现有个人电脑的基本架构：个人电脑的一切软硬件产品，如各种应用软件、计算机主板、显卡等，都要围绕"Wintel"联盟来开发。

（2）接受型战略联盟，即互惠型战略联盟，指的是依据跨国公司所在母国经济体制和经济发展水平的不同而形成的战略联盟，属于战略联盟的低级阶段。

3. 依据联盟企业相互依存程度不同划分

（1）股权式战略联盟指的是以企业之间相互参与股权为基础的战略联盟，包括对等占有型战略联盟和相互持股型战略联盟。

（2）契约式战略联盟指的是以企业之间签订契约为基础，并不涉及股权参与的联盟，主要包括联合研发和产业协调协议。

4. 依据联盟企业所在价值链位置不同划分

（1）资源补缺型战略联盟指的是上游企业和下游企业之间结成的国际战略联盟。

（2）市场营销型战略联盟指的是企业之间在各自下游营销环节结成的战略联盟。

（3）联合研制型战略联盟指的企业之间在各自上游环节，即研发环节结成的战略联盟。

5. 依据联盟性质不同划分

（1）集中型战略联盟指的是以协议中具体规定的某个项目为合作内容的战略联盟。一般情况下，该联盟双方合作领域相对较窄，而且受到明确限制。

（2）综合型战略联盟指的是以价值链上全部环节作为合作领域的战略联盟，联盟双方合作的内容相当广泛。

6. 依据联盟企业数量不同划分

（1）双伙伴型战略联盟指的是由两个企业组成的战略联盟。

（2）财团型战略联盟指的是由多个企业为完成某个共同目标而组成的战略联盟。

（3）核心型战略联盟指的是某个企业作为核心成员，其他成员加盟而组成的战略联盟。

（三）跨国公司战略联盟的作用

1. 利用外部资源提高核心竞争力

企业发展战略的关键是培育和发展能使企业获得长期竞争力优势的核心竞争力。企业的核心竞争力是由多种专长和技能因素构成的，如技术、营销和文化专长等，而要获得这些因素，仅依靠自己拥有和控制的经营资源是不够的，战略联盟可以帮助企业获得其他企业的战略资源。

2. 有利于开拓新市场

向国外市场渗透已成为企业经营的重要目标，而事实证明，建立战略联盟是开拓国际市场的有效方法之一。很多跨国公司与当地企业建立联盟关系，也都是为了进入当地市场。美国摩托罗拉公司与日本东芝电器公司建立战略联盟，就是为了使自己的产品能更大规模地进入日本市场。

3. 实现规模经济

市场和技术的全球化，提出了在相当大的规模和多个行业进行全球生产的要求，战略联盟使专业化生产和分工的程度提高，合作伙伴在零部件生产、成品总体组装各环节中的各自的相对优势得以叠加，使最终产品成本大幅度降低，以实现最大的规模和范围经济，从而能在单位成本为基础的全球竞争中赢得优势。

虽然柔性制造系统可以将新技术运用到小批量生产中，但规模经济的重要性，对企业的全球竞争力来说仍具有决定性的意义。建立战略联盟是实现规模经营并产生范围经济效果的重要途径。例如，日本的一些产业协会组织内部再成立一个合伙采购实体，协会成员企业通过这个实体进行购买；日本贸易振兴会进口促进部组织小批发商组成团体合伙进口，解决了原先商品检验和结算中的问题，进一步降低了费用。

4. 获取范围经济

随着技术的日益复杂化，外部竞争环境愈加激烈而且变动不定，技术周期越来越短，开发成本也越来越高，风险越来越大。在这种情况下，企业之间通过建立战略联盟，提高信息传递的密度与速度，互相学习，进行技术优势互补，共同支付技术开发费用、共同承担开发风险、共享技术开发成果，提高产品的竞争能力，以避免因单个公司在研究开发中的盲目性和因孤军作战而引起的全球范围内的重复劳动和资源浪费，从而降低风险，实现范围经济。如韩国的现代、大宇和起亚三大财团通过与美、日汽车巨头的"联营"，不仅积累了丰富的汽车生产经验，而且获得了某些关键技术，使韩国迅速发展成为世界主要汽车生产国和输出国。

5. 消除不必要竞争，共同应对竞争

随着大公司市场渗透力度的加大和市场占有率的提高，大公司之间的市场分割最终将会趋于稳定，如果大公司继续在所剩无几的零星市场上继续开展恶性竞争，容易造成两败俱伤，降低各自的盈利水平。大公司间通过建立战略联盟，可以理顺市场，共同维护竞争秩序。

第二节　跨国组织管理

一、跨国组织结构的含义

企业的成功依靠完善的管理，而建立合理的组织结构是企业实现高效管理的基础。跨国公司的组织结构,是为实现跨国经营目标而确定的一种内部权力、责任、控制和协调关系的形式。其组织结构远比一般的国内公司复杂,是因为在设计跨国组织结构时,跨国公司都会面临一个两难选择:一是跨国公司要在全球协调经营活动,要求组织结构的设计要能实现全球的协调性;二是跨国经营会面对不同的国家的经营环境,必须对当地的情况灵活调整企业的经营,要求组织结构的设计有地区适应性。

随着企业国际化程度的不断提高,跨国公司必须要合理地设计其组织结构,来实现全球化的经营。企业在确定其组织结构的时候,应考虑如下的问题。

一是组织结构的目标。管理的目标是为了实现企业的战略目标,跨国公司的组织结构也应该是为保证跨国经营战略的顺利实施而建立的。企业在建立组织结构之前,应该确定企业的战略目标。围绕着战略目标的实现,来确定企业的组织结构。

二是管理范围与管理层次。管理范围是指组织中一个上级管理人员能有效管辖的下级部门数或人员数。管理层次是指在职权等级链上所设置的管理职位的级数。在一定组织规模条件下,管理范围越大,则管理层次就越少,相应的组织结构类型称为扁平结构;管理范围越小,管理层次就越多,相应的组织结构类型称为高型结构。到底选择哪一种结构,与企业管理人员的能力、企业的经营产品的种类、跨国经营的区域分布等因素相关。不能说哪一种组织结构更好,每一个企业都有与之相适合的组织结构。

三是各管理层上管理人员的权力和责任。在组织结构中,对应设立各种管理岗位,并明确各管理岗位上的管理人员的权利和责任,保证组织能够有效地运行。

二、跨国公司的组织结构演进

在跨国公司发展的过程中,随着企业规模不断壮大,企业经营的业务种类会增加,投资的国家数量也在增加,海外业务的比重越来越大,企业管理的难度也越来越大。企业的组织结构必须进行调整,以适应不同阶段企业发展的需要。在最初阶段，企业只是在国内生产，针对于国内市场出售产品。慢慢地，出现了一些海外的顾客零星购买，当这些购买的数量增加到一定规模后，企业考虑要建立一个专门的部门来处理出口业务，企业会在原有的组织结构下建立一个出口部，它隶属于其他部门之下，专门处理出口业务。随着出口业务在公司的业务比重越来越大，公司开始到各国投资建立总部集权下的海外子公司，负责子公司所在国家或者区域的生产和销售工作。随着市场的进一步扩大，迫切需要协调各子公司之间的资源并对其进行优化配置，以形成更合理的组织结构形式，适应愈来愈激烈的竞争，因此成立了国际业务部，对公司在全球的业务进行统一管理。随着跨国公司全球化战略的不断推进，全球经营规模急剧扩大，海外员工、海外资产和海外销售比例不断增加。原有的国际业务部的横向职能性管理与各个事业部在全球的纵向管理的矛盾将会越来越突出。如何协调纵横关系，健全跨国经营网络成为跨国公司的重大问题。最新的发展趋势是跨国公司在设立纵向和横向的管理组织机构时，力图克服条块分割，实现纵横两个方向的有机结合，形成健全的全球管理体制。

伴随着企业在海外投资的增长，公司变成了一个国际化的公司，原有的组织结构已经不能够满足需要，公司的结构进行一个根本性调整，建立以全球业务为基础的跨国组织结构，以适应新的经济环境和全球化战略。

跨国公司随着经营的扩大，组织结构也经历了从简单到复杂的过程，它的组织结构的演进过程如图 10.1 所示。

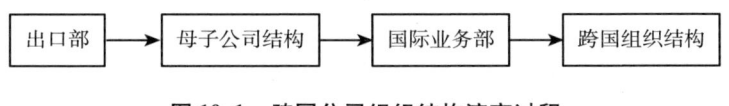

图 10.1　跨国公司组织结构演变过程

三、跨国公司组织结构的基本形式

（一）出口部的组织结构

出口部的组织结构产生于：原先公司业务只是局限于国内，偶尔有一些产品的出口，产品出口业务隶属于国内部门；随着出口的增加，公司将一些原先的出口业务合并到一个部门，组成出口部。此时，出口部服务于国内部门，作为国内部门的附属机构。

它有如下两种情况，一种是公司设有专门的营销部门，负责原先国内的市场营销工作。当公司有了出口业务之后，在营销部门之下设立一个出口部负责海外的市场销售工作。其组织结构如图 10.2 所示。

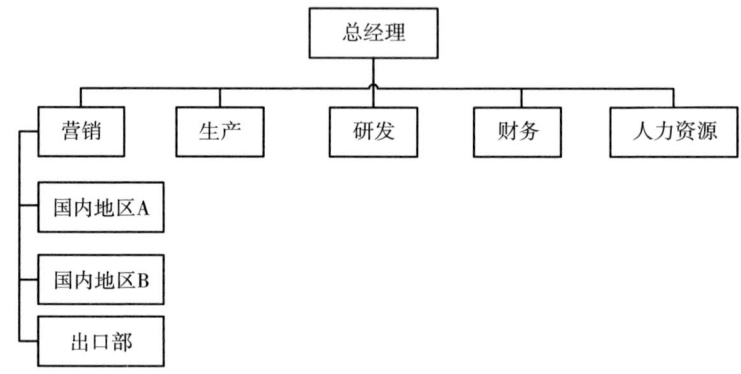

图 10.2　营销部门下设立出口业务部的组织结构

另一种情况是，公司的部门采用的是事业部制，各产品部门相互独立。当某种产品有了海外市场的需求后，在该产品部门下设立一个出口部负责该产品的出口工作。如图 10.3 所示，产品 1 出现了海外购买，在产品 1 部门下设立一个出口部负责产品 1 的出口工作。

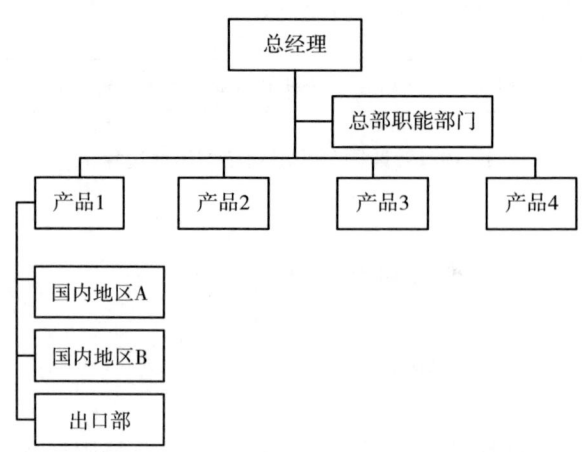

图 10.3　产品部门下设立出口业务部的组织结构

出口部一般通过国外的代理商或分销商进行出口，它的主要业务是寻找国外的客户，与国外的代理商或分销商签订并履行出口合同。适合规模比较小，海外业务比较简单，国际化程度比较低的公司。

出口部的组织结构的优点是：公司的结构比较简单，有专门的部门负责出口，便于统一管理和协调出口业务。其缺点是：由于出口部属于二级部门，权力较小，特别是公司的海外业务与国内业务产生利益冲突的时候，无法直接协调公司资源配合出口业务。海外的业务依靠代理商和分销商来开拓，公司无法自主地扩大市场。

（二）母子公司的组织结构

当海外的业务扩大，除了出口业务外，公司还出现了一些海外的投资，原有的出口部结构渐渐不适应公司发展的需要。如图10.4所示，跨国公司开始到目标国开设海外子公司，通过子公司来管理本公司的海外市场的事务，从事当地的生产和经营。海外子公司属于一级部门，由总经理直接领导。由于母公司缺乏海外经营的经验，所以给予海外子公司较大的经营自主权，海外子公司能够以自己的名义开展各种经营活动，母公司只在重大决策上加以控制。

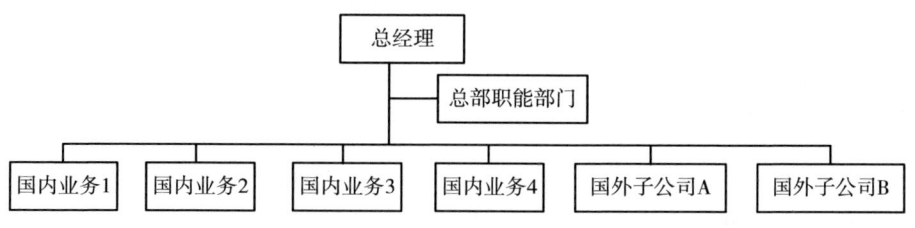

图10.4 母子公司组织结构

母子公司结构的优点是：海外子公司拥有较大的自主权和独立性，能够对当地市场进行快速的反应和调整，有较强的地区适应性；经营的灵活性比较高，能够提高海外子公司的运营效率；可以利用当地对于外商投资扶持政策设立子公司，享受税收等各项优惠；同时，也可以利用子公司身份直接在当地市场进行融资，扩大公司的经营，降低融资成本。

母子公司结构的缺点是：母公司对海外子公司当地的情况缺乏了解，难以做出有效的指导，对海外子公司的经营也难以形成及时的支持。由于该结构比较松散，子公司更多地考虑自身利益而忽略公司的全球整体目标，不利于公司全球战略的实行。

(三) 国际业务部的组织结构

1. 组织结构的形式

随着海外子公司数量的增加，公司将设立一个部门来统筹海外的所有业务，公司在国内部门之外设立一个国际业务部。国际业务部与其他的国内业务部门平行，都是由总经理直接领导，负责公司所有的海外业务（见图10.5）。

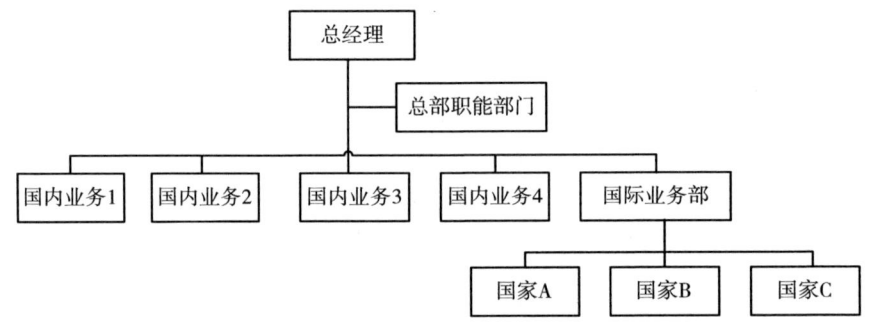

图 10.5　国际业务部组织结构

这种模式适用于早期国际化的企业，公司的核心业务还是国内业务，海外的业务占公司业务的比重不大。出口产品的种类较少，标准化程度高，国外的市场在地理上较为集中，公司不需要进行专门的适应性调整。由于国外的业务较为简单，协调的难度不大，可以用一个国际业务部来管理所有的海外业务。

2. 组织结构的优缺点

（1）组织结构的优点。

第一，有专门部门负责管理和协调进出口以及国外子公司的生产经营活动，国际业务部统一划分了海外市场，避免了各子公司之间的盲目竞争，也加强了公司总部对国际业务的了解和控制。

第二，加强了海外子公司之间的联系，海外的市场信息可以在各子公司之间共享，有利于企业抓住市场机会。由国际业务部统一筹措跨国经营所需资金，既可以减少利息负担，又可以通过转移价格降低企业税负。

第三，这种组织结构强调了国际业务的专门化管理，有利于人才的集中使用，也有利于企业跨国经营经验的不断积累和跨国经营人才的培养，为以后的进一步国际化做好准备。

（2）组织结构的缺点。

第一，国际业务部与国内业务部是分立的，国际业务部要依靠国内的部门提供如生产、技术等方面的支持。但是两者之间在资源的使用、业绩的考核等方面出现冲突时，就很难进行协调，因而这种组织结构很难适应国际业务的进一步发展。

第二，国际业务部对海外的业务进行统一管理，不能及时对海外市场做出反应，地区的适应性不足。当海外的业务变得比较复杂的时候，这种组织结构的协调效率就会变得很低，不利于海外业务的发展。

（四）全球组织结构

当公司的海外业务扩大，变成了一家全球性的公司，公司的大部分收入不再来自母国，而是来自全球市场。公司需要针对于全球市场来配置公司资源，来实现经营的效率。公司的业务分布到全球多个国家，经营的产品也多种多样，企业管理上的复杂性越来越高。原有的国际业务部的组织结构已经无法满足企业管理的需要，公司需要针对于全球化经营的需要来对公司的组织结构进行调整。这个时候，公司就进入到全球组织结构阶段。

在全球组织结构中，公司可以按照地区、产品和职能设计组织部门，形成了三种基本的全球性组织结构形式：全球地区组织结构、全球产品组织结构和全球职能组织结构。对于公司开展国际经营活动，每一种组织结构有其优点，也有缺点。企业经营的产品不同，地区不同，管理要求不同，适合的组织结构也不相同，他们会采用不同的组织结构来满足企业国际化经营的需要。随着企业国际化经营的复杂程度的提高，单一类型的组织结构无法满足企业管理的需求。所以，在此基础上又产生了由三种类型组织结构相结合的全球化混合组织结构和全球化矩阵组织结构。

1. 全球地区组织结构

全球地区组织结构将企业的跨国经营业务按地区划分,设地区性分部负责管理和协调企业在本地区内的生产经营活动(见图 10.6)。跨国公司总部负责从全局角度制定跨国经营战略,控制和协调跨国经营活动,各地区经理主管本地区内各种产品的生产、营销及财务等方面的经营活动。

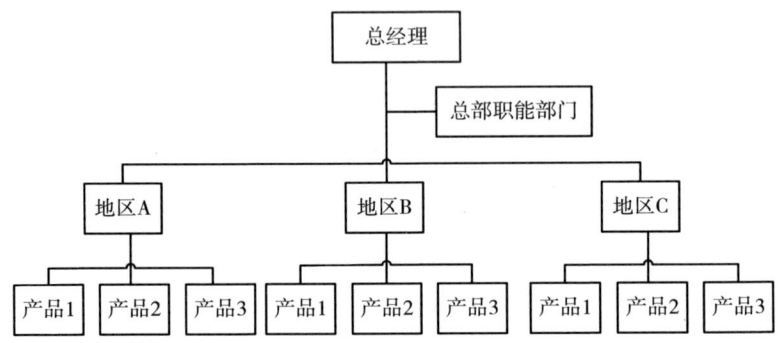

图 10.6 全球地区组织结构

(1)全球地区组织结构的适用场景。

第一,公司的产品品种数量不多,地区分部有能力对公司本地区的全部产品的经营进行管理。各地区对产品需求的差异性较大,对产品的适应性要求较高,各地区总部可以针对本地市场的特点对经营加以调整,满足本地市场的需求。

第二,跨国经营活动的区域分布较为分散,各地区之间沟通的难度较大,无法通过一个部门对各地区进行管理和协调,而将在地理上接近的国家划入到一个地区总部更方便于企业的管理和控制。

第三,东道国贸易壁垒较高,无法通过全球统一生产,各地区分销的方式获得规模优势,而只能采用在各东道国当地生产、当地销售的方式来占领市场。

(2)全球地区组织结构的优点。

第一,地区适应性强,有利于根据当地市场的变化及时做出决策。

第二,全球地区组织结构是一种分权式管理,授予地区经理较多的自主权,能够充分发挥他们的积极性和创造性。

第三,强调各东道国子公司作为利润中心的作用,有利于提升地区的利润水平，也方便对子公司的经营效果进行考核。

（3）全球地区组织结构的缺点。

第一，地区经营的分权和独立性使公司的全球战略和地区战略之间产生差异，总部很难进行有效的管理和控制，难以保证公司的整体战略的实施。

第二，在各地区分部相对独立，相互之间缺乏必要的沟通与协调，不利于管理经验和技术在各地区分部之间互相交流。

第三，各地区分部和海外子公司要设置与总公司组织结构相对应的职能部门，造成机构重叠和人才浪费，管理成本高。

2. 全球产品组织结构

全球产品组织结构根据主要产品的种类设置产品部门，各产品部门负责该产品在全球的经营活动（见图10.7）。企业会把生产技术或消费群体类似的产品划入到同一种产品类别，由同一个部门经营。在该组织结构下，公司总部制定公司的总体的目标，在此基础上，各产品部门根据本产品市场的特点制定本产品部门的分目标，同时组织本部门产品的经营活动。

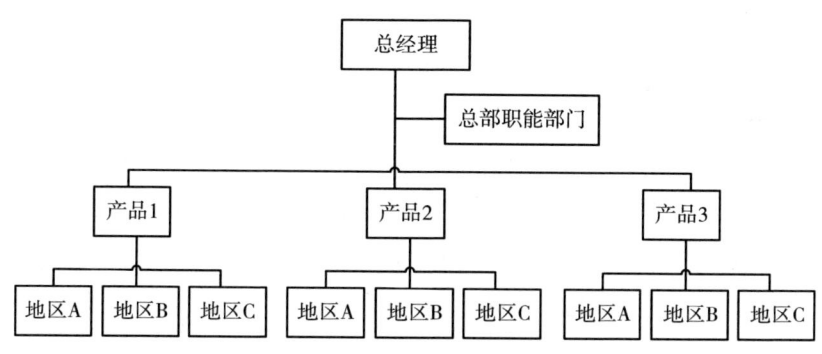

图10.7　全球产品组织结构

（1）全球产品组织结构的适用场景。

第一，企业的产品种类较多，无法将所有产品纳入到同一个部门进行管理，而按照产品种类设置部门是一种更合理的方式。

第二，企业产品在各地区的需求的差异性不大，不需要针对各地区市场的特点进行适应性调整。

第三,产品标准化程度较高,可以进行大规模生产,存在着规模效应。

第四,各东道国的进口壁垒较低,产品及其零部件的运输成本较低,可以在全球范围内统一组织产品的生产与销售。

(2) 全球产品组织结构的优点。

第一,全球产品组织结构是一种集权式的管理结构,公司总部对全球业务统一决策、统一部署,有利于全球目标的达成。

第二,避免了各地区的割裂,公司可以在同一产品部门内部在全球协调资源,统一安排研发、生产和营销活动,企业的全球运营效率高。

第三,各产品部门是独立的利润中心,鼓励各部门节约成本,提高运营效率,提高利润水平。

(3) 全球产品组织结构的局限性。

第一,经营决策权过于集中,海外子公司通常只是执行公司总部下达的计划,缺乏主动开拓业务的积极性。

第二,产品部门之间相互独立,缺乏有效的沟通和协调,产品部门之间无法共享资源和技术。

第三,与全球地区组织结构一样,各产品部门也需要分设职能部门,造成机构重复设置,管理成本高。

3. 全球职能组织结构

全球职能组织结构是在公司总部按照生产、营销、研发、财务等职能分设部门的组织结构(见图10.8)。这种组织结构将决策权高度集中在公司总部,公司总部统一制定公司的全球战略,各职能分部负责管理公司在全球范围内的各职能工作,配合公司的整体战略的实施。如生产部门负责本公司所有产品的全球范围内的生产,而营销部门负责本公司所有产品的全球营销活动。

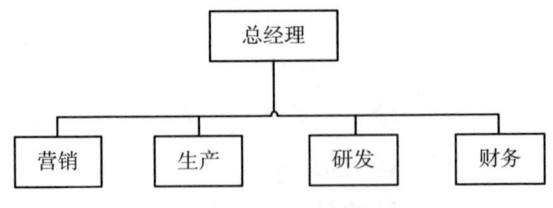

图10.8 全球职能组织结构

(1) 全球职能组织结构的适用场景。

全球职能组织结构适用于产品品种不多，产品的标准化程度高并且市场相对稳定的企业。公司可以将所有业务集中于各职能部门，也不需要针对地方差异性进行适应性调整。

(2) 全球职能组织结构的优点。

第一，职能分工明确，各部门专门从事各自职能的工作，避免了机构的重复设置和人员的多重配备，提升了管理的效能，降低了管理成本。

第二，可以按管理的不同职能对跨国生产经营活动进行统筹规划、全面协调，实现规模经济。

(3) 全球职能组织结构的缺点。

第一，各职能部门相对独立，不利于相互之间的信息交流与沟通。如在产品销售过程中发现产品的设计有缺陷，营销部门不能直接要求研发部门进行改进，而是要通过总经理进行协调，降低了部门间沟通的效率。

第二，由于各职能部门不是利润中心，没有统一的考核的标准，还有可能出现各部门之间推诿的情况。如营销部门没有完成销售任务，可能埋怨是研发部门产品设计的问题，或者是生产部门产品质量的问题。

第三，海外子公司面对多个职能部门领导，这些职能部门的指令有可能有冲突。

4. 全球混合组织结构

单一的全球性组织结构会有各自的优点，也有一定的缺点。全球产品组织结构可以获得产品集中经营带来的规模经济，但是丧失了对地区的适应性。全球地区组织结构可以获得地区适应性，但是丧失了在全球各地区间协调资源的能力。职能组织结构可以避免机构重复设置，提升管理效能，但是各职能部门不能充分协调。跨国公司在多个国家经营多种业务，不同的业务的要求不一样，有的要求有地区适应性，有的要求有全球协调性。同时跨国公司的不同职能，有的要求进行集中统筹，有的需要进行分散管理。为了适应这一要求，跨国公司采用全球混合组织结构来解决这一问题。全球混合组织结构是一种把上述的组织结构形式组合在一起而形成的混合式组织结构。如图10.9所示，跨国公司设置了研发、营销等职能部门，还设置了产品1、产品2等产品部门，同时还有地区A和地区B等地区部门。全球混合组织结构虽然设置了多种部门，但是它们在管理上并不重叠。如地区 A 部门负责的是本公司在地区 A 的除产品 1、产品 2 外的所有业务，同时也不负责研发和营销。因为，产品 1、产品 2 是由产品 1、产品 2 部门负责的，研发和营销是由研发和营销部门负责的。

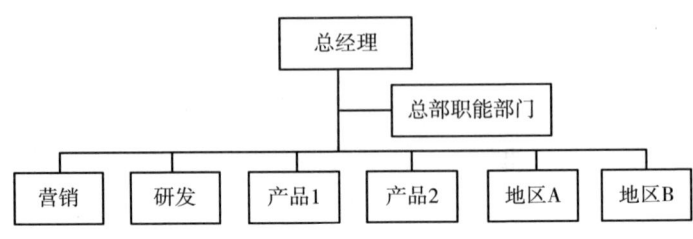

图 10.9　全球混合组织结构

（1）全球混合组织结构的适用场景。

全球混合组织结构适用于规模庞大、产品种类繁多、经营业务分布于多个行业的跨国公司。不同行业的不同业务在管理上有不同的要求，需要通过分设不同类型的部门来实现对它们的管理。在实际的管理中，按照需要，有的公司设置有三种部门，有的设置有两种部门，这都属于全球混合组织结构。

（2）全球混合组织结构的优缺点。

全球混合组织结构的优点在于：它既弥补了单项组织结构的不足，又照顾了不同经营活动的特点。它的缺点在于由于设置有多种部门，增加了组织的复杂性，提高了管理的难度。

5. 全球矩阵组织结构

全球矩阵组织结构通过同时设置两种部门形成的二维，或是同时设置三种部门形成的三维的组织结构。这种组织结构由于设置有多种部门，形成了一种交叉管理、交叉负责的组织。它具有多重命令系统，海外子公司要接受多个不同类型部门的控制。如图 10.10 所示，该公司设置了产品部门和地区部门，形成了一个二维的矩阵网络。以其中一个产品 1 和地区 A 的交点为例，它既要接受产品 1 部门的领导，有利于产品 1 业务在全球范围内的统筹。同时还要接受地区 A 部门的领导，有利于增强对地区 A 的适应性。当然，还有一些公司同时设置地区、产品和职能三种部门，这就更加地复杂，任何一个交点要接受三个部门的指令。

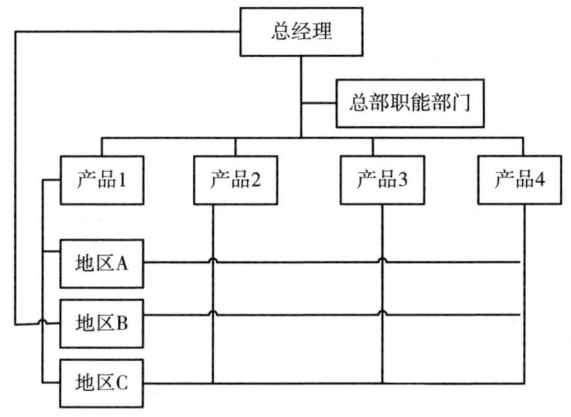

图 10.10　全球矩阵组织结构

全球矩阵组织结构与全球混合组织结构的区别是：全球混合组织结构属于单个指挥系统，每个部门分别负责管理和协调一部分跨国经营活动；而矩阵组织结构则有双重甚至多重指挥系统，由两类或两类以上部门共同管理和协调同一地区或同一种产品的跨国经营活动。

(1) 全球矩阵组织结构的适用场景。

全球矩阵组织结构适用于：企业规模较大、产品品种较多、国外业务分布地区较广的大型跨国公司。这类跨国公司面临产品和地区竞争的双重压力，因此必须建立一个有效的组织结构，既能保持产品在全球的竞争地位，又能巩固和发展地区市场占有率。

(2) 全球矩阵组织结构的优缺点。

全球矩阵组织结构是建立在对全球范围内跨国经营活动的有效协调基础之上，它要求在组织结构内部信息横向和纵向的快速交流，以及各部门根据信息快速、准确做出决策的能力，这种组织结构对管理人员的素质要求很高。由于组织结构过于复杂，稳定性较差，人员变动比较频繁，因此管理难度也较大。

四、跨国公司选择组织结构的影响因素

(一) 企业的跨国经营程度

在国际化不同阶段，对组织管理的要求是不一样的，有与之相适应的

组织结构形式。在公司国际化的早期阶段,主要通过出口进入海外市场,公司会建立出口部的组织结构。随着海外出口的增加,同时还有部分投资,国际业务部是更合适的组织结构。当企业国际化程度进一步提高,企业以全球市场作为经营目标开展经营活动,公司进入的国家越来越多,海外业务占公司业务的比重越来越高,企业会选择更加复杂的全球性组织结构。

(二)跨国经营战略

跨国公司的组织结构的设计要保证其跨国经营战略的实施,所以实施不同战略的公司会采用不同类型的组织结构。

采用国际战略的公司是母国总公司掌握决策权与控制权,以母公司的价值观和利益作为经营决策的出发点,负责全球各子公司和各分支机构的事务,与之相适应的是国际业务部的组织结构。

实行多国战略的公司主张给予海外机构经营上的自主权,充分授权,母国公司不加干涉,使其能适应地区差异,与之相适应的是全球地区组织结构。

实行全球战略的公司由某些具有低成本优势的地区生产标准化产品供应全球市场,忽略地区差异性。标准化产品使得企业获得全球性的规模经济,进而降低产品成本,与之相适应的是全球产品组织结构。

当降低成本和产品适应本土化的压力都较大时,使用跨国战略,也就是通过全球一体化运营在全球范围内利用区位比较优势和规模经济降低成本,也要适应东道国竞争的需要,提供适合本土化特色的产品,与之相适应的是全球混合组织结构或全球矩阵组织结构。

(三)管理人员的能力

跨国公司中管理人员的经营思想、业务素质和对外部条件变化的适应能力对其特定组织结构形式的选择具有重要影响。

(1)管理人员的经营思想。跨国公司中的管理人员若敢于创新、勇于冒险、富于开拓精神,则在管理上就可以采取分权程度较高的组织结构形式。

（2）管理人员的跨国经营经验。如果跨国公司中高级管理人员具有丰富的跨国经营管理经验、高素质管理人员较多，组织结构形式的选择会具有更大余地。

（3）管理人员适应变化的能力。如果跨国公司的管理人员具有应对不同环境变化的能力，可以采用分权式的组织结构。反之，则应采用集权的组织结构。

第三节　国际人力资源管理

一、国际人力资源管理概述

（一）定义

国际人力资源管理是指跨国公司通过招聘、选拔、培训、报酬等活动对人力资源进行有效运用，来维持跨国公司有效运行，保证跨国公司经营目标完成的管理过程。

（二）国际人力资源管理的特点

相比于一般的公司，跨国公司人力资源管理具有如下的特点。

1. 需面对更复杂的环境

跨国企业在海外经营会面对不同的经济、社会、法律环境，一些在国内采用的人力资源管理方法在别的国家并不适用，需要对于地方环境做适应性调整。人力资源管理策略要符合当地的具体环境，实行差异化管理。

2. 需应对多样化的雇员

跨国企业的员工类型比较多，除了母国员工以外，还必须对来自东道国或第三国的员工进行管理。这就使跨国企业人力资源管理涉及一系列的新问题，如外派经理的选拔与培训、绩效考核、薪酬设计、跨国调动及海外遣返等问题，这对跨国公司人力资源管理是一个严峻的挑战。

3. 需处理多样化的文化

跨国企业需考虑在不同的文化背景下如何有效地实施人力资源管理，

要避免文化中心主义，要妥善地处理文化差异带来的人力资源管理的问题。跨国公司应采取合理的措施来适应当地的文化，避免文化冲突带来的人力资源管理的水土不服现象。

（三）国际人力资源管理的一般模式

1. 民族中心模式

当企业使用民族中心模式时，企业采用集权制管理，决策权集中在公司总部，外国的子公司没有经营自主权。国内与国外公司中的主要职位由总公司的管理人员来担任，由总公司派出人员对分公司进行管理。尽管普通员工可能是当地的居民，但是公司的关键职位都还是由公司总部派来的人担任。在这种策略模式下，对于当地员工的薪酬按照当地市场标准支付，但对于管理团队的薪酬，特别是如果他们是母公司员工，将倾向于与母公司一致。

2. 多元中心模式

当跨国公司使用多元中心模式时，他们会将决策权分散到各地子公司。子公司管理人员通常在当地聘用，总公司很少外派员工到国外分支机构任职。当然，子公司管理人员一般也不会被提拔到总公司任职。跨国公司通过这种方式培养本地员工，使他们拥有相应的能力和知识，使其能够独立运营国外子公司，维持企业的竞争力。公司给员工很大的发展空间，让他们对未来充满希望，能够为公司培养一批优秀的后备管理者，这有利于公司自身发展。

3. 全球中心模式

当跨国公司使用全球中心模式时，跨国公司从全球范围内选择具备能力的合适管理人员而不考虑其国籍。无论是总公司还是子公司，跨国公司人才的选用只强调能力而不介意所聘人员的国际化。在任何地方的主要职位上，包括总公司董事会、高级管理层中都可以找到三种不同的人员，即母国人员、所在国人员和其他国人员。只要有需要，公司可以把有才能的人从组织中的一个地方选派到另一个地方。

在这种模式下，总部和外国的子公司之间的关系倾向于合作。因为要培养全球化工作的能力，培训和发展将会变得很重要。这种模式的优点是可以使跨国公司获取和组建一个使用到全球任何市场的国际高层管理队伍，其缺点是可能由于培训和重新安置成本的增加，使实施过程成本很高。

4. 地区中心模式

当跨国公司使用地区中心模式时，人员可以在某一特定地区内流动。人员可以到外国任职，但只能在一个特定的区域内。地区经理不可能被提拔到总公司任职，但是他在所辖范围内具有一定决策权。在欧洲的子公司会选择欧洲人进行管理，同样地，亚洲的子公司会由亚洲人管理。

该模式是地区中心政策在多国基础上的合理化组合，也是民族中心模式向全球中心模式的过渡。但其缺点是有可能在某地区内形成联合从而限制组织的全球化战略的实施。

跨国公司虽然在不同的情景中使用不同的人力资源管理策略，但它们都是在上述四种通用的人力资源管理战略中做出选择。那么，是什么影响了国际人力资源管理策略的选择呢？国际人力资源管理战略的选择和实施，和组织决定使用哪种企业战略的过程是相似的，必须仔细考虑多种因素，包括一般环境、行业环境以及公司内部的优势和劣势，并且人力资源战略的发展也包含在公司的战略发展的考虑范围之内。

二、国际人力资源的选拔

在跨国公司选择驻海外公司的工作人员的时候，面临着复杂的国际环境。跨国公司必须挑选出适合的人员，既具备公司完成战略目标需要的技能，又能适应当地的环境，人员的选拔是一个重要的环节。

（一）国际员工的来源

跨国公司可供选择的在海外工作的国际员工有三种来源：母国公民、东道国公民和第三国公民。

1. 从母国选拔驻外人员

在跨国公司国际化发展的初期通常倾向于从母公司选拔员工到海外公司工作。从母国选拔驻外人员的优点在于：第一，对母公司战略和情况比较熟悉，对母公司忠诚，能贯彻母公司的管理意图，有利于加强母公司对子公司的控制，维护母公司的利益；第二，来自母国的外派人员在母公司有良好的人际关系，能与总部保持比较密切的联系，方便协调公司资源来推动东道国的业务；第三，如果东道国是一个落后的国家，往往缺乏合格的技术和管理人员，从母国选择外派人员可以解决技术和管理问题。

使用母公司人员的缺点在于：第一，外派员工可能无法适应东道国的文化、语言、法律环境，无法完成公司交代的任务，最终导致外派失败；第二，为外派员工及其家庭必须支付相应的附加费用，增加了跨国公司的经营成本；第三，由于重要的管理岗位都是由母公司外派人员担任，限制了东道国员工的提升机会，无法在当地吸引和留住优秀人才，导致低职业忠诚度和高流动性。

2. 从东道国选拔员工

跨国公司可以选择东道国人员管理其当地的子公司，而母国人员在母国总部任职，不需要外派到其他国家任职。这种选拔方式的优点在于：第一，由于东道国管理人员熟悉当地的环境，有利于公司进行本土化管理，避免由于对环境不了解导致错误的决策。特别是在一些民族主义比较强的国家，本土化管理的方式有利于冲淡公司的外国色彩，减少民族主义给公司带来的风险。第二，由于不需要外派员工，可以节约员工外派带来的额外费用，在一些劳动力成本比较低的国家，在当地招聘员工支付的报酬也会比母公司外派员工要低，这些都会带来公司成本的节约。第三，当地人有了更多的职业晋升机会，可以吸引到高素质人才，也增加了当地人的工作积极性。

这种选拔方式的缺点在于：第一，东道国员工对母公司的战略不了解，与母公司无法保持良好的沟通，在决策上容易偏向东道国利益，难以对子公司保持良好的控制，不利于公司整体战略的实施。第二，减少了母国员工到海外任职锻炼的机会，母国员工无法获得国际管理经验，不利于母国进行国际化人才储备。第三，在一些强调社会关系的国家，在经营上可能会陷入当地家族和人情网络，甚至产生腐败等问题，无法保持经营的效率。

3. 第三国员工

公司进入到国际化比较高级的阶段，对人才的要求越来越高。公司开始在全球招募员工，其选择的范围也不受母国或东道国的限制，跨国公司可以在第三国选择合适的人才。有一种职业化的国际化员工，他们有良好的跨文化适应性，掌握有竞争性的职业技能，能够接受到世界上不同的国家任职。

选择第三国员工的优点在于：第一，在人员选择上不受国籍限制，容易发现素质高、管理能力强、跨国管理经验丰富的管理人员；第二，国际化员工拥有较强的国际化背景和能力，能够迅速地适应当地的环境，同时和母公司保持沟通，保证公司的战略能够在东道国得到有效的实行。

不利因素主要包括：第一，因为面向全球进行人员选拔，在人员招聘上要投入更多的精力和费用；第二，这种国际化人才的稀缺性导致公司在薪酬、福利和补贴上的支出标准会比较高，增加公司的成本；第三，第三国员工的国籍问题可能因为政治或外交的原因会被东道国抵触。随着经济全球化的发展，国家间人员流动变得越来越便利，有更多的跨国公司开始倾向于选择第三国员工，国籍问题不再是员工选择的限制，这是国际人力资源的发展方向。

（二）驻外人才的选拔标准

公司在选择驻外的工作人员的时候，会考虑如下的因素。

1. 业务能力和管理水平

业务能力和管理水平是公司选择驻外人员的首要因素，驻外人员能够解决海外子公司的管理和技术问题，帮助当地的子公司进行有效的运营及实现公司的战略目标。

2. 语言能力

东道国与母国在语言上并不相同，到海外工作必须解决与当地人语言沟通交流的问题。公司可以外派或在当地雇佣翻译来解决，但是这样一方面是增加了公司的成本，另一方面是使用翻译进行日常的管理并不方便，会导致沟通不畅或误解。所以，最好是外派员工能够掌握当地的语言，这也是选择外派员工的一个标准。如果没有掌握东道国语言的员工可以挑选，也可以选择一些语言学习能力强的员工，他们可以在较快的时间内学会当地的语言。

3. 文化的适应性

外派员工会面对异国文化带来的文化冲击，他必须有较强的文化敏感性和文化适应能力，能够识别文化差异，有足够的调节能力来适应这种文化差异，这些都是外派人员是否能够适应海外环境，完成公司海外任务不可缺少的能力。

4. 职业规划

外派人员把成为国际化人才作为自己职业发展的目标，也愿意通过外派的机会来锻炼自己增加自己的国际经验和履历，有较强的动机接受外派任务。

5. 个人和家庭因素

要考虑外派员工的年龄、性别和身体状况等因素是否符合外派岗位的要求，家庭状况是否适合海外派遣，如果长期外派的话还要考虑其伴侣和子女是否同意接受一同外派。

（三）外派对员工的好处

在公司决定要将员工外派时，员工也在权衡是否要接受外派的任务，结合利弊权衡之后做出判断。外派对员工的好处是：

（1）外派可以积累海外工作经验，对于国际化的公司来说，能够获得更多的晋升机会。特别是一些遇到了职业天花板的员工来说，外派是寻求其职业突破的一个机会。

（2）公司对于外派员工会提供比国内工作更多的薪金和补贴，可以享受优越的收入和生活待遇。

（3）外派意味着要到国外独当一面，有了更大的施展才能的机会，可以帮助自己取得事业的成功，实现自我价值。

（四）外派对员工的不利之处

（1）到异国工作会带来很多生活上不便利，要面对夫妻分居、文化差异、语言障碍、饮食不习惯、医疗落后、娱乐缺乏、朋友缺乏带来的孤独等一系列问题。如果携家属同行，还要考虑伴侣的职业发展损失、子女教育等问题。

(2) 长期在国外工作导致消息闭塞，不能获得公司的新技术和管理方法，与总部的人际关系脱离，成为外围人，回国后可能无法适应公司新的职位。

三、国际人力资源培训

国际人力资源培训指的是国际企业通过一定的培训措施，使其员工能够满足岗位工作要求，更好地实现工作目标的一项活动。跨国公司非常注意企业员工的培训工作，在培训上投入了大量的资金和人力。跨国企业人员的素质，特别是管理人员的素质是国际企业经营活动在国际竞争中获胜的重要因素。严格的培训能使他们适应比国内更为复杂和多变的国际环境，胜任新的工作。跨国企业培训的对象主要有两种员工，即外派员工和东道国员工。

（一）外派人员培训

外派人员面临着与其母国不同的工作环境，需要尽快地适应当地的环境，应对文化冲突，有效地投入到当地的工作中去。多数的外派失败都是因为外派员工或其家庭无法适应当地的环境造成的。因此，对外派员工提供有效的培训能够降低外派的失败率，完成外派任务的一项重要的措施。除了业务技能之外，外派人员最重要的一项是对于环境适应能力的培训，其中的重点是跨文化培训。外派人员的培训包括如下几个阶段。

1. 预备阶段

公司一般给外派人员提供一周左右的预备阶段的培训，包括如下的内容。

（1）对外派国家的国情的介绍。包括东道国政治制度、经济发展情况、社会结构、社会风俗和习惯、信仰和价值观念、行为规范、生活方式、文化传统等方面的情况。

（2）外派工作相关的介绍。包括工作的任务及要求、外派的岗位的权力和责任、薪酬待遇、职业发展、回国后的安置政策等内容。

（3）家庭相关事宜的处理。如果要求带家属同行，还应介绍外派家属安置方面的政策及待遇，介绍未来居住地的住所、学校、娱乐、购物、保健设施等情况。

2. 准备出发阶段

在出发前 4~5 天，跨国公司还应给外派员工提供出发前的培训，主要包括如下内容。

（1）强化语言培训。培训的重点是听力和口语能力的培训，可以由公司内部员工或者请外面专业的语言教师来承担培训工作。通过短期的语言培训，使外派人员能够使用东道国语言进行生活和工作交流。

（2）东道国文化习俗培训。跨国公司采用课堂教育、环境模拟、文化研讨会、外语培训等多种方式对外派人员进行系统的文化敏感性培训。提高员工文化敏感性的培训，一方面能使员工对自己的文化属性和环境做到自知，另一方面，这种培训还能提高外派人员对东道国文化在知识和情感上的反应能力。文化敏感性培训有两个主要内容：一是系统培训母国文化背景、文化本质和有别于其他文化的主要特点；二是培训外派管理人员对东道国文化特征的理性和感性分析能力，掌握东道国文化的精髓。

3. 抵达阶段

外派员工抵达后，应让其充分休息，倒时差。等他精力完全恢复后，就应提供如下培训，让其尽快进入工作状态。

（1）工作环境介绍。可以由当地员工陪同，了解住所周边的情况，包括住处周围的商店、餐馆、银行、娱乐休闲设施等情况，同时介绍东道国的风俗、文化及注意事项。

（2）公司介绍。由工作人员陪同，与同事见面，介绍公司的管理制度、工作环境等。

（3）工作介绍。由业务对接人员介绍业务运行情况、工作方法、工作经验，完成工作的交接。

（二）东道国人员培训

越来越多的跨国公司意识到人才本地化对于在异国投资取得成功的重要性，对东道国当地的人员提供丰富多样的员工培训，提升员工业务水平与素质，以提升企业竞争力。通过培训，让东道国员工能够融入到全球管理体系，提高东道国公司的管理水平。对东道国员工进行培训成为跨国公司采取的一项普遍的措施。

跨国公司一般将对所在国人员的培训项目委托给当地的子公司，培训项目在某种程度上也应是本地化的。但是，有很多跨国公司是公司总部设计和执行激励培训方案，而国外的子公司只是复制培训方法，那些以培训员工的某些技能或工作实践作为重要战略而进行技术培训的跨国公司大多是这样。跨国公司会设有专门的培训部门，部分企业还设立企业大学来提供培训。如摩托罗拉、通用电气、华为都设有企业大学。企业根据不同类型的员工制订培训计划，要求员工参加规定时长和项目的培训。培训项目多种多样，如团队精神培训、营销技巧培训、领导力培训、沟通技巧培训等。对于东道国员工来说，培训既是一种任务，也是提高自身能力的一种福利，有利于提高自己的业务水平，使其能够符合企业的要求。

如果跨国公司投入巨额资金用于培训当地员工，自然会增加劳动力成本，有人将这一矛盾称为"为获取低廉的劳动力所付的代价"。而且，其他公司只要提供更高的薪水便能诱使这些受过培训的员工跳槽，他们有可能成为该公司国外和当地的竞争对手，而使从这种培训中真正获益的是它的竞争对手，自己从人力资源投资中所获回报却很少。

四、国际人力资源的薪酬和激励

国际员工的薪酬设计是比较复杂的，跨国公司有三类员工：母国员工、东道国员工和第三国员工。由于各国的工资水平导致的对于薪酬支付标准不同，由于物价水平差异导致货币工资的购买力不同，由于文化的差异导致的各国的激励制度的不同，这些都要求我们要合理地设计国际的薪酬体系，激励国际员工完成企业的目标。这里我们以外派员工的薪酬设计来说明国际薪酬管理的特点。

在薪酬管理乃至整个人力资源管理领域中，外派人员的管理及薪酬支付都是一个难度相当的问题。而在各种可能的约束条件下，外派人员对公平性的要求是外派人员薪酬管理中的一个关键性因素。具体说，这种公平性包括外派人员与国内同事之间的公平，外派人员与东道国同事之间的公平,以及母国外派人员与第三国外派人员之间的公平,等等。在实际的薪酬管理中,跨国公司外派人员的薪酬管理包括如下几方面。

(一) 外派人员的薪酬构成

1. 基本薪酬

基本薪酬是与雇员所任职务相联系的基本报酬,外派人员的基本薪酬应该与其处于相似位置的同事处于同一个薪酬等级上。我们应考虑到如下问题:由于外派工作的特殊性,是按国内员工同一标准还是按国际标准支付基本薪酬?如果国际标准远远高于国内标准,按国内标准付酬会出现外派员工的薪酬远远低于其当地下属员工的不合理情况。如果按国际标准付酬,会大大增加公司的薪酬成本压力。在实际操作中,很多公司的支付是将国内、国际标准综合起来考虑支付基本薪酬。此外,如果进行日常调薪,外派员工也要同步进行,否则外派员工很可能会担心自己在加薪时会被遗忘,进而降低自身对组织的承诺水平。

2. 绩效薪酬

奖金和绩效工资是企业为了激励员工而设置的薪资标准。奖金是根据员工在公司工作的表现所给予的额外奖励,通常表现在年终奖金、节日福利等方面。绩效工资是根据员工的绩效考核所给予的薪酬,通常表现为绩效奖金、绩效分红等。在国外很多企业中,奖金和绩效工资的比重相当大,可以提高员工的工作积极性,也能够带动整个公司的业务发展。

3. 出国服务奖励和艰苦补贴

外派人员通常会收到一份奖金作为接受出国派遣的奖励,或作为对在派遣过程中所遇到的艰苦条件的补偿。出国服务奖励一般为基本工资的5%~40%,并根据任职、实际艰苦情况以及派遣时间的长短而变动。

4. 津贴

国内和东道国的工作环境和生活环境之间存在很大的差异,而企业向外派人员支付津贴的目的就在于对他们的生活成本进行补偿,使他们得以维持在国内时的生活水平。最主要的津贴包括以下几点。

(1) 生活费津贴。

当外派地的物价水平高于母国时,为补偿外派人员在生活支出上的额外支付，跨国公司会提供生活费津贴来补偿外派员工为维持正常的生活水平而发生的支出。

（2）住房津贴。

外派员工在外派时涉及到住房的问题，部分跨国公司在东道国为驻外员工提供宿舍，但更多的跨国公司则提供住房津贴帮助驻外员工在当地租房，使其能保持在母国时的居住水平，或者得到同类外国员工或同事相同的居住条件。

（3）教育津贴。

对于携家庭外派的员工，涉及子女在东道国当地的教育的问题。驻外人员希望子女能在使用本国语言授课并能够与国内教育相衔接的学校接受教育，通常有母公司支付这些员工子女的学费，即教育津贴。教育津贴包括学费、语言学习费用、课本及文具费、校服费、交通费、食宿费等。

（4）探亲津贴。

驻外员工有定期的休假，跨国公司会为休假员工提供回国探亲的旅费津贴，以使驻外员工有机会回国处理家庭和工作事务，维持家庭和谐，保持与母国的人际关系，调整驻外带来的思乡情绪，这对长期驻外的员工非常有必要。

（5）税益津贴。

由于到国外工作，东道国当地政府可能对外派员工的海外收入实施所得来源地税收管辖权，导致外派员工的税收负担上升，这一部分也是通过津贴的方式支付的。

5. 福利

跨国公司都有自己的福利计划，给员工提供如享受养老计划，医疗保障等福利。但是与国内员工相比，驻外员工涉及到比较复杂的情况，跨国公司要考虑驻外员工到底是参加母国的福利计划还是东道国的福利计划。大部分美国公司的驻外人员均享受母国的福利计划，而有些国家的驻外人员只能选择当地的社会保险计划，欧洲的母国人员和其他国人员在欧盟内可享受可转移的社会保险福利。另外，有些跨国公司还将医疗等保障提供给随行家庭成员。此外，跨国公司还提供休假并支付相关费用，还会为驻外员工的家庭提供定期探亲的假期，并报销往返的机票，或者是为休假员工支付疗养费用。

(二) 驻外人员薪酬的制定方法

1. 资产负债表平衡法

采用该方法的目标是使驻外员工的薪酬拥有与母国相同的购买力,在此基础上提供另外的激励津贴来对外派进行鼓励。

跨国公司需收集国外生活费用信息,按照同类型国内员工的薪酬折算出相应的薪酬支付水平,同时要加上由于外派发生的额外支出,包括东道国税收、住房等补贴,还要加上外派补助和艰苦地区补贴。这种支付方法对于从高收入国家到低收入国家的外派员工是有利的,外派员工的生活水平并不会因为外派到落后国家而发生下降,同时还获得了一定的经济上的激励。这是跨国公司最常使用的方法,如85%的美国跨国公司采用此方法。

资产负债表平衡法的优点是外派员工并不会因为外派调动而发生购买力损失,员工乐于接受外派的任务。回国后薪酬也比较容易调整回母公司的薪酬体系,减少了回国安置的困难。

资产负债表平衡法的缺点计算比较复杂,需做详细的数据收集和计算,费时费力,津贴增加的系数通常由高层主管主观决定的,没有客观依据,导致不公平。另外也会导致外派人员报酬成本过高,增加公司的成本负担。

2. 现行费率法

采用该种支付方法是母公司外派人员按照东道国市场工资水平结构来支付的薪酬。

跨国公司需对东道国当地市场的工资水平进行调查,在此基础上来决定外派人员的薪酬水平。当然,当地的工资水平可以以东道国当地人员的工资水平,也可以是本国派往当地工作的人员的工资水平,或者是所有其他国家外派到当地工作的人员的工资水平作为基础。

现行费率法的优点是:它的计算方法简单明了,比较客观也容易理解。能够使外派员工获得与当地人员平等的收入水平,这对于从低收入国家到高收入国家工作的人是有利的。

它的缺点是：由于派往不同的国家可以获得不同的收入，导致外派人员倾向选择待遇较高的地方。而且当工作所在国的工资水平高于母国时，外派人员可能不愿回国。

 案例分享

华为公司：令人尊敬的全球企业公民

华为技术有限公司成立于1987年，是一家民营通信科技公司，总部位于中国深圳。2002年，华为开始实行全球化战略。此后，其产品和解决方案向世界扩展，目前应用于全球170多个国家，服务全球运营商50强中的45家及全球1/3的人口，已成为中国最大、全球第二大通信设备制造商，跻身世界500强企业。2016年，华为首次成为全球利润最高的Android智能机厂商。

伴随着华为的全球化战略，华为在国际市场也积极致力于社会责任活动。华为把维护网络稳定、保障网络安全作为华为的重要责任。2012年日本福岛地震期间，因为核电站发生核泄漏，当地居民已经纷纷离开福岛，而华为在日本的员工却要在穿戴防辐装备后，前往福岛整修通信设备，以保障福岛通信畅通。事实上，战争、天灾等悲情时刻，往往是华为人辛苦工作的时刻，因为这个时期各地的通信设备往往需要抢修。在菲律宾、孟加拉国、喀麦隆、博兹瓦纳、沙特阿拉伯、白俄罗斯等国家和地区，华为赞助ICT知识竞赛、提供奖学金，向偏远地区的学校、青年学生捐赠电脑和手机等，让他们有机会享受联接服务。此外，华为继续实施CSR旗舰项目"未来种子"，促进全球知识迁移，帮助当地培养人才，增强当地民众实现数字化社会的能力。迄今为止，"未来种子"项目已覆盖五大洲67个国家，与150多所高校合作开展项目，共有约1.5万名学生从中受益，并有1700多名优秀大学生来到华为中国总部参观和学习，他们中的许多优秀代表已经进入ICT行业，为产业发展贡献力量。

1999年，华为在尼日利亚成立了分公司。经过十几年的发展，华为在当地获得了极好的市场反响，现有员工1200多名，其中6成以上为本地雇佣，每年间接向当地提供5000个工作机会。在南部非洲，华为从1998年开始拓展市场，目前已在南非、尼日利亚、肯尼亚等 10 多个国家设立了代表处。为进一步贴近客户，华为从 2016 年起在南部非洲设立了南非、东非和西非三个地区部，提高对客户需求和服务的响应速度。十余年间，华为为尼日利亚提供着最优化的通信网络服务、软件解决方案以及终端产品。在市场不断扩大、企业销售增长的同时，华为也力图成为全球负责任的企业公民，长期致力于尼日利亚本地的社会贡献。多年来华为一直积极参与本地的各类公益活动，帮助非洲人民，增进与他们交流的机会。例如，2004 年华为在尼日利亚成立了西非电信技术培训中心，为当地的电信人才培养作出了极大贡献。华为在南非赞助的"今日女孩，明日领袖"活动，为当地孩子普及更多的知识，并为培养本地良性认知作出贡献；自 2010 年以来，华为携手尼日利亚著名社会公益组织 NUNGTSO 在当地开展"快乐儿童节"公益活动，两年间赞助了 8 个州的百余名孤儿，改善了他们的生活条件和学习环境。随着客户和资源的积累，华为逐步在非洲本地建立了多个本地及全球的网络操作中心。与非洲政府合作，为当地孤儿院及大学提供教育基金、硬件支持等。

资料来源：哈嘉莹，尚晓燕. 中国文化元素与企业国际化战略——"一带一路"沿线的中国企业［M］. 北京：对外经济贸易大学出版社，2017.

课后思考题

1. 结合导入案例，分析特斯拉选择中国作为建立超级工厂的原因是什么。
2. 为何跨国公司在海外倾向于独资化经营？
3. 全球矩阵组织结构的优缺点有哪些？
4. 如果有一项外派到非洲子公司的工作机会，你是否会接受？你考虑的利弊得失有哪些？

参考文献

[1] 保罗·R.克鲁格曼，茅瑞斯·奥伯斯法尔德.国际经济学：理论与政策（上、下册）（第6版）[M].海闻，译.北京：中国人民大学出版社，2006.

[2] 保罗·埃文斯，等.国际人力资源管理[M].唐宁玉，等，译.北京：机械工业出版社，2007.

[3] 查尔斯·W.L.希尔.国际商务[M].周健临，译.北京：中国人民大学出版社，2005.

[4] 查理·米歇尔.国际商务文化[M].云红茹，译.北京：经济科学出版社，2002.

[5] 大卫·李嘉图.政法经济学及赋税原理[M].郭大力，王亚南，译.北京：商务印书馆，1979.

[6] 但尔幕尔·奥林.地区间贸易与国际贸易[M].北京：商务印书馆，1986.

[7] 杜秀红."一带一路"与中国对外贸易发展[M].南京：东南大学出版社，2020.

[8] 段德忠，谌颖，杜德斌."一带一路"技术贸易格局演化研究[J].地理科学进展，2019，38（7）：998-1008.

[9] 段明辰，段毅."一带一路"背景下甘肃与中亚油气能源合作现状及对策[J].甘肃科技，2023，39（1）：38-42.

[10] 樊治平.知识管理研究[M].沈阳：东北大学出版社，2003.

[11] 冯宗宪，杨健全，张文科.国际贸易理论、政策与实务[M].西安：西安交通大学出版社，2004.

[12] 国务院发展研究中心"一带一路"课题组."一带一路"经济

走廊：畅通与繁荣 [M]．北京：中国发展出版社，2018．

[13] 国务院发展研究中心国际合作局．"一带一路"国际合作机制研究 [M]．北京：中国发展出版社，2019．

[14] 韩玉军．国际经济学 [M]．北京：北京大学出版社，2010．

[15] 韩玉军．国际贸易学 [M]．北京：中国人民大学出版社，2010．

[16] 韩玉军．国际商务（第3版）[M]．北京：中国人民大学出版社，2020．

[17] 汉斯·米尔鲍尔，赫尔穆斯·莱斯，李·达尔瑞格．国际营销（英文版，第3版）[M]．北京：中国人民大学出版社，2008．

[18] 胡必亮，张怡玲．高质量共建"一带一路"：从思想到行动 [M]．北京：北京师范大学出版社，2022．

[19] 黄剑辉．"一带一路"沿线重点国别研究 [M]．北京：中国金融出版社，2020．

[20] 黄卫平，彭刚．国际经济学教程 [M]．北京：中国人民大学出版社，2004．

[21] 江小涓，李蕊．FDI对中国工业增长和技术进步的贡献 [J]．中国工业经济，2002（7）：5-16．

[22] 姜波克．国际金融新编 [M]．上海：复旦大学出版社，2001．

[23] 姜秀珍．国际企业人力资源管理 [M]．上海：上海交通大学出版社，2008．

[24] 李富．"一带一路"国家技术贸易壁垒效应评价 [J]．技术经济与管理研究，2018（1）：96-101．

[25] 李富．"一带一路"沿线国家技术贸易壁垒特点、成因及应对措施 [J]．对外经贸实务，2018（1）：42-45．

[26] 李坤望．国际经济学（第2版）[M]．北京：高等教育出版社，2005．

[27] 李向阳．"一带一路"：定位、内涵及需要优先处理的关系 [M]．北京：社会科学文献出版社，2015．

[28] 李晓钟，胡馨月．数字贸易：理论与应用 [M]．西安：西安电子科技大学出版社，2023．

[29] 李晓钟. 数字经济下中国与"一带一路"沿线国家贸易发展理论分析与实证研究 [M]. 北京：经济科学出版社，2020.

[30] 李兴，韩燕红，陶克清. "一带一路"框架下中俄能源合作：成就、问题与对策 [J]. 人文杂志，2023（4）：66-76.

[31] 李雪娇，邓小乐. RCEP成员国间数字贸易发展分析 [J]. 对外经贸实务，2023（6）：43-48.

[32] 李中斌，万文海，陈初升. 国际人力资源管理 [M]. 北京：中国社会科学出版社，2008.

[33] 李忠民，周维颖，田仲他. 数字贸易：发展态势、影响及对策 [J]. 国际经济评论，2014（6）：131-144+8.

[34] 里基·W. 格里芬，迈克尔·W. 普斯泰. 国际商务（第5版）[M]. 北京：中国人民大学出版社，2008.

[35] 理查德·M. 霍杰茨，弗雷德·卢森斯. 国际管理：文化、战略与行为 [M]. 赵曙明，程德俊，译. 北京：中国人民大学出版社，2006.

[36] 林建勇，蓝庆新. "一带一路"倡议下中国与中亚国家能源合作面临的挑战与对策 [J]. 中国人口·资源与环境，2017，27（S1）：203-206.

[37] 林新奇. 国际人力资源管理 [M]. 上海：复旦大学出版社，2004.

[38] 林毅夫，等. "一带一路"2.0：中国引领下的丝路新格局 [M]. 杭州：浙江大学出版社，2018.

[39] 刘建国，梁琦. "一带一路"能源合作问题研究 [J]. 中国能源，2015，37（7）：17-20.

[40] 刘卫东. "一带一路"：引领包容性全球化 [M]. 北京：商务印书馆，2017.

[41] 鲁桐. WTO与中国企业国际化 [M]. 北京：经济管理出版社，2000.

[42] 陆菁，傅诺. 全球数字贸易崛起：发展格局与影响因素分析 [J]. 社会科学战线，2018（11）：57-66+281+2.

[43] 逯宇铎，陈璇. 跨境电子商务 [M]. 北京：机械工业出版社，2020.

[44] 吕江. "一带一路"能源合作：中国的制度贡献与路径选择[J]. 当代世界, 2023 (9)：28-32.

[45] 马述忠, 等. 数字贸易学[M]. 北京：高等教育出版社, 2022.

[46] 马玉荣. 数字经济与贸易概论[M]. 北京：首都经济贸易大学出版社, 2022.

[47] 迈克尔·R. 钦科陶, 等. 国际商务（英文版, 第7版）[M]. 李明轩, 邱如美, 译. 北京：机械工业出版社, 2010.

[48] 迈克尔·波特. 国家竞争优势[M]. 北京：华夏出版社, 2002.

[49] 潜旭明. "一带一路"倡议背景下中国的国际能源合作[J]. 国际观察, 2017 (3)：129-146.

[50] 潜旭明. "一带一路"倡议的支点：中国与中东能源合作[J]. 阿拉伯世界研究, 2014 (3)：44-57.

[51] 盛斌, 高疆. 超越传统贸易：数字贸易的内涵、特征与影响[J]. 国外社会科学, 2020 (4)：18-32.

[52] 苏珊·C 施奈德, 简-路易斯·巴尔索克斯. 跨文化管理[M]. 北京：经济管理出版社, 2002.

[53] 孙杰. 从数字经济到数字贸易：内涵、特征、规则与影响[J]. 国际经贸探索, 2020, 36 (5)：87-98.

[54] 陶涛. 国际经济学[M]. 北京：北京大学出版社, 2005.

[55] 王金照. "一带一路"能源合作的思路和政策[J]. 国家治理, 2016 (26)：37-48.

[56] 王婧. "一带一路"倡议下国际能源合作的风险及应对[J]. 中外能源, 2023, 28 (4)：1-8.

[57] 王丽. "一带一路"背景下中国与中亚国家能源合作的问题及对策[J]. 对外经贸实务, 2018 (9)：37-40.

[58] 王庆年. "一带一路"倡议下的跨境电子商务理论与实践[M]. 北京：中国商务出版社, 2021.

[59] 王永进. 数字经济学[M]. 北京：高等教育出版社, 2023.

[60] 温军, 刘红, 张森. 数字贸易对国际贸易壁垒的消解、重构及中国应对[J]. 国际贸易, 2023 (2)：64-71.

［61］习近平．习近平谈"一带一路"［M］．北京：中央文献出版社，2018．

［62］夏杰长．数字贸易的缘起、国际经验与发展策略［J］．北京工商大学学报（社会科学版），2018，33（5）：1－10．

［63］谢康．跨国公司与国际直接投资发展周期——兼论国际资本运动走向［J］．世界经济研究，1999（4）：35－38．

［64］徐金海，夏杰长．全球价值链视角的数字贸易发展：战略定位与中国路径［J］．改革，2020（5）：58－67．

［65］亚当·斯密．国民财富的性质和原因的研究［M］．郭大力，王亚南，译．北京：商务印书馆，1979．

［66］杨晨曦．"一带一路"区域能源合作中的大国因素及应对策略！［J］．新视野，2014（4）：124－128．

［67］杨晓雁，周艳军，傅水华．供应链管理［M］．上海：复旦大学出版社，2005．

［68］尹翔硕．国际贸易教程（第2版）［M］．上海：复旦大学出版社，2001．

［69］张二震，马野青．国际贸易学（第3版）［M］．北京：人民出版社，2007．

［70］张群，周丹，吴石磊．我国数字贸易发展的态势、问题及对策研究［J］．经济纵横，2020（2）：106－112．

［71］张夏恒．跨境电商类型与运作模式［J］．中国流通经济，2017，31（1）：76－83．

［72］张远鹏，等．"一带一路"与我国开放型经济体系完善升级［M］．北京：经济管理出版社，2021．

［73］钊阳，戴明锋．中国跨境电商发展现状与趋势研判［J］．国际经济合作，2019（6）：24－33．

［74］赵艾．高水平对外开放与共建"一带一路"研究［M］．北京：国家行政学院出版社，2023．

［75］赵春明．国际经济学［M］．北京：机械工业出版社，2007．

［76］赵晓斐．数字贸易壁垒与全球价值链分工［D］．北京：对外经

济贸易大学, 2020.

[77] 周志丹, 徐方. 跨境电商概论 [M]. 北京: 机械工业出版社, 2022.

[78] 朱妮娜, 吴莉. "一带一路"战略背景下我国跨境电商发展潜力及趋势分析 [J]. 改革与战略, 2015, 31 (12): 134 – 137.

[79] Abbassi S. M., K. W. Hollman, J. H. Murrey. Islamic Economies: Foundations and Practices [J]. International Journal of Social Economies, 1990, 6 (5): 5 – 17.

[80] Appleyard, Dennis R., Alfred J. Field Jr.. International Economics (4th Edition) [M]. New York: McGraw Hill Companies, Inc., 2001.

[81] Bhagwati, Jagdish. Protectionism [M]. Cambridge: MIT Press, 1988.

[82] Brander James A.. Strategic Trade Policy [J]. Handbook of International Economics, 1995 (3): 1395 – 1455.

[83] Buckley P. J., Casson M. C.. Analyzing Foreign Market Entry Strategies: Extending the Internalization Approach [J]. Journal of International Business Studies, 1998 (29): 539 – 561.

[84] Cox T. F., S. Blake. Managing Cultural Diversity: Implications for Organization Competitiveness [J]. Academy of Management: Executive, 1991, 5 (3): 45 – 56.

[85] Feenstra Robert C.. Advanced International Trade: Theory and Evidence [M]. Princeton: Princeton University Press, 2004.

[86] Gelder Sicco van. Global Brand Strategy [M]. London: Kogan Page, 2005.

[87] Grossman G. M., E. Helpman. Protection for Sale [J]. American Economic Review, 1994 (84): 833 – 850.

[88] Grossman G. M.. Imperfect Competition and International Trade [M]. Cambridge: MIT Press, 1992.

[89] Hamel G., Y. L. Doz, C. K. Prahalad. Collaborate with Competitors [J]. Strategic Management Journal, 2002 (23): 853 – 854.

[90] Heckscher E. The Effect of Foreign Trade on the Distribution of In-

come [J]. Ekonomisk Tidskrif, 1919 (21): 497-512.

[91] Helpman E. P. Krugman. Market Structure and Foreign Trade [M]. Cambridge: MIT Press, 1985.

[92] Hofstede, Geert. Culture and Organizations [M]. New York: Harper Collins Publishers, 1994.

[93] Huntington S. P.. The Clash of Civilizations and the Remarking of World Order [M]. New York: Simon & Schuster, 1996.

[94] Kemp M. C.. The Pure Theory of International Trade and Investment [M]. Englewood Cliffs: Prentice Hall, 1969.

[95] Krugman, Paul. Increasing Returns, Monopolistic Competition and International Trade [J]. Journal of International Economics, 1979 (9): 469-479.

[96] Kuemmerle W. The Drivers of Foreign Direct Investment into Research and Development: An Empirical Investigation [J]. Journal of International Business Studies, 1999 (30): 1-24.

[97] Leamer E. E.. The Leontief Paradox Reconsidered [J]. Journal of Political Economy, 1980 (88): 495-503.

[98] Leontief Wassily. Domestic Production and Foreign Trade: The American Capital Position Re-examined [J]. Proceedings of the American Philosophical Society, 1953 (97): 331-349.

[99] Linder S. B.. An Essay on Trade and Transformation [M]. New York: John Wiley and Sons, 1961.

[100] Ohlin B.. Interregional and International Trade [M]. Cambridge: Harvard University Press, 1933.

[101] Peng M. W., Wang D. Y. L., Jiang Y.. An Institution-based View of International Business Strategy: A Focus on Emerging Economies [J]. Journal of International Business Studies, 2008 (39): 920-936.

[102] Porter M. E.. The Competitive Advantage of Nations [M]. New York: The Free Press, 1990.

[103] Rugman A. M.. International Business: A Strategic Management

Approach (3rd Edition) [M]. New York: McGraw – Hill, 2003.

[104] Salvatore, Dominick. International Economics (5th Edition) [M]. Upper Saddle River: Prentice Hall international Inc. , 1995.

[105] Samuelson P. A.. International Trade and the Equalization of Factor Prices [J]. Economic Journal, 1948 (58): 163 – 184.

[106] Stolper Wolfgan, Paul Samuelson. Protection and Real Wage [J]. Review of Economic Studies, 1941 (9): 58 – 73.

[107] Vernon, Raymond. International Investment and International Trade in the Product Cycle [J]. Quarterly Journal of Economics, 1966 (83): 190 – 207.

[108] Victor, David A.. International Business Communication [M]. NewYork: Harper Collins Publishers, 1992.